IP ARBITRATION CASES

深圳国际仲裁院　中国国际仲裁研究院　编著
刘晓春　主编　　　何音　刘哲玮　副主编

TYPICAL ARBITRATION CASES AND PRACTICAL ESSENTIALS
OF INTELLECTUAL PROPERTY

知识产权
典型仲裁案例与实务精要

图书在版编目(CIP)数据

知识产权典型仲裁案例与实务精要/深圳国际仲裁院，中国国际仲裁研究院编著. —北京：北京大学出版社，2021.12
ISBN 978-7-301-32747-0

Ⅰ.①知… Ⅱ.①深… ②中… Ⅲ.①知识产权—仲裁—案例—中国 Ⅳ.①D923.405

中国版本图书馆 CIP 数据核字(2021)第 247152 号

书　　　名	知识产权典型仲裁案例与实务精要
	ZHISHI CHANQUAN DIANXING ZHONGCAI ANLI YU SHIWU JINGYAO
著作责任者	深圳国际仲裁院　中国国际仲裁研究院　编著
责任编辑	王建君
标准书号	ISBN 978-7-301-32747-0
出版发行	北京大学出版社
地　　　址	北京市海淀区成府路 205 号　100871
网　　　址	http://www.pup.cn　http://www.yandayuanzhao.com
电子邮箱	编辑部 yandayuanzhao@pup.cn　总编室 zpup@pup.cn
新浪微博	@北京大学出版社　@北大出版社燕大元照法律图书
电　　　话	邮购部 010-62752015　发行部 010-62750672　编辑部 010-62117788
印　刷　者	大厂回族自治县彩虹印刷有限公司
经　销　者	新华书店
	965 毫米×1300 毫米　16 开本　26 印张　453 千字
	2021 年 12 月第 1 版　2024 年 9 月第 2 次印刷
定　　　价	88.00 元

未经许可，不得以任何方式复制或抄袭本书之部分或全部内容。
版权所有，侵权必究
举报电话：010-62752024　电子邮箱：fd@pup.cn
图书如有印装质量问题，请与出版部联系，电话：010-62756370

知识产权典型仲裁案例与实务精要编辑委员会

主 编

刘晓春

副主编

何 音　刘哲玮

学术委员会

(以姓氏拼音为序)

傅郁林	郭 雳	郭小慧	郭晓文	胡建农	黄亚英	蒋溪林
梁爱诗	梁定邦	刘春华	刘晓春	潘剑锋	Peter Malanczuk	
沈四宝	王桂壎	吴汉东	袁国强	张守文	张勇健	赵 宏

编委会成员

(以姓氏拼音为序)

安 欣	蔡书馨	陈巧梅	陈 昕	董连和	樊奇娟	范文静
黄郭勇	李秋良	李 治	林一飞	娄进波	王素丽	谢卫民
熊天宝	杨 涛	曾银燕	曾宇洁	赵 枫	赵彦莹	周春玲
周 毅	朱 宏	邹长林	邹处平			

编辑部成员

(以姓氏拼音为序)

邓凯馨　何 音　孟 伟　徐小奔　庄淮清

撰稿人

（以姓氏拼音为序）

陈　冲　　陈　军　　陈巧梅　　陈永康　　陈宇明　　崔　军　　戴丽萍
邓凯馨　　付增海　　高　婧　　郭世栈　　胡晋南　　巨少军　　孔文豪
李　俊　　李　治　　李宗怡　　刘　程　　刘云开　　罗丹妮　　孟　伟
乔雪珂　　王　铖　　王千华　　谢石松　　谢欣妤　　杨依楠　　姚　瑶
钟　妙　　周立凡　　朱冬梅　　庄淮清

序

根据国家知识产权局发布的数据,2020年我国(不含港澳台地区)主要知识产权指标符合预期,知识产权事业发展再上新台阶。在专利方面,我国发明专利授权53.0万件,实用新型专利授权237.7万件,外观设计专利授权73.2万件。截至2020年年底,我国发明专利有效量221.3万件。在商标方面,2020年我国商标注册576.1万件,收到国内申请人马德里商标国际注册申请7553件。2020年,我国专利、商标质押融资项目达12039项,质押融资总额达2180亿元。①

随着我国高科技和知识产权事业的不断发展,知识产权纠纷数量也呈快速增长态势,建立健全知识产权纠纷多元化解决机制成为知识产权保护体系的重要内容。中共中央办公厅、国务院办公厅于2019年11月24日发布的《关于强化知识产权保护的意见》中提出完善知识产权仲裁工作机制,培育和发展仲裁机构。2021年中共中央、国务院印发的《知识产权强国建设纲要(2021—2035年)》进一步提出建立完善知识产权仲裁体系,提升知识产权仲裁国际化水平。作为替代性纠纷解决机制,商事仲裁凭借其高度专业性、保密性、灵活性以及独立性等特点,在知识产权保护领域发挥着越来越重要的作用。

深圳国际仲裁院(又名华南国际经济贸易仲裁委员会、粤港澳大湾区国际仲裁中心、深圳仲裁委员会,曾用名中国国际经济贸易仲裁委员会华南分会、中国国际经济贸易仲裁委员会深圳分会)创立于1983年,是中国改革开放之后各省市设立的第一家仲裁机构,也是粤港澳地区第一家仲裁机构。凭借身处粤港澳大湾区和国家知识产权示范城市的独特区位优势,深圳国际仲

---

① 参见《中国质量报(数字报)》2021年1月25日,A02版。

裁院迄今为止已处理了大量知识产权纠纷案件,在知识产权纠纷仲裁领域积累了丰富经验。2021年4月,为落实中央赋予的深圳综合改革试点任务,深圳国际仲裁院经批准设立中国(深圳)知识产权仲裁中心,旨在立足中国科技创新重点区域和前沿阵地,服务高新技术企业和科研机构,促进粤港澳大湾区在知识产权领域的深度融合,提升知识产权法律保护的国际化水平,打造中国知识产权保护标杆城市和国际高地。

为帮助业内相关人士了解知识产权纠纷仲裁案件的裁判要点,深圳国际仲裁院系统梳理和筛选了近年来处理的代表性案例,在对当事人信息进行脱密处理的前提下,组织了专家、学者等专业力量进行深度评析。相信本书的出版将有助于当事人掌握知识产权纠纷仲裁的裁判动向,为知识产权法律保护和纠纷解决提供参考和指引。

编 者

2021年11月1日

致 谢

以下成员(以姓氏拼音为序)为本书所选编的仲裁案例的仲裁庭组成人员以及为本书案例的编撰提供了协助的人员,特在此表示衷心感谢!

蔡元庆　陈　杰　陈　军　陈肯萌　陈威华　陈晓平　崔　军
付增海　傅林涌　郭　丽　郭世栈　郭小明　郭晓文　韩　健
郝珠江　胡晋南　黄雁明　康　明　李　邨　李　俊　李磊明
李培传　李志华　李　治　林一飞　刘慧珊　刘晓春　卢　松
陆　韧　潘剑锋　钱伯明　宋连斌　苏号朋　苏　敏　陶春明
王立宪　王千华　王雪华　王　燕　吴晓辉　肖志明　谢石松
徐家力　徐三桥　徐小奔　许前飞　杨少南　姚　壮　张嘉庆
张灵汉　张　志　钟　妙　周成新　朱茂元　朱谢群

编　者
2021 年 11 月 1 日

凡 例

1. 深圳国际仲裁院,又名华南国际经济贸易仲裁委员会、粤港澳大湾区国际仲裁中心、深圳仲裁委员会,曾用名中国国际经济贸易仲裁委员会华南分会、中国国际经济贸易仲裁委员会深圳分会。

2. 法律文件名称中的"中华人民共和国"省略,例如《中华人民共和国民法典》,简称《民法典》。

3. 《合同法》《民法总则》《民法通则》已自2021年1月1日起废止。

4. 除非另有注明,各案例所涉币种均为人民币。

5. 《深圳国际仲裁院仲裁规则》,简称《仲裁规则》,如无特别注明,均指该案受理时适用的《仲裁规则》。

6. 《与贸易有关的知识产权协定》(Agreement on Trade-Related Aspects of Intellectual Property Rights),简称TRIPs。

7. 《保护文学和艺术作品伯尔尼公约》(Berne Convention for the Protection of Literary and Artistic Works),简称《伯尔尼公约》。

8. 最高人民法院《关于审理商品房买卖合同纠纷案件适用法律若干问题的解释》,简称《商品房买卖解释》。

9. 最高人民法院《关于审理买卖合同纠纷案件适用法律问题的解释》,简称《买卖合同司法解释》。

10. 最高人民法院《关于审理著作权民事纠纷案件适用法律若干问题的解释》,简称《著作权解释》。

11. 最高人民法院《关于审理商标民事纠纷案件适用法律若干问题的解释》,简称《商标案件解释》。

12. 最高人民法院《关于审理技术合同纠纷案件适用法律若干问题的解释》,简称《技术合同解释》。

13. 最高人民法院《关于适用〈中华人民共和国合同法〉若干问题的解释（二）》（已失效），简称《合同法解释（二）》。

14. 《全国法院民商事审判工作会议纪要》，简称《九民纪要》。

15. 北京市高级人民法院《关于审理商标民事纠纷案件若干问题的解答》，简称《北京高院商标案件解答》。

16. 北京市高级人民法院《关于审理商业特许经营合同纠纷案件适用法律若干问题的指导意见》，简称《北京高院特许经营意见》。

目 录

专题一 著作权纠纷

案例 1　编辑加工作品与侵犯保护作品完整权的认定 …………… 003

案例 2　计算机软件作品独创性的理解和认定 …………………… 012

案例 3　销售方产品侵犯第三人著作权是否致使"合同目的不能实现"的判断 …………………………………………………… 028

案例 4　委托人在未按照约定支付报酬时能否使用作品或取得著作权 ……………………………………………………………… 039

专题二 专利权纠纷

案例 5　技术交付标准的解释及技术交付的认定 ………………… 057

案例 6　专利转让协议效力的判断及违约责任承担 ……………… 071

案例 7　知识产权许可使用权出资效力的认定 …………………… 085

案例 8　方法专利和技术秘密侵权的判断 ………………………… 096

案例 9　专利许可使用费的认定 …………………………………… 110

案例 10　专利技术与专有技术的区别 ……………………………… 124

案例 11　侵犯注册商标专用权的认定 ……………………………… 138

案例 12　发明专利转让合同中专利未授权的责任承担 …………… 153

专题三 商标权纠纷

案例 13　商标相同或近似的认定及"相关公众"的理解 ………… 167

案例 14　抢注商标权及侵权责任的认定 …………………………… 180

案例 15　涉外定牌加工产品商标侵权的判断 ……………………… 190

案例 16　注册商标转让的范围及企业名称变更的认定 …………… 200

专题四　软件开发及技术合同纠纷

- 案例 17　技术开发合同条款的解释与合同变更的认定 …………… 215
- 案例 18　软件开发周期、成果交付及验收的认定 ………………… 229
- 案例 19　技术服务合同的性质与认定标准 ………………………… 242
- 案例 20　技术服务合同与技术合作开发合同的区分与认定 ……… 253
- 案例 21　技术合同违约的认定 ……………………………………… 267

专题五　特许经营合同纠纷

- 案例 22　特许经营合同的认定 ……………………………………… 283
- 案例 23　特许经营合同格式条款的认定及合同的解除 …………… 293
- 案例 24　商业特许经营合同与授权经营合同的区别 ……………… 308
- 案例 25　特许经营资源是否必然包括注册商标 …………………… 322
- 案例 26　特许经营合同相关费用的计算 …………………………… 333

专题六　竞业限制、商业秘密纠纷

- 案例 27　"互不挖角"协议纠纷损害赔偿金额的认定 ……………… 347
- 案例 28　竞业限制协议的效力及法律性质 ………………………… 360
- 案例 29　合同竞业限制条款的理解与违约的认定 ………………… 378
- 案例 30　侵犯商业秘密的认定 ……………………………………… 391

专题一
著作权纠纷

案例1　编辑加工作品与侵犯保护作品完整权的认定

仲裁要点：出版社在审阅作品时发现作品存在与中国法律和社会公共利益冲突的内容，应通知著作权人，要求其与作者协商修改。未经著作权人同意，出版社不得以"编辑加工"或"作品内容违反法律和社会公共利益"为由自行对原作品内容进行修改，否则构成对著作权人"保护作品完整权"权利的侵犯。

一、案情概要

申请人 A 公司与被申请人 B 公司就在中国内地出版三本著作签署《图书出版合同》，申请人授权被申请人在中国内地以图书形式出版发行上述作品中文简体版的专有使用权，并在合同中约定：被申请人负责确定根据本合同出版发行的作品不得违背中国法律和社会公共利益。经被申请人审定后之内容倘引起法律问题，责任一概由被申请人承担。被申请人如需更动上述作品的名称，对作品进行修改、删节，增加图表及前言、后记，应征得申请人同意，并经申请人书面认可。上述作品的最后校样可由申请人审校。申请人应在收齐最后稿样 15 日内完成审校，签字后把最后稿样退还被申请人。申请人未按期审校，被申请人可自行审校，并按计划付印。

图书出版后，申请人认为被申请人未经其同意，擅自修改作品并出版发行，构成严重违约，遂根据《图书出版合同》中的仲裁条款于 2001 年 10 月 30 日向深圳国际仲裁院提起仲裁，并提出如下仲裁请求：

1. 解除申请人与被申请人签订的《图书出版合同》。
2. 被申请人收回已经在中国内地发行的三本著作。
3. 被申请人支付本案仲裁费用。

4. 被申请人向申请人支付本案律师费 6 万元。

二、当事人主张

(一)申请人主张

1. 根据《图书出版合同》第 10 条的明确约定,被申请人如修改、删节作品,应征得申请人同意和书面认可。双方此前也遵循此约定,对作品进行了大规模的修改和删节,说明被申请人明确知晓自己只有在取得申请人同意的前提下才能够对作品进行修改。

2. 被申请人以"极个别的编辑加工"掩盖、回避违约行为。编辑加工和修改、删节,在《著作权法》中是不同性质的概念和行为。即使作品含有不适宜在中国内地出版的用语和词句,被申请人也无权擅自修改作品,而应当由申请人交由作者修改。申请人前期同意大幅度修改作品,给被申请人以充足的提出修改意见的机会和空间,就是申请人尊重这个客观情况的具体体现,被申请人没有理由再以作品含有不当之处而对作品擅自进行修改。

(二)被申请人主张

1. 被申请人对三本著作所作的编辑加工,在总共 30 万字的作品中,只占全书的极少部分,且分为两种形式:

一种是纯粹文字或表达方式上的编辑加工,如将"本世纪"改为"二十世纪"、将"戴卓尔"改为"撒切尔"(仅仅是译法的不同),既没有歪曲原书的内容,也没有篡改原书的意思,不构成对合同的违反,亦符合我国《著作权法》第 10 条第(三)项、第(四)项[①]的规定。

另一种则是被申请人对原书的极个别与我国现行法律、法规及党和国家的方针政策不符,或有违社会主义国家的公共道德和善良风俗的内容进行的编辑加工,符合《图书出版合同》第 3 条的约定,也是有关法律法规所要求

[①] 《著作权法》(1990 年发布)第 10 条规定:"……(三)修改权,即修改或者授权他人修改作品的权利;(四)保护作品完整权,即保护作品不受歪曲、篡改的权利……"

的,如我国《著作权法》第 1 条、第 4 条第 2 款的规定①以及《出版管理条例》第 25 条②的规定,被申请人有义务保证上述作品的内容不违反中国法律和社会公共利益。被申请人作出的一些编辑加工,正是为了依法、依约定履行图书出版者和编辑者的职责,不仅是合法的,也是善意的。

2. 被申请人最后一次将审校后的稿样(此稿样中含有本案争议的个别编辑加工)用特快专递寄给申请人的时间是 2001 年 5 月 18 日,此后申请人在超过一个月的时间内未给被申请人任何答复。被申请人认为,根据《图书出版合同》第 12 条的约定,申请人以自己的不行为默认了被申请人的编辑加工,于是只好依据双方的上述约定,自行将书稿付印。被申请人的行为符合双方所签订的合同约定,并未构成违约。

三、仲裁庭认定的事实

1. 本案争议所涉的三本著作,作者已于 1999 年 12 月 1 日与本案申请人签订《协议书》,将上述作品在中国内地和香港、澳门、台湾地区的出版发行专有许可使用权授予申请人。该许可使用权有效期为自《协议书》签订之日起 5 年。

2. 申请人与被申请人于 2001 年 2 月 8 日签订了本案争议的《图书出版合同》。

3. 上述出版合同签订前后,双方当事人曾就作品在中国内地出版版本的文字修改事宜多次交换意见,并由作者本人对书稿作出修改或修改确认。但被申请人于 2001 年 5 月 18 日寄给申请人书稿中提出的修改建议,并没有得到申请人或作者的同意或修改确认。

4. 2001 年 7 月,被申请人将未经申请人同意的、其单方面修改过的上述作品在中国内地以中文简体版出版发行。作品中由被申请人单方面修改的内容共为 14 处,其中属技术性修改的有 3 处,其余 11 处均为文字内容的修

---

① 《著作权法》(1990 年发布)第 1 条规定:"为保护文学、艺术和科学作品作者的著作权,以及与著作权有关的权益,鼓励有益于社会主义精神文明、物质文明建设的作品的创作和传播,促进社会主义文化和科学事业的发展与繁荣,根据宪法制定本法。"第 4 条第 2 款规定:"著作权人行使著作权,不得违反宪法和法律,不得损害公共利益。"

② 《出版管理条例》(1997 年发布)第 25 条规定:"任何出版物不得含有下列内容:(一)反对宪法确定的基本原则的……"

改(含三本著作)。

5. 申请人于2001年7月7日致函被申请人称:"收到贵社寄来作品……三本书之内容改动均未得到本公司同意,贵社已违反双方于2001年2月签订之《图书出版合同》第10条。现特通知贵社停止该三本书之一切出版、发行及销售活动。"

申请人于2001年7月9日又致函被申请人称:"有关三本著作简体字版,因内容有未经本公司同意之改动,现特通知贵社于三天内将所有已发行之上述三本书回收,并勿汇来版税。"

6. 就上述作品未经申请人同意修改的问题,被申请人负责出版上述作品的策划编辑曾先后于2001年5月29日、2001年7月11日和2001年7月17日致函申请人总编辑,作出如下解释:由于内地出版政策,对于需要调整、修改的几处内容,实在没有办法,请理解……内地任何一家出版社都不可能不加改动而直接出版。(2001年5月29日函)我们一直……认为这些微小的改动不会触及合同的约定和作品的实质……我们确实未曾想到会违反合同第10条。按照内地的著作权法,对作品的内容或实质内容的变动才需经著作权人同意,对基于不同地域的不同语言习惯及非实质用词的合理改动,是不包括在内的。(2001年7月11日函)敝社领导对作者异议表示理解……他立即下令……先暂停发行……我立即去发行协调,但他们已经发货,只剩下1563套。现在,我遵照领导意见转达给发行部,请他们先暂停所有相关活动。

7. 被申请人于2001年2月26日、2001年8月17日将上述作品的预付版税1609.74美元、7109.71港元汇付申请人。申请人于2001年8月30日致函被申请人称:"本公司已于2001年7月9日通知贵社勿再汇来三本著作简体字版之版税。现请即告知贵社之账户资料,以便将本公司于2001年8月17日收到之7109.71港元版税退回。"

8. 双方当事人签订的《图书出版合同》,已由被申请人于2001年6月10日向版权管理机关申报,并作"出版香港图书合同"登记。

四、仲裁庭意见

本案双方当事人签订的《图书出版合同》之内容并不违反合同中约定适用的法律——中国内地有关法律的规定,依法为有效合同,对双方当事人具有约束力。

依照《图书出版合同》第 10 条之约定,被申请人如需更改上述作品的名称,对作品的修改、删节,增加图表及前言、后记,应征得申请人同意,并经申请人书面认可。但本案事实表明,被申请人在其出版的上述作品中,对作品的文字内容进行了修改,而这些修改并没有获得申请人的书面认可。被申请人在答辩中将其对作品的修改称为"极个别的编辑加工",仲裁庭认为与事实不符。

被申请人在致申请人的函中曾提出这样的观点:基于不同地域的语言习惯,编辑可以对作品中用词的表述作出与该用词本意不相违背的、非实质性的改动。这一观点并没有错误,在本案中,被申请人对作品的修改有若干处属于该种情况(如将"戴卓尔"改为"撒切尔"、将"本世纪"改为"二十世纪")。申请人在开庭时也表示该种情况的修改属于不需经其同意的、合理的编辑工作。

但被申请人在答辩时所称的"编辑加工"却还包括另一种情况,即属于对作品文字所表达内容的修改,这种情况在被申请人的修改内容中占了绝大部分。被申请人答辩称,此种情况的"编辑加工",是由于原书的个别内容与我国现行法律、法规及党和国家的方针政策不符,或有违社会主义国家的公共道德和善良风俗,而根据《图书出版合同》第 3 条①之约定,被申请人负责确定根据本合同出版发行的作品不得违背中国法律和社会公共利益,所以其有权对涉及此种情况的作品内容进行"编辑加工"。显然,被申请人这里所称的"编辑加工",是指对作品文字内容的实质性修改,已经超出了前述编辑工作的合理范围。以"编辑加工"来形容针对此种情况的修改,是牵强附会的说法。

仲裁庭认为,被申请人以《图书出版合同》第 3 条的约定为依据,用以支持其对作品的修改无须经申请人同意的答辩主张,是缺乏说服力的。《图书出版合同》第 3 条约定的被申请人义务,是为了保证在中国内地出版的作品符合中国的法律。由于被申请人处中国内地,对中国内地的法律较之地处香港特别行政区的申请人更为了解,这种义务的设定是合理的。但这种义务的设定,并不能被解释为合同赋予被申请人可以不经申请人同意擅自修改作品文字内容的权利。被申请人如在审阅作品时发现其中有与中国法律和社会

---

① 《图书出版合同》第 3 条约定:被申请人负责确定根据本合同出版发行的作品不得违背中国法律和社会公共利益。经被申请人审定后之内容引起法律问题,责任一概由被申请人承担。

公共利益冲突的内容,应通知申请人,要求其与作者协商修改;如若申请人不同意修改,被申请人可以拒绝履行《图书出版合同》。但被申请人无权擅自修改作品,以使其表面上符合中国内地出版管理的要求,实现其商业目的。以此种手段出版的作品,已经改变了作者本人创作或修改的作品之原貌,读者所看到的并不是真实的作品。该作品即便在被申请人看来不与中国法律相冲突,却造成了对读者的欺瞒,在实质上并不符合社会公共利益。

另外,被申请人对作品的后一种修改,亦不属于《图书出版合同》第12条所指的"审校"工作的内容,而属于合同第10条的约定范围。所以,被申请人以《图书出版合同》第12条为据,提出申请人在收到校样后未在1个月内答复,即是对其"编辑加工"结果默认的主张,仲裁庭不予接受。

综上,对于申请人的仲裁请求,仲裁庭认为:

1. 被申请人的行为违反了《图书出版合同》第10条的约定,合同的履行已经背离了当事人订立合同的真实意愿,该合同应予解除。仲裁庭对申请人的第1项仲裁请求予以支持。

2. 本案事实表明,被申请人出版的作品之大部分已通过发行渠道在市场上售出,对已经出售的作品要求被申请人收回是难以实施的,因此,对申请人的第2项仲裁请求,仲裁庭不能予以全部满足,被申请人应停止继续出版发行,并收回尚未销售的作品。

3. 关于申请人的第3项、第4项仲裁请求,鉴于被申请人应承担全部的违约责任,本案仲裁费应由被申请人承担;依照《仲裁规则》之规定,申请人的部分律师费亦应由被申请人负担。

五、裁决结果

1. 解除双方当事人签订的《图书出版合同》,被申请人应停止对三本著作的出版和发行,并收回尚未销售的上述作品。
2. 被申请人应向申请人支付律师费。
3. 本案仲裁费由被申请人负担。

六、评析

该案例是较为典型的著作权纠纷,其核心问题为如何理解《图书出版合同》第10条的约定:被申请人如需更改上述作品的名称,对作品进行修改、删节,增加图表及前言、后记,应征得申请人同意,并经申请人书面认可。笔者认为该约定与我国《著作权法》中的"保护作品完整权"息息相关,而仲裁庭的论述,实际为如何更好地理解"保护作品完整权"的内涵、权利界限以及如何运用主客观标准判断行为人是否侵犯保护作品完整权提供了很好的范例。

本案中,被申请人的抗辩实际包括两个层次:第一层,是否可以以"与我国现行法律、法规及党和国家的方针政策不符,或有违社会主义国家的公共道德和善良风俗"的理由,作为想要出版必须满足的条件,而绕过作者的许可?第二层,实际也是仲裁庭论述中探讨的问题,即除却对作者精神权利的保护,"保护作品完整权"更丰富、更具有延展性的内涵究竟是什么?

关于第一层面的问题,从案件中不难发现被申请人从商业价值角度进行的取舍,诚如仲裁庭所述,被申请人使三本著作表面上符合中国内地出版管理的要求,以实现其商业目的。而这也正是很多著作权纠纷的产生无法回避的根源之一,体现在《著作权法》中,即为著作人格权与著作财产权的冲突。

我国《著作权法》中规定了保护作品完整权,即保护作品不受歪曲、篡改的权利。作品是作者的智力成果,与作者的内在精神密切联系,反映了作者的思想情感、价值观、世界观等。此项权利属于作者的人身权,属于作者的一种精神权利,即"著作人格权",具有不能转移、不能放弃、不能继承的专属性质,实际上"作品的完整性通过保护作品完整权等人身权利得到保障,同时保护作品完整权的权利性质又恰如其分地反映了作者与作品之间的内在联系"[①]。而"著作财产权"则是指作者和其他著作权人享有的以特定方式利用作品并获得经济利益的专有权利。[②]

"由于著作权转让,在同一作品之上,著作人格权主体与著作财产权主体发生了分离(在允许著作人格权转让的情况下,作为原始著作权人的作者基于意思自治保留著作人格权,仅全部或部分转让著作财产权)。这种来源于同一作品的著作人格权与著作财产权主体的不一致势必会导致前述权利行使上的冲突。"[③]而纵观《著作权法》,笔者认为还有以下原因:一是从《著作权

---

① 尹为民:《侵犯保护作品完整权行为判断之标准——以〈著作权法〉第三次修订草案送审稿为视角》,中国知识产权法学研究会2015年年会论文集。
② 参见王迁:《著作权法》,中国人民大学出版社2015年版,第162页。
③ 刘胜红:《论著作人格权与著作财产权行使冲突的协调》,载《肇庆学院学报》2020年第4期。

法》对"保护作品完整权"的定义看,对此人格权并无任何限制或例外情形。从《著作权法》全文看,仅有第 4 条中载明适用著作权的基本前提:著作权人和与著作权有关的权利人行使权利,不得违反宪法和法律,不得损害公共利益。实际上《著作权法》中大多数使用、许可条款均是对"著作财产权"的限制,而几乎没有对"著作人格权"的限制。二是条款规定依然存在模糊以及自我解释的空间,如怎样理解或以什么标准判断"歪曲、篡改",最终导致不同审判人员采用的判断标准不同。

著作人格权与著作财产权两者关系如何?就本案所涉问题,笔者认为答案还是清晰的:现行《著作权法》第 36 条规定:"图书出版者经作者许可,可以对作品修改、删节。报社、期刊社可以对作品作文字性修改、删节。对内容的修改,应当经作者许可。"实践中如何处理?笔者认为仲裁庭给予了最好的解答:"被申请人如在审阅作品时发现其中有与中国法律和社会公共利益冲突的内容,应通知申请人,要求其与作者协商修改;如若申请人不同意修改,被申请人可以拒绝履行《图书出版合同》。但被申请人无权擅自修改作品,以使其表面上符合中国内地出版管理的要求,实现其商业目的。"仲裁庭的核心依然是尊重作者的精神权利,尊重作者对其作品的处理,而被申请人可以向作者提供专业建议、政策解读等帮助,与作者共同商议如何使作品满足《著作权法》第 4 条的要求,以期实现其商业目的。

著作人格权与著作财产权均是依法产生,也均应受到法律的保护。笔者认为,本案仲裁庭有关"公共利益"的分析,对更深刻地在价值层面分析协调两种权利的冲突,亦是非常具有参考价值的,这就涉及前述所提及的第二个层面,"保护作品完整权"的内涵。

《著作权法》目前并未规定保护作品完整权的具体内涵,也没有规定侵犯保护作品完整权的具体判断标准。[①] 司法实践和学术研究对保护作品完整权的侵权认定共有四种不同的标准:第一,客观标准,即保护作品完整权应该采取客观标准认定侵权,要求改动行为损害了作者的声誉。第二,相对主观标准,即要求改动行为实质性损害了作者通过作品所表达的感情和思想。第三,绝对主观标准,即只要改动行为违背了作者的意思就构成侵犯保护作品完整权。第四,混合标准,即要求改动行为损害了作者的声誉或者实质性

---

① 参见许春明、杨欢欢:《保护作品完整权侵权认定标准体系的构建》,载《科技与法律(中英文)》2021 年第 3 期。

损害了作者通过作品所表达的感情和思想。

笔者认为不管采用什么标准,均应回到知识产权保护的核心价值,"知识产权与思想、信息、知识的表述和传播有着密切的关系。在保障知识创造者权益的同时,必须考虑促进知识广泛传播和推动社会文明进步的公益目标。知识产权的公益性是私益的基础,整个知识产权制度的实质价值正是服务于其公益性,否则该项制度将失去存在的合理性和必要性"[①]。如何更好地实现知识产权的公益性,本案仲裁庭提供了新的思路:"以此种手段出版的作品,已经改变了作者本人创作或修改的作品之原貌,读者所看到的并不是真实的作品。该种作品即便在被申请人看来不与中国法律相冲突,却造成了对读者的欺瞒,在实质上并不符合社会公共利益。"此种反向判断,笔者认为实际上丰富了"保护作品完整权"的内涵,充分发挥了著作人格权本身的特点,找到了私权与公益权的内在共性。以本案的著作为例,著作本身的市场价值,实际来源就是作者的思想、价值观等内在精神,换句话说,读者期待真正看到的,也正是这位与他们精神产生或共鸣或吸引或震动的作者,其原汁原味的智力成果。而这一作品的呈现,需要有一定的规制,只有作者自己知晓如何能将其本意进行更好地转换或增减、删改,或也只有作者自己有权决定,在规制下如何去呈现、呈现多少或是否呈现的问题。这当然属于作者且也只应属于作者的权利,而只有作者的这项权利被充分尊重并实现,才能真正回应读者和市场的期待,保留了个人的价值与精神闪光点而最终得以实现的"广泛传播",才真正符合知识产权法背后的核心逻辑与价值,"保护和激励作品的创作从而最终促进文化的繁荣是各国著作权法的立法宗旨价值"[②]。

笔者认为,纵观本篇案例,仲裁庭对合同进行了分析与解读,回应被申请人意见的同时,深入探讨了公共利益与商业价值的共存空间,在提供破局思路的同时,也拓展了著作人格权的内涵与边界。跳出权利保护主体本身看权利,就会发现其不同条款之间的内在联系,以及知识产权这一特殊体系独有的价值与魅力。

(本案例由深圳国际仲裁院姚瑶编撰)

---

① 许春明、杨欢欢:《保护作品完整权侵权认定标准体系的构建》,载《科技与法律(中英文)》2021年第3期。
② 刘胜红:《论著作人格权与著作财产权行使冲突的协调》,载《肇庆学院学报》2020年第4期。

案例2 计算机软件作品独创性的理解和认定

仲裁要点：1. 仲裁庭针对仲裁协议范围内的争议事项进行裁决，至于游戏软件侵权认定问题，非双方协议中约定的仲裁范围，双方当事人应另循其他法律途径解决。

2. 合同违约方损失赔偿额的确定应当符合可预见性和减损的原则，违约一方不需要对订立合同时无法预见到的因违约可能造成的损失承担责任，也不需要对另一方因未采取适当措施致使损失扩大的部分承担责任。

一、案情概要

（一）申请人与被申请人之间的案情

2007年11月，申请人A科技有限公司与被申请人B科技有限公司签订《网络游戏许可协议》，合同约定由被申请人独家代理申请人产品"D网络游戏"，全权负责申请人产品在全国的运营及线上线下推广，但被申请人不享有与该产品相关的版权、外观或设计在内的任何知识产权权益。任何一方对该产品开发的任何改进应采取协调一致的行动，改进成果属于开发一方。双方约定合作期限为自产品上线之日开始计算，有效期1年，如自产品上线之日起1年内产品总收入达到60万元，则合作期限自动顺延2年。协议一旦终止，被申请人应立即终止使用该产品，并依照本协议条款向申请人支付应当但尚未支付的款项。双方对许可使用费的计算、支付方式也进行了详细约定。

协议签订后，经过几个月的内部测试、调试，游戏于2008年正式上线。正式上线的前三个季度，被申请人按照约定向申请人支付了版权使用费。第四季度到来，申请人于2009年3月25日提前发函通知被申请人协议不再续签,并按被申请人要求于 4 月 17 日开出发票收款。被申请人对到期日有异议,认为游戏正式上线是 2008 年 5 月 1 日,便没有支付第四季度版权使用费。申请人于 2009 年 5 月 1 日再次催款并要求对方停止使用游戏版权,被申请人仍未付款,并于 2009 年 5 月 7 日上线"C 网络游戏"。申请人认为被申请人使用的仍是"D 网络游戏",于 2009 年 5 月 18 日委托 S 市公证处就被申请人违约使用申请人"D 网络游戏"的违约行为进行了证据保全,支付了相应公证费用。

申请人于 2009 年 6 月依据《网络游戏许可协议》中的仲裁条款,向深圳国际仲裁院申请仲裁。仲裁请求如下:

1. 被申请人向申请人支付第四季度版权使用费 2.5 万元,及从 2009 年 5 月 1 日起至付清款项之日止的利息,利息按中国人民银行同期贷款利率计算。

2. 被申请人立即停止使用申请人的"D 网络游戏"软件。

3. 被申请人应支付因被申请人违约给申请人造成的经济损失 20.4 万元。

4. 被申请人向申请人支付因处理本案支付的公证费 5600 元。

5. 本案仲裁费用由被申请人承担。

(二) 申请人与案外人之间的案情

2009 年 2 月,申请人与案外人 F 公司签订"D 网络游戏"《游戏转让协议》,约定申请人将"D 网络游戏"软件所有权及游戏开发队伍以 50 万元转让给 F 公司,合同于 2009 年 5 月 1 日开始履行。由于申请人与被申请人之间存在游戏合作关系,申请人与 F 公司在合同中约定,由申请人在 5 月 1 日 24 点前全权负责解决与被申请人合作的后续问题,如超出 10 天未解决该问题,此合同取消,申请人需赔偿 F 公司已支付的定金 20 万元以及自合同签订之日起游戏开发队伍人员所有费用的一半,且游戏开发队伍属于 F 公司。

2009 年 5 月 13 日,申请人与 F 公司签订《游戏转让终止协议》,约定终止《游戏转让协议》,由于申请人原因导致合同取消,申请人需赔偿 F 公司共计 40.4 万元,并确认游戏开发队伍属于 F 公司。2009 年 6 月 30 日,F 公司向申请人发出催款函,要求申请人支付相应赔偿款。

二、当事人主张

（一）申请人主张

1. 被申请人未按照合同约定支付第四季度版权使用费，事实清楚，证据确凿，侵犯了申请人的合法权益。

2. 双方合作期限从 2008 年 4 月 17 日起算，在《网络游戏许可协议》已经到期，并且申请人已经通知被申请人终止合同的前提下，被申请人仍然继续使用"D 网络游戏"，违反双方约定，构成违约，导致申请人直接经济损失 20.4 万元，可预期利益损失 50 万元。

3. 被申请人至今使用的仍然是申请人享有著作权的游戏软件。"C 网络游戏"在人物外观、表情和道具上与"D 网络游戏"十分类似，在双方协议期内，被申请人从未通知申请人其拟对游戏进行改进。被申请人提交的 Q 市版权局《受理通知书》不能证明已经依法取得软件著作权登记。申请人向仲裁庭提交的游戏软件的源代码证明被申请人使用的仍然是申请人的游戏软件。被申请人向 Q 市版权局申请登记的美术作品属于将申请人享有的美术作品恶意进行登记的情形。被申请人认为其使用的是自己的游戏软件，缺乏事实根据。

4. 被申请人的违约行为给申请人造成巨大的经济损失。申请人向被申请人要求赔偿因其违约行为给申请人造成的申请人应赔偿给第三方的损失有事实根据和法律依据，并且申请人主张 20.4 万元的经济损失合情合理。

（二）被申请人主张

1. 被申请人并未违反合同约定超期使用游戏软件。

2008 年 5 月 1 日是产品上线日，即授权许可的起算日。产品上线日为申请人为被申请人完成产品正式上线所要求的全部功能，即自被申请人进行公开测试之日开始计算授权许可的期限，授权许可期限为 1 年。申请人提供的公证书附件《D 网络游戏 5 月 1 日正式上线！！！》公告以及与 F 公司签订的两份协议中显示的时间可以证明，该游戏使用截止期限为 2009 年 5 月 1 日。另外，由于申请人在合作过程中并没有向被申请人交付"D 网络游戏"软件的源代码，该游戏软件一直由申请人后台控制，自 2009 年 5 月 1 日起，所有游戏用户无法登录该游戏界面进行使用,被申请人于当日停止使用申请人的"D 网络游戏",并不存在违约行为。

此外,被申请人根据《网络游戏许可协议》第 11.2 条的约定,以及根据行业惯例,应当有 1 个月左右的延长期限,用于被申请人与用户之间的合同处理。但申请人坚持认为应当在 2009 年 4 月 17 日立即停止使用该游戏软件,在此争议下被申请人未向申请人支付最后一个季度的版权费。

2. 被申请人使用自有游戏软件不构成违约。

首先,根据申请人和被申请人就《网络游戏许可协议》中仲裁条款的解释和共同认可,本次仲裁的范围不包括被申请人的"C 网络游戏"是否构成对"D 网络游戏"的侵权问题。申请人主张的"人物形象""道具""操作指南"相同并不属于本次仲裁审理的范围,本次仲裁审理软件作品的著作权,而"人物形象"和"道具"等属于美术作品的著作权,即使二者相同,也不构成违反《网络游戏许可协议》的任何条款。因此,本次仲裁应审理"C 网络游戏"与"D 网络游戏"是否为同一软件,若是同一软件,则构成违约,若不是同一软件,即使相近似构成侵权,也不构成违约。两款游戏软件并不是同一软件,最多就是相近似的游戏软件,则被申请人使用"C 网络游戏"并不构成违约。同时,在申请人坚持不提供源代码的情况下,导致本次仲裁无法对两款游戏软件进行比对确定是否为相同软件,应当由其承担举证不能的败诉后果。

其次,申请人一直未向被申请人提交"D 网络游戏"的源代码,被申请人没有接触过"D 网络游戏"的源代码,不可能对该游戏软件进行修改或抄袭。被申请人在 2009 年年初自行研发完成"C 网络游戏"并不属于违反《网络游戏许可协议》第 7 条"应当就改进采取一致行动,但改进应当属于开发方"的约定。"C 网络游戏"并不是对"D 网络游戏"的改进,即使属于改进,该条只约定应当采取一致行动,并没有约定没有采取一致行动时的违约责任,申请人也没有将该改进的违约作为本次仲裁审理的范围,相反,该条约定改进的权利属于改进方,即经过改进的软件与原软件不是同一软件,使用改进的软件属于侵权而不是违约行为。

最后,被申请人是否享有游戏软件的著作权并不以是否登记为必要条件,不论是否发表,作品完成即享有著作权。此外,即使未取得证书,也不能证明两款游戏软件属于相同游戏软件。

3. 申请人没有实际经济损失。

申请人与案外人 F 公司签订的《游戏转让协议》以及《游戏转让终止

协议》并未实际履行,申请人并没有提供订金的收据,也没有向第三方交付源代码,20.4万元损失并未实际发生。即使在两款游戏软件是相同游戏的情况下,申请人主张的20.4万元的赔偿也不是申请人与被申请人签订《网络游戏许可协议》时可以预见的损失,不属于违约赔偿的范围。且上述协议约定的申请人需支付的赔偿金中包括游戏开发人员的10.4万元费用,与本案无任何关联性,约定的10万元的违约金明显过高,不符合商业惯例。

三、仲裁庭认定的事实

1. 国家版权局《计算机软件著作权登记证书》(编号:软著登字第0897××号)表明,"D网络游戏"软件的著作权人为申请人,开发完成日期为2007年3月23日,登记号为:2008SR025××。

2. 2007年11月30日,申请人(甲方)与被申请人(乙方)签订了《网络游戏许可协议》,由被申请人独家代理申请人产品"D网络游戏",全权负责申请人产品在全国的运营及线上线下推广。

《网络游戏许可协议》第6条(知识产权及保密)约定:

6.1 乙方对在本协议期限内所接触的产品不享有包括与产品相关的版权、外观或设计在内的任何知识产权权益。

6.2 双方之间清楚地知道甲方的技术及市场信息构成其资产的一部分,因此乙方不应在任何情况下,在本协议生效前、本协议期限内或其终止后泄露其接收的或知道的信息。

6.3 乙方应针对其自己的人员、顾问及承包人或任何第三人采取所有必要的措施对该信息保密。

6.4 与保密性有关的规定应当在本协议期满或者终止后继续有效。

《网络游戏许可协议》第7条(改进)约定:

在本协议期限内,甲方与乙方应针对可能由任何一方开发的对产品的任何改进采取协调一致的行动,任何此类改进应当是开发一方的。

3. 双方均承认,《网络游戏许可协议》授权许可的游戏软件即为"D网络游戏"软件,登记号为:2008SR025××。该游戏在网络上名称是"××online"。

4. 双方合作有效期1年,被申请人已经支付了前三个季度的版权使用费,最后一个季度的版权使用费尚未支付。

5. 2009年3月25日,申请人向被申请人发出《关于〈网络游戏许可协议〉不再续签的通知函》,内容如下:

鉴于我公司同贵公司签订的关于"D网络游戏"的《网络游戏许可协议》将于2009年4月17日到期,我公司现通知贵司,该协议到期后不再续签,请做好相关工作的安排,届时我公司将停止游戏合作的服务,贵司不得再使用该游戏。另外,请于4月17日协议到期后3日内将本季度的服务费24999.99元付清。

6. 2009年5月5日,被申请人向Q市版权局提出软件著作权登记申请。Q市版权局于2009年5月5日发出的受理通知书载明:

软件名称为:"C网络游戏"软件;

版本号为:V1.0;

受理号为:2009cpc8××。

另查,被申请人迄今尚未取得软件著作权登记证书。

7. 2009年5月11日,Q市版权局对"C网络游戏美术作品图稿"进行版权登记,登记证书载明作者和著作权人为被申请人,作品完成日期为2009年4月23日,作品登记号为:作登字31-2009-F-××号。

8. 2009年7月20日,G省版权保护联合会对《D网络游戏美术作品图稿系列》作了著作权登记,作者为肖××,著作权人为申请人,作品完成日期为2007年3月23日,作品登记号为:作登字19-2009-F-××号。

9. 2009年2月23日,申请人(甲方)与案外人F公司(乙方)签订《游戏转让协议》,约定由申请人将软著登字第0897××号"D网络游戏"软件所有权及游戏开发队伍以50万元转让给F公司。《游戏转让协议》的主要内容如下:

第一条 合作内容

1. 甲方拥有"D网络游戏"软件全部所有权,版权号:软著登字第0897××号,此"D网络游戏"以下简称"游戏"。

2. 甲方将其游戏开发队伍和游戏所有权均转让给乙方。

3. 两项转让费用共为50万元。付款方式为合同签订日乙方支付20万元予甲方,游戏完全转让成功后[指甲方与被申请人(下称"第三方")的合作到期后,版权转让完成后]乙方支付30万元予甲方。

4. 游戏的所有版权、源码在甲方与第三方合作终止日(2009-5-1)后7天内,由甲方转让予乙方所有。

5. 此合同签订日起,游戏开发队伍即马上转让给乙方,所有工作由乙方进行安排,所有人员的费用(包含但不仅包含工资、补助等)均由乙方承担。在甲方与第三方合作终止日前,由于甲方需承担第三方的一些游戏技术配合和技术支持,乙方需安排开发队伍人员进行全力配合。

第二条 乙方的权利和义务

1. 乙方自合同签订起,承担游戏开发队伍的所有人员的费用。

2. 游戏开发队伍的所有人员的工资标准按原来在甲方的标准进行平移不变。

3. 由于甲方需承担第三方的一些游戏技术配合和技术支持,乙方需安排开发队伍人员进行全力配合。

4. 乙方有权利对游戏的所有情况进行详细的了解。

5. 乙方按协议规定的付款方式和日期结算相关款项。

第三条 甲方的权利和义务

1. 在甲方与第三方合作终止日(2009-5-1)后7天内,甲方负责把游戏的所有版权、源码转让给乙方。

2. 此合同签订日起,甲方负责协调和配合乙方进行开发队伍的转移。

3. 游戏完全转让成功后(指甲方与第三方的合作到期后,版权转让完成后),甲方不能再使用和游戏相关的版权、源码进行开发和运营。

4. 甲方需全权负责解决游戏与第三方合作的后续问题:

i. 由于甲方和第三方有关于游戏的合作(合作终止日期:2009-5-1),甲方需负责处理好与第三方的合作,保证不影响甲乙双方的此次合作。

ii. 如因甲方未能解决好与第三方的合作问题,并且给乙方造成利益损失、影响游戏正常运营、侵犯游戏所有权等问题,甲方需按赔偿方案对乙方进行赔偿。

(1)给乙方造成利益损失、影响游戏正常运营、侵犯游戏所有权等问题条款如下:

a)如第三方合同终止日(2009-5-1)还不终止游戏运营;

b)使用游戏源码、游戏外观或设计进行游戏二次开发或改版升级;

c)其他所有影响游戏正常运营和侵犯游戏版权的相关操作。

(2)赔偿方案:

d)如发现以上问题,甲方必须在2009-5-1的24:00前解决。

e)如2009-5-1的24:00前还未能解决成功,甲方按超出的天数按每天1万元赔偿乙方(如2009-5-2即为超出1天,即需赔偿1万元;如2009-5-3即为超出2天,即需赔偿2万元;依此类推)。

f)如超出10天仍未解决,则此合同取消。甲方需赔偿乙方已支付的20万元。并且由于自合同签订日起,乙方即开始承担游戏开发队伍人员的所有费用,甲方需赔偿乙方已支付的全部月数的所有人员费用的50%(开发队伍人员费用按每月8万元进行计算)。

g)如由于甲方原因导致合同取消,游戏版权仍属于甲方,但游戏开发队伍属于乙方。

10. 申请人提交的收款收据复印件表明:2009年2月23日,申请人收到F公司游戏转让定金20万元,并出具收款收据。

11. 2009年5月13日,申请人(甲方)与F公司(乙方)签订《游戏转让终止协议》,约定终止《游戏转让协议》,并且,"按照原'游戏转让协议'条款双方的约定,甲方在2009-5-11仍未能解决所转让的游戏和第三方的合作问题"的情况下,申请人需赔偿F公司40.4万元。《游戏转让终止协议》的主要约定如下:

1. 原双方于2009-2-23签订了《游戏转让协议》,但因甲方原因,造成协议未能正常执行,经双方协商,现终止此协议。

2. 按照原《游戏转让协议》条款双方的约定,甲方在2009-5-11仍未能解决所转让的游戏和第三方的合作问题,甲方需对乙方进行以下赔偿:

a)甲方需赔偿乙方因时间耽误和影响乙方游戏上线的损失10万元;

b)甲方需赔偿乙方已支付的20万元定金;

c)甲方需赔偿乙方已支付的全部月数的所有人员费用的50%(开发队伍人员费用按每月8万元进行计算,2009-2-23至2009-5-11),人员费用共计:20.8万元,甲方需赔偿乙方10.4万元;

d)协议终止后,游戏版权仍属于甲方,但游戏开发队伍属于乙方;

e)合计:甲方总共需赔偿乙方40.4万元。

3. 《游戏转让协议》终止后,乙方不可以再继续使用此游戏进行运营,否则甲方将追究乙方所有责任。

4. 本合同一式两份,双方各执一份;协议经双方法定代表人或代理人签字,并盖章后即行生效。

12. 2009年6月30日,F公司向申请人发出催款函,要求申请人支付相应赔偿款。

四、仲裁庭意见

(一)关于合同的效力

本案《网络游戏许可协议》由双方当事人经协商自愿签订,是双方的真实意思表示,内容不违反国家法律的强制性规定,合同合法有效,双方当事人应当据此享有权利,承担义务。双方均应依诚实信用原则,全面履行合同。

(二)关于合作期限

申请人主张双方的合作期限自2008年4月17日开始起算,截至2009年4月17日;被申请人则主张自2008年5月1日开始起算,截至2009年5月1日。仲裁庭认定,本案《网络游戏许可协议》项下的合作期限自2008年5月1日开始起算,截至2009年5月1日。理由如下:

1. 申请人提供作为证据的公证网页中存在相互矛盾的表述,仲裁庭难以据此推断2008年5月1日游戏完成公测正式上线,抑或只是正式上线开始公测。

2. 被申请人已支付许可使用费的时间不一,无法必然得出双方合作期限是从2008年4月17日这样一个具体的日期开始的结论。

3. 在申请人提供作为证据的其与案外人F公司签订的《游戏转让协议》(签订日期为2009年2月23日)中,明确指出其与被申请人合作终止日为2009年5月1日。申请人在2009年2月与F公司签订合同时就已认为终止日期为2009年5月1日,但3月向被申请人的发函中又认为到期日是2009年4月17日,仲裁庭认为这也是申请人提交的证据的矛盾之处。

(三)关于被申请人是否在期满后继续使用申请人的网络游戏

双方都认可2009年5月1日之后被申请人应当终止使用申请人的游戏软件。但申请人认为,被申请人在2009年5月1日之后仍继续使用申请人的游戏软件。被申请人则认为,其于2009年5月1日之后,就已不再使用申请人的游戏软件;被申请人在2009年5月7日重新提供给玩家使用的,是被申请人新设计的、与申请人的游戏软件不同的新游戏软件。仲裁庭认为,根据现有证据,无法判定被申请人正在使用的软件,是否为申请人享有权益的软件。理由如下:

第一,被申请人对在协议期限内所接触的产品不享有包括与产品相关的版权、外观或设计在内的任何知识产权权益,并且,双方应针对可能由任何一方开发的对产品的任何改进采取协调一致的行动。如果被申请人违反了上述有关条款,应承担相应的违约责任。

第二,被申请人的软件("C网络游戏")已经提出了软件登记申请,美术作品也获得了版权部门的登记。虽然申请人对此提出了异议,认为前者尚未取得软件著作权登记证书、被申请人使用的仍然是申请人的游戏软件,后者属恶意登记、剽窃他人作品的侵权行为,但是,迄今为止,本案尚无证据表明,有关软件登记的申请已因申请人主张的理由被驳回,或者有关美术作品的著作权登记已因申请人主张的理由被撤销登记。

第三,被申请人正在使用的游戏软件和申请人授权许可的游戏软件,并非完全一模一样。当然这并不排除被申请人正在使用的游戏软件(被申请人所称的"C网络游戏")是在违反本案系争协议相关约定(特别是第6条、第7条)的情况下对申请人的游戏软件("D网络游戏")开发取得的可能性。

第四,单凭目前双方当事人提交的证据,无法对申请人主张被申请人违约作出判定。无论是软件还是美术作品,在缺乏相应的版权机关对作品作出的结论之前,仅根据现有的证据,仲裁庭难以将两个并非完全一模一样的作品认定为同一种作品,或者认定其中一者侵犯了另一者,也无法认定被申请人是否违反了合同的约定以及在多大程度上违反了合同的约定。

第五,在本案存在侵权和违约竞合的可能性的情况下,如果被申请人侵犯了申请人的知识产权,同时也可能违反其在本案系争合同项下的义务。《合同法》第122条规定:"因当事人一方的违约行为,侵害对方人身、财产权益的,受损害方有权选择依照本法要求其承担违约责任或者依照其他法律要求其承担侵权责任。"因此,前述分析并不排除一方当事人就另一方当事人可能承担的相应合同或侵权上的责任,另循其他法律途径解决。

（四）关于被申请人是否应当承担申请人游戏转让交易产生的经济损失

申请人认为被申请人应当赔偿因其违约行为给申请人造成的应赔偿给第三方的损失。被申请人认为签订《网络游戏许可协议》时无法预见该项损失，且申请人与第三方之间的转让协议并未实际履行，申请人并无任何经济损失，其不应当承担该项赔偿责任。仲裁庭认为，根据《合同法》第113条、第119条的相关规定，损失应当符合可预见性和减损的原则，本案被申请人不应当承担申请人游戏转让交易产生的损失。理由如下：

第一，没有证据表明，申请人与被申请人签订本案《网络游戏许可协议》时，预见到该游戏将转让，或者被申请人违约将产生游戏转让方面的相应损失。

第二，从《网络游戏许可协议》第9条（合作期限）的内容来看，双方预见到的是如果年总收入达到60万元，合作期限自动顺延。这就意味着，在签订合同之时，对于双方只合作1年这一点也并非确定的，而要视经营情况。

第三，2009年2月23日，申请人与F公司签订《游戏转让协议》，其中相当一部分条款涉及被申请人的行为。申请人理应告知被申请人其不按合作期限行事的结果。然而遗憾的是，未有证据表明申请人在此后将可能出现的结果告知被申请人。另外还要指出的是，姑且不考虑申请人所提供收款收据在证据形式上的瑕疵（非原件，且非为申请人保留的收款收据而是交给交易对方的收款收据），在申请人已经收取F公司20万元并开始实际履行协议的情况下，申请人也未将相关情况通知《游戏转让协议》有关约定中涉及的被申请人。

第四，2009年3月25日，申请人向被申请人发出《关于〈网络游戏许可协议〉不再续签的通知函》，通知被申请人该协议到期后不再续签，请做好相关工作的安排。然而，申请人仍未在此时告知被申请人违约的后果。

第五，按照申请人与F公司签订的《游戏转让协议》的约定，申请人在《游戏转让协议》因存在问题而被取消之前，有10天的时间用来解决问题。在这一段期限内，申请人理应将有关后果告知被申请人，以期解决相关问题，减少可能的损失。然而，在2009年5月1日至2009年5月13日申请人与F公司签订《游戏转让终止协议》之前，申请人仍未告知被申请人该转让交易的存在、应当采取的行为及可能需要承担的后果。

第六,没有任何其他可采信的证据证明,申请人在本案仲裁发生之前,已经告知被申请人有关游戏转让的交易,或者采取相应的行为,避免或减少损失(如有)的发生。

综上,仲裁庭认为,无论申请人与F公司之间有关游戏转让的交易是否存在、申请人是否因此需要承担相关合同项下的损失,被申请人均无从预知。即便被申请人在2009年5月1日以后仍然使用申请人游戏软件的违约事实存在,且应当承担相应的责任,但申请人以游戏转让交易产生的损失作为被申请人违约应当承担的损失,仲裁庭不予支持。

五、裁决结果

1. 被申请人向申请人支付第四季度版权使用费人民币24999.99元,及从2009年5月1日起至付清款项之日止的利息,利息按中国人民银行同期贷款利率计算。
2. 被申请人不应再使用申请人的游戏软件。
3. 被申请人向申请人支付因处理本案支付的公证费人民币2800元。
4. 本案仲裁费由申请人承担40%、被申请人承担60%。
5. 驳回申请人的其他请求。

六、评析

本案是一起典型的游戏软件著作权纠纷,核心问题是如何认定涉案游戏软件作品的独创性,并据此判定被申请人是否违反约定,在申请人所有的D游戏软件基础上改进、开发出C游戏软件。由于本案争议发生于2009年,仲裁庭在裁决上述争点时主要参考了《计算机软件保护条例》(2001年,该条例已于2013年进行修订),本部分主要围绕计算机软件作品独创性的理解和认定进行分析。此外,随着2020年修正的《著作权法》的生效和学界对网络游戏著作权保护模式讨论的深入,本案申请人能否在当下选择更加多元的保护方式亦值得进一步讨论。

(一)关于被申请人是否改进了申请人的D游戏软件

《著作权法》保护的对象是作品中具有独创性的表达,判断被申请人是否违约改进了申请人的 D 游戏软件需要首先对该软件的独创性进行分析。根据《计算机软件保护条例》的规定,计算机软件是指计算机程序及其有关文档。计算机程序通常表现为为了得到某种结果而可由计算机等具有信息处理能力的装置执行的代码化指令序列,或者可以被自动转化成代码化指令序列的符号化指令序列或者符号化语句序列。① 相较于其他类型的作品,世界各国在采用何种方式保护计算机软件这一问题上迟迟未能达成共识,直至 1994 年才在 TRIPs 协定中规定计算机程序(包括源代码和目标代码)应当作为《伯尔尼公约》中的文字作品得到保护。② 有学者指出,计算机软件的著作权保护具有两个方面的特殊性:其一,计算机软件发挥的主要作用是操纵计算机完成特定步骤,这与其他旨在表达文学、艺术和科学领域内思想与美感的作品有所不同;其二,从作品本身的表现形式来看,计算机软件在形式上与文字作品存在一定程度的交叉。③ 在这两项因素的共同作用下,计算机软件作品的独创性认定呈现出高度复杂的局面,判断者既要在区分"思想"与"表达"时剥离其中的实用功能,同时也应选择合适的判断标准以平衡开发者和社会公众的利益。

从世界范围来看,美国在产业利益的驱使下不仅率先推动对计算机软件作品的保护,同时借助判例法的优势不断完善计算机软件作品独创性的认定标准,对各国的相关裁判产生了深远影响。整体而言,美国法院在计算机软件作品独创性的认定上经历了从"结构、顺序和组织"标准(即 Structure, Sequence and Organization,以下简称 SSO 标准)到"抽象、过滤和对比"标准(即 Abstraction, Filtration and Comparison,以下简称 AFC 标准)两个阶段。④ 在早期判例中,美国法院普遍是以类似文字作品的标准划定计算机软件作品的保护范围,其结果便使得侵权者极易通过改写、加工代码等形式抄袭他人软件以逃避侵权指控,严重抑制了软件产业的发展。⑤ 20 世纪 80 年代初,美国第三巡回上诉法院在 Whelan 案中开创性地指出,除了代码的文字

---

① 参见吴汉东主编:《知识产权法学》(第七版),北京大学出版社 2019 年版,第 70 页。
② 参见吴伟光:《著作权法研究——国际条约、中国立法与司法实践》,清华大学出版社 2013 版,第 124 页。
③ 参见王迁:《知识产权法教程》(第七版),中国人民大学出版社 2021 年版,第 135—136 页。
④ 参见郑成思:《知识产权论》(第三版),法律出版社 2007 年版,第 148 页。
⑤ 参见邓恒:《我国计算机软件著作权侵权判定之"实质性近似"再审视——以美国司法判例演变为研究对象》,载《法学杂志》2014 年第 9 期。

部分,开发者组织代码的结构、顺序和组织方式也可以作为表达得到法律保护。具体而言,每一计算机软件都具有特定的功能或目的,只要为达到该目的所能采用的方式不是唯一的,那么所选择的方式即代码的顺序、结构等要素也可构成有独创性的表达。① 相较于纯粹立足文本内容的判断标准,SSO标准有效地扩大了计算机软件作品的保护范围,形成了对计算机软件产业的有效激励。但应当注意的是,该标准在判断上具有较高的模糊性,计算机软件的整体目的并不是其中唯一的思想,各服务于整体功能的子系统模块也可能属于思想的范畴,因而此种标准可能会不当地扩大计算机软件作品的保护范围。

为了克服上述判断标准的弊端,美国第二巡回上诉法院在1992年的Altai案中提出了AFC标准,该标准借鉴了汉德法官区分思想与表达的抽象方法,通过对作品的基本表达进行逐层剥离,将作品抽象成为依次具有更高概括性的几个层次。具体而言,AFC标准以计算机软件的代码指令作为最基本的表达,通过功能划分将源代码区分为不同的系统模块,并反复重复上述步骤直到概括出软件整体的主要功能。在多层次的视角下,法官可以更清晰地识别出哪些部分属于作品中有独创性的表达,同时基于场景原则和混同原则将计算机软件作品中的思想和公有领域表达进行过滤,以便最终与涉案其他作品进行比对。② 在这一标准的指引下,美国法院在后续判例中将计算机软件区分为六个层次:①主要目的;②程序结构或框架;③模块;④算法和数据结构;⑤源代码;⑥目标代码。③

我国立法及司法实践正是在借鉴AFC标准的基础上展开对计算机软件作品独创性的判断。从AFC标准的学理基础来看,自"代码"不断抽象至"主要目的"的思路不仅立足于著作权法区分思想与表达的基本原理,也有效平衡了已有软件与在后创新软件之间的利益关系,为法院和仲裁机构处理类似案件提供了清晰的指引。可以说,对计算机软件代码的抽象和比对是认定该类作品是否构成实质性相似的前提。正因如此,《计算机软件保护条例》才将计算机程序直接定义为代码化指令序列。最高人民法院在石鸿林诉泰州华仁电子资讯有限公司侵害计算机软件著作权纠纷案中也指出,在被告拒绝

---

① 参见郑成思:《知识产权论》(第三版),法律出版社2007年版,第154—157页。
② 参见张吉豫:《计算机软件著作权保护对象范围研究——对美国相关司法探索历程的分析与借鉴》,载《法律科学(西北政法大学学报)》2013年第5期。
③ 参见崔国斌:《著作权法:原理与案例》,北京大学出版社2014年版,第203页。

提供被控侵权软件源代码的情况下,如果原、被告软件在设计缺陷方面基本相同,而被告无正当理由拒绝提供软件源代码以供直接比对的,考虑原告的客观举证难度,可以直接判定原、被告的计算机软件构成实质性相似。①

具体到本案,申请人与被申请人通过合同约定后者对其运营的网络游戏始终不享有任何著作权法上的权利,申请人若要证明被申请人违反约定对其所有的 D 游戏软件进行改进,则应当向仲裁庭提供该游戏软件源代码以供对比。但从仲裁庭认定的事实来看,申请人自始至终都未能提交 D 游戏软件的源代码,即便仲裁庭认为本案被申请人所使用的 C 游戏软件可能是在 D 游戏软件基础上改进而成的,但在缺乏源代码这一关键证据的情况下亦无法作出最终认定。因此,仲裁庭认定被申请人是否可以使用现有的 C 游戏软件应在其他法律程序中予以解决,符合《计算机软件保护条例》的基本立场和仲裁规则,具有较强的说服力。

(二)关于本案网络游戏著作权保护的进一步思考

随着网络游戏产业的发展和司法实践的深入,学界就网络游戏的著作权保护模式形成了多种观点,本案当事人亦可选择多种路径保护合法权益。从作品类型来看,网络游戏除了构成本案当事人所主张的计算机软件作品,还曾被认定为以类似摄制电影的方式创作的作品(以下简称"类电作品")②,也有观点主张将网络游戏中的画面、音乐等要素抽离出来进行单独保护或将其整体作为汇编作品。司法实践中,将网络游戏整体认定为类电作品是近年来我国法院在类似案件中采用的主流做法,《太极熊猫》游戏诉《花千骨》游戏一案即采用了该种裁判思路并入选我国 2019 年十大知识产权典型案例。法院在该案判决中指出,类电作品是指摄制在一定介质上并由一系列有伴音或者无伴音的画面组成的作品,涉案网络游戏的角色互动、游戏情节结构类似于电影拍摄中的剧本创作,而玩家操作之下形成的游戏整体画面也与电影摄制、成像的过程高度相似,即便游戏玩家可以自由操作游戏,其所形成的画面表达也并未超出开发者的设定范围,因而将涉案网络游戏认定为类电作品并

---

① 参见最高人民法院指导案例第 49 号;江苏省高级人民法院(2007)苏民三终字第 0018 号民事判决书。

② 参见王迁、袁锋:《论网络游戏整体画面的作品定性》,载《中国版权》2016 年第 4 期。

无明显不当。① 有学者指出,从文义解释的角度来看,网络游戏画面的生成过程与类电作品定义中的"摄制"等要求相去甚远,将网络游戏认定为类电作品已超过我国《著作权法》的法定构成要件②,为了兼顾游戏开发者利益保护和正确解释适用法律,宜借助类推这一法律漏洞填补方法,经过充分的说理后针对网络游戏类推适用类电作品的相关规则。③

2021年6月1日,经过第三次修正的《著作权法》正式生效。本次修法对作品的类型进行了重大调整,以"视听作品"取代了"电影作品"和"类电作品",为网络游戏的著作权保护带来新的契机。所谓视听作品,是指"由一系列有伴音或无伴音的画面组成并借助适当装置放映或者以其他方式传播的作品"④。相较于以往电影作品和类电作品的定义,视听作品删去了"摄制在一定介质上"这一构成要件,在此前提下,若网络游戏运行画面这一表达形态在连续画面的衔接、编排上具有独创性,即可作为视听作品得到保护。⑤

结合前述评析及本案案情,申请人在仲裁过程中还可选择从计算机软件作品以外的角度进行维权。相较之下,以计算机软件作品著作权被侵犯为由提起仲裁要求申请人提交涉案软件的源代码,该过程可能存在泄露商业秘密等诸多风险。若申请人采取在本案中不提交源代码的做法,仲裁庭亦无法获得充分的证据来支持其仲裁请求。正如本案仲裁庭意见所指出的,申请人还可另寻其他法律途径追究被申请人的侵权责任。在申请人指控对方恶意使用其美术作品等内容的情况下,选择以视听作品或其中单独作品的著作权被侵犯为由进行起诉也许是更加有效的诉讼策略。

(本案例由中南财经政法大学知识产权研究中心
博士研究生杨依楠和硕士研究生朱冬梅编撰)

---

① 参见成都天象互动科技有限公司、北京爱奇艺科技有限公司与苏州蜗牛数字科技股份有限公司著作权权属、侵权纠纷案,江苏省高级人民法院(2018)苏民终1054号民事判决书。
② 参见焦和平:《形式解释论下网络游戏动态画面的著作权保护路径》,载《现代法学》2021年第2期。
③ 参见张书青:《网络游戏著作权法保护的路径选择与模式优化——评〈蓝月传奇〉案》,载《电子知识产权》2020年第7期。
④ 王迁:《知识产权法教程》(第七版),中国人民大学出版社2021年版,第125页。
⑤ 参见崔国斌:《视听作品画面与内容的二分思路》,载《知识产权》2020年第5期。

案例3　销售方产品侵犯第三人著作权是否致使"合同目的不能实现"的判断

仲裁要点：1. 在买受人出于自用目的购买产品的前提下，如出卖人销售的产品侵犯第三人著作权，将造成买受人无法合法使用产品，进而导致合同目的无法实现。

2. 法定解除权是基于合同性质以及法律对合同双方当事人利益关系的调整目的，由法律直接进行规定的权利，不能以合同约定的形式加以排除和对抗。

3. 法律没有规定或者当事人没有约定，经对方当事人催告后，合同解除权行使的合理期限为3个月。对方当事人没有催告的，合同解除权应当在解除权发生之日起1年内行使。

一、案情概要

2010年2月4日，申请人A公司作为买方与被申请人B公司作为卖方签订了案涉检测仪买卖《合同》，约定：被申请人为申请人提供一台X-RAY无损透视检测仪，单价为37万元，被申请人保证该产品无侵权行为，如有侵权行为，造成的一切后果由被申请人承担。整机保修期两年(含光管)。

合同签订后，申请人依约向被申请人分期支付了全部货款，被申请人向申请人交付了检测仪。

2010年，案外人C公司以检测仪侵犯其依法享有著作权的操作软件合法权益为由，向某市区人民法院对申请人提起诉讼，要求申请人停止侵权并赔偿损失，后追加本案被申请人为第三人参加了诉讼。

2011年3月，检测仪因X光管出现故障而无法正常工作，需进行光管更换等维修事项。申请人与被申请人在故障责任等方面产生分歧,致使维修、更换工作没有进行。

2011年4月,申请人向C公司另行采购了一台X射线检测设备。

2012年4月,某市区人民法院作出民事判决,确认被申请人出售给申请人的检测仪侵犯了C公司的X光机操作软件著作权,并判令申请人自判决生效之日起须立即停止使用检测仪。后被申请人不服提起上诉,某市中级人民法院判决驳回被申请人的上诉,维持原判。

2014年3月,某市中级人民法院将原判决书第一判项A公司须于本判决生效之日起立即停止使用检测仪,更正为A公司须于本判决生效之日起立即停止使用检测仪中侵犯C公司X光机操作软件的计算机软件。

申请人所购设备中使用的软件因侵犯他人知识产权而被人民法院依法判令停止使用,申请人依据《合同》中的仲裁条款于2013年8月20日向深圳国际仲裁院提起仲裁,请求裁决:

1. 解除申请人与被申请人签订的购买检测仪《合同》。
2. 被申请人向申请人返还货款37万元。
3. 被申请人返还申请人从2010年2月5日至2013年8月15日按照同期银行贷款利率计算的利息62438.72元。
4. 被申请人向申请人偿还货款从2013年8月15日起至付清之日期间的利息(按同期银行贷款利率计算)。
5. 被申请人支付申请人因C公司诉申请人侵害计算机软件著作权一案聘请律师而支付的律师费7500元。
6. 被申请人支付申请人因本案聘请律师而支付的律师费3.6万元。
7. 被申请人承担本案的仲裁费用及保全费用。

二、当事人主张

(一)申请人主张

1. 2010年3月8日,被申请人向申请人出具了一份《保证函》,被申请人向申请人承诺检测仪的软件不存在侵权,如有侵权,被申请人愿承担并赔偿给申请人造成的一切损失;并承诺C公司起诉申请人计算机软件著作权侵权纠纷一案,被申请人承担所产生的全部后果和一切费用。

某市中级人民法院补正裁定并未改变二审生效判决的实质后果,申请人既然不能使用检测仪的操作软件,也就不能使用检测仪,申请人购买该设备的目的一样不能实现;本案合同解除的条件在二审判决生效之时即已成就,该裁定书送达申请人时与二审判决的生效时间整整相隔一年半的时间,根据生效判决的既判力,申请人在这一年半的时间里,无论是在法律上还是在事实上,都不可能继续使用被申请人出售的检测仪。

2. 关于被申请人提出更换操作软件问题,《合同法》第150条规定,出卖人就交付的标的物,负有保证第三人不得向买受人主张任何权利的义务。被申请人向申请人出具的《承诺函》中,被申请人一再承诺其出售的检测仪不存在任何侵权,如有侵权,愿承担全部后果和一切费用。上述二审判决生效后,被申请人未主动联系申请人,更未提出更换操作软件或者赔偿申请人损失。即使被申请人更换了操作软件,也不能保证其更换的操作软件未侵犯他人合法权益。

检测仪因质量问题出现故障,被申请人拒绝履行保修期限内的维修义务,经申请人多次催告仍拒绝履行,该违约行为导致申请人合同目的不能实现,据此申请人有权解除合同。

因被申请人违约导致合同解除,根据《合同法》第97条的规定,申请人有权要求被申请人返还货款并赔偿货款的利息损失,同时有权要求被申请人承担申请人应诉及仲裁维权支付的律师费、案件受理费和保全费用。

(二) 被申请人主张

1. 法院判决书正确的文字表述应该是"停止使用侵权软件,而不是判决停止使用该机器"。该机器的操作软件可以随时更新或更换,更新或更换后并不会影响机器的使用。根据某市中级人民法院作出的裁定可以得知,本案合同标的物机器与机器中的软件属于主体物与附属物的关系。货物属于嵌入了知识产权的货物而非知识产权本身。

申请人通过买卖合同取得了货物的所有权,已经实现了合同目的;即便货物的使用功能被认定为是买卖合同的目的之一,申请人仍然可以通过更换合法软件的方法而继续合法使用货物。其使用货物的目的依然可以实现,同时某市中级人民法院作出的补正裁定,对机器和软件的界限作了明确的划分。因此被申请人未导致申请人买卖合同目的无法实现,申请人无权根据《合同法》第94条关于因一方违约"致使不能实现合同目的"的规定而享有合同解除权。

2. 对于申请人以被申请人拒绝履行维修义务为由主张解除合同。被申请人认为,首先,该机器出现故障的原因是申请人的工作人员不正当操作,该种损坏并不在被申请人保修范围内。其次,被申请人未能提供及时维修,是因为申请人与被申请人未能协商一致。维修义务只是主合同的附随义务,即使构成违约也只是一般违约,不能构成合同的根本违约,不能以此作为解除合同的理由。

3. 《合同》明确约定:本合同一经签署不得解除。申请人已经放弃合同解除权;同时,申请人申请解除合同已经经过了法定的除斥期间。申请人使用涉案机器损坏是在2011年3月,距申请人第一次到法院起诉的2013年6月已经过去两年有余,因此,依据法律规定申请人已经过了法定的合同解除期限。

4. 申请人请求被申请人承担其在另案和本案中聘请律师的费用,于法无据。本案律师费并非当事人进行诉讼所必然支出的费用,也无法得到法律的支持。

三、仲裁庭意见

本案争议焦点主要有三点:一是被申请人是否构成违约导致合同目的无法实现;二是合同约定排除法定解除权的问题;三是合同解除后货款及设备返还问题。

(一) 被申请人是否已构成违约并导致申请人的合同目的无法实现

某市中级人民法院的民事判决确认:被申请人出售给申请人的检测仪侵犯了C公司的X光机操作软件著作权,违反了双方《合同》约定及被申请人《保证函》的承诺,已构成合同违约。

根据《合同》的相关约定,申请人购买检测仪的根本目的是自用,而非转卖他人获利,且该仪器属于其自身生产流程中的一个日常使用的检测设备。据此,仲裁庭认为,对申请人而言,取得标的物的所有权固然是其合同目的之一,但能合法、有效使用检测仪才是合同的根本目的。根据某市中级人民法院的判决,申请人自2012年9月25日判决生效日起,已无法使用检测仪,导致其合同目的无法实现。

一方面,检测仪作为申请人生产流程中的一个必要且日常使用的检测设备,在其被判决禁用后,被申请人无理由要求申请人不顾正常生产,而长期坐视等待,或相信被申请人能提供同等质量的合法替代品。另一方面,作为合同违约一方,没有充足证据证明,被申请人在上述诉讼期间,乃至终审判决生效后,已采取了积极、及时、有效的补救措施,如立即免费为申请人更换其他同等品质的合法替代产品,或为检测仪嵌入新的、能使申请人确信其合法及等品质的其他非侵权替代软件等。

据此,申请人在被申请人违约,且导致其合同目的无法实现的情况下,依据《合同法》第94条第(四)项的规定,请求解除《合同》,理由成立,应予支持。

(二)关于当事人《合同》约定能否排除《合同法》关于法定解除规定问题

基于合同自由原则,当事人可以在合同中约定在某种情事发生时,一方当事人享有解除合同的权利,这就是《合同法》关于合同约定解除权规定的立法宗旨。当然,基于合同自由原则,当事人也可以在合同中约定放弃约定解除权的行使。而法定解除权则是基于合同性质以及法律对合同双方当事人利益关系的调整目的,由法律直接进行规定。只要所规定的情况发生,合同一方即可以享有法定解除权,它不能被所谓合同约定排除。否则,在合同一方构成根本性违约的情况下,法定的合同救济措施可能成为一纸空文,从而导致合同关系的无序、混乱。

《合同》中约定,本合同一经签订不得解除,仲裁庭认为,上述《合同》约定的效力应限定在合同约定解除范围,即可视为合同双方对合同约定解除权的放弃。而本案申请人所依据的《合同法》第94条第(四)项之规定,则属合同法定解除的规定,不能以合同约定的形式加以排除和对抗。

(三)关于申请人行使合同解除权是否超出除斥期间问题

《合同法》对于法律没有规定或者当事人没有约定解除权行使期限,且当事人一方没有催告情况下解除权的除斥期间没有明确规定。《商品房买卖解释》(2003年公布)第15条规定,法律没有规定或者当事人没有约定,经对方当事人催告后,解除权行使的合理期限为3个月。对方当事人没有催告的,解除权应当在解除权发生之日起1年内行使;逾期不行使的,解除权消灭。最高人民法院的上述司法解释,是对《合同法》规定缺失的补足,为目前司法审判普遍认可,且在解决相类似合同纠纷案件中亦有类推适用的先例可循。

本案所涉《合同》并没有对解除权行使期限进行约定,而且就目前的证据而言,尚不足以证明被申请人已收到申请人之催告或解除合同通知。在此情况下,仲裁庭认为,本案可以类推适用最高人民法院的前述规定。如前所述,民事判决的生效日期即2012年9月25日应作为申请人行使解除权的发生日。申请人向法院对被申请人提起诉讼的时间是2013年6月,距离解除权的发生日也即行使合同解除权除斥期间的起算点并未超出1年。据此,申请人的合同解除权并未因超出除斥期间行使而消灭。

(四)关于合同解除后货款及设备返还问题

《合同法》第97条规定,合同解除后,已经履行的,根据履行情况和合同性质,当事人可以要求恢复原状、采取其他补救措施,并有权要求赔偿损失。据此,申请人在合同解除后,请求返还付给被申请人购买检测仪的货款本金及赔偿相应利息损失,于法有据,应予支持。申请人所请求的利息损失是以同期银行贷款利率计算的,属合理范围,仲裁庭予以支持。与此同时,申请人应依法将检测仪返还给被申请人。

(五)关于申请人的其他仲裁请求

申请人因C公司诉其侵害计算机软件著作权一案聘请律师已支出律师费7500元,为此请求由被申请人赔偿上述律师费损失。仲裁庭认为,根据《合同》约定及《保证函》的承诺,被申请人应承担"如有侵权行为造成一切后果"的责任,承担相关诉讼的"应诉责任,并承担所产生的全部后果和一切费用"。而上述律师费支出确为被申请人侵权行为所致,且支出合法,金额合理,应予支持。

本案申请人所支出的律师费3.6万元,亦属合法、合理支出,亦应由被申请人承担。

因申请人仲裁请求获得全部支持,本案仲裁费用应由被申请人全部承担。

四、裁决结果

1. 解除申请人与被申请人签订的购买 X-RAY 无损透视检测仪《合同》。
2. 被申请人向申请人返还货款本金 37 万元及利息。
3. 被申请人赔偿申请人因 C 公司诉申请人案所支出的律师费 7500 元并承担本案申请人所支付的律师费 3.6 万元。本案仲裁费由被申请人承担。
4. 驳回申请人其他仲裁请求。

五、评析

本案是因购买侵犯计算机著作权产品而引起的买卖合同争议。涉及法律问题包括：一是双方是否就检测软件使用权进行约定；二是申请人无法使用检测仪是否导致合同目的无法实现；三是法定解除权的除斥期间；四是合同解除后如何处理。

（一）双方是否就检测软件使用权进行约定

涉及软件授权争议类案件，当事人购买机器产品，并不意味着支付了相关软件的使用对价。

在 2019 年深圳国际仲裁院受理的一起涉外手机贸易案件中，申请人向被申请人采购的手机因在越南无法使用谷歌移动服务（以下简称"GMS"）认为严重影响智能手机的使用，已经丧失智能手机的基本功能，向被申请人提出解除销售合同，返还货款请求。被申请人表示 GMS 认证的合作伙伴清单在 Google 的 Android 官网上很容易查询，作为手机进出口贸易交易方，申请人具备专业背景，可以获悉被申请人非 GMS 认证的合作伙伴，被申请人对此不存在任何隐瞒的行为。申请人愿意与被申请人合作并在越南销售被申请人所提供的手机，即证明申请人愿意对谷歌公司可能停止 GMS 服务这一商业风险承担责任。

在分析双方合同后，该案仲裁庭作出判断如下：

首先，仲裁庭认为双方当事人在销售合同、用户手册、使用说明或者保修卡等文件中均未就手机交付时应满足何种质量进行约定，未就 GMS 认证进行承诺,通过 GMS 认证并非双方约定的手机交付应达到的质量标准之一。

其次,《合同法》第 62 条规定:"当事人就有关合同内容约定不明确,依照本法第六十一条的规定仍不能确定的,适用下列规定:(一)质量要求不明确的,按照国家标准、行业标准履行;没有国家标准、行业标准的,按照通常标准或者符合合同目的的特定标准履行……"双方均承认手机行业并没有安卓手机需进行 GMS 认证的国家标准或行业标准。

最后,仲裁庭再分析未进行 GMS 认证是否"不符合合同目的的特定标准"。申请人和被申请人没有对涉案手机在越南当地使用谷歌服务进行约定。涉案手机本身具备安装各种应用程序的功能,仅不能使用谷歌系列服务,不构成不能达成合同目的,或认定其标准不符合合同目的。因此,申请人主张涉案手机没有进行 GMS 认证构成质量问题不成立。基于谷歌网站已经公示的合作伙伴的事实,以及公平原则,推定申请人已经知道被申请人非谷歌授权的生产商,生产的手机未进行 GMS 认证,可能出现在越南无法使用谷歌系列服务的情况。根据贸易订单约定适用 INCOTERMS 2000 下的 FCA 的贸易术语,在这种情况下,仲裁庭认定不能使用谷歌系列服务的责任和后果由申请人承担。

综上,在涉案产品因质量问题导致无法使用的,申请人以合同目的无法实现要求解除合同的,仲裁庭可逐项分析:第一,双方是否就产品质量进行约定;第二,未约定产品质量标准的,是否可以参考国家标准或行业标准;第三,判断是否"不符合合同目的";第四,认定责任承担。

在涉知识产权贸易案件中,可能存在购买知识产权载体(机器)费用与知识产权授权使用费分开计收的情况,仲裁庭还应考虑行业内相关交易费用,推定当事人交易内容。本案中,双方当事人专门就检测仪软件使用问题进行约定,被申请人向申请人出具《保证函》承诺检测仪的软件不存在侵权,如有侵权,被申请人愿承担并赔偿给申请人造成的一切损失。

应该认定,双方当事人在交易时即对检测仪涉及的软件纠纷有合理预见,被申请人就检测软件问题向申请人作出保证,可以认为检测仪、检测软件同时合理使用符合双方交易内容。申请人购买检测仪支付款项,包含检测软件使用对价。

(二)申请人无法使用检测仪是否导致合同目的无法实现

合同目的包括客观目的与主观目的,客观目的即典型的交易目的,按约定交付符合种类、数量、质量要求的物品;主观目的是指当事人订立合同的动机。通常,合同动机不作为合同目的,但是如果当事人在合同中明确将合同动机作为成交的基础,或者说作为合同条件,可以将此类合同动机作为合同目的。履行合同是否能实现营利,仅为合同动机而非合同目的,当事人不能仅以其营利目的落空为由主张合同目的不能实现。在认定合同目的时,通常从合同客观目的考量。

本案中,检测仪为申请人日常生产必要设备,但因软件侵权,申请人在客观上无法正常使用该产品,按照双方约定,被申请人应就其生产、销售的产品是否正常使用负有合理的审查义务,承担违约责任。

对于"不能实现合同目的"的理解,多数观点认为属于根本违约。查询最高人民法院对《合同法》第94条的释义,"不能实现合同目的"多次为"(严重)影响订立合同所期望的经济利益"的表述所替代,因而"不能实现合同目的"与"(严重)影响订立合同所期望的经济利益"相似,即违约结果客观严重,实际剥夺了履行利益,使当事人订立合同所追求的履行利益不能实现。[①] 本案中,申请人无法使用检测仪,因生产需要必须重新向第三人采购新设备,符合严重影响合同经济利益的判断,应认定属于"不能实现合同目的"。

关于"不能实现合同目的"解除权。《合同法》以"不能实现合同目的"作为法定解除的判断标准,允许守约当事人在合同目的不能实现的情况下,摆脱合同束缚。合同的法定解除与约定解除不同,从形式上看,法定解除事由由法律直接规定,只要发生了法律规定的具体情形,当事人即可主张解除合同,无须征得对方当事人同意,当事人一方即可以行使解除合同的权利。约定解除事由则需要当事人的意思自治。《民法典》第563条在《合同法》第94条的基础上予以完善规定:"有下列情形之一的,当事人可以解除合同:(一)因不可抗力致使不能实现合同目的;(二)在履行期限届满前,当事人一方明确表示或者以自己的行为表明不履行主要债务;(三)当事人一方迟延履行主要债务,经催告后在合理期限内仍未履行;(四)当事人一方迟延履行债务或者有其他违约行为致使不能实现合同目的;(五)法律规定的其他情形。以持续履行的债务为内容的不定期合同,当事人可以随时解除合同,但是应当在合理期限之前通知对方。"

---

① 参见崔建远:《合同法总论(中卷)》(第二版),中国人民大学出版社2016年版,第679页。

本案属于《民法典》第563条第1款第(四)项规定的其他违约行为,导致不能实现合同目的引起的合同解除。参考《买卖合同司法解释》第19条的规定:"出卖人没有履行或者不当履行从给付义务,致使买受人不能实现合同目的,买受人主张解除合同的,人民法院应当根据民法典第五百六十三条第一款第四项的规定,予以支持。"

综上,申请人可根据《民法典》《买卖合同司法解释》以"不能实现合同目的"主张解除合同。

(三)法定解除权的除斥期间

在《民法典》出台前,司法实践一般参考《商品房买卖解释》(2003年公布)第15条的规定,认可解除权应当在解除权发生之日起1年内行使。

2017年《民法总则》施行,其中第199条规定:"法律规定或者当事人约定的撤销权、解除权等权利的存续期间,除法律另有规定外,自权利人知道或者应当知道权利产生之日起计算,不适用有关诉讼时效中止、中断和延长的规定。存续期间届满,撤销权、解除权等权利消灭。"据此,撤销权、解除权等形成权均适用除斥期间的规定。《民法总则》第152条已经规定撤销权的行使期限为1年,但因撤销权除斥期间规范并不能直接适用于解除权,类推适用也缺乏必要基础。

《民法典》第564条第2款就解除权除斥期间作出规定:"法律没有规定或者当事人没有约定解除权行使期限,自解除权人知道或者应当知道解除事由之日起一年内行使,或者经对方催告后在合理期限内不行使的,该权利消灭。"明确解除权的行使期限为1年。

(四)合同解除后如何处理

《民法典》第566条规定:"合同解除后,尚未履行的,终止履行;已经履行的,根据履行情况和合同性质,当事人可以请求恢复原状或者采取其他补救措施,并有权请求赔偿损失。合同因违约解除的,解除权人可以请求违约方承担违约责任,但是当事人另有约定的除外。主合同解除后,担保人对债务人应当承担的民事责任仍应当承担担保责任,但是担保合同另有约定的除外。"相较于《合同法》第97条,《民法典》在本条增加了合同解除后的违约责任与担保责任的规定。

合同解除不影响当事人要求赔偿损失的权利,出于对解除权人的保护,需要肯定对于履行利益的赔偿(不限于信赖利益的赔偿)。对于解除权人恢复原状后,无法获得因债务履行不能所产生的损害,应当允许其请求以履行利益(包括合同履行后可以获得的利息)为主,在没有发生重复填补问题的前提下,可以包括信赖利益等其他损失的赔偿。

综上,本案申请人请求按同期银行贷款利率赔偿货款利息,属合理范围,应予支持。

(本案例由深圳国际仲裁院陈宇明编撰)

案例4 委托人在未按照约定支付报酬时能否使用作品或取得著作权

仲裁要点：委托合同中，双方当事人约定"受托人提供给委托人的任何设计概念及其图纸和任何产品，在委托人全额付款前，应属受托人财产"。该条属于所有权保留条款，实质上是对受托人付款请求权提供的一种担保，其目的是获得全额付款，而非限制委托人对受托人设计作品的使用。且合同双方未约定委托人尚未完全履行义务之前不能使用受托人交付的作品，因此，委托方对受托方交付的作品，享有合法的使用权，与一般情形下的侵犯著作权的行为有着本质的区别，并不构成违约行为或者侵权行为。但是，委托人完全履行义务之前，依约不享有受托人所提供作品的所有权。

一、案情概要

2017年1月，申请人A科技有限公司与被申请人B家具设计有限公司签订《设计、咨询、生产和服务主协议》（以下简称《主协议》），约定由被申请人为申请人提供珠宝品牌设计概念、咨询、生产、物流服务。服务范围包括"D品牌"和"E品牌"两个品牌设计概念服务；C店设计、生产、施工和安装服务；由申请人书面确定，经双方共同书面同意列入协议范围的其他项目。价格及支付方式为："D品牌"和"E品牌"两个品牌设计概念服务的价格各为40万元，总额为80万元，被申请人给予25%折扣后的总额为60万元，支付方式为2017年1月先付30%的定金，2月设计概念确认后支付50%，3月交付全部详图后8天内支付20%。C店项目的含税价总额为426438元，先支付50%的定金，在装运前支付35%的费用，在完成验收后支付10%的费用，在被申请人提供完服务后8天内支付剩余5%的费用。所有权归属方式的约定为:被申请人提供给申请人的任何设计概念及其图纸和任何产品,在申请人全额付款前,应属被申请人财产;设计概念应当按照支付条款收费,若申请人不选择被申请人进行后续生产,且同意按照附表中收取的设计概念金额总值的25%付费,申请人此后将完全获得设计概念的所有权。若申请人未按照协议规定的方式付费或被申请人迟延交货、质量不合格,《主协议》可由被申请人或申请人自动提前终止。

2017年1月,申请人向被申请人支付了设计概念费用30%的定金后,被申请人开始进行设计概念。2017年2月,被申请人向申请人提交两份品牌战略概念书。2017年3月,申请人向被申请人支付了40%的设计概念费用,共计43.08万元。同月,被申请人开始为C店提供设计、生产、安装和装修服务。2017年6月,双方开会讨论合同履行过程中的问题,被申请人将其整理的会议纪要发给申请人,但申请人没有回签。其后,双方当事人在被申请人是否履行了与申请人确认设计概念及交付设计成果、申请人是否拖欠款项、申请人是否就被申请人交付的设计成果享有著作权及使用权等问题上产生争议。

申请人遂依据《主协议》中仲裁条款的相关约定,向深圳国际仲裁院申请仲裁。仲裁请求如下:

1. 终止申请人与被申请人签订的《主协议》,并确定申请人享有《主协议》项下被申请人已经交付的设计成果之所有权及使用权。

2. 被申请人退还申请人设计费用301560元。

3. 被申请人承担律师费5万元。

4. 本案仲裁费由被申请人承担。

被申请人亦提出仲裁反请求,反请求如下:

1.《主协议》因申请人的违约行为自裁决作出之日起解除。

2. 申请人向被申请人支付设计费暂计852746.50元,并承担迟延付款的利息。

3. 确认申请人未经许可使用被申请人设计成果的行为侵犯了被申请人的著作权。

4. 申请人立即停止使用被申请人的设计成果,直至申请人支付完毕所拖欠的设计费及其利息。

5. 申请人赔偿被申请人因申请人侵犯被申请人著作权的行为而造成的损失及其利息。

6. 申请人承担被申请人为本案支出的公证费9800元、保全费10246.57元、翻译费2500元及律师费25万元。

7. 申请人承担本案仲裁费及其他与仲裁相关的费用。

二、当事人主张

(一) 申请人主张

1. 被申请人构成违约,且协议无法继续履行,申请人可以根据《主协议》的约定,行使合同解除权。根据合同约定,被申请人应于2017年2月15日交付约定的全部设计概念,但经申请人多次催告,被申请人截至本案首次开庭之日仍未履行其应尽之交付义务。被申请人延迟交付的行为已属违约,申请人有权行使合同解除权。

2. 《主协议》解除后,申请人就被申请人交付的设计成果享有著作权及使用权。协议中明确约定,如申请人不选择被申请人进行后续生产,申请人只要按照设计概念金额总值(即折扣后总价60万元)的25%付费(即15万元),就将获得设计概念的所有权。本案中,申请人总计支付了43.08万元,已经远远超过了设计概念总金额的25%,理应就被申请人交付的设计概念享有著作权。

3. 被申请人应退还申请人设计费用301560元。E品牌的设计概念未完整交付,已交付的部分全部未得到申请人任何确认,申请人对被申请人提交的《E品牌手册》相当不满意,要求被申请人进行修改或重做,但被申请人因其公司设计师人员不足,导致E品牌的设计搁置。D品牌已经交付的设计概念不到设计项目清单的1/3,且确认使用的不到10%,申请人多次催促被申请人,被申请人都未再交付修改部分和未完成部分。因此,被申请人尚未完成第二阶段概念设计,申请人不仅不应再支付剩余设计费,申请人超额预支付的设计费用因被申请人未完成约定义务,未达到收款条件,双方权利义务不对等,依法应予退回。

4. 被申请人无权提出解除合同的反请求。首先,被申请人违约迟延交付完整概念,申请人有权不支付当期设计费用,被申请人无权行使解除权。其次,被申请人在仲裁前从未向对方提出解除合同,在申请人提起仲裁前《主协议》并未解除,被申请人依然有义务履行交付设计成果的义务,被申请人主张《主协议》已解除无事实依据,协议任何一方既未单方提出解除,也未履行协商解除的手续或发出解除意思表示。被申请人当庭依据《合同法》第 94 条提出行使合同解除权无事实依据。

5. 被申请人尚未交付全部设计概念,《主协议》约定的第二期付款条件尚未达成,申请人无须支付第二期设计费用。被申请人主张第二阶段确认设计概念仅是"确认一个想法",待想法确认后才会进行视觉呈现设计。但《主协议》中明确约定 D 品牌设计项目中"设计概念"的描述为"视觉和图形识别、商店准备(独立店、店中店、边厅)、视觉商品陈列(包括道具和包装)设计概念",E 品牌设计项目中"设计概念"的描述为"标识识别、视觉和图形识别、商店准备(独立店、店中店、边厅)、视觉商品陈列(包括道具和包装)"。这说明双方均认可"设计概念"应当"具有视觉和图形识别",显然不属于想法的范畴,而是能够通过具体的表达方式呈现出的具有视觉效果与可识别性的图纸等设计成果。只有当被申请人按照合同要求交付设计概念,即设计图纸,并经过申请人的书面确认之后,第二期 50% 的付款条件才能成就,而并非被申请人所谓的"确认想法"之后就应当支付 50% 的款项。

6. 被申请人无权要求申请人支付 D 品牌和 E 品牌设计理念剩余应付款项。按照《主协议》的付款安排,第三阶段付款条件为交付详图,但被申请人目前已交付的 VI 设计项目清单的部分内容显然并不属于第三阶段的详细图纸范畴,而应属于第二阶段项目设计范围,且设计概念未得到申请人的全部确认,申请人无须支付剩余设计费用。

7. 被申请人无权索要 F 店、G 店、H 店、I 店四间店铺的设计费用。双方并未就上述四间店铺设计签订任何委托合同,申请人不同意被申请人对平面图图纸的报价,双方未达成书面协议,且无证据证明被申请人向申请人提供过 H 店和 I 店平面图图纸。因此,被申请人在连最基本的平面图都没有提供或未被确认,双方也未确定价格、未签订书面委托设计合同的情形下,索要四间店铺的设计费用缺乏证据以及事实依据。

8. "AQ 树"属于《主协议》的一部分,并非单独的设计订单,被申请人主张"AQ 树"的设计费用无事实依据。2017 年 4 月,双方的会议纪要中写明申请人催促被申请人完善并提供完整 D 品牌/E 品牌品牌故事(D 品牌包括"AQ 树"),可见,"AQ 树"是 D 品牌整体概念设计的一个组成元素,并非一个单独的设计需求,双方也未就"AQ 树"形成新的、单独的委托设计合同关系。况且,"AQ 树"在当时仅是一个想法,而非视觉存在的概念设计,被申请人迄今为止没有向申请人交付任何关于"AQ 树"的具有视觉和图形识别的设计成果。

9. 申请人并未侵犯被申请人的著作权。第一,根据《主协议》所有权归属方式的约定,申请人已经支付了对应委托创作作品的全部设计费用,取得了设计作品的所有权。第二,"HD 图形"这一元素是包含在 D 品牌设计项目清单中的辅助图形,申请人也支付了相应费用,已取得了"HD 图形"的所有权,申请人对该图形的使用属于合法使用。第三,"柜台的流线型、整体色调"并非《著作权法》规定的作品,不受《著作权法》保护。第四,被申请人对 C 店的设计、生产、安装、装修行为,导致其所主张的权利在该店铺中已经被公开使用,属于《著作权法》所称已经发表的作品。同时,安装行为也明确认可了申请人可以在合同范围内对已经安装的设计成果进行使用。第五,根据《著作权法》(2010 年修正)第 16 条、第 20 条、第 21 条和《著作权解释》(2002 年公布)第 12 条相关法律规定,申请人使用部分设计作品是《主协议》签订的目的,即申请人的品牌升级及宣传目的,在其他分店开设的时候,可以在申请人经营范围内合理使用。即使设计成果的所有权暂不能确定归属,但根据相关法律规定,申请人作为委托人,在《主协议》订立时的特定目的范围内有权就已交付的部分设计成果行使使用权,申请人的使用行为不构成对被申请人的侵权,亦可继续使用部分设计成果。第六,双方签订的是委托创作合同,合同目的是申请人委托被申请人进行品牌及店面设计,便于申请人品牌的经营及推广。应将著作权权属争议与合同争议区别开来,换句话说,申请人是否按照合同约定支付设计费用,并不影响申请人在委托创作合同目的范围内对设计成果的合法使用,至于双方之间关于设计费用是否支付或者是否全部支付则属于合同事项的争议,属于一项单独的诉请,应当单独解决。

(二) 被申请人主张

1. 合同履行情况。

(1) 设计概念部分:被申请人自 2017 年 1 月 16 日起多次向申请人交付设计概念工作不同阶段的工作成果,已经完成概念确认阶段工作,申请人也曾于 2017 年 6 月分别在邮件及会议中确认其将履行相关付款义务。

(2) 店面设计部分:双方就四家新店的店面设计达成了一致协议,被申请人按照要求交付了设计成果,申请人有义务向被申请人支付四家新店的店面设计费用。申请人曾于 2017 年 6 月分别在邮件及会议中确认其将履行相关付款义务。

（3）C店的装修：被申请人已于2017年4月完成店面的装修工作。但是申请人自2017年4月起拖欠费用，经被申请人多次催促，申请人一直不予理会，应承担逾期付款给被申请人造成的损失。

（4）"AQ树"概念部分：被申请人将"AQ树"概念融合于申请人的品牌故事，并于2017年5月25日的会议上向申请人进行展示，申请人表示非常喜欢被申请人关于"AQ树"的概念。2017年6月申请人在会议上同意支付"AQ树"设计费用，并要求被申请人继续进行"AQ树"概念的设计工作，并提供详细图纸。然而，申请人至今仍未支付相关设计费用。

申请人一方面拖欠款项、在本案中否认其已对被申请人的设计进行概念确认，另一方面却在其大量新开的店铺中使用被申请人为其设计的新形象进行装修、宣传和推广。该等行为不仅违反《主协议》有关设计成果所有权归属的约定，更严重侵犯了被申请人的著作权。

2. 申请人有义务向被申请人支付D品牌和E品牌品牌设计概念的剩余设计费用及迟延付款的利息。申请人在书面确认概念确认阶段的付款条件已成就的情况下，仅支付40%的费用，履行义务不符合合同约定，构成违约。

3. 申请人有义务向被申请人支付拖欠C店的设计、装修费用及利息。被申请人已于2017年4月完成C店面的装修工作，申请人一直拖欠尾款未付，除应向被申请人支付拖欠费用外，还应承担相应延期利息。

4. 申请人有义务向被申请人支付店面设计图纸的费用及迟延付款的利息。根据协议约定和申请人代理人确认，设计概念的费用不包含店面设计工作，申请人与被申请人已就四家新店面设计达成一致协议，且被申请人已向申请人交付设计图纸。申请人是否实际使用设计图纸并不影响其应支付设计费用的义务，更何况申请人至少在其H店中使用了被申请人交付的设计图纸。

5. 申请人有义务向被申请人支付"AQ树"概念的设计费用及迟延付款的利息。"AQ树"概念并非D品牌设计概念的一部分，被申请人已于2017年2月14日向申请人发送D品牌的整体设计概念，并着手进行具体设计项目的工作，D品牌的设计概念工作从来都不包括"AQ树"概念。"AQ树"概念是由被申请人提出的新的并后续根据申请人的指示深化发展的一个概念。被申请人从未主张其已向申请人提供"AQ树"相关的具体设计图或效果图，或完整的设计概念方案，因此被申请人也从未向申请人主张收取设计图或效果图的费用。被申请人一直以来的立场都是申请人应按照被申请人投入的劳动成本支付"AQ 树"概念的设计费用,申请人不应免费使用和享受被申请人提供的概念和付出的工作。

6. 申请人未经许可使用被申请人设计成果的行为侵犯了被申请人的著作权,应立即停止使用被申请人的设计成果。协议中约定,在申请人全额付款前,被申请人交付的任何设计概念及其图纸的所有权均应属被申请人所有。申请人引述《著作权解释》(2002 年公布)第 12 条的规定,主张其有权免费使用被申请人设计成果,系对相关法律规定的错误解读。《著作权解释》(2002 年公布)第 12 条适用的前提,必然是委托人已向受托人支付了委托合同项下完成作品所对应的费用,否则按照申请人的主张,委托人无须支付委托创作的费用,即可在委托目的范围内免费使用受托人创作的作品,这显然不符合立法目的,受托人的利益根本得不到保障。在作为著作权人的被申请人未许可申请人使用且相关使用不属于《著作权法》(2010 年修正)第 22 条规定的著作权合理使用情形的情况下,申请人无权使用被申请人的设计成果,主要包括在其大量新开店面和品牌推广中使用被申请人设计的"DWHD"的形象。

7. 申请人未经许可使用被申请人设计成果的行为侵犯了被申请人的著作权,应赔偿被申请人因申请人侵犯被申请人著作权的行为而造成的损失 100 万元。根据被申请人的统计,申请人在全国范围内至少有 25 家新店面使用了被申请人设计的 D 品牌/E 品牌的新形象和"AQ 树"的概念。在无法确切计算申请人违法所得的情况下,综合考虑本案合同金额,申请人应向被申请人酌情赔偿损失 100 万元。即便仲裁庭认为被申请人的实际损失或申请人的违法所得不能确定为 100 万元,仲裁庭应根据《著作权法》(2010 年修正)第 49 条的规定,裁决给予被申请人 50 万元以下的赔偿。

8. 申请人无权要求被申请人退还设计费用。就设计概念部分的工作,申请人在完成概念确认后,未履行其应付 50%设计费用的合同义务,构成违约。根据《合同法》第 67 条的规定,作为守约方的被申请人有权行使先履行抗辩权。而作为违约方的申请人无权解除《主协议》,要求被申请人退还设计费用。

三、仲裁庭认定的事实

案涉《主协议》约定被申请人为申请人提供珠宝品牌的设计、咨询、生产、物流服务,申请人支付相应的费用。

在被申请人履行义务方面,除对 C 店的设计、生产、安装、装修已经完成没有争议之外,双方当事人对被申请人是否履行完毕 D、E 两个品牌的设计概念、申请人四家新店(F 店、G 店、H 店、I 店)的店面设计,对"AQ 树"概念是否应当另行付费等,均存在争议。

在申请人支付款项方面,双方当事人对申请人已分别于 2017 年 1 月 20 日向被申请人支付设计概念费用 30%的定金 190800 元、于 2017 年 3 月 3 日支付设计概念费用 24 万元、C 店已支付费用 338670 元及欠款 74298.50 元的事实没有争议,但对其他的应付未付金额存在争议。

四、仲裁庭意见

(一)D 品牌、E 品牌设计概念服务的履行情况

1. 设计概念的范围

仲裁庭认为,D 品牌、E 品牌两个品牌的设计概念的范围,就类别而言,应该包括视觉和图形识别、商店准备(独立店、店中店、边厅)、视觉商品陈列(包括道具和包装)等三大类,E 品牌的设计概念还应包括"标识识别";就明细而言,应当包括《主协议》附件 A《设计项目明细清单》中的五个项目,但该五个项目并不是绝对的,"应根据企业实际需求做相应调整",比如其中的店铺形象设计项目的第 C2 项施工图,仅"在被申请人为生产商的情况下,每次新店面施工图由被申请人提供"。

2. 第二期 50%的费用支付条件已经成就

(1)协议中并没有明确约定被申请人说明完整概念及申请人进行概念确认的范围,包括附件 A《设计项目明细清单》中约定的五个项目的全部内容。基于合同目的,五个项目的全部详图是支付第三期费用的条件。此外,附件 A《设计项目明细清单》中的第三项店铺形象设计项目包括效果图、施工图、家具详图,第四项巡展形象设计项目包括效果图、施工图。按照申请人的主张,如果在概念说明阶段就必须提交这些项目的全部图纸,那么,作为第三期费用的支付条件,被申请人完成并交付全部详细图纸的约定就失去了意义。

(2)合同履行情况表明申请人认可支付第二期50%费用的条件已成就。根据双方往来邮件可以看到,申请人并没有明确地对被申请人说明的概念进行确认,一直要求被申请人提交附件A《设计项目明细清单》的设计内容,但是,申请人在2017年3月3日向被申请人支付了第二笔服务费人民币24万元(总价款的40%,未含税),在2017年6月2日回邮中又同意向被申请人支付总费用的10%,两项合计为总费用的50%,这表明申请人最迟在2017年6月2日已经认可支付第二期50%费用的条件已成就。因此,申请人应向被申请人支付第二期尚欠服务费。

3. 第三期20%费用的支付条件未成就

申请人主张被申请人没有交付附件A中的全部设计项目,被申请人在2017年6月1日的邮件中声称附件A中的全部设计项目仅有10%没有完成,由此可见,双方当事人均认可被申请人没有交付附件A中的全部设计项目的详图,因此,第三期20%费用的支付条件尚未成就。

但是,申请人在2017年6月1日邮件附件《设计合同清单未完成的内容》中用红色字体标注的未完成的设计内容主要是C2施工图、C4巡展形象、C5品牌道具。被申请人在同日的回邮中亦承认"还没有做完的就是道具和巡展,此两项工作只占总项目的5%。其他设计已全部完工"。由于申请人的违约行为,《主协议》的效力已经终止,而被申请人已经完成了附件A《设计项目明细清单》中的部分项目的设计详图,基于公平合理原则,申请人应当支付该部分已经完成的详图的服务费。综合考量本案的违约责任及履行情况,仲裁庭认为,申请人应当向被申请人支付第三期服务费的一半。

(二)C店剩余费用支付情况

双方当事人对C店项目欠款金额没有异议,被申请人曾向申请人提交增值税发票,但申请人要求被申请人将增值税发票上的货物内容由货架改为货柜,后因双方之间发生争议而未更换发票。庭审中,被申请人承诺将按照申请人的要求提供新的发票。基于上述事实,仲裁庭认为,对被申请人提出的裁决申请人支付C店剩余费用及延期支付利息的反请求,应当予以支持。

(三) 关于合同解除权归属争议

如前所述,申请人最迟在 2017 年 6 月 2 日已经认可支付第二期 50%费用的条件已成就,但申请人此后仍然坚持要求被申请人提交附件 A《设计项目明细清单》的设计内容,拒绝被申请人提出的支付第二期剩余服务费的要求,导致合同无法履行完毕,申请人的行为构成违约,应当承担违约责任。因此,仲裁庭认为,申请人作为违约方,无权要求终止《主协议》,仲裁庭对申请人提出的该项请求不予支持;被申请人作为守约方,有权依据《主协议》第 12.b.i 条的约定行使解除权,提前解除合同,仲裁庭对被申请人提出的解除《主协议》的反请求予以支持。

(四) 关于设计概念所有权争议

由于申请人的违约行为,《主协议》的效力已经终止,且申请人已经在其实体店铺和官方网站中实际使用了被申请人的设计方案,其中包括设计概念中的核心元素"DWHD"和"AQ 树",根据《主协议》的相关约定,申请人若希望取得被申请人提供的设计概念及其图纸的所有权,应当按照附表中收取的设计概念金额总值的 25%向被申请人支付费用。

(五) 关于被申请人设计成果著作权侵权争议

《主协议》第 7.a 条约定"被申请人提供给申请人的任何设计概念及其图纸和任何产品,在申请人全额付款前,应属被申请人财产"。仲裁庭认为,该条作为所有权保留条款,实质上是对被申请人付款请求权提供的一种担保,其目的是获得全额付款,而非限制申请人对被申请人提供的设计概念及其图纸的使用。因此,申请人对被申请人提供的设计概念及其图纸,享有合法的使用权,但是,在申请人付清前述设计费用及利息之前,申请人依约不享有对被申请人提供的设计概念及其图纸的所有权。

另外,《主协议》第 7.a 条虽然约定了所有权保留条款,但第 7.a 条或其他条款并没有约定申请人在付清全部服务费及利息之前不能使用被申请人交付的设计成果,而且,在仲裁庭已经支持被申请人提出的与设计概念所有权相关的 25%服务费的前提下,申请人最终将在付清全部服务费及利息之后取得设计成果的所有权。因此,申请人依约使用被申请人交付的设计成果的行为,与一般情形下的侵犯著作权的行为有着本质的区别,并不构成违约行为或者侵权行为。

(六) 关于 H 店、G 店、F 店和 I 店的店面设计费用争议

首先,仲裁庭注意到,《主协议》中约定:"被申请人将根据每个商店提供设计、图纸和平面图,由申请人批准,然后按照此等信息和文件履行其义务。"据此约定,就每个店铺的设计而言,被申请人提供平面图等图纸,需由申请人批准,然后被申请人才能据此进行设计,换言之,提供平面图并获得申请人批准,是被申请人履行设计义务的前置条件,平面图并非履行设计义务的成果。

其次,被申请人将 2017 年 6 月 12 日会议纪要发给申请人之后,申请人并未回签,因此,除被申请人单方面的陈述之外,现有证据不能证明申请人在 2017 年 6 月 12 日的会议中同意被申请人的相关报价。因此,仲裁庭认为,被申请人要求申请人支付 H 店、G 店、F 店、I 店四个店面的设计费用及利息,缺乏合同依据,仲裁庭对被申请人提出的该项反请求不予支持。

(七) 关于"AQ 树"概念设计费争议

被申请人承认,其从未主张已向申请人提供与"AQ 树"相关的具体设计图或效果图,或完整的概念设计方案。尽管"AQ 树"概念首先由被申请人提出,且申请人在其官方网站和实体店铺中大量使用了"AQ 树"的图案,但双方当事人并未就"AQ 树"概念的设计费用达成一致。仲裁庭认为,被申请人要求申请人为"AQ 树"概念支付设计费用及利息的反请求,缺乏合同依据,仲裁庭对该项反请求不予支持。

五、裁决结果

1. 解除双方当事人签订的《主协议》。
2. 确认申请人享有《主协议》项下被申请人已经交付的设计成果的使用权。
3. 申请人向被申请人支付设计概念项目下的应付未付费用总额 353600 元及以 353600 元为基数自 2017 年 6 月 14 日起至实际付清之日止按中国人民银行同期贷款利率计算的利息。
4. 申请人向被申请人支付 C 店剩余费用 74298.50 元及以 74298.50 元

为基数自 2017 年 6 月 14 日起至实际付清之日止按中国人民银行同期贷款利率计算的利息。

5. 申请人向被申请人支付被申请人为办理本案而支付的公证费、保全费、翻译费以及律师费。

6. 本案立案费、管理费、指定仲裁员费全部由申请人承担；仲裁员报酬由申请人和被申请人按照 8∶2 的比例分担。

7. 驳回申请人提出的其他仲裁请求以及被申请人提出的其他仲裁反请求。

六、评析

本案是一起典型的委托创作合同履行纠纷，争议焦点涉及委托作品著作权归属的特别规定和双务合同义务履行的一般原理，其中的核心问题是，委托人在未按照约定支付报酬时能否使用作品或取得著作权。需要指出的是，仲裁庭在作出裁决时主要依据的是《合同法》和《著作权法》（2010 年修正）中的有关规定，而《合同法》因《民法典》的生效废止，《著作权法》已于 2020 年进行修订，但由于本案涉及的规范并未发生变更，故本部分主要围绕对相关条文的理解和适用进行评述，使用现行法条文序号。

（一）关于本案概念设计成果的著作权归属

著作权属于作者是《著作权法》关于权利归属的原则性规定，但在委托创作等特殊情况下，法律允许委托人和受托人通过合同约定作品的权利归属，以实现双方的利益平衡。根据《著作权法》第 19 条的规定，委托作品著作权的归属应首先尊重双方当事人的合同约定，只有在合同未作明确约定或者没有订立合同时，才认定委托作品的著作权属于受托人。此外，为了保障委托人的预期利益不致落空，《著作权解释》第 12 条特别规定，当委托作品的著作权属于受托人时，委托人可以在约定的使用范围内享有对作品的使用权；双方未约定使用作品范围的，委托人可以在委托创作的特定目的范围内免费使用该作品。有学者指出，与以存在雇佣关系为前提的职务作品不同，委托作品本质上是一方受另一方请求而创作完成的作品，以平等民事主体之间的合同约定作为基础。① 《著作权法》的规定不仅充分尊重当事人的意思自治,同时立足委托创作合同的特殊性,既保护了在谈判中通常处于弱势地位的受托人②,也满足了委托人订立委托创作合同的"行为动机与利益期待"③。

从本案双方当事人签订的《主协议》看,在申请人付清设计概念总额的25%费用以前,相关成果的著作财产权仍属于被申请人。根据《主协议》第7.a条的约定,申请人取得设计概念成果著作权的方式包括两种:一是依据合同付清全部价款;二是申请人终止在被申请人处生产、设计相关成果并一次性支付设计概念总额的25%的费用。应当指出的是,尽管双方当事人存在前述权利移转的约定,但该约定并不是《著作权法》第19条所称"著作权的归属"的合意。通说认为,委托人基于合同取得著作权在性质上属于原始取得,自作品创作完成之时便取得原始主体地位。④ 从上述合同内容来看,涉案作品的著作权直至申请人付清所有价款之前都属于被申请人,即便申请人在合同条件成就后取得相关权利,也是从被申请人处继受取得。因此,仲裁庭认定《主协议》第7.a条仅作为所有权保留条款符合《著作权法》的立法原意,申请人只有在按照仲裁庭意见付清设计概念总额25%的费用后,才可依约取得设计概念成果的财产性权利。

(二)关于本案申请人是否有权使用设计成果作品

依据《民法典》第525条和《著作权解释》第12条的规定,应当至少从申请人的使用目的和合同履行状况两个层面考察申请人是否有权使用设计成果作品。

一方面,即便设计成果作品的著作权归属于被申请人,申请人仍可在委托创作的特定目的范围内使用该作品,但究竟如何认定使用目的,仍需进一步解释。有观点指出,在有关条款约定不明或没有约定时,应当综合委托

---

① 参见李扬:《著作权法基本原理》,知识产权出版社2019年版,第130页。
② 参见吴伟光:《著作权法研究——国际条约、中国立法与司法实践》,清华大学出版社2013年版,第313页。
③ 参见宋慧献、张今:《作为为他作品的委托作品:目的价值与权利分配——从〈大头儿子和小头爸爸〉系列案件说起》,载《电子知识产权》2018年第1期。
④ 参见吴汉东:《知识产权法》(第五版),北京大学出版社2019年版,第37页。

人的身份特性、经营范围以及委托作品的预期利用方式进行考察①,在使用期限不明的情况下,还需结合委托作品的具体用途和特点进行解释。② 在本案中,根据《主协议》的约定,被申请人所设计成果主要用于申请人品牌的视觉和图形识别、商店准备和视觉商品陈列。在被申请人完成并交付《设计项目明细清单》中的项目的部分设计详图后,申请人亦主要将其用于国内各分店的店面形象装饰。从申请人的合同目的来看,将被申请人设计的品牌概念用于店面装修、宣传推广正是其委托被申请人开展创作的主要目的,即使合同双方并未就设计成果的使用范围进行明确约定,也应当认定申请人对被申请人所提供设计概念的使用未超出合同目的,申请人依照合同享有合法的使用权。

另一方面,基于双务合同的对待给付义务,申请人需在按照合同向被申请人支付报酬的情况下才可享有作品的使用权。所谓双务合同,是指合同双方均负有"具有对价意义的债务的合同"③。围绕受托人对委托人负有何种创作、交付义务,学界就委托创作合同的性质产生了承揽合同说④、委托合同说⑤以及特殊类型合同说⑥等多种观点,但从双务合同的分类视角来看,上述观点均认可委托人同时向受托人支付报酬构成委托创作合同的对待给付义务。《民法典》第525条规定,"当事人互负债务,没有先后履行顺序的,应当同时履行","一方在对方履行债务不符合约定时,有权拒绝其相应的履行请求"。在规范目的上,《民法典》上述条款旨在促进合同当事人之间的利益平衡,系"一手交钱、一手交货"原则在合同给付领域的具体表现。⑦ 在规范解释上,通说认为在一方部分履行且另一方接受的情况下,后者的同时履行抗辩仅限于没有履行的内容。⑧ 在委托创作关系中,受托人的义务表现为按要

---

① 参见宋慧献、张今:《作为为他作品的委托作品:目的价值与权利分配——从〈大头儿子和小头爸爸〉系列案件说起》,载《电子知识产权》2018年第1期。
② 参见陈明涛:《委托作品权利归属法律适用标准之探讨》,载《社会科学》2015年第2期。
③ 参见韩世远:《合同法总论》(第四版),法律出版社2018年版,第76页。
④ 参见王迁:《知识产权法教程》(第六版),中国人民大学出版社2019年版,第164页。
⑤ 参见李扬:《著作权法基本原理》,知识产权出版社2019年版,第130页。
⑥ 参见郑成思:《知识产权论》(第三版),法律出版社2007年版,第119页。
⑦ 参见朱广新、谢鸿飞主编:《民法典评注·合同编通则1》,中国法制出版社2020年版,第492页。
⑧ 参见朱广新、谢鸿飞主编:《民法典评注·合同编通则1》,中国法制出版社2020年版,第496页。

求完成作品创作并通过提交作品复制件等方式完成交付,若双方没有就履行先后顺序进行额外约定,则委托人应当同时支付报酬。换言之,若委托人未按约定支付报酬,则可推定其不享有对作品的使用权。① 需要注意的是,关于"没有先后履行顺序"这一要件应作宽泛的解释,也即在委托创作场合应当允许委托人在合理期限内对作品进行确认后再行支付。

具体到本案中,根据《主协议》的约定,申请人应在被申请人提交概念确认后支付50%的费用,但由于双方对概念设计范围存在争议,申请人仅支付了约40%的费用。从合同履行的角度来看,申请人先后支付了30%定金和40%费用,系部分履行债务,作为对价,申请人有权在相应的范围内使用被申请人设计的成果。即使申请人仍欠付10%的费用,但考虑其占总费用的份额较小,故不应据此完全排除申请人使用作品的权利,对于欠付的部分,被申请人可以通过主张违约责任等方式要求申请人给付。因此,仲裁庭在已经支持被申请人提出的与设计概念所有权相关的25%服务费、第二期所欠10%费用的前提下,认定申请人享有对委托作品的使用权不仅符合我国法律的规定,也平衡了双方当事人的合法利益。

(三) 关于本案的进一步思考

本案纠纷主要围绕概念设计成果的著作财产权展开,跳出案件具体情境,委托人能否基于委托创作合同取得作品的精神权利值得进一步思考。理论通说认为,著作人身权与作者本人具有不可分离性,不能通过合同等方式进行转让。② 但从体系解释的角度来看,《著作权法》第18条规定在特殊职务作品的情形下,法人或非法人组织可享有除署名权以外的所有权利,这一规定似乎认可了委托人可以通过委托创作合同原始取得精神权利。有学者指出,从消费者权益保护和维护市场竞争秩序的角度出发,允许委托创作合同约定精神权利归属不仅会存在欺诈消费者之嫌,也可能导致损害竞争秩序的后果。③ 笔者认为,在《著作权法》第19条未明确禁止约定精神权利归属的情况下,法院可以依据具体情况进行个案认定。一方面,法院可以结合委托人使用作品的方式、途径和目的,认可委托人享有发表权、修改权、保护

---

① 参见许辉猛:《委托人取得委托作品著作权问题研究——以我国〈著作权法〉第17条为背景》,载《法学杂志》2010年第7期。
② 参见吴汉东:《知识产权法》(第五版),北京大学出版社2019年版,第57页。
③ 参见李扬:《著作权法基本原理》,知识产权出版社2019年版,第134页。

作品完整权等权利,使委托人能够更大地发挥作品的市场效益。另一方面,署名权作为最核心的人身权应当保留给作者,以避免欺诈消费者等现象的出现。若本案双方当事人在合同中约定委托人享有修改权等人身权利以便在店面装修时进行适当改动,在诉讼中法院便应当基于委托创作的目的支持申请人的合理请求。

(本案例由中南财经政法大学知识产权研究中心硕士研究生朱冬梅和博士研究生杨依楠编撰)

专题二
专利权纠纷

案例5　技术交付标准的解释及技术交付的认定

仲裁要点：在技术转让合同对于转让标的以及交付标准约定不明、双方分歧巨大的情况下，可循文义解释、合同上下文、目的解释等合同解释方法分析、确定当事人的真实意思表示。进一步，对于技术交付是否达到"交付标准"问题的判断，往往需借助司法鉴定等专业手段为裁判机构进行法律判断提供参考，但其过程复杂，应注意鉴定方法的科学性，并公平对待双方当事人，尽量尊重其意志。

一、案情概要

2009年7月3日，申请人A公司与被申请人B公司签订《国际技术转让合同》，该合同约定，被申请人向申请人提供制造本合同产品（即"×××道路防护栏"韩国发明专利涉及的全部关联技术方案和生产技术）的书面及非书面专用技术，申请人向被申请人支付合同费用90万美元。合同签订后，申请人向被申请人支付技术转让费65万美元。

2009年6月12日，申请人委托案外人C公司作为其进口代理人，向被申请人进口案涉产品，并于2009年11月16日向被申请人支付价款3万美元。2010年1月5日，C公司依据申请人的委托，向被申请人购买了相关生产设备，总金额为韩币1019800000元。同日，申请人与C公司签订《代理进口协议》，委托C公司作为其进口项目代理人，向被申请人进口原料10吨，总金额为4515.60美元。申请人已支付13吨原料款和90%的设备款以及与进口相关的税费、保证金共计人民币7644800元。2010年7月8日，被申请人一行8人来申请人处指导安装，调试设备，试制产品，直到当月22日返回韩国。

申请人指称，在此期间，被申请人技术人员一直在调试设备，试制产品,所需原材料全部由韩国进口,但多次生产出的产品外形全部都不符合合同要求,通过切片检验发现其产品外熟内生,外层过度发泡,体积偏小,原料反应后上混炼机黏性偏大等。

被申请人则认为,被申请人已经按照约定及时将相关技术资料等交给申请人。申请人在接收技术材料后也根据相应的技术材料安排生产。但申请人掌握相关的技术后,以种种理由推辞,甚至于2010年12月13日提出仲裁申请,要求被申请人返还其已支付的技术转让费用。被申请人有理由相信申请人已丧失商业信誉、不会继续履行上述合同。2009年12月31日,被申请人与申请人及C公司签订某A《购买合同》约定:C公司受申请人的委托,代其向被申请人购买原料10吨,价格为每吨CIF上海USD 451.56,共计4515.60美元。合同签订后,被申请人根据申请人及C公司的指示,按照合同约定,向申请人及第三人供货;申请人及第三人收取货物后,没有按照约定及时付清款项。2009年12月29日,被申请人与申请人及C公司签订某B《购买合同》约定:C公司受申请人委托,代其向被申请人购买×××道路防护栏专用生产设备一批。合同签订后,被申请人根据申请人及第三人的指示,按约供货;申请人及第三人收取货物后,没有按照约定及时付清款项。

申请人依据《国际技术转让合同》中的仲裁条款,于2010年12月13日向深圳国际仲裁院申请仲裁,请求裁决:

1. 被申请人收回生产不出符合合同约定产品的×××道路防护栏用生产设备、关联技术方案和生产技术,退还申请人已支付的技术转让费65万美元、已付的设备款及原料费人民币596.88万元、从韩国购买100米样品费3万美元,原料进口报关所发生的费用(增值税、关税、设备原料到港时的仓储费、运输费)人民币27.6万元及设备进口涉及关税、增值税等已支付海关的保证金人民币140万元。

2. 被申请人承担本案仲裁费。

被申请人提出以下仲裁反请求:

1. 申请人继续履行《国际技术转让合同》,支付剩余技术转让款25万美元及利息(以25万美元为本金,按中国人民银行同期贷款利率,自提起反请求之日起计算至实际履行完毕之日止)。

2. 申请人继续履行某A《购买合同》、某B《购买合同》,支付剩余货款共计人民币70万元及利息(利息自提起反请求之日起,计至实际支付完毕之日止,按照同期银行贷款利率计算)。

3. 申请人承担本仲裁案件的全部费用。

二、当事人主张

(一) 申请人主张

申请人认为,《国际技术转让合同》明确约定,双方转让的标的是"×××道路防护栏"韩国发明专利涉及的全部关联技术。合同的根本目的不是交付设备,也不是交付原材料,而是要求被申请人将该技术的全部技术资料、文件及核心技术配方、工艺流程、技术标准转让给申请人,进行技术指导直至申请人能够运用该技术持续、批量生产出合格产品。但是,合同签订后,被申请人交付给申请人的只有一张专利证书复印件,一张完全看不出是什么东西的所谓配方,而事实上,申请人利用以上的"技术"确实不能生产出符合合同约定的产品。此外,"×××道路防护栏"的实用新型专利早在200×年即在我国媒体上公布,中国企业对此申请专利无可厚非。本案合同的标的是技术方案、生产技术工艺及其生产出的合格产品。由于产品的性状、结构早已众所周知,所以双方在合同中约定的标的是:技术资料、方案、工艺及申请人在被申请人的指导下掌握该生产技术,生产出合格产品。被申请人没有在我国申请此实用新型专利,也没有申请国际专利,就本案情况看,被申请人在韩国的专利无原件,复印件证据之间专利号也不相同,因此,此实用新型上,被申请人的专利不受我国法律保护。由于被申请人违约,申请人有权解除合同,并要求被申请人承担违约责任。

(二) 被申请人主张

被申请人认为,申请人与被申请人之间签订的系列合同均有效,对合同双方均具有约束力,合同必须全面履行。申请人并未向被申请人发出明确的通知要求解除合同,也未向仲裁机构提出解除合同的仲裁请求,其要求返还财产无任何法律依据。此外,本案属于技术转让合同纠纷,合同的标的是"×××道路防护栏"的相关技术。该技术为被申请人所有,其已经申请了相关专利,也已向申请人提供了完整的技术材料,并提供了相应的技术支持,已完全履行了合同义务。

三、仲裁庭认定的事实及意见

(一) 本案的实体法律适用

本案系争的《国际技术转让合同》和两份《购买合同》均具有涉外性,申请人的营业地在中国内地,被申请人的营业地在韩国,因而本案争议的解决存在国际法律适用问题。仲裁庭当庭征求双方当事人的意见,双方当庭均认可本合同适用中国内地法律。仲裁庭认为,《合同法》第126条第1款规定:"涉外合同的当事人可以选择处理合同争议所适用的法律,但法律另有规定的除外……"双方共同选择处理合同争议所适用的法律为中国内地法律,该法律适用选择的约定不违反仲裁地的强制性法律规范,其效力应予确认,处理本案合同争议应当适用中国内地的法律。

(二) 本案合同的效力

案涉《国际技术转让合同》及《购买合同》系双方当事人的真实意思表示,内容不违反中华人民共和国法律法规的强制性规定,应为合法有效,对双方当事人均具有约束力。

(三) 本案技术是否已成功转让交付

本案的争议焦点是被申请人是否已依约成功转让交付了约定的技术。仲裁庭对此问题分析如下:

1.《国际技术转让合同》的标的

分析《国际技术转让合同》的字面和上下文含义,该合同涉及的合同标的实际包括"技术标的"和"技术实施支持标的"两个方面:

(1)"技术标的"。根据该合同第1条的约定,"技术标的"是指制造本合同产品(即"×××道路防护栏"韩国发明专利涉及的全部关联技术方案和生产技术)的书面及非书面专有技术。

(2)"技术实施支持标的"。综合该合同第2条、第5条、第6条的约定,除专有技术外,合同的标的还包括:技术服务、关键设备和安装咨询服务、专用工装设备和其他所有有关技术资料;另根据该合同第13条的约定,被申请人应将其提供的设备搬到中国。综合这些条文,除专有技术外,被申请人还需向申请人提供实施合同"技术标的"所需的支持性设备和服务,即"技术实施支持标的"。

2."技术标的"的法律性质

申请人认为,本案合同的"技术标的"是韩国专利涉及的全部生产方案和生产技术,而不是专利本身;被申请人认为,本案技术转让合同的"技术标的"是技术秘密和专利许可,其中被申请人向申请人交付的配方是技术秘密,且被申请人授予申请人在中国的专利申请权。双方均同意包括生产涉案产品旋转体的化学配方和生产工艺在内的技术秘密是《国际技术转让合同》中的"技术标的",分歧在于被申请人主张的"技术标的"包含了技术秘密、专利许可和专利申请权三项内容,而申请人则主张"技术标的"仅为技术秘密。

仲裁庭认为,第一,从《国际技术转让合同》的字面含义看,该合同第 1 条明确表明"技术标的"是指制造本合同产品(即"×××道路防护栏"韩国发明专利涉及的全部关联技术方案和生产技术)的书面及非书面专有技术,即是为了实施韩国专利所涉及的专有技术或技术秘密,专利本身是否构成转让的"技术标的",在此不明确。第二,根据专利权的地域性,韩国专利技术在中国内地并不当然被授予专利。被申请人仅举证提交了一份据称在韩国专利行政部门申请的未附中文译本的韩文专利文件复印件,但未主张也未提交任何证据证明其曾就韩国专利相同主题的技术在中国内地成功申请取得相关专利权,因此在中国向中国企业作出专利许可的前提不存在。第三,《国际技术转让合同》中未约定韩国专利相同主题的技术在中国的"专利申请权"或该权利在双方当事人之间的归属问题。第四,中韩两国在本案《国际技术转让合同》缔结当时同为世界贸易组织成员方,同受到 TRIPs 约束,根据双方当事人缔约当时的《专利法》(2008 年修正)第 29 条和《中华人民共和国加入世界贸易组织议定书》,被申请人只能依照中国法和国际公约享有最长 12 个月的优先权。因此,即便被申请人提交的韩国专利文件真实,如《国际技术转让合同》所附的首页中文本所显示的,被申请人在韩国提出该专利申请的时间是 2006 年 4 月 12 日,获得授权的时间为 2007 年 7 月 11 日,而《国际技术转让合同》签订时间为 2009 年 7 月,被申请人显然不享有就韩国专利主题在中国内地申请专利的法定优先权。由于在中国的专利申请之前,韩国专利信息已经为公知信息而扩散,因此,被申请人在韩国申请专利成功的技术的相同主题依据中国法是否具备法定的新颖性和创造性要求,难以保证,双方亦均未提交证明曾在缔约当时在中国专利行政部门就韩国专利的相同主题进行技术查新。综合上述条件,在本案《国际技术转让合同》中,对就韩国专利的相同主题的技术在中国的"专利申请权"或其归属问题进行约定确实没有实际意义,《国际技术转让合同》对此问题未作约定的做法是合理的。第五,纵观《国际技术转让合同》全文,涉及"中国专利权"的条款只有第13条,根据该条文义,在中国申请专利权的技术是对合同产品的"改进方案",即基于合同技术(即韩国专利涉及的全部关联技术方案、生产技术)的后续改进技术,而不是与韩国专利相同主题的技术。因此,如果说《国际技术转让合同》涉及专利申请权事项,也只是针对合同技术由申请人实施后未来可能产生的改进技术而言,而非对合同技术本身的专利申请权进行约定。况且该条文没有明确约定申请"取得中国专利权"的主体,谁作为合同技术的未来可能产生的改进技术在中国的专利申请人?究竟是本案中的申请人、被申请人还是双方当事人?合同并未约定。因此,合同"技术标的"包含专利申请权一说根据不足。

综上,仲裁庭认为,本案《国际技术转让合同》中技术标的的法律性质为技术秘密。

3. 对被申请人提交的证据和有关抗辩主张的分析

被申请人举证并主张,被申请人已取得韩国有关部门出具的《推荐优先购买确认书》《事故分析》和《品质经营系统认证书》,以证明被转让的技术是成熟的。申请人则主张《推荐优先购买确认书》中的专利号与本案《国际技术转让合同》所提到的专利号不一致。仲裁庭认为,本案处理的是被申请人是否已完成《国际技术转让合同》项下的技术交付和其他相关义务,即便该技术确实为成熟,亦只是被申请人证明其履约的必要条件而非充分条件。标的物的合格与标的物是否依约交付是两个问题。况且,上述据称来自韩国的证据仅为复印件,作为境外形成的证据,未经过必要的认证手续,且其载明的专利号与作为《国际技术转让合同》附件的专利证书上的专利号明显不同。仲裁庭对这些证据无法采信。

被申请人举证并主张,转让技术生产出的产品经过相关检测部门检测是合格的,申请人不否认其以被申请人提供的产品样品通过了中国交通行政部门的技术检测,但主张生产技术并没有转移给申请人。仲裁庭认为,双方均已认可,该检测报告是《国际技术转让合同》第43条约定的被申请人单方在韩国生产的100米的样品接受中国交通行政部门检验的结果。只有在样品检验通过后,后续才会发生能够生产出同等产品的技术的转移问题。因此,被申请人单方生产的产品样品合格只能证明被申请人有能力在韩国制造出符合合同要求的产品,但这也只是被申请人依约履约的必要条件而非充分条件,不能用于证明被申请人依约交付了生产技术。再者,该检测报告签署日期为2010年6月30日,被申请人提交的网页证据亦证明该检测报告相应的检测试验发生于2010年5月21日和6月9日,这三个日期均早于被申请人及其证人证言确认的双方交接案涉配方的时间2010年7月,因此该检测报告不能用于证明双方的技术转让行为。

被申请人举证并主张,申请人已将涉案技术转让合同项下的技术投入生产并生产出合格产品,且就该合同转让的技术申请了相关专利。申请人认为,申请人生产出的产品不是采用被申请人交付的技术,被申请人交付的技术不能采用,才被迫另行研制,以自己的技术生产出了产品,申请人申请专利的日期在双方签订《国际技术转让合同》之前。仲裁庭认为,首先,技术和产品的关系可能是唯一对应的关系(即某项产品只可能以唯一配方和唯一工艺流程生产出来),也可能是多因一果的对应关系(即某项产品可能以多种配方和/或多种工艺流程生产制得)。申请人面对被申请人的举证,已另行提交了一个配方以证明其生产所使用的技术与被申请人交付的配方和技术的差异,那么被申请人在补充举证时,就应证明申请人提交的配方在技术上不可行,进而排除技术和产品之间可能存在的多因一果关系,在技术上证明合同"技术标的"和产品之间的排他的单一对应关系,或证明申请人提交的配方是在被申请人配方的基础上产生的,无法绕开被申请人配方及其蕴含的技术思想。本案已历经三次开庭,被申请人有充分的时间和机会进行举证,但仲裁庭没有收到被申请人就此问题提交的补充证据或说明。其次,前文已述,《国际技术转让合同》不涉及专利权或本合同"技术标的"的专利申请权的转让问题,本合同"技术标的"仅限于技术秘密,具体而言,主要是生产"具有吸收冲撞力的弹性旋转体"的化学配方和工艺流程。然而,申请人的专利证书上所记载的专利种类只是实用新型,实用新型是指对产品的形状、构造或者其结合所提出的适于实用的新的技术方案,其特征是形状、构造或其结合,而不涉及生产"具有吸收冲撞力的弹性旋转体"的化学配方和工艺流程。以申请人的实用新型专利证书来证明被申请人已交付技术秘密,混淆了技术秘密和实用新型的差别,更何况该专利的申请时间为2009年6月3日,早于被申请人及其证人确认的交付涉案化学配方和在韩国及申请人住所所在地中国×市指导培训申请人员工的时间,甚至早于《国际技术转让合同》的签订时间。最后,当申请人在开庭时要求对其申请的实用新型专利与被申请人所转让技术进行比对时,被申请人当庭及在其庭后的《事实说明》中承诺将尽快完成两者的比对,并提交书面说明。但是,截至本裁决作出之日,仲裁庭未收到被申请人承诺提交的该项比对。

被申请人主张,申请人已参与了在韩国工厂生产考核试验产品的过程,而在韩国的产品生产试验是成功的,因此被申请人已完成了技术交付义务。申请人不否认其曾派员工参与了在韩国被申请人处的试验性生产,但主张应以中国×市申请人处产品生产成功为准作为技术转让的节点。仲裁庭认为,根据《国际技术转让合同》第23条的约定,在韩国生产出合格产品的设备搬到中国后,被申请人还应再次在中国试生产产品和培训申请人员工,因此,完整交付涉案合同技术(包括"技术标的"和"技术实施支持标的")的节点不应晚于在中国的试生产阶段,在韩国被申请人处的试生产只是在中国试生产的前提和必要步骤,而不是证明已完整交付涉案合同技术的充分条件。事实上,被申请人及其证人也确认,本案"技术标的"最关键的部分——化学配方的交付时间为2010年7月被申请人派员至中国×市申请人处之时,而此时在韩国试生产阶段已经完成。因此,即便在韩国的产品生产试验确实成功,也不能得出被申请人已依约全部完成了技术(包括"技术标的"和"技术实施支持标的")交付义务。

被申请人主张申请人使用了国产的发泡机而与被申请人提供的其他生产设备不配套,导致在中国试生产的不成功。仲裁庭认为,被申请人应对其主张的发泡机适配性与在中国试生产不成功之间的因果关系进行举证,包括专家证人和技术文献等,但历经三次开庭,被申请人始终未提供证据支持其主张,应对其举证不能承担风险。况且,被申请人的证人李某在当庭回答申请人的提问时,明确表示,申请人使用国产发泡机是得到了被申请人认可的。同时,根据《国际技术转让合同》第6条的约定,被申请人应对合同项目需要的关键设备向申请人提供咨询,作为技术受让人,申请人在工艺流程中使用国产发泡机不可能未经被申请人的认可。即便试生产失败确实是由于国产发泡机不适配所导致,也应由被申请人承担在其认可并提供技术咨询的情况下使用国产发泡机带来的可能的技术风险。

仲裁庭注意到,申请人不否认被申请人曾向其提交了一个化学配方,被申请人也确实派员赴中国申请人处现场操作演示工艺流程并对申请人员工进行指导,但申请人否认被申请人提供的化学配方和工艺流程具有符合合同约定的效果。根据《国际技术转让合同》第 9 条、第 16 条和第 29 条的要求,被申请人应向申请人提交生产合同产品的全部专有技术和其他具体指导制造的设计图纸、技术文件等,申请人应在收到资料后确认资料收悉,技术资料应是完整的(包含合同附件中规定的全部资料)、可靠的(符合技术规范)、清晰的(资料中的图样、曲线、术语符号容易看清)。由此约定可见,合同约定交付的"技术"不仅包含一个化学配方和对工艺流程的手工演示,还包括可使生产规范化、标准化的相关图纸和文件。同时,根据《国际技术转让合同》第 20 条、第 21 条的要求,双方当事人应共同在合同工厂对合同产品的技术性能和要求进行考核验收。在韩国工厂生产的试验产品的技术性能应符合被申请人提供的合同中约定的标准,即通过专业技术鉴定。鉴定合格后,双方签署"合同产品考核验收合格证明"。该考核验收合格证明可以作为被申请人已按约交付技术的充分证据。被申请人未举证证明其曾向申请人提交过这些图纸和文件,也未举证证明其曾与申请人共同签署合同约定的考核验收合格证明,但确认双方当事人确实未按照该合同附件一交接相关的详细图纸、尺寸标准和文字说明文件。

仲裁庭还注意到,被申请人申请出庭的证人作为翻译参与了韩国和中国×市两地的试生产过程,该证人在庭审答问时称:2010 年 7 月被申请人员工离开中国×市生产场所时,双方当时对使用被申请人技术生产出的产品是否合格未达成一致,被申请人认为合格,申请人认为不合格。当申请人询问该证人两地试生产产出的产品密度是否相同时,该证人称,在中国生产的桶的密度小一些,根据是其曾"随机抽了几个桶,剖开看,感觉有些疏松,有的有一点小孔"。

因此,能够证明被申请人已交付的化学配方和演示工艺流程的办法,唯有使用被申请人的配方,在被申请人提供或认可的生产设备上,重现试生产的过程,以确认被申请人究竟是否已按合同约定交付了完整、可靠和清晰的技术。

4. 对《司法鉴定意见》可采性的分析*

关于本次勘验提取检材所用的化工原料成分和含量问题,仲裁庭不认可被申请人的质证意见,详细分析如下:首先,仲裁庭已在仲裁程序许可的范围

---

* 仲裁庭在裁决原文中对于被申请人关于鉴定程序及《司法鉴定意见》提出的诸多异议逐一进行了详细的回应,受篇幅限制,仅节选部分。——作者注

内,尽可能地尊重被申请人对本次勘验提取检材所用的化工原料的指定权:仲裁庭商仲裁院秘书处先要求双方共同选定原料采购地点未果,又请双方分别提出原料采购方案,但被申请人坚持要求从韩国进口原料。仲裁庭认为,鉴于本案合同的法律性质为国际技术转让合同,而非国际货物买卖合同,所转让的技术必须具备在受让地的可重现性和客观可观测性,作为一种普通的民用产品,其原材料应可在受让地公开市场上购买到。其次,从韩国进口原料,鉴定人将无法对其购买过程进行见证。因此,仲裁庭否定了被申请人从韩国进口原料的方案,但再一次通知被申请人,给予其优先指定购买原材料的机会,要求其书面指定位于中国内地的、为本案鉴定所需全部原材料的采购地(地理范围为市、县级)或/和厂商。被申请人对此通知要求没有任何回应,放弃了其优先指定购买原材料的权利。仲裁庭和鉴定人只能接受申请人提供的采购方案。

(四)关于合同解除

被申请人认为,申请人没有提出解约的仲裁请求或虽提出解约的仲裁请求但因变更仲裁请求过迟而不被仲裁庭接受,而申请人要求返还款项的前提是解约,因此,申请人返还款项的请求不应得到支持。

仲裁庭认为,被申请人的上述主张实际暗含了一个预设:解约只能通过提出解约仲裁请求(即将解约纳入仲裁请求事项)的方式进行。仲裁庭认为,这个预设是错误的。解约权属于形成权,即一方当事人依自己的单方行为而使法律关系发生变化的权利。《合同法》第96条第1款规定:"当事人一方依照本法第九十三条第二款、第九十四条的规定主张解除合同的,应当通知对方。合同自通知到达对方时解除。对方有异议的,可以请求人民法院或者仲裁机构确认解除合同的效力。"从该款可以看出,拥有解约权的合同一方要解除合同,应通知对方,只要通知到达对方,合同就解除,无须得到相对人的确认或者同意,也无须作为一项仲裁请求明确提出,但相对人可以行使抗辩权,即该款后半部分所规定的"对方有异议的,可以请求人民法院或者仲裁机构确认解除合同的效力"。该款明确规定,仲裁机构仅仅是确认解除合同的效力,并非依职权裁判合同解除。即便当事人在仲裁中为解除合同的意思表示时,使用了诸如"诉请仲裁委员会裁决解除合同"等表述、用语,将"解约"纳入仲裁请求事项,仲裁庭也不应在裁项中裁定解约,但仍应认定当事人主张解除合同的意思表示有效,是在请求相对人就解除合同的结果履行其应尽的义务,或是基于合同解除而请求确认合同关系不存在。至于当事人之间就解除合同的意思表示有效与否发生争执时,虽然必须诉请仲裁机构裁判,但仲裁庭认为此项解除合同的意思表示有效的,解除合同的效力应于此项意思表示到达相对人处或为其所了解时即已发生,而非自裁决时始行发生。

在本案中,申请人至少向被申请人送达了两次解约的意思表示。第一,申请人在向仲裁院提交并经仲裁院转交给被申请人的仲裁申请书中"提出仲裁的理由"部分,明确提出要求解除与被申请人签订的《国际技术转让合同》以及购买×××道路防护栏用生产设备的《购买合同》。第二,本案第三次开庭时,申请人当庭通过互联网演示其授权员工向被申请人发出的解除合同通知的电子邮件,收件邮箱系被申请人在两份《购买合同》中所列明的邮箱。仲裁庭当庭询问,被申请人是否曾使用过所演示邮件中列明的收件人邮箱,被申请人代理人答称不清楚,并承诺本次开庭后的次周周五前回复确认,但截至本裁决作出之日,仲裁庭未收到被申请人对此问题的回复。

据此,仲裁庭认定,申请人已向被申请人成功送达解除《国际技术转让合同》以及购买×××道路防护栏用生产设备的两份《购买合同》的意思表示。

四、裁决结果

1. 被申请人向申请人退还技术转让费62万美元。
2. 被申请人向申请人退还撞击试验用样品费3万美元。
3. 被申请人向申请人收回涉案的×××道路防护栏用系列生产设备,收回过程中产生的费用和风险由被申请人承担。如被申请人要求申请人在中国境内退还交付该等设备,则应向申请人支付申请人已缴之进口关税人民币249362.85元和进口增值税人民币1071702.59元;如被申请人要求申请人出口该等生产设备在境外交付或被申请人拒绝受付而由申请人运回的,申请人可待退还涉案生产设备出口手续完成同时或之后,凭海关作出的关于是否全额退税的行政决定,另循法律途径向被申请人主张进口关税和进口增值税损失。
4. 被申请人向申请人退还涉案的×××道路防护栏用系列生产设备货款和原料货款共计人民币5566283.65元。

5. 被申请人向申请人支付原料进口关税和进口增值税损失款人民币15259.48元。

6. 本案本请求仲裁费由申请人承担10%、被申请人承担90%。

7. 对申请人主张的3吨原料进口关税和进口增值税损失赔偿、银行汇款手续费和企业所得税代缴款等仲裁请求,仲裁庭不予审理。

8. 驳回申请人的其他仲裁请求。

9. 驳回被申请人关于要求申请人继续履行《国际技术转让合同》,支付剩余技术转让款25万美元及利息的仲裁反请求。

10. 驳回被申请人关于要求申请人继续履行案涉某A《购买合同》、某B《购买合同》,支付剩余货款共计人民币70万元及利息的仲裁反请求。

11. 本案反请求仲裁费由被申请人承担。

12. 本案的勘验鉴定费由被申请人承担。

五、评析

本案是国际技术转让合同纠纷,主要争议焦点有二:第一,双方当事人约定转让标的技术的性质;第二,合同标的是否已实际交付。本案仲裁庭的任务,一是在案件实体方面运用合同解释方法探究当事人的真实意思,二是在案件程序方面合理预估和把控技术鉴定流程的细节,保证鉴定过程的公平、公正。

(一)关于案涉转让标的技术性质的合同解释

《民法典》第863条第1款规定,技术转让合同包括专利权转让、专利申请权转让和技术秘密转让等合同。在本案中,双方当事人未对案涉《国际技术转让合同》的标的是否包含专利申请权进行明确约定。仲裁庭根据上下文解释方法,从费用支付期限条款关于申请人以"合同产品的改良方案"取得中国专利权证书作为付款条件的约定推断出案涉合同产品的专利申请权不是双方当事人约定的转让标的,即案涉合同标的不包括专利申请权的转让,只包括技术秘密。此外,仲裁庭还注意到,《国际技术转让合同》签订当时,被申请人就案涉技术在韩国提出专利申请的时间已逾12个月,已不享有就该韩国专利技术申请中国专利的法定优先权,双方亦均无法证明缔约当时曾在中国专利行政部门就该技术进行查新,申请人作为相关领域的专门公司,理应知晓该专利技术已成为公知信息受到扩散,难以满足中国法对专利技术的新颖性和创造性要求,如果双方当事人约定将案涉技术的专利申请权作为合同标的缺乏实际意义。仲裁庭通过目的解释的方法,从侧面印证了仲裁庭对合同所作的解释符合双方当事人的真实意思表示。

(二) 关于合同标的是否已实际交付

关于被申请人是否已经完成了《国际技术转让合同》项下的交付义务,被申请人辩称,申请人参加了在韩国工厂生产考核试验产品的过程,而在韩国的产品生产试验是成功的,因此被申请人已完成了技术交付义务。该抗辩是否成立?仲裁庭采取合同的文义解释方法,对案涉《国际技术转让合同》第23条进行解释。该条约定,有关设备搬至中国后,被申请人仍应协助申请人"生产出技术产品",据此,仲裁庭认为,技术交付的时间节点应不晚于在中国的试生产阶段。

值得拓展的是,如果跳出本案,若有相同案情,不同之处仅在于若双方当事人未有《国际技术转让合同》第23条之约定,意思表示难以查明,技术交付义务之完成应如何认定?被申请人是否得向申请人提出同时履行抗辩?与之有关的是《民法典》第868条的规定:"技术秘密转让合同的让与人和技术秘密使用许可合同的许可人应当按照约定提供技术资料,进行技术指导,保证技术的实用性、可靠性,承担保密义务……"但问题是,第868条并非完全性规范,仅有构成要件,不包括法效果。换言之,若被申请人未进行技术指导,保证技术的可靠性,双方的权利义务又该如何分配?笔者提供一条解释的路径,谨供参考。

从给付义务确保债权人的利益能够获得最大限度的满足。对于与合同目的的实现具有密切关系的从给付义务,原则上应认为未履行该从给付义务与相对人的对待给付义务具有纳入双务合同履行上的牵连关系。即使技术秘密转让合同未约定被申请人承担提供技术指导、确保技术可靠性的义务,但能够最大限度地满足债权人享有实现利用技术的债之利益属于基于法律明文规定产生的从给付义务。具体到个案,技术秘密转让合同典型的交易目的为:受让人能够自行或自行委托他人利用技术。若被申请人提供的技术指导不足以确保申请人用韩国的专利技术能够在中国生产产品,申请人的合同目的难以实现,故被申请人负有的提供技术指导、确保技术可靠性的从给付义务影响了申请人实现合同目的,《民法典》第525条规定的双务合同履行上的牵连关系这一构成要件已满足,若第525条规定的其他构成要件亦得到满足,申请人有权提起同时履行抗辩权,拒绝向被申请人支付转让款等对等给付义务。若申请人已履行对等给付义务,有权提出退还相应价款。

(三)关于技术鉴定的流程合理预估和把控

关于司法鉴定材料(实现案涉技术所需的化工原料)的选取购买,《司法鉴定程序通则》第12条仅规定鉴定材料由委托人向司法鉴定机构提供,但未对法院/仲裁机构作为委托人时,哪方向法院/仲裁机构提供鉴定材料,或是否应由法院/仲裁机构自行提供鉴定材料。本案中,仲裁庭首先要求双方当事人共同选定原料采购地点,若双方当事人可达成一致意见,尊重双方当事人的意志,此举为保障鉴定结果不利方亦不会因鉴定材料的选取购买感到不公,司法鉴定与仲裁程序不会因此受到拖延。本案申请人选择中国作为材料选购地,被申请人选择韩国作为材料选购地,双方当事人未就鉴定材料的选取购买达成一致意见,仲裁庭考虑到合同的性质,基于本案合同属于国际技术转让合同,而非国际货物买卖合同,注意到案涉技术用以制造的是普通的民用产品,其原材料应在受让地具有可重现性与客观可观测性,因此决定鉴定材料的选取购买应符合申请人利用技术的真实场景,选购地设在中国内地,对被申请人的请求未予采纳。由于未采纳被申请人将韩国作为鉴定材料选购地的请求,仲裁庭便给予被申请人指定市、县级采购地或/和具体厂商的权利,希望能够最大限度地避免鉴定材料选购上的不公,此举充分保障了司法鉴定程序的公平性。

(本案例由深圳国际仲裁院仲裁员王千华和深圳国际仲裁院邓凯馨编撰)

案例6 专利转让协议效力的判断及违约责任承担

仲裁要点：1. 当事人约定专利转让人应当在转让前缴纳专利费的，如果转让人未支付专利费导致专利权终止，应当承担违约责任；受让人未及时采取措施导致损失扩大的，应当就扩大部分承担责任。

2. 技术开发合同约定双方当事人可以共同申请共有专利权时，如果一方申请了专利，专利权人应当以最终获专利登记授权的人为准。

一、案情概要

2019年10月25日，被申请人B公司与申请人A公司及浦某某、张某1、王某某、张某2签订《专利转让协议》（以下简称"合同"），约定申请人将其持有的专利知识产权转让给被申请人，转让金额为250万元。同时约定，在签订转让协议后5日内被申请人应向申请人支付转让总价的20%，专利转让完成后被申请人向申请人支付剩余80%价款。

合同签订后，被申请人与C公司签订《知识产权变更申请代理协议》，约定由C公司代为办理将申请人名下的知识产权转移登记至被申请人名下，被申请人成为前述知识产权的权利人。后双方就支付转让价款义务的履行问题发生争议，申请人以被申请人未支付转让价款为由，依据合同中的仲裁条款于2020年9月10日向深圳国际仲裁院申请仲裁，提出如下仲裁请求：

1. 裁决被申请人向申请人支付专利（包括专利申请权）转让费250万元，以及逾期付款利息（以250万元为基数，按照同期贷款市场报价利率LPR为标准，自2019年11月1日至被申请人实际付清专利转让费之日止，暂计至2020年10月1日，共计97708元）。

2. 裁决被申请人按照《专利转让协议》向申请人支付违约金 3 万元。

3. 裁决被申请人承担申请人因本仲裁案而发生的保全费 5000 元和律师费（律师费为风险代理，前期收费 1 万元，后期收费按照实际收取金额的 10%进行收取）。

4. 裁决被申请人承担本案仲裁费。

被申请人则提出如下仲裁反请求：

1. 裁决申请人向被申请人支付违约金 56 万元。

2. 裁决申请人承担被申请人因本案支付的律师费 11 万元。

3. 裁决申请人承担本案仲裁费。

2019 年 10 月 25 日，申请人及案外人 D 公司与被申请人、案外人 E 公司、浦某某、张某 1、王某某、张某 2、张某 3 签订了《收购和投资协议》；同日，被申请人与 E 公司、浦某某、张某 1、王某某、张某 2 签订了《客户资源和著作权收购协议》。在前述两协议中，浦某某为申请人的联系人和授权代表合同签字人，同时也是案外人 E 公司的法定代表人和授权代表合同签字人。

二、当事人主张

本案双方当事人的争议焦点主要有二：一是申请人的联系人浦某某是否与申请人存在收款委托关系；二是被申请人是否支付了本案专利转让款项。

（一）浦某某是否与申请人存在收款委托关系

申请人认为：

申请人作为独立法人，申请人的意思表示或公司事务的执行应当由其法定代表人或者获得明确授权的代表作出，浦某某仅仅是合同约定的申请人一方的联系人，其既不是申请人的法定代表人，也没有在申请人处担任高管职务，浦某某的行为不能代表更不能代替申请人。申请人作为资产转让方理应通过其自己的银行账户接收转让款，浦某某作为联系人并没有获得申请人的特别授权，其不具有代替申请人领受专利转让款的身份或权限。

被申请人认为：

申请人与被申请人以及案外人浦某某等人签署了一揽子协议，均约定浦某某作为申请人的联系人和授权代表，申请人也加盖公章予以确认。被申请人作为善意且无过失相对人，有理由相信浦某某代理申请人的行为有效，申请人认为浦某某系协议的签约代表而非收款代表属于孤立、片面、割裂地看待整个交易。即使浦某某没有申请人的书面授权文件,但浦某某全程参与了一揽子交易,在客观上形成具有代理权的表象,而与之所为的合理行为的法律后果,应当归属于被代理人。

(二)被申请人是否支付了本案专利转让款项

申请人认为:

在成为案涉知识产权的权利人后,被申请人一直未向申请人履行支付250万元转让费的义务,申请人多次请求被申请人履行付款义务,被申请人均以各种理由进行推脱,至申请人申请仲裁之日,被申请人尚未支付任何款项。

对于被申请人主张的根据浦某某指示委托香港特区某公司(以下简称"香港公司")向申请人支付的70万美元中包含案涉转让费的问题,申请人认为,浦某某具有另一重身份即E公司的法定代表人,由《收购和投资协议》可以看出,E公司与被申请人之间亦存在客户资源、商标、专利等资产转让的交易行为。浦某某和香港公司应当存在多笔或多次的转账交易,该笔70万美元只是该交易中的一部分,并非被申请人向申请人支付的商标及专利的转让费用,而是E公司与被申请人之间的交易。同时,转账"声明"亦明确说明该笔金额用于支付利润,无论从转账主体还是转账目的都可以看出70万美元转账款与本案无关。

被申请人认为:

案涉合同与其他一揽子协议是同步进行的,被申请人为推进整个交易的顺利进行而提前支付款项,其中的400万元用以支付本案及另一仲裁案的商标转让对价。被申请人提前支付申请人商标及专利的全部转让价款属于处分自己权益的行为,浦某某作为申请人的授权代表接收案涉款项,被申请人按照协议及浦某某的指示支付款项符合交易习惯,被申请人已履行完毕合同项下的支付义务。"2019-11-18"的英文版说明是浦某某自行提供的,双方明确知悉案涉70万美元并非用于支付利润,香港公司执行董事最终签署的版本并未将70万美元定性为利润。签署《收购和投资协议》确定收购总对价为647.5万元,其中申请人专利及商标总对价为400万元,E公司客户资源与资产的总对价为247.5万元,案涉70万美元不是用于支付收购D公司的"第一笔款项"。

三、仲裁庭认定的事实

(一)合同的签订及主要内容

2019年10月25日,申请人与被申请人以及案外人浦某某、王某某、张某1、张某2作为担保人签订《专利转让协议》,主要内容如下:

转让标的,申请人将合同附表1所列明的专利权和专利申请权转让给被申请人。

转让价款,250万元。

支付时间,本协议生效之日起5天内,被申请人向申请人支付转让总价的20%,即50万元;专利转让办理完毕变更专利权人或申请人至被申请人名下5天内向申请人支付转让总价的80%,即200万元。

保证和承诺,申请人是所述专利的唯一合法受益人以及所有人并且是登记册上的申请人和权利人;申请人已就每件所述专利支付所有申请费、注册费和专利年费。

违约责任,如申请人未能按本协议约定将所述专利转让给被申请人,包括应完成转让之前专利权被宣告无效或专利申请被驳回,则就每一项未完成转让的专利扣除5.4万元,且被申请人可在分期支付转让总价时直接扣除。如果任何一方违反本协议任一约定,违约方应向守约方支付3万元的违约金。

通知联系人,与本协议有关的任何通知,以书面送达方式为有效,申请人联系人浦某某;被申请人联系人靖某某。

合同签章,申请人在合同签章处加盖公章,授权代表签字栏签字人为浦某某;被申请人在合同签章处加盖公章。

(二)合同履行情况

合同签订后,申请人委托C公司代理专利权、专利申请权变更申请事务。

2019年12月3日至2020年4月21日,国家知识产权局网站登载申请人已完成合同项下向被申请人专利转让变更登记。

2020年1月10日、2020年5月29日,申请人分别向被申请人交付了合同项下专利权、专利申请权变更的相关文件和证书。

2019年7月18日,国家知识产权局向案涉专利权人的联系人浦某某发送缴费通知书;2019年12月26日,案涉专利完成变更登记;2020年1月10日,变更后的专利证书由被申请人签收;2020年1月17日,国家知识产权局向变更后的专利权人的联系人发送专利权终止通知书;2020年6月2日,国家知识产权局公告案涉专利未缴年费专利权终止。

(三)涉及被申请人关联关系合同的签订及主要内容

1.《收购和投资协议》

2019年10月25日,在申请人与被申请人签订专利转让合同的同时,申请人以及案外人D公司与被申请人、案外人E公司、浦某某、张某1、王某某、张某2、张某3签订了《收购和投资协议》(以下简称"收购协议")。收购协议涉及的多项交易金额如下:

被申请人收购案外人E公司客户资源和资产总价为247.5万元。

案外人E公司向被申请人还款400万元。

被申请人收购申请人商标总价为150万元;被申请人收购申请人专利总价为250万元。

被申请人收购案外人E公司的《增资合作意向书》《增资合作意向书之补充协议》自签订本协议之日起失效。

案外人浦某某为申请人的联系人和授权代表合同签字人,同时也是案外人E公司的法定代表人和授权代表合同签字人。

2.《客户资源和著作权收购协议》

2019年10月25日,在申请人与被申请人签订专利转让合同的同时,被申请人与案外人E公司、浦某某、张某1、王某某、张某2签订了《客户资源和著作权收购协议》。协议涉及交易金额147.5万元。浦某某是案外人E公司的法定代表人和授权代表合同签字人。

2019年11月14日,目标公司E公司公章、财务章、银行账户以及公司内账册等移交被申请人;2019年11月22日,目标公司E公司营业执照、税务、外贸等资质文件等移交被申请人;2020年5月20日,目标公司E公司内外账册、业务合同材料移交被申请人。

(四)涉及本案被申请人资金的支付

2019年11月15日,案外人E公司的法定代表人浦某某通过微信向被申请人财务总监姚某发送案外人 E 公司与被申请人的对账单、发货记录及已生产清单,浦某某说明"这是 E 公司与被申请人的发货记录及对账";随后浦某某通过微信对被申请人的财务总监姚某说:"黄总说一共 2 张 70 万的美金支票,今天给一张,下周四之前给第二张。我在×店这里坐着,你弄好了叫我哦,谢谢!"姚某回复"好"。当天浦某某通过微信向被申请人员工袁某某发送了指定收款香港账户;2019 年 11 月 18 日,被申请人员工袁某某通知浦某某 70 万美元已转款。

(五)仲裁维权费用

2020 年 11 月 9 日,申请人向法院申请财产保全,缴纳财产保全费 5000 元。

2020 年 11 月 18 日,被申请人与某律师事务所签订《仲裁法律服务合同》,委托该律师事务所代为办理仲裁案件,《仲裁法律服务合同》约定律师费为 11 万元,首期支付 4.5 万元;2020 年 11 月 24 日,该律师事务所向被申请人开具金额 4.5 万元的律师费发票。

四、仲裁庭意见

本案的核心问题为"被申请人是否已实际支付涉案专利的转让费",其余问题大多是围绕这一问题进行展开的。仲裁庭意见如下:

(一)关于浦某某与申请人间是否存在收款委托关系的问题

仲裁庭认为,本案《专利转让协议》是被申请人收购电子烟资产和投资电子烟产业股权的投资并购环节之一。涉及本案关联关系的《收购和投资协议》、被申请人与 E 公司等签订的《客户资源和著作权收购协议》、申请人与被申请人签订的《商标转让协议》以及本案《专利转让协议》,在该四份协议中,申请人的合同签字授权代表和联系人均是浦某某,同时,浦某某也是 E 公司的法定代表人和合同签字授权代表和联系人。因此,被申请人收购电子烟资产和投资电子烟产业股权的交易对手的实际控制人是浦某某。申请人作为企业法人,其法人的意思表示需要具体的自然人来实施,申请人指定的联系人接收信息和发送信息,应视为申请人意思表示的实施。申请人在本案合同中指定联系人为浦某某,在没有相反证据证明的情况下,浦某某应视为申请人委托的合同履行执行人。被申请人主张浦某某是申请人合同的授权代表有事实和法律依据，仲裁庭予以确认。

(二)关于被申请人是否已经支付了专利转让款项的问题

鉴于被申请人与多位交易对手债务混同、浦某某在本案相关收购投资协议中多重身份混同，同时申请人与被申请人在付款意思表示中未明确付款指向的案涉合同标的，导致本案被申请人履行义务不明确，仲裁庭依据下列因素来确定本案被申请人是否向申请人履行付款义务。

(1)浦某某与被申请人就应付款金额大于被申请人实际付款金额，被申请人表示确认。本案查明：浦某某要求被申请人支付款项时称"黄总说一共2张70万的美金支票，今天给一张，下周四之前给第二张"，被申请人财务总监姚某回复"好"。在仲裁庭要求申请人与被申请人充分披露证据而申请人与被申请人没有充分披露证据且没有相反证据的情况下，仲裁庭对被申请人与浦某某实控的多位交易对手交易金额和结算金额为140万美元额度的事实予以确认。

(2)浦某某提出请款的交易背景。本案查明：浦某某是在向被申请人财务总监姚某发送案外人E公司与被申请人的对账单、发货记录及已生产清单后向被申请人提出请款。基于合同权利义务履行对等原则和交易习惯，在没有相反证据的情况下，仲裁庭确认被申请人的付款与E公司的交易有最相近的关联性。

(3)被申请人付款与合同约定、交易习惯不符。本案合同对付款期限有明确约定，即合同生效后5天内支付转让款20%，即50万元；专利变更登记后5天内支付转让总价80%，即200万元。被申请人向并购投资出让方实际控制人浦某某指令账户支付70万美元的时间为2019年11月18日，本案专利变更登记完成时间为2019年12月3日至2020年4月21日。在合同明确约定支付期限和专利变更登记完成项目时间不确定的情况下，被申请人提前支付合同款项明显与合同约定、交易习惯不符，被申请人主张提前支付没有事实依据，仲裁庭对此不予确认。

(4)在被申请人与多位交易对手存在债务混同、实控人身份混同的情况下，申请人权利的救济。鉴于仲裁请求不得超裁和没有仲裁条款不得裁决的仲裁原则，本案作为被申请人与多位交易对手债务混同的债务纠纷之一，在被申请人与其他的交易对手债务没有确凿诉讼判决和仲裁裁决的情况下，本案作为本院仲裁管辖案件应当优先确认申请人的权利救济,否则本案申请人权利在未得到支持的情况下,又无法参与其他债权人诉讼案件或仲裁案件,从而导致本案申请人权利的落空并丧失权利救济的法律途径。相反,在本案裁决之后,如果被申请人认为其支付款项已超过多位交易对手债务混同总金额,被申请人仍可以寻求法律途径向其他的交易对手请求结算返还。

综上,被申请人在债务混同、交易对手混同、交易对手实际控制人身份混同的情况下,其支付目标不明且支付金额不能全部覆盖混同债务,申请人请求支付专利转让费有事实和法律依据,仲裁庭予以确认。

(三)关于本案未缴费专利权终止的责任承担问题

仲裁庭认为,缴纳专利年费应属于专利权人应遵守的义务,同时本案《专利转让协议》约定申请人已就所述专利支付所有专利年费。案涉专利年费应于 2019 年 6 月缴纳,截至本案专利转让变更登记之日,申请人未缴纳该项专利年费,其行为已构成违约。至于被申请人受让专利之后补交专利年费的法律性质应属于被申请人避免扩大损失的法律行为,该行为是否实施并不能免除申请人的违约责任。被申请人主张申请人未缴纳专利年费导致专利权终止构成违约,仲裁庭予以确认。

(四)关于违约金的计算依据问题

仲裁庭认为,本案《专利转让协议》约定违约金为固定金额标准,违约方应向守约方支付定额的违约金,申请人以被申请人未支付合同款项已构成违约,主张被申请人支付违约金有事实依据,仲裁庭予以确认。

同时,因申请人在作为本案专利权人期间未缴纳专利年费,导致案涉专利权终止,申请人违反应缴专利年费的合同约定已构成违约,被申请人主张申请人支付违约金有事实依据,仲裁庭予以确认。

(五)关于涉案专利是否存在申请人与他人共有的行为的问题

仲裁庭认为,鉴于申请人是依合同转让的所有专利的唯一专利权人,并不存在共同专利权人向被申请人转让涉案专利,从而导致被申请人与案外人为共同专利权人的事实,因此被申请人主张案涉专利电子烟 K××001、电子烟 K××002、KH×002 电子烟存在与他人共有专利权与事实不符,对此仲裁庭不予确认。

鉴于申请人与被申请人对被申请人提交的三份《技术开发合同》与涉案专利关系的疑惑,为便于申请人与被申请人理解,仲裁庭作了进一步释明:

(1)《技术开发合同》在知识产权归属条款中约定依据本合同完成的专利均归属申请人所有,案外合同一方可共同享有。依据该合同约定,案外合同一方有权与申请人共同申请共有专利权,如果该《技术开发合同》所开发的技术已申请专利,那么最终专利权属应以专利登记授权为准,专利证书所确认的专利权属就具有取代该合同条款的法律效力。至于案外合同一方为什么没有共同申请共有专利权,是另案《技术开发合同》的法律关系,不属于本案仲裁范围。

(2)基于对《技术开发合同》知识产权归属条款约定理解的不同,案外合同一方是否会去实施涉案专利,从而影响被申请人专利权的完整性。依据《技术开发合同》知识产权归属条款的约定,即使发生误解,该条款也属于专利权不明、许可实施权利不明的权利预约性条款,要真正实现专利权许可实施必须依据登记授权专利签订具体的专利权许可实施合同;该条款对被申请人受让专利权的完整性没有任何约束力。如果案外合同一方要求实施合同项下专利也只有向申请人主张且属于另案《技术开发合同》的法律关系,不属于本案仲裁范围。

五、裁决结果

1. 被申请人向申请人支付专利转让费250万元及利息(利息按全国银行间同业拆借中心公布的贷款市场报价利率自2019年11月1日起以50万元为基数计至2020年4月26日,自2020年4月27日起的利息以250万元为基数计至还清所有转让款之日)。

2. 被申请人向申请人支付违约金3万元。

3. 被申请人补偿申请人产生的保全费5000元。

4. 申请人向被申请人支付违约金3万元。

5. 申请人补偿被申请人产生的律师费2.2万元。

6. 本案本请求仲裁费由被申请人承担90%、申请人承担10%。本案反请求仲裁费由被申请人承担80%、申请人承担20%。

7. 驳回申请人其他仲裁请求。

8. 驳回被申请人其他仲裁反请求。

六、评析

本案核心争议为"被申请人是否已经履行了支付专利转让款的义务",申请人申请仲裁、被申请人答辩皆以此为主要论点,同时纠纷也涉及《技术开发合同》中有关专利的权利归属以及合同联系人法律地位等问题。围绕这些问题,笔者将沿着"案涉合同的性质、效力——案涉合同的权利义务——申请人、被申请人履约分析——违约后的责任承担"的脉络进行讨论。

(一)案涉合同的性质、效力

根据《专利法》第10条之规定及有关理论上的分类标准,专利的转让可以分为专利申请权的转让和专利权的转让。前者的转让对象是向专利行政部门提出专利申请的权利;而后者的转让对象则是对特定发明在一定期限内依法享有的独占实施权利,如实施许可权、标识权、独占实施权等。从本案申请人、被申请人的约定来看,案涉合同涉及不止一项专利,合同内容既包括对专利申请权的转让,也包括对专利权的转让。

对于专利转让协议的效力问题,我国《专利法》及其实施条例、司法解释似乎并未直接作出规定。《专利法》第10条第3款规定:转让专利申请权或者专利权的,当事人应当订立书面合同,并向国务院专利行政部门登记,由国务院专利行政部门予以公告。专利申请权或者专利权的转让自登记之日起生效。但通说认为,该规定类似于有关不动产物权转让的规定,即登记与否只影响专利申请权或专利权是否已由原权利人转让给受让人,并不影响作为其基础法律关系的《专利转让协议》的效力。《专利转让协议》的效力只受到协议本身因素的影响,属合同法的范畴。

因此,《专利转让协议》应当符合我国《合同法》的规定。从总则来讲,应当符合《合同法》要求的合同的一般生效要件,且不存在《合同法》第52条规定的无效事由。从分则来讲,则首先要进行定性。《合同法》第342条第1款(《民法典》第863条第1款)规定,技术转让合同包括专利权转让、专利申请权转让、技术秘密转让、专利实施许可合同。因此,案涉合同属于《合同法》规定的技术转让合同。根据《合同法》分则的规定,除满足一般的要件外,技术转让合同还应当采用书面形式。但是,如果技术转让合同未采用书面形式,它的效力如何呢?对此,有人认为,未采用书面形式的技术转让合同并不一定无效,但转让合同涉及转让内容、转让方式、权属约定等,如不采用书面形式,极易引起当事人间的争议。① 但笔者认为,从规范层面说,《合同法》第52条规定违反法律、行政法规强制性规定的合同应当认定为无效,而关于技术转让合同应当采用书面形式的条款明显属于法律的强制性规定,因此未采用书面形式的技术转让合同应当认定为无效。

回归本案,案涉合同符合《合同法》的相关规定,且不存在可撤销等情形,故其效力无瑕疵,合同合法有效。

(二) 案涉合同的权利义务

根据《专利转让协议》的目的及我国《合同法》关于技术转让合同的规定,《专利转让协议》的主要权利义务为转让专利申请权或专利权,以及支付转让费用。除此之外,双方还应当承担与主要权利义务有关的从权利义务。例如,《合同法》第347条(《民法典》第866条第1款)规定,技术秘密转让合同的让与人应当按照约定提供技术资料,进行技术指导,保证技术的实用性、可靠性,承担保密义务。再如,《合同法》第349条(《民法典》第870条)规定,技术转让合同的让与人应当保证自己是所提供的技术的合法拥有者,并保证所提供的技术完整、无误、有效,能够达到约定的目标。无论是主要权利义务还是从权利义务,都会影响合同目的的实现,合同当事人应当秉持诚实信用原则,认真履约以实现交易目的。

案涉合同具备《合同法》规定的技术转让协议应当具备的主要条款,申请人、被申请人应按照合同约定履约。

(三) 申请人、被申请人履约分析

1. 申请人履约情况

(1) 案涉专利的原权利人或专利申请人问题。

案涉合同约定,申请人必须是案涉专利的唯一合法受益人以及所有人并且是登记册上的申请人和权利人。而案涉专利的权属问题,涉及案外的《技术开发合同》。根据《合同法》第330条第2款(《民法典》第851条第2款)的规定,技术开发合同包括委托开发合同与合作开发合同。委托开发合

---

① 参见杨军、杨煜:《科技成果转化纠纷的实证分析及对策建议》,载周林主编:《知识产权研究》(第二十六卷),社会科学文献出版社2020年版,第23—24页。

同项下发明创造的归属,《合同法》第 339 条(《民法典》第 859 条第 2 款)作出了规定,而合作开发合同项下发明创造的归属则规定在《合同法》第 340 条(《民法典》第 860 条)。从已知案情来看,我们无法推断出该案外合同是属于委托开发合同还是合作开发合同,但《合同法》第 339 条、第 340 条均提到了"除当事人另有约定的以外",这也意味着《技术开发合同》的当事人可以通过另行约定的方式排除法定归属条款。根据仲裁庭认定的事实,案外《技术开发合同》约定了依据该合同完成的专利均归属申请人所有;尽管又约定另一方当事人有权与申请人申请共有专利权,但实际上只有申请人一方申请了专利,最终专利登记的授权对象也只有申请人一人。

如此来看,申请人并未违反前述案涉合同的约定,笔者赞同仲裁庭对该《技术开发合同》的解读。

(2)案涉专利权届满终止是否因申请人违约。

《合同法》第 349 条规定,技术转让合同的让与人应当保证自己是所提供的技术的合法拥有者,并保证所提供的技术完整、无误、有效,能够达到约定的目标。其中,"有效"应当包含专利权未到期终止。从本案的事实来看,申请人在案涉专利到期之前早已完成变更登记,并未违反规定。

但案涉合同约定,申请人应保证已就每件所述专利支付所有申请费、注册费和专利年费。也就是说,在完成变更登记之前,申请人应当承担缴纳专利费的义务,即承担 2019 年 12 月 26 日之前的缴费义务。但实际上,国家知识产权局早在 2019 年 7 月就向申请人一方发出缴费通知书,申请人因懈怠一直未缴纳专利费,其行为构成违约。

但是,申请人违约与案涉专利权届满终止并不存在直接的因果关系。在专利权转让至被申请人后,缴纳专利费的义务就应当由被申请人承担,被申请人可以向专利行政部门缴纳专利年费,避免专利权的届满终止,同时要求申请人承担违约责任。即使缴费期满,根据《专利法实施细则》第 98 条的规定,被申请人也可以在期满 6 个月内缴纳专利费及滞纳金,并要求申请人承担违约责任。

因此,对于案涉专利权届满终止,申请人、被申请人均存在过错,申请人未缴足转让前的专利费构成违约,被申请人则未及时采取措施导致损失扩大。笔者赞同仲裁庭的意见。

(3)申请人已完成案涉专利的交付义务。

我国《专利法》规定,专利申请权或者专利权的转让自登记之日起生效。

申请人在合同签订之后委托知识产权代理公司办理了案涉专利的转让登记,并向被申请人交付了相关文件及证书,已经完成了案涉专利的转让义务。

2. 被申请人履约情况

(1)申请人联系人的法律地位。

在案涉合同及关联合同《收购和投资协议》中,浦某某均为申请人的联系人。对于浦某某与申请人之间存在什么法律关系,双方展开了辩论。申请人认为浦某某既非其公司管理人员,亦未获得特别授权,无权代替申请人受领转让费;而被申请人认为,从整个交易来看,浦某某的行为构成表见代理,被申请人善意且无过失,故浦某某行为的法律后果应当由申请人承担。仲裁庭最终支持了被申请人的意见,认定浦某某获得了申请人的授权,应被视为申请人委托的合同履行执行人。

笔者赞同仲裁庭的浦某某获得了申请人授权的观点,但笔者认为,对于浦某某享有哪些权利以及应当承担哪些义务,则要另当别论。浦某某既非申请人的法定代表人,也非其高级管理人员,首先可以排除其行为为职务行为的可能性。在代理关系上,授权行为是单方的民事法律行为,只需要授权人作出单方的意思表示,被授权人就可获得授权;但对于被授权人具体享有哪些民事权利,应当承担哪些民事义务,则需要委托代理合同进行约定,而委托合同是双方民事法律行为,需要合同双方的意思表示。因此,笔者认为,要判断浦某某是否为申请人委托的合同履行执行人,还要看在该笔交易及其关联交易中其他的具体执行行为是否也是由浦某某代申请人进行,且申请人对此未提出异议。

(2)被申请人是否已履行支付转让费的义务。

由于本案存在与交易对手的债务混同、浦某某多重身份混同的问题,仲裁庭从付款金额、交易背景、合同约定与交易习惯方面出发综合判断付款是否明确指向案涉合同标的,笔者赞同仲裁庭的意见。首先,浦某某与被申请人间确认的金额大于案涉合同所约定的金额,且被申请人无法充分证明该款项包含案涉合同转让费;其次,付款发生在浦某某向被申请人发送案外人E公司与被申请人的交易情况后,与案涉合同转让费的关联性较弱;最后,付款时间发生在约定时间之前,不符合合同约定及交易习惯。笔者认为,从审理情况来看,双方均未提供浦某某本人的证人证言,浦某某作为本案一系列交易中的关键人物,尤其是作为申请人一方的联系人,对案涉合同的履行情况应当非常了解,但这一证据的缺少,使仲裁庭只能结合整个交易的情况进行认定。

(四)违约后的责任承担

首先,对于申请人的违约行为,申请人应当依照案涉合同的约定支付违约金。同时,笔者认为,基于在未明确约定为惩罚性违约金的情况下,合同中的违约金条款一般是指补偿性违约金,因此根据《合同法》第114条(《民法典》第585条)的规定,如果申请人的违约行为给被申请人造成的实际损失大于案涉合同约定的数额,被申请人还可以请求仲裁庭予以增加。

其次,对于被申请人未支付转让费的违约行为,除应按照案涉合同约定支付固定金额违约金外,被申请人还应当向申请人支付自违约之日起的利息。对于本案的利息计算基数、利率、期限等问题,笔者赞同仲裁庭的决定。

(本案例由武汉大学法学院硕士研究生巨少军编撰)

案例7　知识产权许可使用权出资效力的认定

仲裁要点：关于专利等知识产权的许可使用权能否作为对公司的合法出资，我国现行法律或行政法规尚未有明确规定。本案仲裁庭认为，《公司法》出于对公司自身财产确定性等方面的考虑，对知识产权出资采取了较为严格的规定。《公司法》关于以非货币财产出资"应当依法办理其财产权的转移手续"之规定的立法目的，是使公司成为这些权利的所有人，或能够依法自由处分权利而无须依赖其他民事主体的意愿；而知识产权以许可使用的方式出资未进行所有权或专有权的转让，会给作为出资的财产带来不确定性，不符合《公司法》的上述立法本意。故仲裁庭认为，关于以知识产权许可权出资的约定因违反《公司法》的相关规定而自始无效，导致各方订立合同的目的无法实现，案涉协议的其余部分虽不当然无效，但已失去继续履行的实际意义。

一、案情概要

2001年7月29日，第一申请人A公司、第二申请人B公司、第三申请人C公司、第四申请人D公司（上述第一、第二、第三、第四申请人以下合称"申请人"或"四申请人"）与被申请人E公司签订《M公司发起人协议书》（以下简称《发起人协议》），约定共同作为发起人，以发起方式共同组建M公司。

此后，四申请人与被申请人之间就被申请人以权利和技术出资的问题以及M公司经营问题发生纠纷，四申请人认为被申请人没有履行出资及相关义务，被申请人用于出资的权利本身存在问题，应承担违约责任。故申请人依据《许可合同》中的仲裁条款于2004年11月29日向深圳国际仲裁院申请仲裁，请求裁决：

1. 被申请人根本违反《发起人协议》，该协议予以解除。
2. 被申请人不享有股份公司 20% 的股东权益。
3. 本案的仲裁费用由被申请人承担。

二、当事人主张

(一) 申请人主张

1. 被申请人从来没有作出法律上有效的技术许可。《许可合同》中约定的专利许可在法律上是无效的，因为这些权利的权利人都是自然人×而不是被申请人，后者无权对他人的专利作出许可。《许可合同》项下的发明专利申请早在签订协议 1 年以前就已经在法律上被视为撤回了，外观设计专利已经于 2004 年 1 月 21 日因未缴纳年费和滞纳金而终止，已经不存在了。

2. M 公司从来就没有得到过被申请人的锂离子动力电池生产技术和工艺。按《许可合同》的要求，被申请人应当提供专利申请技术及相关技术资料。但被申请人始终没有向 M 公司移交过生产流程、配方等技术资料，也没有实施对 M 公司技术人员的培训。此外，被申请人也没有履行《许可合同》约定的指导 M 公司生产出合格产品的义务。

3. 订立《发起人协议》的根本目的已经完全落空。订立《发起人协议》的根本目的是运用被申请人的锂离子动力电池技术制造高性能动力电池。因此，被申请人的出资不能用其他出资代替。现在，相关的出资标的物已经灭失，不可能通过继续履行来进行补救。被申请人的违约行为已经导致《发起人协议》的根本目的完全落空，该协议应当予以解除。

4. 《许可合同》约定了三项专利，其中第一项未到授权阶段就被视为撤回，第二项被终止，第三项转给第三人。因此，被申请人没有履行出资义务。双方之间的争议为股东之间的《发起人协议》项下的争议，不涉及 M 公司，《许可合同》只说明技术的范围。出资人在法律上必须拥有其技术，对此，《公司法》与《公司注册资本登记管理规定》都有相关规定，而技术出资需办理过户手续，技术必须客观并持续存在。当事人的约定不能对抗《公司法》的规定。因此，在第一层次上，四申请人主张被申请人的出资无效。如果该出资被认定有效，则在第二层次上，申请人主张被申请人未完成出资义务。

(二) 被申请人主张

被申请人已经依约履行了《许可合同》。理由如下:首先,《许可合同》约定的许可使用技术及其产品客观存在。该合同约定了许可使用技术和产品的范围有五项,其中比如"一种可反复充电放电的铬氟锂固体动力电池"的专利,已经被更先进的专利所代替,且这些专利的权利人已经排他性地许可 M 公司使用。其次,被申请人已经将《许可合同》约定的技术许可给 M 公司使用,M 公司已获得许可使用该技术。这在被申请人、自然人×以及 G 公司出具的多个书面确认文件中,已经给予明确。2002 年 3 月 26 日的 K 会计师事务所《验资报告》也确认已经收到股东缴纳的注册资金中包含专利权出资 4000 万元。而申请人所谓"要使接受出资的公司在事实上掌握出资技术"为技术出资到位通常标准之一的说法系其凭空捏造的错误理论。最后,被申请人依约履行了以技术许可方式转移财产权的义务。《许可合同》中自然人×承诺,将本案专利技术转让给被申请人,以便其将该技术许可给 M 公司使用。被申请人一直在积极地履行该义务。其间的安排,M 公司表示同意。

被申请人已经履行了《发起人协议》约定的全部义务。首先,技术许可方式投资入股符合现行法律规定。《公司法》(2004 年修正)第 82 条规定,工业产权可以抵作股款,但应办理财产权的转移手续。这意味着基于工业产权的财产权可以作为出资方式之一,而工业产权的许可权作为一种财产权可以作为出资。此外,财产权的转移手续并非工业产权的转让手续。《技术合同解释》第 16 条第 1 款规定:"当事人以技术成果向企业出资但未明确约定权属,接受出资的企业主张该技术成果归其享有的,人民法院一般应当予以支持,但是该技术成果价值与该技术成果所占出资比例明显不合理损害出资人利益的除外。"该规定说明技术成果出资并不当然由接收出资方获得技术成果的所有权。本案技术的权属约定明确,其所有权不属于 M 公司,也无须办理所谓技术所有权过户至 M 公司名下的手续。其次,被申请人的出资方式为技术许可。对此,各方的认识是十分明确的。最后,被申请人已经履行了约定的出资义务。对此,《评估报告书》《验资报告》以及工商局的工商注册登记资料都是证明。出资义务的关键是被申请人已经给予 M 公司使用该技术的许可。至于技术培训和指导生产等是 M 公司自身经营的问题,需要 M 公司提供相应条件。

申请人解除《发起人协议》构成违约,需向被申请人赔偿因此造成的损失。被申请人为履行上述协议不能许可其他任何第三人使用该技术,造成的损失至少为4030万元,如果申请人执意解除《发起人协议》,需向被申请人赔偿因此造成的损失。

被申请人主张,《许可合同》约定的三项专利已经有新的专利代替,且也许可给M公司使用了。技术不能拘泥于老技术,新技术替代老技术才合理,《发起人协议》第13.3条也有相应约定。被申请人的出资性质是许可,且权利应转让给被申请人。但后来股东变更了原约定,只同意M公司合法使用,无须转给被申请人。专利是公开的技术,区别在于是否获得许可。M公司获得了专利技术的使用许可,因此,被申请人履行了出资义务。

三、仲裁庭认定的事实

2001年7月29日,四申请人与被申请人签订《发起人协议》。《发起人协议》第4条约定:"公司的注册资本:贰亿元人民币。公司的注册资本为公司登记机关的实收资本总额。被申请人以所持有的锂离子动力电池及相关技术许可出资,其余发起人以现金出资。"第5条约定,被申请人的出资方式为"技术",作价4000万元,占股份公司股本比例的20%。第13.2条约定:"被申请人保证将其享有的有关锂离子动力电池的发明专利申请权及相关技术以排他许可的方式许可给股份公司使用,未经股份公司同意,被申请人不得擅自在境内外设厂生产和再许可。"

同一天,四申请人还与被申请人签订了《许可合同》。《许可合同》第1条约定了将要被许可的专利技术和一般技术的范围,包括当时已经向国家专利局申请的发明专利,国家专利局已经授予的外观设计专利等。第3条约定:"许可方以占有被许可方(指M公司)20%股权作为本合同专利申请技术排他许可的费用,同时在10年内享受合同产品销售利润的16%。"

2001年8月8日,四申请人与被申请人签订了《发起人补充协议》(以下简称《补充协议》),约定在《发起人协议》签订时尚未认购的10%股份由F公司认购,出资方式为现金。

2001年8月9日,S市工商行政管理局作出《企业名称预先核准通知书》。2001年8月,M公司六方发起人签署《M公司章程》。8月11日,自然人×作出《承诺书》,承诺15日内将该发明专利申请权转给被申请人,以便将锂离子动力电池的发明专利申请权许可给M公司使用。2001年12月14

日,自然人×再次作出《承诺函》,承诺在50天内完成有关权利的转让和变更,否则承担违约责任。

2001年12月31日,H资产评估有限公司将被申请人作为投资的许可权(按预期使用年限5年)评估作价为4030万元。

2002年3月15日,S市人民政府发出《关于以发起方式设立M公司的批复》。

2002年3月25日,根据M公司的多次要求,自然人×以其本人和G公司法定代表人的名义分别出具了两份《声明书》,声明已将有关权利全部转让给被申请人。

2002年3月26日,K会计师事务所对M公司截至2002年3月25日注册资本实收情况作出《验资报告》,其中载明:以专利权出资的被申请人尚未办妥专利权的转让登记,但被申请人与M公司已承诺在股份公司成立3个月内办妥转让登记手续。其他股东以货币出资的1.6亿元股本均已实缴到位。

2002年3月29日,S市工商行政管理局发出《企业法人营业执照》,M公司正式成立。被申请人享有的20%股权已在M公司登记机关备案。

四、仲裁庭意见

本案所涉及的商业交易是申请人与被申请人依据中国法律共同组建M公司,以从事锂离子动力电池的生产和经营。双方之间争议的焦点是被申请人是否违反了《发起人协议》、未履行约定的技术出资义务。因此,本案争议的性质属于对M公司的出资义务争议。双方当事人在仲裁程序中也明确了这一点。

(一)本案适用法律

因本案争议为在中国内地组建股份公司的争议,属于公司内部事务争议,依照仲裁庭所采用的冲突规则,该争议应适用公司注册登记地的法律,即中国法予以解决。

(二)以技术许可权作为对公司出资的合法性

在考虑被申请人是否在出资问题上存在违约情形之前,仲裁庭认为应首先考虑本案各方约定的以技术许可权作为对公司出资的合法性问题。1994

年7月1日施行的《公司法》第80条规定:"发起人可以用货币出资,也可以用实物、工业产权、非专利技术、土地使用权作价出资。对作为出资的实物、工业产权、非专利技术或者土地使用权,必须进行评估作价,核实财产,并折合为股份。不得高估或者低估作价。土地使用权的评估作价,依照法律、行政法规的规定办理。发起人以工业产权、非专利技术作价出资的金额不得超过股份有限公司注册资本的百分之二十。"第82条第1款规定:"以发起设立方式设立股份有限公司的,发起人以书面认足公司章程规定发行的股份后,应即缴纳全部股款;以实物、工业产权、非专利技术或者土地使用权抵作股款的,应当依法办理其财产权的转移手续。"

仲裁庭对《公司法》上述规定的理解如下:投资人对公司(包括有限责任公司与股份有限公司)的出资可以采用货币与非货币财产的出资方式。投资人依法可以用民事权利包括知识产权作为出资,但应依法办理这些权利的转移手续。《公司法》要求投资人将这些作为投资的权利变更至公司的名下,使其成为公司的财产。"办理其财产权的转移手续"的目的,是使公司成为这些权利的所有人;或在特别的情况下(如以土地使用权作为出资时),使得公司能够依法自由处分这些权利而无须依赖其他民事主体的意愿。换言之,只有公司自己的或能够被公司自由处分的财产,才能作为对公司的出资。尽管国际上对于技术权利出资的看法和要求可能有所不同,但《公司法》出于对公司自身财产确定性等方面的考虑,对以权利作为股款向公司进行出资采取了较为严格的规定。

仲裁庭注意到,2005年修订的《公司法》保留了类似的规定(第83条、第27条和第28条)。此外,2004年7月1日施行的《公司注册资本登记管理规定》第9条规定,以工业产权和非专利技术出资的,应于公司成立后6个月内依照有关规定办理转移过户手续。2006年1月1日施行的《公司注册资本登记管理规定》第12条规定,以非货币财产出资的,应当依法办理其财产权的转移手续。第13条规定,以非货币出资的须说明其评估情况和评估结果,以及非货币出资权属转移情况。

仲裁庭认为,作为股东对公司出资的知识产权,应当由公司所有或完全控制,这是《公司法》关于"应当依法办理其财产权的转移手续"的本意。如果一种知识产权在法律上的有效性和稳定性取决于其他民事法律关系主体的意志或行为,而不能由公司自己完全控制,则这种作为投资的财产的确定性是有疑问的。专利权的许可权首先取决于专利权人在法律上对专利有效性的维持。公司获得的这种使用权取决于权利人给予的许可同意,因而使公司无法摆脱对专利权人的依赖。在专利权人违反合同终止许可的情况下,公司的债权人是否可以直接追索并执行专利权人的财产权,在法律上可能有障碍。为此,仲裁庭认为,以专利权、专利申请权和其他知识产权的许可使用权作为对公司的出资,与1994年施行的《公司法》和2005年修订的《公司法》的要求不一致。这种知识产权的许可使用权,依据《公司法》是不能够作为对公司的出资的。

(三)有关被申请人出资的约定无效

基于以上分析,仲裁庭认为,《发起人协议》和《许可合同》中关于被申请人用专利权、专利申请权以及其他技术的许可权作为出资,并因此占有M公司20%股权的约定,与《公司法》的相关规定不符,属于无效约定,且自始无效。

(四)该约定无效的后果

《发起人协议》各方当事人签署该协议的目的在于利用被申请人的技术,生产和经营锂离子动力电池。各方关于被申请人出资的约定无效,导致设立M公司的关键技术因素缺失,而设立M公司的目的在原设计的公司框架内难以实现。此外,设立M公司的协议是所有发起人根据自身利益相互谈判和约定的结果。如果其中一个发起人因某种原因而不享有股东资格,便会打乱原来各方已经约定的股本总额和股权结构。因此,至少在本案的情况下,这一关于出资的无效约定严重地影响到《发起人协议》的整体安排以及整个锂离子动力电池项目继续执行的可行性。

考虑到申请人与被申请人之间目前所处的对立状态,继续执行该项目的现实性和可能性已十分微小。虽然合同中的部分条款无效不一定影响合同其他条款的效力,但若无效的部分直接影响到合同基本目标的实现,整个合同继续执行的实际意义也将因此而丧失。仲裁庭认为,本案的《发起人协议》即属于这种情况。关于被申请人出资约定的无效,该协议的其余部分虽然并不当然无效,但其继续履行已经失去实际意义。

仲裁庭认为,关于被申请人以技术许可权作为出资的约定,是各方当事人的真实意思表示。这种约定是基于所有当事人签署《发起人协议》时对非货币财产出资法律规定的共同错误认识,因此,其法律后果也应由各方共同承担。

《发起人协议》中有关被申请人出资的约定无效,进而导致整个协议书失去继续履行的意义,这一状况应导致整个协议的解除,因为除无法实现最初设立 M 公司的商业目的之外,M 公司继续使用其名称亦不再适当。但该协议解除后的事宜不属于本仲裁庭管辖的范围。

(五)关于被申请人违约的主张

鉴于仲裁庭已认定《发起人协议》中关于被申请人出资的约定自始无效,因而逻辑上不存在判断被申请人是否违约的合同基础。为此,申请人提出的关于被申请人违约的主张,仲裁庭不予支持。

五、裁决结果

1. 被申请人因有关出资约定的无效而不享有 M 公司 20% 的股东权益。
2. 解除《发起人协议》。
3. 本案仲裁请求的仲裁费由四申请人连带承担 80%,由被申请人承担 20%。

六、评析

(一)知识产权使用权出资的合法性

知识产权包括商标、著作权及本案争议所涉专利权等不同具体权利,以知识产权出资即以对上述权利的让渡作为对价以获取公司股权,日益成为国内外各公司特别是高科技公司重要的出资形式。理论上,知识产权的让渡可采用多种形式,例如知识产权的转让或知识产权的许可使用;实践中,知识产权转让已成为各国法律普遍承认的出资方式,而知识产权许可使用作为知识产权的特殊出资方式仍存在较大争议。①

本案的核心问题即是厘清在我国现行法律框架下,知识产权许可使用(本案具体为专利许可使用)的出资方式是否符合法律和行政法规的相关规定。

---

① 参见刘春霖:《知识产权出资标的物研究》,载《法商研究》2009 年第 2 期。

我国 1994 年施行的《公司法》第 24 条第 1 款规定："股东可以用货币出资，也可以用实物、工业产权、非专利技术、土地使用权作价出资。对作为出资的实物、工业产权、非专利技术或者土地使用权，必须进行评估作价，核实财产，不得高估或者低估作价……"该款所称的"工业产权、非专利技术"指所有权或专有权本身，而不包括许可使用权。

深圳市人民政府 1998 年发布的《深圳经济特区技术成果入股管理办法》第 4 条规定："技术出资方可以用下列技术成果财产权作价入股：（一）发明、实用新型、外观设计专利权；（二）计算机软件著作权；（三）非专利技术成果的使用权；（四）法律、法规认可的其他技术成果财产权。本办法所称的专利权、计算机软件著作权是指依照中国法律产生的有关权利，不包括依照外国法律产生的权利，也不包括有关权利的使用许可。"

不过，2005 年修订的《公司法》第 27 条第 1 款将股东出资方式修改为："股东可以用货币出资，也可以用实物、知识产权、土地使用权等可以用货币估价并可以依法转让的非货币财产作价出资；但是，法律、行政法规规定不得作为出资的财产除外。"现行《公司法》对该出资方式未作修改。

综上，就专利、商标等知识产权的用益权能否作为出资财产的问题，现行法律或行政法规层面尚未有结论性的意见。

支持知识产权使用权可以作为合法出资的观点认为，知识产权作为一种智力成果，不发生有形的占有控制和损耗，能够被多个主体同时占有并使用。[①] 故知识产权使用权符合知识产权出资客体的适格性要求。更为主流的反对观点则认为，知识产权的出资行为，其法律性质就是知识产权的转让行为，从《公司法》第 28 条办理"转移手续"的规定来看，使用权的转让是没有必要办理转移手续的，故办理"转移手续"即限定了知识产权出资形式为所有权或专有权的转让出资，而排除了许可使用这种出资方式。[②] 本案仲裁庭亦支持该观点。仲裁庭认为，作为股东对公司出资的知识产权，应当由公司所有或完全控制，这是《公司法》关于"应当依法办理其财产权的转移手续"的本意。如果一种知识产权在法律上的有效性和稳定性取决于其他民事法律关系主体的意志或行为，而不能由公司自己完全控制，则这种作为出资的财产的确定性是有疑问的。

---

① 参见贾阳阳：《论我国技术出资的法律风险防范》，兰州大学 2009 年博士学位论文。
② 参见陈丽苹：《知识产权出资的法律问题》，载《知识产权》2004 年第 3 期。

(二)以知识产权使用权出资与公司法存在的冲突

进一步分析仲裁庭的观点,笔者认为,知识产权权利人若采用使用许可的方式向公司出资,则用作出资的知识产权不发生全部权利的转移,公司事实上对于该项财产没有完全的处分权,这将与公司法关于资本信用的相关规定发生冲突:

首先,与公司作为法人承担责任的要求相冲突。公司作为法人享有由股东投资形成的全部法人财产权,并以其全部法人财产依法经营,自负盈亏,承担民事责任。如股东以知识产权使用许可的方式出资,则公司对该知识产权不享有最终处分权,当公司发生债务纠纷时,特别是进入清算程序后,该知识产权使用权如何作为公司资产的一部分用于对公司债务的清偿?债权人在何种情况下可以直接向知识产权人进行追索?上述问题目前均存在法律上的空白或模糊地带。

其次,与公司资本维持原则(资本充实原则)相冲突。资本维持原则是指公司在其存续过程中应经常保持与资本额相当的财产。如1994年施行的《公司法》第25条规定,"股东应当足额缴纳公司章程中规定的各自所认缴的出资额"。第34条规定:"股东在公司登记后,不得抽回出资。"资本维持原则是为了防止资本的实质减少或营利的不当分配,保护债权人的利益及公司经营的正常开展。知识产权中的部分权利是有有效期的,如专利权失效后便会进入公共领域,任何个人和企业均可无偿使用。如果专利权有效期短于公司的经营期限,则专利权到期后实质上相当于出资人变相抽回了其出资,与公司法股东不得抽回出资的规定冲突。

综上,知识产权许可使用的出资方式可能与《公司法》出于资本信用考量所作的各项规定产生冲突,仲裁庭亦出于上述考量将《公司法》第28条的规定限定为以所有权或专有权转让方式出资,认定本案各方关于以知识产权许可权出资的约定违反了《公司法》的相关规定,自始无效。

(三)以知识产权使用权出资在我国的未来发展

虽然我国目前对以知识产权使用权出资在立法层面尚未有明确规定,但以知识产权使用权作为出资的合法性已为一些国家法律所确认。美国1987年《示范公司法》承认以知识产权使用许可作为出资标的;具有代表性的Thoms v. Sutherland案中也明确了专利权许可使用"构成有效发行股份基的财产"的地位。① 日本、德国、韩国等国家在立法层面虽尚未明确知识产权使用权的出资方式,但在司法实践中已逐渐承认知识产权人可以通过许可使用的形式进行出资。②

2012年发布的国家工商行政管理总局《关于支持上海"十二五"时期创新驱动、转型发展的意见》明确提出支持上海探索专利使用权等知识产权出资。从中可以看出,虽然我国在法律及行政法规层面尚无结论性意见,但积极探索拓宽公司登记中非货币财产出资范围,让更多的财产作为出资投入到公司的经营中,允许以专利使用权、注册商标使用权出资将会在立法及实践层面逐步成为未来发展的趋势。而在制度层面防范和化解知识产权使用权出资所带来的公司财产及资本维持不确定性等风险是未来承认该出资方式合法性的必要前提。

(本案例由深圳国际仲裁院李宗怡编撰)

---

① See Thoms v. Sutherland, 52 F. 2d 592 (3d Cir. 1931).
② 参见《美国、加拿大知识产权评估工作考察情况介绍》,载《中国资产评估》2008年第1期。

案例8　方法专利和技术秘密侵权的判断

仲裁要点：被申请人侵犯了申请人合法取得的专利技术及非专利技术的独占实施权，但该权利与合资公司无关；被申请人并未抢注合资公司产品商标，在无充分证据的情况下，个人行为不能代表公司行为，不同公司对外的行为也不能混淆。

一、案情概要

申请人A生物工程有限公司与被申请人香港B科技控股有限公司以及在瑞典注册的C公司于2000年1月11日订立《合资经营D公司合同》（以下简称《合资合同》），成立合资公司D公司，生产高科技保健产品。在执行《合资合同》的过程中，申请人与被申请人发生争议。

申请人认为，在其为合资公司转变生产灵芝孢子产品提供了专利及非专利技术资料后，被申请人恶意阻挠合资公司的生产工作，并在之后窃取相关专利与非专利技术，在香港特区市场自行生产并销售侵权产品，擅自抢注合资公司使用的"×姿33"商标，造成合资公司产品停产，损害合资公司利益，进而损害了申请人的合法利益。

被申请人认为，申请人主张其恶意阻挠和拖延合资公司生产无事实依据，在香港特区市场销售灵芝孢子产品的并非被申请人，被申请人与申请人也不存在代销关系，申请人也并非该产品唯一厂家，故其提出的侵犯专利权及非专利技术的主张系臆断和编造。被申请人并非"×姿33"商标所有权人，不存在抢注行为，该指控亦不能成立。

2003年8月，申请人依据《合资合同》中的仲裁条款向深圳国际仲裁院提起仲裁，请求裁决被申请人违反《合资合同》约定，严重侵犯合资公司的权益,赔偿申请人损失1000万元并承担仲裁费用。

二、当事人主张

(一)申请人主张

1. 被申请人利用其股东地位拖延合资公司的生产

被申请人系合资公司股东之一,其代表人钟某某多次在股东会议中提出,基于经济效益考虑,合资公司应放弃生产原定投产产品,转变为生产灵芝系列产品,并且该提议最终被采纳。故合资公司为转变生产举行会议,做了一系列准备,申请人亦向合资公司提供了生产灵芝孢子油的技术资料。在合资公司欲购买生产设备时,被申请人代表钟某某利用管理者身份阻止购买相关设备,导致合资公司直至2002年年底仍未开始生产工作。

2. 被申请人窃取产品的专利、非专利技术自行生产侵权产品,侵犯合资公司的利益

作为被申请人股东与C公司董事的钟某某积极参加了灵芝孢子产品相关技术细节及生产线筹备的讨论工作,详细了解了全部生产技术及过程。但合资公司生产灵芝孢子产品的工作由于钟某某的阻止最终未能开展。

此后,2002年9月,钟某某在未与申请人续签代理经销灵芝孢子产品合同的情况下,在香港特区市场以被申请人及其关联公司E公司的名义继续销售同一品牌的灵芝孢子产品。申请人认为,该同品名、商标的产品系被申请人利用申请人的专利及非专利技术私自生产的侵权产品。虽然被申请人及其关联公司E公司在香港特区报刊上声称其产品所用的是SY大学首创的"MD激活"发明专利且效果更好,但欲达此效果,仅凭专利技术而不掌握生产工艺流程等非专利技术是无法实现的。且庭审中,被申请人亦不能举证证明其所使用的"MD激活"及"CLJ CO2萃取技术"来源的合法性及与申请人的专利及非专利技术的不同。

故申请人主张,被申请人及其股东钟某某通过组建合资公司和利用合资公司转变经营方向,了解并掌握了申请人的专利、非专利技术和生产设备的有关情况,窃取了申请人的商业秘密,侵害了合资公司的经济利益,进而侵犯了申请人的投资权益。

3. 被申请人利用其股东地位擅自抢注合资公司使用的商标,造成合资公司产品停产

合资公司在申请人协助下已于 2002 年 7 月开发生产出两个高科技产品:"×姿33"和"×心健",并于 2002 年 10 月在深圳举行的第四次高新技术产品交易会上展销了这两个新产品。此后,合资公司开始试销这两个产品。

2002 年 8 月,被申请人的股东钟某某以代销的名义提走了 6 箱"×姿33"产品(提货单上按惯例写了 E 公司的名字),并准备在正常生产后,委托被申请人在香港特区市场销售。2002 年 9 月 16 日,合资公司查明"×姿33"的商标在香港特区被钟某某以其亲戚所有的 F 公司的名义抢注。申请人认为在此情况下,合资公司的产品即使生产出来,也无法进入香港特区市场。被申请人此行为严重违反了《合资合同》约定的协助外销产品的义务,违反了《公司法》的相关规定,滥用股东权利,侵犯了合资公司的权益。

(二) 被申请人主张

1. 申请人所称转变生产事宜无董事会有效决议,认为被申请人恶意阻挠和拖延合资公司生产无事实依据

根据合资公司章程第 17 条的规定,董事会决定合资公司的一切重大事宜。故转变生产事宜应由董事会决议,不可能由被申请人单方面决定。而合资公司自成立后至争议提交仲裁时从未召开董事会,申请人所提供的一系列会议记录既未客观反映事实,也无与会者签名,不具有真实性。在未召开董事会对转变生产事项进行表决的情况下,申请人指控被申请人利用股东地位拖延生产,没有事实依据。

2. 申请人认为被申请人侵犯其专利和非专利技术,销售侵权产品,损害合资公司利益无事实依据

第一,在香港特区市场销售灵芝孢子产品的公司并非被申请人,被申请人与申请人之间从无代销合同关系,其所谓续签代销事宜无从谈起;第二,申请人并非生产灵芝孢子产品的唯一厂家,因此有公司在市场上销售该产品不足为奇;第三,申请人认为钟某某窃取了其专利和非专利技术,但并未提供确凿证据,系主观臆断和恶意编造。综上,该指控无事实依据。

3. 被申请人并未抢注"×姿33"商标,该指控无事实依据

涉案 6 箱"×姿33"产品系 E 公司提取,货物的发票、传真均证明是 E 公司出具和发送的,与被申请人无关。在香港特区注册"×姿33"商标的是 F

公司,不是被申请人,F公司与被申请人没有任何法律上的关系。申请人将E公司、F公司的行为说成是被申请人的行为,系张冠李戴、混淆是非,指控被申请人抢注商标没有任何事实根据。

三、仲裁庭认定的事实

(一)本案所涉专利技术和非专利技术相关事实

1. 涉案专利技术的权利人及许可实施情况

2001年5月2日,SY大学作为专利权人取得了"××灵芝孢子产生生理活性物质的方法"的专利,2003年3月15日,SY大学作为许可方,申请人作为被许可方,签订了关于该专利技术的《专利实施许可合同》,许可方式为独占许可,许可空间是在中华人民共和国领域内制造、销售其专利产品,许可期限至2018年12月29日。从而申请人可根据该技术制造产品——"×Z牌纯灵芝孢子粉胶囊"。申请人生产的《专利实施许可合同》下的"×Z牌纯灵芝孢子粉胶囊"产品在中国内地市场上销售使用的商标是"××灵芝",而在国际市场上销售使用的商标是"×康活"。

2. 申请人与被申请人间的《许可销售合同书》

1999年2月13日,SY大学国家JY研究中心(以下简称"研究中心")与E公司签订了《关于许可采用"TW牌"包装销售纯灵芝孢子粉胶囊产品合同书》(以下简称《许可销售合同书》)。该合同书上有申请人盖章。E公司董事与被申请人董事均为钟某某与唐某某。

3. 被申请人侵犯独占实施专利权的相关事实

申请人和E公司曾使用"MD激活"专利技术联合生产过"×康活"产品,并在香港特区销售;后被申请人与上海G大学和E公司使用"MD激活"技术联合生产了同样的产品"×康活";被申请人曾委托广州H公司生产"×康活"产品,后因侵犯申请人的注册商标权而于2003年6月11日受到工商行政管理部门的处罚,除被罚款外,还被责令立即停止侵权行为;被申请人与上海G大学和E公司联合生产的"×康活"产品现仍在香港特区销售。

被申请人在其答辩材料中辩称其没有生产过"×康活"产品,但对上述证据又未能作出任何解释,因此,仲裁庭对被申请人没有生产过"×康活"的说法,无法采信。

申请人在庭审及有关材料中指出,申请人被许可使用的专利技术"××灵芝孢子产生生理活性物质的方法"就是"MD激活"专利技术。根据广告等证据材料,仲裁庭有理由采信该说法。

4. 生产灵芝孢子产品所涉非专利技术的相关事实

申请人与SY大学签订的《专利实施许可合同》中约定,SY大学许可申请人使用"××灵芝孢子产生生理活性物质的方法"专利以及该专利所涉及的技术秘密与工艺,向申请人提供"××灵芝孢子产生生理活性物质的方法"的全部专利文件和为实施该专利而必须的工艺流程文件、设备清单,用于制造该专利产品,并提供实施该专利所涉及的技术秘密。仲裁庭认为,申请人与SY大学签订的《专利实施许可合同》中也包含了实施该专利所需的非专利技术(国际上通称的"know-how")的内容。

申请人提供的能证明被申请人代表钟某某利用其合资公司合营者的身份,窃取了制造纯灵芝孢子粉胶囊的专有技术的"办公会议纪要",没有与会人员的签字,仅有纪要整理人的签字。在本案中,被申请人对该没有与会者签字的"办公会议纪要"的真实性不予认同。在此情形下,仲裁庭认为,"办公会议纪要"作为证据,其本身是缺乏证明力的。

(二)"×姿33"商标相关事实

经庭审查实,双方当事人亦确认,申请人指称被申请人抢注合资公司的商标是试销产品"×姿33",不涉及合资公司的试销产品"×心健"。有关证据表明:

1. 2002年7月,合资公司已经试生产出"×姿33"产品,该产品上标明由合资公司监制出品,E公司为总代理。在香港特区经申请注册的商标有"33 ×× HANTOL",中文是"×姿"。仲裁庭据此认定,合资公司试生产产品"×姿33"的商标确在香港特区被注册,注册申请人是"SUN ×× TRADING AS YUE ××× COMPANY a sole proprietorship organized and existing under the laws of Hong Kong"。SUN ××是"孙某",YUE ××× COMPANY是"F公司"。

2. 2002年8月,曾由钟某某提走6箱"×姿33"产品到香港特区试销,钟某某由此可以知道"×姿33"商标的形状和名称。

3. 2002年10月,合资公司在深圳举行的第四次高新技术产品交易会上展销了"×姿33"产品。

4. 申请人提供与钟某某的电话录音,证明其在电话中说"只申请注册了'×姿33'一个"。

四、仲裁庭意见

(一)合资合同、仲裁庭的审理权限和处理本案争议的法律适用问题

仲裁庭认为,根据初步证据,申请人提出的仲裁请求所涉及的争议是《合资合同》仲裁条款中约定的执行《合资合同》或与《合资合同》有关的争议。根据《仲裁法》和《仲裁规则》的有关规定,仲裁庭有权对申请人提出的仲裁请求进行审理,并根据事实和中国内地法律规定作出相应分析、认定和裁决。

根据《合同法》第 126 条第 2 款和《合资合同》中的约定,合资合同可适用的法律,包括处理合资合同争议的法律为中国内地法律。申请人在本案中提出的仲裁请求涉及侵犯商标、专利和非专利技术的赔偿问题。根据侵权行为的损害赔偿适用侵权行为地法律这一规则,以及侵权行为地包括侵权行为实施地和侵权结果发生地的通行解释,本案中关于侵犯商标、专利和非专利技术的争议,所适用的法律可以为侵权结果发生地的法律,即中国内地的法律。

仲裁庭认为,《合资合同》是经双方当事人平等协商签订的,并依照有关法律规定经政府主管部门批准,《合资合同》是有效的。

(二)本案所涉专利技术和非专利技术侵权问题

1. 申请人对涉案专利技术享有独占实施权

根据 SY 大学与申请人签订的《专利实施许可合同》和《专利法》中的规定,仲裁庭认为,"××灵芝孢子产生生理活性物质的方法"是 SY 大学享有的专利,经与申请人签订《专利实施许可合同》并在国家知识产权局备案,申请人因此依法具有在中华人民共和国领域内制造、销售合同专利产品"×Z 牌纯灵芝孢子粉胶囊"的独占权利。

2. 《许可销售合同书》非本案审理范围

申请人主张的《许可销售合同书》系 SY 大学国家 JY 研究中心与 E 公司签订。申请人是研究中心的下游企业,作为承担加工生产单位在该《许可销售合同书》上盖章,该合同对申请人未施加任何实质性的权利和义务,故申请

人并非《许可销售合同书》的当事人。

《许可销售合同书》另一方系 E 公司。虽然 E 公司与被申请人的董事均为钟某某与唐某某,两公司之间确实有密切的关联关系,但在法律上,该两公司对外发生的法律关系应是相互独立的,不能混淆或完全等同。在没有充分证据能够证明 E 公司代表了被申请人的情况下,把 E 公司的行为视为被申请人的行为是缺乏根据的。故本案被申请人和钟某某个人均不是《许可销售合同书》的签约方。

综上,仲裁庭认为,申请人与被申请人均非《许可销售合同书》的当事人,该合同与合资公司及《合资合同》无关。

3. 关于申请人主张的被申请人侵犯合资公司独占实施专利权的问题

申请人认为,被申请人侵犯专利给合资公司造成了损失,申请人在合资公司享有40%的股权,因此申请人要求取得该损失中40%的赔偿额。仲裁庭认为:

一方面,申请人指称被申请人私自生产"×康活"产品是违反《合资合同》的行为,缺少充分的证据。改变合资公司原生产经营计划,属《合资合同》和合资公司章程中规定的应由合资公司董事会确定的事宜,董事会所确定事宜的相关记录理应由到会董事签字确认。而申请人提供的"办公会议纪要"上没有与会者的签字,而且被申请人对该"办公会议纪要"的真实性不予认同,在此情形下,"办公会议纪要"作为证据,其本身的证明力不足。在现有证据中,没有证据能够证明合资公司董事会将《专利实施许可合同》中的纯灵芝孢子粉胶囊产品选定为合资公司经营生产产品。

另一方面,合资公司并未取得灵芝孢子产品的专利实施权。申请人合法取得《专利实施许可合同》下的专利实施许可后至今,一直在生产销售《专利实施许可合同》中所许可制造的纯灵芝孢子粉胶囊产品,一直是纯灵芝孢子粉胶囊的独占实施专利权的权利人,在本案中,没有任何证据能够证明合资公司依法取得了生产×Z牌纯灵芝孢子粉胶囊的实施专利权。

综上,仲裁庭认为,即使被申请人生产"×康活"产品构成侵犯专利实施权,也是侵犯申请人的独占实施权,与合资公司无关。申请人的损失系被申请人侵犯其独占实施权造成的,合资公司不会因此受到损失。申请人与被申请人之间专利侵权之法律关系下的纠纷不属于《合资合同》中仲裁条款所约定的仲裁事项,因此关于专利技术许可的问题与合资公司无关,与本案也没有任何关系,仲裁庭无权就该纠纷的是非曲直作出实体上的考虑,申请人可以依法通过其他法律途径主张自己的权利。申请人在本案中提出的被申请人侵犯其独占实施专利权,违反合资合同,给合资公司造成了损失,并根据其在合资公司所占股权比例计算要求被申请人赔偿其损失的主张,仲裁庭无法予以支持。

4. 生产灵芝孢子产品所涉非专利技术的侵权问题

在没有其他证据能够证明被申请人取得了申请人所称的技术秘密并且是以不正当手段取得的情况下,申请人仅根据没有与会者签字确认的"办公会议纪要"不足以证明是被申请人窃取了生产纯灵芝孢子粉胶囊的技术秘密。

在双方当事人签订的《合资合同》及合资公司章程中,没有就生产灵芝孢子产品及使用相关专有技术的权利等问题作出任何规定,另外,如仲裁庭在前面分析认定的,也没有充分的证据能够证明灵芝孢子产品被纳入双方创设的合资公司的经营生产范围。在申请人指称被申请人侵犯其生产灵芝孢子产品的专有技术违反了《合资合同》而又得不到有关证据印证的情况下,申请人指称被申请人侵犯其专有技术是违反了《合资合同》,缺少依据。

经查,申请人从 SY 大学取得生产灵芝孢子产品的独占实施专利和专有技术后至今,一直是该专有技术的权利人,而且自己一直在使用该专有技术生产灵芝孢子产品。根据该事实,仲裁庭认为,即使被申请人对申请人生产灵芝孢子产品的专有技术构成了侵犯,且侵犯该专有技术的行为导致实际损失,也与合资公司无关,合资公司从未取得该专有技术使用权也未生产销售相应产品。

综上,对申请人指称被申请人窃取其专有技术,因证据不足,仲裁庭无法认同;对申请人以被申请人窃取其专有技术,严重违反《合资合同》,严重侵犯合资公司权益为由,要求按照申请人在合资公司所占股权比例计算,由被申请人赔偿申请人损失的请求,仲裁庭无法予以支持。

(三) 关于被申请人抢注合资公司产品的商标"×姿 33"问题

申请人认为,抢注该商标的虽然是 F 公司,但 F 公司的股东孙某是被申请人法人代表钟某某的姐夫。钟某某知道"×姿 33"商标的形状和名称,让其亲戚在香港特区抢注该注册商标,并向 F 公司提供了抢注"×姿 33"商标的信息和资料。

仲裁庭认为,F 公司是一家在香港特区注册登记的法人企业,本案被申请人（B公司）是在香港特区注册登记的另一法人企业。F公司与本案被申请人是相互独立的企业法人，二者各自独立地对外承担民事义务和民事责任，并独立地享有相应的民事权利，不应将二者等同或混淆。

申请人称孙某是钟某某的姐夫，两人存在亲戚关系，但申请人并未就此提供证据。仲裁庭认为，除非有充分证据能够证明孙某、钟某某与被申请人之间确实就某特定行为存在代理和被代理或者授权和被授权的关系，否则即使孙某是钟某某的姐夫，也不等于孙某的行为是代表钟某某的行为，更不等于此种行为就是代表被申请人的行为。在没有证据证明孙某代表被申请人行为或经被申请人授权行为的情况下，孙某作为自然人，应由其本人对自己的行为负责，而不应由被申请人对孙某或F公司的行为负责。

钟某某曾提走6箱"×姿33"产品到香港特区试销，不足以证明就是钟某某为F公司提供抢注"×姿33"商标信息。申请人提供的与钟某某的电话录音的内容和该电话录音也不足以证明在香港特区注册"×姿33"商标的是被申请人。因为"×姿33"产品作为合资公司的试销产品已在市场和在双方当事人所承认的深圳第四次高新技术产品交易会上销售，F公司是可以通过多种渠道取得该试销产品的。

综上，申请人指称被申请人在香港特区抢注合资公司"×姿33"产品的商标，缺乏有说服力的证据，仲裁庭无法采信和认同。申请人以被申请人在香港特区抢注合资公司"×姿33"商标为由要求被申请人赔偿其损失的请求，仲裁庭不予支持。

五、裁决结果

1. 驳回申请人的全部仲裁请求。
2. 本案仲裁费由申请人承担95%，由被申请人承担5%。

六、评析

申请人主张被申请人未经许可使用其专利技术及非专利技术生产相同产品并销售，构成了对其利益的侵犯。虽然申请人在这一过程中主张"被侵权者为申请人与被申请人共同出资的合资企业"这一论断存在问题，因而最终未被仲裁庭接受,但通过仲裁庭的审理可知,被申请人的侵权行为的确存在,对主体的认识错误并不会影响对被申请人行为的否定性评价。最终,仲裁庭将本案定性为"申请人与被申请人之间专利侵权之法律关系下的纠纷"。本部分主要针对案件中两个争议点展开:一是被申请人是否侵犯他人专利权;二是被申请人是否窃取专有技术、侵犯他人商业秘密。涉案知识产权部分依当时有效的《专利法》和《反不正当竞争法》裁决,两部法律分别于2020年与2019年作出修正,但两部法律的修正并未对案件事实的认定造成实质性影响,本案评述以新法为准。

(一)方法专利侵权判断与独占许可效力分析

1. 方法专利侵权的判断标准与举证责任分配问题

侵犯他人知识产权的一般判断方法为"实质性相似+接触",这一判断方法并非法定知识产权规则,而是法官根据长期的司法实践总结而来。本案中,涉案专利为名为"××灵芝孢子产生生理活性物质的方法"的方法专利,要判断被申请人是否侵犯了该专利,可以从技术效果和技术特征两个方面予以分析。[①]

《专利法》对方法专利的保护既包括方法本身,也包括依照该方法直接获得的产品。所谓"技术效果",即为方法专利实施所带来的产品。方法专利的保护范围及于产品,这是由方法专利客体的特殊性决定的。由于方法专利是在生产过程中发挥效果,最终只能借由产品外观予以呈现,因此,首先,在判断被诉侵权方法是否落入在先方法专利范围时,通常会先对两个产品进行对比,如果产品具有同一性,再进一步对方法进行比对。其次,在方法比对过程中,主要是从技术特征是否构成"实质性相似"角度出发,若被诉侵权者的制作方法或操作方法落入他人权利要求书中记载的技术特征范围,则认为二者构成方法"实质性相似"。

在方法发明专利侵权诉讼中,由于方法技术方案在最后的产品呈现中无法体现,仅在生产制造过程中才能进行考察,取得被控侵权人实施专利方法的证据几乎是不可能的。因此,方法发明专利采取了特殊的举证责任分配方式。一方面,当采用专利方法制造的产品属于新产品时,通常采用"举证责任倒置"的责任分配方式,由被诉侵权人自行证明其采用了与专利方法不同的

---

① 参见吴汉东:《试论"实质性相似+接触"的侵权认定规则》,载《法学》2015年第8期。

方式生产制造①;另一方面,当采用专利方法制造的产品不属于新产品时,即代表一定有可以制造该产品的不同于专利方法的存在,在这种情况下,由被诉侵权方承担举证责任会导致不公平的情况出现。因此,此情形下采用"有限制的举证责任倒置",即首先由原告证明产品相同、被告使用专利方法的可能性较大以及原告为举证已尽到合理努力,再由被告证明其采用了不同的制造方法。②

本案中,涉案孢子油产品并不属于新产品,在市场中已流通多年,其品牌价值即在于提炼孢子油的方法与技术。被申请人在广告宣传中亦强调其使用的方法更加"精湛、优胜",可以提炼出"更纯、更高活性、真正纯天然灵芝孢子油"。因此,首先申请人证明了被申请人所使用的"MD激活"专利技术就是申请人享有独占使用权的"××灵芝孢子产生生理活性物质的方法"专利,完成了必要的举证责任,为仲裁庭所采纳。同时,被申请人并未提供任何有效的证据予以反驳,因此仲裁庭对其说法不予采信。

2. 独占许可的效力及侵权处理

本案中,申请人享有涉案专利的独占许可实施权。独占许可是知识产权许可利用形式中被许可人享有最强效力的一种许可。独占许可意味着除被许可人外,任何人(包括知识产权权利人)均不能行使知识产权。本案中,申请人和案外权利人(SY大学)之间达成了独占许可协议,约定"许可方和任何被许可方以外的单位或个人不得实施该专利技术"。这意味着在双方的协议中,否认了申请人(被许可人)拥有分许可权③,即仅申请人享有使用专利的权利。由于合资公司有区别于申请人的独立法人人格,因此,申请人不能再将有关权利许可给合资公司使用。可以确认本案中的权利人应该是享有独占许可的申请人,而非申请人所主张的合资公司。

另外,关于独占许可的被许可人是否拥有诉权、是否能够以自己的名义

---

① 参见吴汉东:《知识产权侵权诉讼中的过错责任推定与赔偿数额认定——以举证责任规则为视角》,载《法学评论》2014年第5期。

② 最高人民法院《关于知识产权民事诉讼证据的若干规定》第3条规定:"专利方法制造的产品不属于新产品的,侵害专利权纠纷的原告应当举证证明下列事实:(一)被告制造的产品与使用专利方法制造的产品属于相同产品;(二)被告制造的产品经由专利方法制造的可能性较大;(三)原告为证明被告使用了专利方法尽到合理努力。原告完成前款举证后,人民法院可以要求被告举证证明其产品制造方法不同于专利方法。"

③ 分许可权即为被许可人再次将权利许可给他人使用的权利。

处理侵权纠纷,在理论和实践中长期存有争议。对于独占许可权的权利性质,存在用益物权论、物权化的债权论以及纯粹的债权论等几种认识可能性,不同的性质认定对被许可人是否能够以自己的名义处理侵权纠纷将带来不同的影响。其中,用益物权论和物权化的债权论认可独占被许可人能够以自己的名义处理侵权纠纷,认为在许可期间仅有独占被许可人可以对相关专利行使权利,即认可独占许可权已具有类似于物上请求权的强大效力[1];但纯粹的债权论认为独占许可权是一种相对的合同债权,并不会造成诉权的转移。然而,尽管学术上仍存在众多不同声音,但在司法实践中,出于对诉讼效率和权利及时救济的追求[2],法院通常支持被许可人可以独立以自己的名义向侵权人提起诉讼。

回到本案,申请人与案外权利人在签订《专利实施许可合同》时,通过第11条有关"侵权的处理"约定:合同双方任何一方发现第三方侵犯……专利权……由被许可方……以自身名义向专利管理机关提出请求或向人民法院提起诉讼。这大大简化了关于被许可人是否拥有诉权的争论,无论出于何种认识,基于对当事人之间意思自治的尊重,本案申请人均有权以自己的名义处理与被申请人之间的侵权纠纷。

(二)技术秘密侵权判断标准分析

在本案中,相关药品的生产既需要核心的专利技术,也需要作为生产工艺流程组成部分的诸多非专利技术,亦即技术秘密(专有技术)。申请人与案外权利人之间的《专利实施许可合同》中实质上包含了涉案技术秘密的有关内容,其中,第1条中明确了技术秘密是指"实施本合同专利所需要的,在工业化生产中有助于本合同技术的最佳利用、没有进入公共领域的技术"。

技术秘密是商业秘密的一种表现形式。由于商业秘密的保密性和秘密性,判断商业秘密的侵权问题存在更大的困难。较之其他知识产权,商业秘密存在其特殊之处,由于其不公开性,所以存在着不同主体同时将相同内容作为商业秘密保护的情况,即在某种程度上承认商业秘密并非"绝对保密"。因此,商业秘密的秘密性要件也被一些学者总结为"非一般涉及该类资讯之

---

[1] 参见林广海、邱永清:《专利权、专利许可使用权与专利许可合同 以物权法原理借鉴为视点》,载《法律适用》2008年第6期。

[2] 参见上海市第一中级人民法院课题组:《知识产权被许可人的诉权研究》,载《东方法学》2011年第6期。

人所知"①。若不同主体可以同时对相同的技术秘密享有权利,加之自行开发研制、反向工程等情况的存在,则很难确定侵权人的侵权行为是否直接落入某一权利人的权利范围内。② 因此,不少学者和法官主张对技术秘密侵权采用举证责任倒置的方式,采取过错推定的责任承担方式。在司法实践中,通常采用"接触—实质性相似—合理来源"的方法进行分析③,即由原告举证证明被告的技术与自己商业秘密的内容存在实质性相似,再由被告对其使用的商业秘密区别于原告作出证明。④ 在本案中,申请人提出的如"办公会议纪要"等众多证据均强有力地证明了被申请人存在接触涉案技术秘密的事实,而关于被申请人是否采用了"不正当手段"获取申请人的技术秘密,则应当转化为由被申请人举证证明自己使用技术的"合法来源"。

就目前而言,我国对商业秘密的保护主要通过《反不正当竞争法》及有关商业秘密的司法解释实现。在我国,自 1993 年颁布《反不正当竞争法》起,保护商业秘密即作为规范市场交易秩序的重要部分被纳入其中。本案在审判时适用 1993 年颁布的《反不正当竞争法》,其中第 10 条规定了三类侵犯商业秘密的行为。该法于 2019 年进行了修正,对商业秘密有关条款进行了大量修改,完善了侵犯商业秘密的类型、增加了针对商业秘密的惩罚性赔偿等。在将来,我国对于商业秘密的保护也存在专门立法的变化趋势,对商业秘密保护的专门立法目前正在酝酿之中。

综上可知,被申请人的侵权行为受到了仲裁庭的否定,但权利人在主张被申请人侵权时发生了主体认识错误,对涉案专利和非专利技术的权利主体产生了混淆,从合资公司的角度提出仲裁请求,因而未获支持;同时,类似问题亦发生在对被申请人和案外商标权人关系的认识上。有关商标侵权问题,权利人对钟某某、孙某、申请人和 F 公司之间相互独立的人格关系认识不清,因而对商标抢注的侵权问题亦存主体认识错误。尽管被申请人的侵权

---

① 参见谢铭洋:《智慧财产权法》,元照出版有限公司 2017 年版,第 156 页。
② 参见杨力:《试论商业秘密侵权认定法律制度的完善》,载《云南大学学报(法学版)》2014 年第 4 期。
③ 参见嘉兴市中华化工有限责任公司、上海欣晨新技术有限公司侵害技术秘密纠纷案,最高人民法院(2020)最高法知民终 1667 号民事判决书。
④ 参见最高人民法院《关于审理不正当竞争民事案件应用法律若干问题的解释》第 14 条规定,当事人指称他人侵犯其商业秘密的,应当对其拥有的商业秘密符合法定条件、对方当事人的信息与其商业秘密相同或者实质相同以及对方当事人采取不正当手段的事实负举证责任。

行为受到了否定评价,但基于上述理由,申请人的仲裁请求最终未获支持。由此可见,在案件中,明确适格主体同样发挥着至关重要的作用。

　　进一步思考,在当今实务中,由于产品的生产需要完善的技术、工艺和设备共同发挥作用,因此存在大量专利技术与技术秘密同时转让或许可的情况。在这种情况下,明确区分二者的具体内容极为必要。但专有技术在技术创新性程度上存在着并不低于专利技术的情况,之所以成为"技术秘密"只不过出于所有人选择秘密保护路径的意愿。在目前我国法律体系下,选择商业秘密保护路径意味着放弃了对技术内容寻求排他性财产权的保护路径,转而采用不正当竞争行为调整手段予以保护,质言之,亦为权利人选择不公开技术信息而自行秘密保护。但我国目前存在着将商业秘密单独立法保护的倾向,有关法律草案正在酝酿之中。认可商业秘密的排他性财产权地位并赋予保护,是否意味着当技术秘密客体与专利客体创新程度相同时,商业秘密所有人无须将技术信息公开,并获得与专利同等水平的保护?这样的制度设计是否会使现有专利制度受到冲击,与现有专利法价值相违背?如何协调二者之间的矛盾,既能提高对商业秘密的保护水平,又能稳定目前的专利制度,这一问题仍需要未来继续摸索与思考。

(本案例由中南财经政法大学知识产权研究中心
博士研究生高婧和硕士研究生乔雪珂编撰)

案例9 专利许可使用费的认定

仲裁要点：被申请人违反案涉专利许可合同的相关约定，存在迟延支付许可费用等违约行为。仲裁庭从合同目的和交易习惯的角度解释合同条款，并认定申请人有权根据合同约定的计费方式要求被申请人支付应付专利许可费用。

一、案情概要

2004年1月1日，申请人A公司与被申请人B公司经协商一致签订了《C1产品制造商授权许可合同》（以下简称"C1合同"）及其《修订书》和《C2产品制造商授权许可合同》（以下简称"C2合同"）及其《修订书》。双方在以上合同中约定，在合同限定的条件下，申请人授权被申请人使用相关的中国专利、专利申请和商标及商标申请，并授权被申请人使用相关知识产权在世界范围内销售和分销被申请人生产的授权产品，而被申请人则向申请人支付许可费。以上合同所约定的授权产品类型分别为音频和音频/视频设备。两份合同均详细约定了许可费的计算方法和支付要求，并约定被申请人应在每个季度的第一日向申请人提交上一季度的声明，该声明应列出被申请人在上一季度生产的授权产品的数量及相应的许可费数额等内容。

履行合同过程中，申请人主张被申请人存在以下三个方面的违约行为：一是被申请人未足额支付2005年度的许可费用，并自2006年其未再支付任何许可费；二是被申请人未按合同约定向申请人按时提交季度声明；三是通过被申请人提供的季度声明反映的其生产的授权产品的数量与其实际生产的数量不相符合。

关于第三项违约行为，申请人研究开发的相关影音技术被合成并包含在一个集成芯片中,申请人授权相关芯片制造商生产集成芯片,由芯片制造商将集成芯片销售给申请人许可使用其相关影音技术的设备制造商,被申请人即为其中一家。集成芯片制造商提供的报告显示被申请人于2005年、2006年购买了大量芯片。申请人主张被申请人购买的集成芯片与生产的授权产品的数量是一一对应的,即被申请人季度报告中反映的生产的授权产品的数量与其实际生产的数量不相符合。

2005年12月16日,双方曾就2005年许可费和2006年许可费的收费标准达成了一个共同的书面意见《关于B公司应付2005年技术服务费及2006年收费标准问题》(以下简称"1216文件"),但被申请人也未按该意见履行其义务。

2006年9月18日,申请人向被申请人发出《关于B公司可能因违约而被终止合同的提示》(以下简称《违约提示》)。

2006年10月26日,申请人按照合同约定向被申请人发出了即时终止合同的通知,即时终止了C1合同和C2合同。

2006年12月12日,申请人根据案涉合同中的仲裁条款向深圳国际仲裁院提起仲裁,并根据C1合同、C2合同和1216文件约定的计算方式,以集成芯片数量对应授权产品数量,计算了被申请人应付许可费用,并最终确认提出如下仲裁请求:

1. 请求裁决被申请人向申请人支付截至2006年10月26日所欠许可费人民币16089104.44元,以及该欠款的利息人民币650330.20元,总计人民币16739434.64元。

2. 请求裁决被申请人承担本案仲裁费,以及申请人为本案而发生的合理费用,包括差旅费、律师费、调查费等全部费用(后申请人明确关于律师费的请求金额为人民币114.8万元)。

二、当事人主张

(一)关于C1合同、C2合同终止的时间

C1合同、C2合同第14.1条约定:"The Licensed Period shall commence on Effective Date and shall expire on the 31st of March of the following year. This License shall automatically renew for consecutive annual terms unless terminated by

Licensor giving the Licensee written notice of its intent to terminate not less than thirty (30) days prior to the then in effect Licensed Period. [许可期从生效日开始,至下一年的三月三十一日届满。本许可合同将自动延续一(1)年,除非许可人给予被许可人于许可期届满前不少于三十(30)日以书面形式通知被许可人其意欲终止本许可合同。]"

被申请人认为,根据第14.1条的描述,许可期自2004年开始,至下一年的3月31日届满(指2005年3月31日);由于申请人没有书面通知终止合同,自2005年3月31日开始延续1年,到2006年3月31日结束;此后,双方没有就延长合同期限达成新的书面协议。因此C1合同、C2合同已于2006年3月31日终止。

申请人认为,双方函件往来表明合同并没有在2006年3月31日终止,而是在2006年10月26日终止的。申请人于2006年9月18日发函给被申请人,要求其提供2006年第二季度的报告,并警告被申请人合同可能由于其违约而被终止,被申请人公司员工签收了该函件且没有提出任何异议。2006年10月26日,申请人向被申请人发出终止函,才正式终止了C1合同、C2合同。

同时对于被申请人对合同14.1条的解释,申请人认为,英文"renew for one year"或者"renew for only one year",与本合同的英文文本中的"renew for consecutive annual terms"不同。合同的中文文本规定"许可合同将自动延续一(1)年"与英文并不矛盾。中文说"自动延续一(1)年"并非说只延续一次。

(二)关于2006年度被申请人应付许可费的计算

被申请人认为,双方在1216文件中对2006年度的收费标准作了约定,被申请人提供的2006年第一季度报告显示了被申请人使用申请人技术生产的设备数量(117500台)及每台应支付的许可费金额,合计应支付许可费为76980美元。

虽然双方当事人约定了2006年度许可费总量计算结果不足30万美元,按30万美元计算。但以上约定的前提是,2006年全年被申请人都使用申请人的专利技术,否则,在被申请人已经不使用申请人技术的前提下,仍然要求支付许可费就显失公平。因合同已经在2006年第一季度(截至2006年3月31日)到期,随后被申请人没有再继续使用专利技术,因此,也不应按照全年30万美元的标准支付专利费。

此外,在 2006 年 9 月 18 日申请人向被申请人发出的《违约提示》中,申请人确认截至 2006 年 9 月 18 日,被申请人应支付的 2006 年度专利许可费为人民币 574871.05 元,被申请人对此也予以确认。因此,被申请人认为其应支付的 2006 年度专利许可费为人民币 574871.05 元或 76980 美元。

申请人认为,2006 年被申请人购买的芯片数量与其生产的授权产品数量有直接对应关系。从技术上讲,芯片中包含的技术,除用在授权产品上,没有其他用途。此外,根据合同约定,被申请人购买芯片,只能用于生产和销售授权产品,这是合同约定的唯一用途。

据此,申请人认为将被申请人采购芯片的数量作为其应当支付许可费的计算基础,应当是合理的。

芯片制造商向申请人提供了被申请人的采购芯片报告,该报告显示,被申请人在 2006 年 1 月至 9 月,共采购了 1453525 片集成芯片,申请人主张以芯片数量作为授权产品的数量,根据 C1 合同、C2 合同、1216 文件约定的计算方式,计算得出被申请人应付的 2006 年度专利许可费为人民币 13785373.44 元。

三、仲裁庭认定的事实

申请人作为许可方,被申请人作为被许可方,双方共同签订了 C1 合同及其《修订书》和 C2 合同及其《修订书》。双方当事人于 2005 年 12 月 16 日签订了 1216 文件。上述协议构成申请人与被申请人之间合同交易的基础,也是仲裁庭处理本案的基本依据。

双方当事人在合同中约定:根据双方之间的合同,由一方提供与音频解码及数码输出产品相关的专利及商标的使用权,另一方利用上述知识产权制造、销售及出租授权产品并向对方支付许可费。仲裁庭认为,该交易符合知识产权许可合同的特征,因此,本案争议作为知识产权许可合同争议处理。

在申请人将合同项下的知识产权许可给被申请人时,申请人也不是直接将技术提供给被申请人的。申请人与被申请人将所许可的技术与一项授权产品相结合,是通过一块载有所许可的解码算法技术的集成电路而实施的。这样,芯片制造商即成为申请人技术的被许可人,再由芯片制造商通过向被申请人销售芯片,使被申请人获得申请人所许可的技术。因此,根据交易合同的安排,被申请人从芯片制造商处购买芯片,是其获得申请人所许可技术的唯一途径。

四、仲裁庭意见

(一) 关于合同第14.1条的解读

仲裁庭注意到，申请人与被申请人对合同第14.1条分别作出了不同的解读，而合同本身没有对中文与英文两种文本的效力问题作出约定，也没有为当事人对合同条款的不同解读问题提供解决办法。然而对于合同许可期限条款的解读，直接与确定当事人的权利义务有关。因此，仲裁庭认为有必要按照法律的规定对该条进行解读。

《合同法》第125条规定："当事人对合同条款的理解有争议的，应当按照合同所使用的词句、合同的有关条款、合同的目的、交易习惯以及诚实信用原则，确定该条款的真实意思。合同文本采用两种以上文字订立并约定具有同等效力的，对各文本使用的词句推定具有相同含义。各文本使用的词句不一致的，应当根据合同的目的予以解释。"

仲裁庭认为，申请人与被申请人在解读合同第14.1条时的分歧主要集中在对中文的"自动延续一(1)年"与英文的"renew for consecutive annual terms"含义的理解。

首先，根据《合同法》的上述规定，在合同文本采用两种以上文字订立并约定具有同等效力的，对各文本使用的词句推定具有相同含义。而在本案中，虽然合同文本采用了两种文字，但是合同既没有约定两个文本具有同等效力，也没有约定以哪一个文本作为基准文本。在这样的情况下，仲裁庭认为不宜草率地认为在中国境内、适用中国法律就当然以中文文本为基准文本。因为合同解释的目的在于尽可能符合双方当事人在订立合同时的真实意思。因此在解读用不同文字表达的不同文本时，应当努力寻求它们之间是否可以解读出相同的含义。而文义解释是合同解释最基本的方法。"自动延续一(1)年"，固然可以解读为"仅延续一(1)年"或"自动延续以一年为限"，但似乎也可以解读为"延续是自动的，以一年为期，可以连续自动延续"。而英文的"renew for consecutive annual terms"，因为用了"consecutive"这个词，便当然有了"连续"或"持续"的意思。而如果将"renew for consecutive annual terms"解读为"仅延续一(1)年"或"自动延续以一年为限"，就不再符合其本意了。因此，如果要使两种文本的表达具有相同含义，唯一的解读是

"延续是自动的,以一年为期,可以连续自动延续"。

其次,上述解读也符合当事人双方的合同目的。申请人通过向被申请人授予知识产权许可获得使用费,而被申请人通过获得申请人的知识产权许可生产、销售、出租授权产品。因此,合同履行得越成功,双方所需要的合同期限就会越长。当事人既然在合同中作了自动展期的安排,一般情况下,就不太可能将展期的次数限制在一次,因为自动展期的期限也就不过是一年而已。只有允许许可合同可以连续地自动延续一年,才能更好地确保合同目的的实现。被申请人与申请人于 2005 年 12 月 16 日签订的 1216 文件,实际上已经为下一个一年期的展期作出了安排。

最后,从合同双方实际履行合同的事实考察,也不是按照"仅延续一(1)年"或"自动延续以一年为限"来进行的。因为如果自动延续以一年为限,则本案所涉合同就应该在 2006 年 3 月 31 日自动终止,然而,被申请人在 2006 年第二和第三季度,不仅继续向申请人所指定的制造商购买了数量巨大的含有申请人所许可的技术的芯片,而且使用这些芯片生产了大量的产品并投放市场。因此,仲裁庭认为,当事人履行合同的事实印证了许可合同可以连续地自动延展一年,除非申请人提前提出终止的通知。

(二) 关于本案系争合同的终止

仲裁庭认为,根据当事人在合同中的约定,系争合同是可以连续自动延期的。因此,仲裁庭对被申请人关于系争合同只能延期到 2006 年 3 月 31 日而已告自然终止的主张不予支持。因为这一主张,不仅没有合同依据,而且也与被申请人自己的履约事实相矛盾。根据系争合同第 10.6 条、第 10.9 条的约定,被申请人应于每公历季度的第一日,向申请人提供关于生产、销售或处置授权产品的数量以及应向申请人支付的许可费的声明。此外,还应说明被申请人预算在下一个公历季度内将制造的每一种授权产品的数量。被申请人到期未提供该等报告将被视为对本许可合同的根本性违约,申请人有权在其选择下立即终止本许可合同。被申请人在其提供第 10 条约定的报告时未能向申请人支付需支付的款项的,应被视为对本许可合同的即时违约而本合同亦即时终止。由此可见,在被申请人出现约定的违约情形时,申请人拥有根据合同约定单方面提前终止合同的权利。而被申请人履行合同的事实表明,其确实已经违反了合同的约定。被申请人自己也承认,2005 年,被申请人没有向申请人足额支付应付的许可费。到 2006 年 9 月 18 日,申请人向被申请人发出《违约提示》时止,被申请人仍拖欠应支付的2005年专利许可费达579436元。而且申请人还主张,被申请人还存在其他违约行为,因此,申请人依据合同约定行使解约权,合同因申请人向被申请人发出终止函而终止。该函是公证送达的。该函提出由于被申请人违约,申请人依据合同约定立即终止合同。显然,申请人与被申请人在合同中对于合同解除的条件是有明确约定的。《合同法》第93条第2款规定:"当事人可以约定一方解除合同的条件。解除合同的条件成就时,解除权人可以解除合同"。《合同法》第94条则规定,当事人一方迟延履行主要债务,经催告后在合理期限内仍未履行的,当事人可以解除合同。因此,申请人通知被申请人终止合同的行为既符合双方的合同约定,而且也有充分的事实依据与法律依据,仲裁庭依法予以确认。案涉合同于申请人向被申请人公证送达其发出的终止函时终止。根据案涉合同第15.5条的约定,本许可合同的终止不影响任何一方在该终止时或终止前产生的、向另一方承担的任何责任。因此,被申请人在合同终止后仍然有义务向申请人支付应付的许可费。

(三) 关于被申请人所欠许可费的确定

双方就2005年度的未付许可费已达成一致,仲裁庭主要就2006年度许可费的确定分析如下:

1. 被申请人所购买的芯片数量能否作为确定许可费的依据?

首先,仲裁庭注意到,申请人与被申请人双方在C1合同和C2合同的第9条均明确约定:"被许可人同意所有该等芯片包含许可人的解码算法,且除非被许可人提供符合许可人要求的有效的书面证据,否则,所有带有芯片的授权产品须按第10.2条支付许可费。"因此仲裁庭认为,被申请人是通过芯片获得申请人所许可的技术的,被申请人只有在其产品上装上该芯片,被申请人的产品才能成为含有申请人技术的授权产品。根据双方的合同安排,购买芯片是被申请人取得申请人所许可技术的唯一途径。

其次,被申请人的合同目的也是十分清楚的,作为许可合同的被许可人,在许可合同鉴于条款(E)和(F)中已经明确表明:被申请人的目的在于获得对含有申请人所许可的知识产权的产品的生产、销售、出租等权利。同样,被申请人根据合同的安排从申请人所指定的芯片制造商那里购买芯片的目的也是十分清楚的,即为了生产授权产品。

因此,仲裁庭认为,虽然从合同条款解读,许可费的收取,一般是根据带有芯片的授权产品的数量进行计算。但是由于被申请人所提供的授权产品数量与芯片的数量之间存在巨大的差异,然而芯片与授权产品之间的对应关系却是如此明显,而申请人与被申请人之间的许可合同只对将芯片用于生产授权产品作出了安排。因此,仲裁庭只能认定被申请人从申请人所指定的芯片制造商那里购买的芯片只用于生产授权产品,而且被申请人确实也没有提出将芯片用于生产授权产品以外的其他目的,而一片芯片就可以生产一台授权产品,在无法确认授权产品数量的情况下,仲裁庭将芯片数量作为计算授权产品的依据,并以该计算结果进一步确定许可费的数额,在事实上、技术上、逻辑上均是可以成立的。

2. 被申请人所购买的芯片数量是否可以确定?

仲裁庭认为,从举证责任分配的角度考虑,申请人所主张的芯片数量,已经有第三方所提供的报表与确认函加以证明,被申请人如果要反驳或否定申请人的主张就应该承担举证责任,否则,就应当承担举证不能的法律后果。本案中,被申请人主张2006年其购买了16000余枚芯片,这与制造商所提供的数据大相径庭,而被申请人除单方面陈述外,未能提供其他任何证据。被申请人称,芯片有库存和损坏的情况,但也未能提供充分的证据予以证明。因此,仲裁庭对被申请人所主张的芯片数量无法采信。尽管严格的举证责任要求当事人必须充分举证证明自己的主张,但是,在民商事案件中适用证据的盖然性要求,在一方相对于另一方具有明显的优势证据的情况下,可以认定提供了更充分证据的一方的主张。因此,仲裁庭按照申请人提供的由芯片制造商出具的销售记录和函件确认了2006年被申请人购买的芯片数量,即被申请人共向四家芯片制造商购买的芯片数量是1484214片。

3. 在芯片或授权产品的数量确定后,应当按照什么标准计算许可费?

仲裁庭认为,既然申请人与被申请人均已经确认了1216文件的效力,仲裁庭当然尊重当事人的意愿。因此,2006年许可费是按照1216文件第3条的规定计算的:即C1设备按每台3美元计算,C2设备按每台1美元计算。总量计算结果不足30万美元的,则按30万美元结算。其余条款可以继续按照原来的许可合同执行。

(四) 对申请人仲裁请求的意见

关于许可费及其利息的仲裁请求,可以区分为2005年的许可费和2006年的许可费。其中双方一致认可被申请人2005年所拖欠的许可费为人民币

579436元,该款项应当在2006年3月31日之前支付。C1合同、C2合同第10.8条约定:"被许可人应就任何及所有超期未向许可人支付的付款支付10%的年息,或法律允许的最高利率,以较低者为准,从该等付款到期及按本许可合同规定应支付之日起计至实际支付日。"因此,根据该约定,申请人有权从2006年3月31日之次日起向被申请人收取利息。而且申请人主张按照5.85%的年利率计算利息也完全符合合同的约定,仲裁庭予以支持。至于2006年许可费的计算,被申请人负有义务举证证明其在2006年利用申请人技术所生产产品的数量,而不应仅以己方出具的申报数量为证据,尤其是在申请人对该数据不予认可以及证据表明被申请人所购芯片数量与其申报的产品数量差距过大的情况下,由于被申请人未能提供相关证据,所以仲裁庭只能以芯片数量作为确定许可费的依据。被申请人共向四家芯片制造商购买了1484214片芯片,扣除被申请人作为实物证据向仲裁庭提交的两片芯片,仲裁庭认为以1484212片芯片作为计算许可费的依据是合理的。但是,仲裁庭注意到,许可合同和1216文件将申请人许可的技术区分为C1技术和C2技术,C1设备按每台3美元计算许可费,C2设备按每台1美元计算许可费,而申请人所提供的芯片数据却没有进行这样的区分,被申请人也没有提供这方面的数据。芯片制造商所提供的销售记录显示,这些芯片的型号并不相同,因此,在依据1484212片芯片的数据计算许可费时,如果统一按照3美元标准或1美元标准则分别会对申请人与被申请人产生不公平。对此申请人主张按照申请人与被申请人在C1合同及C2合同的《修订书》中对于使用C1技术和C2技术的产品的比例要求,分别计算许可费。仲裁庭认为这一主张符合双方的合同约定,而且也是合理的,因此,2006年许可费按照使用C1技术的产品占10%、使用C2技术的产品占90%的标准计算。因此,2006年的许可费包括:使用C1技术的产品占10%为148421台,每台3美元,合计445263美元;使用C2技术的产品按照每台1美元的标准,合计为1335791美元。2006年许可费总计为1781054美元。对于2006年许可费的利息,由于在本案裁决前申请人与被申请人之间的债权债务处于不确定状态,因此也就无法确定应当支付的时间与金额,也就不能计取利息损失。仲裁庭对申请人要求被申请人支付2006年许可费的利息的请求不予支持。

关于申请人因本案产生的其他费用及其利息,申请人虽然向仲裁庭提供了律师事务所账单,但没有提供实际支付律师费的合法财务凭证,因此仲裁庭无法确认并支持申请人要求被申请人承担人民币114.8万元律师费的请求。但是根据《仲裁规则》第46条第(二)项之规定,仲裁庭认为,鉴于被申请人在本案中拖欠申请人巨额许可费的事实,结合案件的实际情况以及申请人所投入的人员、时间、案件胜诉程度等因素,被申请人应当补偿申请人所支出的费用人民币25万元。仲裁费由申请人承担10%,由被申请人承担90%。关于申请人因本案产生的其他费用的利息,由于在本案裁决前这些费用的数额处于不确定状态,因此也就无法确定应当支付的时间与金额,也就不能计取利息损失。因此,仲裁庭不予支持。

五、裁决结果

1. 被申请人应当向申请人支付2005年所拖欠的许可费共计人民币579436元,并应当从2006年3月31日之次日起按照年利率5.85%向申请人支付利息,直到付清之日。同时,被申请人还应当向申请人支付2006年的许可费1781054美元。

2. 被申请人应当补偿申请人为追索上述许可费所支出的部分费用计人民币25万元。

3. 驳回申请人的其他仲裁请求。

4. 本案仲裁费由被申请人承担90%,由申请人承担10%。

六、评析

(一)关于举证责任

本案是典型的专利许可合同纠纷,双方就专利许可使用费产生了争议。申请人通过其授权的制造商提供的报告举证证明了被申请人购买包含专利技术的芯片数量,以对应被申请人销售的授权产品数量,被申请人则以其单方出具的季度报告,试图证明其真实销售的授权产品数量。值得注意的是,仲裁庭在最终无法确认授权产品真实数量的情况下,充分考虑许可合同的约定和行业实践,将芯片数量推定为授权产品的数量,并作为计算授权产品的依据,确定了许可费的数额。

在关于专利许可费数额的争议中,如果专利权人认为被许可人隐瞒了应当支付的专利许可费,但是又难以举证证明被许可人实施专利权的规模(尤其是制造、销售专利产品的数量、销售额、利润数额等),将会严重影响其充分主张许可费的权利。① 笔者认为,为克服专利权人就被许可人实施专利及其所产生利润举证能力欠缺的障碍,可以比照专利侵权损害赔偿举证规则,引入举证妨碍规则。《专利法》第71条第4款已经在专利侵权损害赔偿中确立了举证妨碍规则,由此可以类推适用于专利许可费的举证责任分配中。在举证妨碍规则中,如果专利权人已经对专利许可费数额认定因素进行了初步举证,并且有证据证明被许可人掌握了专利产品制造、销售数量等影响专利许可费认定的证据,如相关的账簿、资料,可以请求审判机构要求被许可人举证;被许可人不提供或者提供虚假的账簿、资料的,审判机构可以参考权利人的主张和提供的证据判定许可费数额。由此,可以督促被许可人提供必要证据,用于证明其实施专利权的规模及其所产生的利润,作为认定专利许可费的依据。②

(二)关于合同中英文本差异的认定

案涉合同第14.1条针对合同的展期作出了相应安排,英文文本表述为"renew for consecutive annual terms",中文文本表述为"本许可合同将自动延续一(1)年"且合同没有对中文与英文两种文本的效力问题作出约定。根据《民法典》第466条第2款的规定,应当根据合同的相关条款、性质、目的以及诚信原则等予以解释。本案中,仲裁庭从双方的合同目的出发,结合双方实际履行合同的事实进行了认定,值得学习借鉴。司法实践中亦有相关案例作出类似认定,在最高人民法院(2005)民一终字第51号民事判决书中,法院认为,在当事人签订的合同中,对某一具体事项使用了不同的词语进行表述,发生纠纷后产生分歧的,应当结合合同全文、双方当事人经济往来的全过程,对当事人订立合同时的真实意思表示作出判断,在此基础上根据诚实信用原则,对这些词语加以解释。不能简单、片面地强调词语文义上存在的差别。

(三)关于本案合同终止的认定

基于仲裁庭对案涉合同第14.1条的认定,合同为连续自动展期,只有在

---

① 参见宋建宝:《举证妨碍制度在专利侵权案件中的具体适用》,载《人民司法》2015年第1期。
② 参见黄武双:《中美法律技术许可使用费条款效力之比较研究》,载《知识产权》2008年第3期。

出现合同约定的解除条件或符合法定解除的条件下,申请人才享有单方解除合同的权利。本案中,申请人主张因被申请人存在拖欠许可费等违约行为,依照合同约定行使解除权,并通知了被申请人,符合《民法典》第562条第1款及第563条的规定。实践中,约定解除权与法定解除权并不冲突,除非在合同中明确排除了法定解除权的适用或约定了行使法定解除权的前置条件[(2019)最高法民再229号民事判决书],否则当事人有权选择行使其中一项以达到解除合同的目的。

法定解除权和约定解除权的要件虽不相同,但会产生相同的法律效果。本案中,仲裁庭对两者均进行了论述,认定申请人通知被申请人终止合同的行为既符合双方的合同约定,而且也有充分的事实依据与法律依据,仲裁庭予以支持,其做法值得学习借鉴。

(四)关于许可使用费的计算标准

本案属于专利许可制度下的专利自愿许可,此类专利涉及的技术以及交易流程通常较为复杂,需要双方多次反复磋商,主要适用《民法典》合同编的相关规定。审判机构通常遵循合同自由原则,基本上不对专利自愿许可合同的具体条款进行司法介入并加以调整。在此情况下,即使专利许可费标准较高,甚至超出专利产品的一般利润水平,审判机构原则上也不会加以干预。除非涉及适用反垄断法,否则当事人意思自治的范围将受到严格的保障。结合本案,仲裁庭尊重双方在专利许可合同中及其后文件中达成的合意,按合同约定的标准,并参照合同约定的授权产品比例对许可费用进行了核算。

2020年修正的《专利法》中首次引入了专利开放许可制度,专利开放许可费率及其他影响因素由当事人自主确定。一方面,专利权人在专利开放许可声明中能够较为自主地确定专利许可费的支付方式及标准,专利开放许可费率并未通过法律规定进行限制。在专利开放许可声明中,专利权人可以根据专利技术开发成本、专利所能够发挥的经济价值及其在市场竞争中的作用等条件,对期望收取的专利许可费标准进行明确。另一方面,被许可人也可以根据专利权能够产生的经济效益、预期风险等因素决定是否接受专利开放许可,并在实施过程中决定生产、销售专利产品的规模。

专利开放许可费的形成机制和法律管理更多的是由《专利法》进行调整。

一方面,专利开放许可费率等交易条件一经确定不能随意变更。《专利法》第50条、第51条已经在事实上明确,专利开放许可声明的性质属于要约而非要约邀请。① 要约中涉及的条款在合同成立以后构成合同的实质性条款,对双方当事人均产生约束力。专利权人在声明中应当明确专利开放许可费的支付方式和标准,被许可人发出的接受该专利开放许可并进行实施的通知无权对此许可条件进行修改。这意味着,在专利开放许可达成时,当事人不能对专利许可费标准进行修改。当然,专利许可使用费的确定十分复杂,要求专利权人在出具专利开放许可声明中即确定专利许可费的支付方式和标准,对许可双方可能会有不利影响。

形成对比的是,在专利自愿许可合同成立以后,双方当事人可以随时根据合意对合同条款进行变更,在新的交易条件上形成交易关系并加以履行,本案的交易内容就经过多次的变更和确认。

另一方面,专利开放许可的当事人难以就专利许可费支付方式、标准以外的其他交易条件进行协商谈判并监督执行。虽然国家知识产权局公布的《专利开放许可声明》模板表格中对"其他约定事项"留有空间,但是事实上专利权人很难在此方面设定其他限制性条件并强制要求对方予以履行,被许可人也不能通过合同条款的约定要求专利权人提供技术支持或者其他支持服务。② 而在专利自愿许可中,专利权人为监督控制被许可人制造、销售专利产品的行为,一般会要求在专利许可协议中增加相应的条款,约定专利产品生产的规模数量、时间范围、地域范围及质量要求等内容。本案中,申请人在许可协议中要求被申请人定期提交季度报告,其目的即在于监控被申请人销售专利产品的真实规模及数量,以随时在后续交易过程中对许可费率进行调整。

对于专利开放许可及专利自愿许可的区分及衔接,《专利法》第51条第3款已有明确规定,两者区分的重要标志便是当事人能否进行许可费的自愿协商。如果被许可人基于从专利权人处获取实施专利技术所必需的技术秘密信息或者其他技术支持的原因,而与专利权人单独进行协商并订立附加许可协议条款,并以订立合同的形式确定交易模式,则已进入专利自愿许可的

---

① 参见刘建翠:《专利当然许可制度的应用及企业相关策略》,载《电子知识产权》2020年第11期。

② 参见刘强:《专利开放许可费认定问题研究》,载《知识产权》2021年第7期。

制度框架。①

综上,本案仲裁庭在肯定案涉专利许可合同的有效性基础上,尊重双方当事人的意思自治,从合同目的及交易习惯角度出发对合同条款进行了合理解释,充分保护了当事人利益,值得学习借鉴。

(本案例由深圳国际仲裁院王铖编撰)

---

① 参见刘琳、詹映:《论专利法第四次修订背景下的专利开放许可制度》,载《创新科技》2020年第8期。

案例 10　专利技术与专有技术的区别

仲裁要点：使用知识产权出资应当符合法律规定，依手续办理，依法如实评估作价，否则不能认定为合法有效的出资；专利技术和专有技术具有本质区别，专利技术具有公开性和鲜明的地域性，专利权人的独占权利来源于国家的许可和授权，而专有技术则具有秘密性，权利人的独占权主要依赖所有者的保密措施。出资人以知识产权出资时应当明确出资性质，才能有助于避免后续争议。

一、案情概要

第一申请人 A 公司和第二申请人 B 公司（以下合称"申请人"）与被申请人 C 公司于 2007 年 12 月 10 日签订了《D 公司合资经营合同》（以下简称《合资经营合同》），成立合资公司。在执行《合资经营合同》的过程中，申请人与被申请人发生争议。

申请人认为，合资公司董事会对合营各方出资方式和时间变更的事项作出了有效决议并依法变更登记，在申请人及时、充分履行了其现金和知识产权出资义务后，被申请人不履行其相应的出资义务，违反董事会决议、《合资经营合同》、合资公司章程确定的义务，应依约支付违约金并赔偿申请人因其行为受到的经济损失。

被申请人认为，合资公司董事会无权决议股东的出资事宜，且申请人无法提供有权机关的批准手续，故该董事会决议内容不成立，各方仍应按照《合资经营合同》履行出资义务。申请人出资的知识产权无效、履行现金出资义务违约，造成合资公司损失，应当支付逾期不履行出资义务的违约金并赔偿合资公司损失。

2008年11月11日,申请人依据《合资经营合同》中的仲裁条款向深圳国际仲裁院提起仲裁,请求裁决被申请人赔偿因违反《合资经营合同》给申请人造成的各项损失合计人民币970万元并承担本案仲裁费、律师费以及因仲裁产生的其他费用。

二、当事人主张

(一) 申请人主张

1. 董事会对于变更出资方式和时间的事项作出了合法有效决议,但被申请人不履行决议确定的出资义务

2008年3月27日,为保证合资公司成立之后有充足的运营资本,合资公司董事会一致通过了关于变更出资缴纳方式和时间的董事会决议。根据该董事会决议,合营各方应在2008年4月10日之前一次性缴足各自认缴的出资额。

董事会是合资公司的最高权力机构,有权决定合资公司的一切重大事项,包括对《合资经营合同》的修改和补充。该决议作为双方真实意思表示,内容未违反中国有关外商出资法律和行政法规的禁止性规定,系合法有效的董事会决议,其内容应得到合营各方的认可并执行。根据该决议,两申请人已履行完毕各自的出资义务(包括现金出资义务和知识产权出资义务),但被申请人并未履行其出资义务。

2. 合资公司营业执照经合法变更后,被申请人仍不履行其出资义务

×市高新技术产业开发区投资服务局(以下简称"投资服务局")是高新区内外商投资企业设立、变更事项的有权审批机关。2008年5月30日,投资服务局向×市工商行政管理局高新分局(以下简称"高新分局")出具公文,同意合资公司按照董事会决议变更出资缴付方式和时间,并请高新分局配合办理合资公司正式营业执照,同时要求合资公司尽快召开董事会,敦促被申请人按照董事会决议完成出资义务。根据投资服务局的文件,高新分局于2008年5月31日为合资公司变更了营业执照。此后,申请人多次催促被申请人履行出资义务,但直到申请人提请仲裁之日,被申请人仍未履行,也没有任何有效证据能证明其履行了出资义务。

3. 被申请人逾期不履行出资义务,构成违约,应支付违约金并赔偿申请人的损失

根据《合资经营合同》的约定,被申请人必须从2008年4月11日起每月向申请人支付未缴付出资额1%的违约金,直至仲裁裁决执行完毕之日止。被申请人不履行出资义务的行为构成违约,造成合资公司无法正常营运,申请人不得不支付合资公司的销售费用、管理费用和财务费用,截止到2008年10月13日,给申请人造成的直接损失达到人民币370万元。2008年11月,TS联合会计师事务所为此出具了《专项审计报告》,被申请人应当赔偿申请人的该项损失。本案仲裁费、律师费以及因仲裁发生的其他费用也应由被申请人承担。

(二)被申请人主张

1. 董事会无权作出变更出资方式和时间的决议,合营各方仍应按照《合资经营合同》的约定履行出资义务

董事会有权处理的是合资企业的经营事项,不包括修改《合资经营合同》,无权修改涉及股东之间出资权利义务的合资经营合同事项。申请人也没有提交有批准权的机关批准上述董事会决议的有效文件,此项修改没有法律效力。故合营各方仍应按照《合资经营合同》的约定履行出资义务。

2. 申请人的知识产权"L-××-2专有技术"出资系虚假出资,违约在先

首先,第一申请人用以出资的"L-××-2专有技术"根本不符合出资要求。2007年7月24日,被申请人与第一申请人签订了《关于成立中外合资公司的框架协议》,约定第一申请人作为技术出资的应是由其合法持有具有专利的独特技术,且第一申请人不能再以任何方式向除合资公司以外的中国的第三方提供相关的技术、产品或者服务。而"L-××-2专有技术"不符合前述条件。第一,该技术所有权人为案外人E公司,第一申请人仅从E公司取得了许可使用权,并非所有权人;第二,该技术早在2003年就为广州×L污水处理有限公司使用;第三,该技术由三项在美国已经公开的专利技术组成,这三项技术在中国未注册申请专利,因此在中国领域内属于可无偿使用的公开普通技术,不是申请人称的专有技术,也不是各方约定的专利技术。

其次,"L-××-2专有技术"作价1000万元的验资报告无效。2008年1月8日,《合资经营合同》三方签订了一份《技术作价协议》,明确约定对第一申请人出资的知识产权的评估需由"三方聘请专业的资产评估机构进

行"。而第一申请人在《技术作价协议》签订之前,便单方委托机构将所谓"L-××-2专有技术"评估作价为人民币1050万元,用作其知识产权出资,并于2008年2月1日将该项技术转让给合资公司,签订《专有技术转让协议》(以下简称《转让协议》)。该份《转让协议》没有合资公司签字,也没有写明所转让技术的具体内容和应交付的技术资料以及免费技术培训等内容。

综上,第一申请人作为出资的"L-××-2专有技术"根本不具备出资资质,该1000万元的出资报告非三方共同委托的机构作出,而是其单方委托,系虚假作价出资,相应的验资报告无效,其人民币1000万元的知识产权至今没有到位。

3. 申请人未按照《合资经营合同》的约定按期履行现金出资义务,构成违约

根据《合资经营合同》的约定,申请人承担共计人民币4000万元的现金出资义务。第一申请人应在2008年1月15日合资公司领取营业执照后1个月内即2008年2月15日前出资人民币700万元,而其实际只出资13.50万美元,折合人民币971973元,尚有人民币600多万元未按期出资,第二申请人在2008年2月15日之前应出资人民币800万元,而实际上第二申请人没有提交任何出资。申请人所主张的第二次出资284.50万美元和285.67万美元系案外人F公司汇入合资公司。

4. 申请人主张的人民币370万元损失并非其损失,该主张无法律依据和事实依据

申请人依据合资公司委托的TS联合会计师事务所出具的《专项审计报告》说明其损失人民币370万元是由被申请人造成的,但是该审计报告的委托人是合资公司,审计的对象是合资公司,而不是申请人,从费用支出看是合资公司的费用开支,不能证明是申请人的开支和损失,并且人民币370万元中有近人民币100万元是因申请人的违约违法行为给合资公司造成的损失,其中咨询费人民币402575.38元、资产评估费人民币32000元都是因申请人的单方行为给合资公司造成的损失,还有第二申请人委派的董事兼总经理何某非法虚报其侵占的人民币15万多元,奈某(第一申请人代表)非法挪用合资公司的开支人民币47万元也应从这项费用中扣除。综上,申请人请求的人民币370万元损失中一部分属于合资公司的必要开支,另一部分则属于申请人违约违法行为给合资公司造成的损失。

三、仲裁庭认定的事实

(一) 合资公司及《合资经营合同》效力相关事实

双方当事人于2007年12月10日签订了《合资经营合同》和《合资公司章程》。2008年1月11日，×市人民政府颁发×府高外字(2008)0003号批准证书，合资公司于2008年1月15日领取了营业执照。根据《合资经营合同》的约定，三方共同出资设立合资公司D公司，注册资本为人民币1亿元，各方出资义务如下：

第一申请人以现金人民币2000万元和折合人民币1000万元的知识产权作为出资，第二申请人以现金人民币2000万元作为出资，被申请人以现金人民币4500万元和折合人民币500万元的知识产权作为出资。三方约定分两期缴付出资，第一期缴付的时间为营业执照签发之日起1个月，第二期缴付的时间为营业执照签发之日起9个月。

为保证各方按时履行出资义务，三方约定了逾期缴付出资的违约金，逾期违约金按月计算，其具体数额的计算方式为未缴付出资额的1%。同时约定，如果任何一方未能履行其在本合同或章程项下的义务或严重违反本合同或章程的规定，该违约方应赔偿合营公司和对方的损失。

(二) 变更出资方式和出资时间相关事实

《合资经营合同》与《合资公司章程》对双方当事人的出资数额、出资时间和出资方式进行了约定。但申请人主张，2008年3月27日合资公司董事会一致通过了关于变更出资缴付方式和时间的董事会决议，将出资时间和方式由原来的分两期缴纳改为在2008年4月10日之前一次性缴足，并称该变更事项于2008年5月30日经投资服务局批准，高新分局于2008年5月31日为合资公司变更了营业执照。

但是申请人以无法调取相关证据为由，没有向仲裁庭出示上述批准变更的文件。申请人申请仲裁庭调取该证据，被申请人明确表示反对。被申请人否认申请人所说的存在上述证据的事实，并且不同意申请人要求仲裁庭调取证据的请求，认为上述证据不属于申请人依法不能调取的证据。

(三) 第一申请人的知识产权出资——"L-××-2 工艺技术"相关事实

1. 用作知识产权出资的专利技术应符合的条件

合同各方在《合资经营合同》和《合资公司章程》中对出资的知识产权的内容和对象约定并不明确。但各方于2008年1月8日签订的《技术作价协议》，就知识产权(包括专利和专有技术)出资的内容作出了相对具体的约定。

各方在《技术作价协议》中约定：(1)被申请人保证其出资的专利，在中国申请注册，为有效专利；第一申请人保证其出资的专利，在美国申请注册，为有效专利；(2)以专利出资的，出资方是专利和专有技术的合法所有人；(3)三方聘请专业的资产评估机构对上述知识产权进行评估；(4)免费对合资公司提供培训和技术支持。

2.《关于I公司拥有的L-××-2污水处理专有技术的资产评估报告书》

资产评估机构出具的《关于I公司拥有的L-××-2污水处理专有技术的资产评估报告书》就"评估范围与对象"的定义为"专有技术"，且认为该"专有技术由三项专利技术整合而成"。根据评估报告的该项表述无法确定其评估所指的对象到底是专有技术还是专利技术。

(四) 申请人与被申请人各自履行出资义务的相关事实

1. 被申请人出资

被申请人在合资公司领取营业执照后第10天，即2008年1月25日，出资现金人民币100万元，该项出资已得到各方确认。此后未缴纳任何出资。

2. 申请人出资

根据《合资经营合同》的约定，第一期出资应在2008年2月15日前缴足，第一申请人负有人民币700万元的出资义务，而实际只出资折合人民币971973元，第二申请人负有人民币800万元的出资义务，实际上未提交任何出资。至2008年4月10日，第一申请人和第二申请人分别与F公司签订了《委托出资协议》，由F公司代第一申请人缴纳284.50万美元(折合人民币19920293元)，代第二申请人缴纳285.67万美元(折合人民币2000万元)。

(五) 申请人主张其因被申请人违约行为产生经济损失人民币370万元的相关事实

申请人认为，由于被申请人不履行合同，造成合资公司无法正常运行，申请人不得不支付合资公司的销售费用、管理费用、财务费用合计人民币 370 万元,据此申请人请求被申请人赔偿其因拒绝履行合同给申请人造成的直接经济损失,其主要证据是 TS 联合会计师事务所出具的《专项审计报告》。

四、仲裁庭意见

(一)关于处理本案争议的法律适用及合同效力问题

《合资经营合同》明确约定适用中国内地法律法规,根据中国内地相关法律规定和本案证据,仲裁庭认定案涉《合资经营合同》和《合资公司章程》合法有效,合资公司的成立符合法律规定。

(二)关于变更出资方式和出资时间的问题

1. 申请人应当自行调取相关证据并用以证明其主张的事实

仲裁庭认为,合资公司变更出资方式和出资时间的批准文件是依法应当公开的行政文书,尽管该批准文件下发的对象是合资公司,但是,申请人作为合资一方、《合资经营合同》的主体,有权获知该批准文件的内容及有权向批准机关申请查阅其内容,批准机关依法应当提供。在被申请人对相关事实予以否认,且相关批准文件并不属于申请人不能调取的证据的情况下,申请人应当自行调取相关证据并用以证明其主张的事实。但是至本案作出裁决时,双方当事人均没有向仲裁庭提供充分的证据,证明对《合资经营合同》和《合资公司章程》约定的出资方式和出资时间进行变更且已经批准生效,故仲裁庭无法认定该变更事宜的真实性与合法性。

2. 申请人主张的出资义务履行期限在合同变更生效前就已届满,向被申请人主张违约责任不合理

双方当事人均认为对出资方式和出资时间进行的修改应当依法经原审批机构批准后方能生效。根据申请人的陈述,该项修改于 2008 年 5 月 30 日才报经审批,而该项修改所约定的出资缴纳期限为 2008 年 4 月 10 日。因此,仲裁庭认为,即使确如申请人所述,相关修改最终经过了审批机构批准生效,申请人也不能依据滞后生效的合同,以生效前已经届满的义务履行期限,向被申请人主张承担违约责任。

(三)关于知识产权出资的效力问题

1.《技术作价协议》的相关约定可以采信,第一申请人的知识产权出资不符合约定

仲裁庭认为,尽管《技术作价协议》未经审批机构批准,但其作为《合资经营合同》生效前各方就合资合同相关内容的具体磋商结果,仍有助于仲裁庭了解各方在知识产权出资方面的立约本意。根据仲裁庭对双方知识产权出资约定的理解,第一申请人虽以在美国注册的专利进行出资,但其出资存在以下不妥:

(1)第一申请人并非该出资专利的专利权人,其向仲裁庭提交的相关证据,只能证明第一申请人可以根据授权将相关专利许可合资公司使用,并不能证明其有权及已经将用于出资的专利权注入合资公司。

(2)有关知识产权出资的作价依据,是第一申请人单方委托资产评估机构作出的,第一申请人并未证明该评估结果已由合资他方尤其是接受注资的合资公司认可。

2."L-××-2"技术的性质系专利技术还是专有技术存在疑问,无法认定第一申请人已履行其知识产权出资义务

申请人在其仲裁意见中多次表述,其提供的技术是专有技术,既然是专有技术,就应当是具有保密特性并且没有取得专利权的技术知识,而评估报告中又称该专有技术是由三项专利技术整合而成的。由此可见,第一申请人对于作为知识产权出资的内容和对象也是模糊不清的。

在第一申请人的陈述及其提交的证据均无法证明其知识产权出资的内容和对象符合合资合同约定的知识产权的出资条件和要求的情况下,仲裁庭无法认定第一申请人用于出资的知识产权的内容和对象究竟是什么,也无法认定其出资的知识产权的条件和内容是否符合合资合同的约定,更无法认定第一申请人的知识产权出资已经按合资合同的约定完成。

(四)关于申请人与被申请人出资违约的问题

根据《合资经营合同》和《合资公司章程》的规定,合资公司于2008年1月25日收到被申请人缴交的人民币100万元,对这项费用被申请人主张是其出资额,申请人主张合资公司的确收到这项费用,但不能认定为出资。仲裁庭认为,由于申请人没有提供相反证据证明这项费用不是作为出资,因此

应当认定属于被申请人的出资,但是被申请人至此没有再按照合资合同约定的时间和数额缴足任何出资,其所陈述的理由也不能成立,其行为构成严重违约。

第一申请人和第二申请人也没有证据证明其按合同约定按期缴纳出资。第一期出资未依约履行,第二次虽然由F公司代第一申请人于2008年4月10日之前缴纳了284.50万美元(折合人民币19920293元),代第二申请人缴纳了285.67万美元(折合人民币2000万元),但也已超出了经批准生效的《合资经营合同》的约定。另外,基于前面的分析,仲裁庭也无法支持第一申请人有关依约履行了人民币1000万元知识产权出资的观点。

综上,仲裁庭认为第一申请人、第二申请人和被申请人在出资事项上均存在违约行为,根据《合资经营合同》的约定,在第一申请人、第二申请人亦属违约方的情况下,其并不具有主张其他违约方支付违约金的权利。据此,仲裁庭认为,第一申请人和第二申请人请求被申请人承担违约责任不应当获得支持。

(五)申请人主张被申请人造成其经济损失人民币370万元的问题

仲裁庭认为,第一,TS联合会计师事务所出具的《专项审计报告》上所使用的公章在2008年8月已由合资公司登报终止使用,而审计报告作出的时间是2008年11月。第二,审计报告的委托人是合资公司,审计对象也是合资公司,与申请人无关。第三,从费用支出来看,双方所称诸如合资公司的销售费用、管理费用、财务费用、咨询费、资产评估费等均为合资公司账目上的开支,故该370万元是合资公司的费用开支,而非申请人的开支和损失。

综上,申请人所述的费用均为合资公司的费用开支,作为申请人的直接经济损失缺乏证据支持,因此仲裁庭对申请人将该笔款项主张为自己损失的请求不予支持。

五、裁决结果

1. 驳回第一申请人和第二申请人的全部仲裁请求。
2. 本案仲裁费由第一申请人和第二申请人共同承担。

六、评析

本案将案情聚焦于两个问题:一是知识产权出资效力的认定;二是专利技术与专有技术的区别。涉案知识产权部分依当时有效的《中外合资经营企业法》和《中外合资经营企业法实施条例》裁决,自 2020 年 1 月 1 日《外商投资法》和《外商投资法实施条例》实施起,前述法律法规同时废止。但前述法律法规的变更并未对案件认定造成实质性影响,以下评述部分以新法为准。

(一) 知识产权出资"可转让性"要件分析

在企业中,以知识产权出资应当满足知识产权具有确定性、有益性、可评估性和可转让性等要件。其中,本案本质上就涉案知识产权的可转让性具有争议,仲裁庭进行了分析。可转让性要求知识产权出资人应对该项知识产权享有独立支配的权利,限制转让之知识产权不能作为出资标的物。[①]

可转让性问题首先需要对知识产权出资人的适格性进行分析。知识产权主体存在着知识产权权利人、知识产权申请人、知识产权许可人与被许可人等多重的划分标准,在不同的知识产权语境下,各种身份可能存在区分或重叠。其中知识产权权利人(或被称为所有人),与许可人/被许可人(使用人)处于不同的法律关系之中。知识产权权利人身份可以通过原始取得或继受取得的方式获得。其中,原始取得包括"创造"这一事实行为和国家授权两种方式,而继受取得则通常是通过知识产权转让等交易方式实现。

本案中,第一申请人主张其对用作出资的知识产权拥有合法的所有权和处置权,但经过仲裁庭的审理发现,第一申请人仅享有涉案专利的排他使用权。这一排他使用权是其从案外权利人手中通过交易获得。"排他使用权"是许可权项下的概念,与其类似的,还有"独占许可"和"普通许可"两种情况。独占许可、排他许可和普通许可中被许可人享有的权利效力逐渐减弱——在独占许可中,仅被许可人享有行使知识产权的权利,任何其他人不得行使,这使得独占许可在一定程度上与"知识产权转让"有着相似的外观;而排他许可则允许许可人和被许可人行使权利,排除了二者之外的主体对权利的使用。

[①] 参见刘春霖:《知识产权出资标的物研究》,载《法商研究》2009 年第 2 期。

第一申请人在此处对其享有权利的范围和性质产生了错误认知,混淆了排他许可和权利转让之间的关系,并以此为依据主张已进行出资,这并不符合实际情况。由于申请人本身并不拥有知识产权,仅享有知识产权的排他使用权,因此在使用权利时,应当严格受到其与案外权利人之间授权关系的限制。本案的申请人与案外权利人的授权内容包括"申请人可以将相关专利许可合资公司使用",但这种使用仅是一种有期限的排他使用。合资公司对专利的使用将受到专利本身有效期和许可期限的双重限制,同时,案外权利人作为专利的权利人也对专利权利有所保留。

出于对"完全支配权"这一要件的满足,我国法律对知识产权出资一般要求为"权利转让"。然而,虽然我国法律未明确有对知识产权许可出资的规定,但在司法实践中,例如"东莞分享电器科技有限公司、宁左杰专利权权属纠纷案"①和"上海伟仁投资(集团)有限公司与上海汉光陶瓷股份有限公司股东出资纠纷案"②等典型案例中,法院均一定程度上对此予以认可。从学理上分析,"知识产权许可使用权具有资本属性,能用来创造新的价值,所以可用来投资"同样获得支持。③ 通常而言,知识产权独占许可出资与知识产权转让出资均可以得到立法和司法的认可④,但本案所涉排他许可的方式,在理论界和实务界尚存在较大争议,因为其不满足知识产权出资要求中的可转让性要件,不能认为享有排他许可权的被许可人对用于出资的知识产权享有独立、完整的支配权利。综上,在存在上述诸多限制的情况下,申请人主张自己以"转让专利权"的方式作价出资,并主张作价 1000 万元,实际上存在较大水分,仲裁庭对此不予认可是正确的判断。

我国有关知识产权出资的规定体现在《公司法》《中外合资经营企业法》《外资企业法》和《中外合作经营企业法》等法律之中。其中,公司法体系和外资法体系关于知识产权出资的有关内容是两个相对独立的制度体系,二者既有重叠,又有冲突。⑤ 本案仲裁庭依据当时有效的《中外合资经营企业法》

---

① 参见广东省高级人民法院(2018)粤民终 1405 号民事判决书。
② 参见上海市第二中级人民法院(2018)沪 02 民终 9872 号民事判决书。
③ 参见刘春霖:《论股东知识产权出资中的若干法律问题》,载《法学》2008 年第 5 期。
④ 参见张玲、王果:《论专利使用权出资的制度构建》,载《知识产权》2015 年第 11 期。
⑤ 参见曾赞新:《外商以知识产权出资设立合资企业的法律研究》,载《中国法律评论》2016 年第 2 期。

第 5 条第 1 款的规定认定了知识产权的效力无可厚非。① 但自 2020 年 1 月 1 日《外商投资法》实施以来,外资法几部法律同时废止,因此就目前而言,有关知识产权出资的规定以《公司法》为准,即:第一,就知识产权出资范围而言,认可广义上的全部知识产权,而非仅仅狭义上的工业产权;第二,就知识产权出资程序而言,应适用《公司法》的规定,需对知识产权出资进行作价评估,并办理"财产权转移手续"②。

(二) 专利技术与专有技术的区别分析

本案第二个争议点在于专利技术和专有技术的区分,这一问题也可以看作知识产权出资的客体问题。知识产权出资要求出资客体具有确定性,即以哪一项知识产权出资需要明确。本案中,第一申请人提供的作价评估报告将"评估范围与对象"定义为"专有技术",但认为该技术由三项专利技术整合而成,这之间存在着矛盾之处。因此,仲裁庭认定申请人对作为知识产权出资的内容和对象的认识模糊不清,无法认定其出资是否符合合同约定,也无法认定其出资是否已按约定完成。申请人并不能给出准确的知识产权出资对象,因此,仲裁庭对申请人的出资不予认可,判断正确。

要对该争议点进行分析,首先需要对专利技术和专有技术的概念进行明晰。专利技术是指获专利行政部门认可、受专利法保护的技术或方案。而获取专利权的过程即意味着公开该技术,以换取对该技术"垄断性"权利。专有技术则复杂得多,实际上,与专有技术(Know-how)相关的概念有很多,例如不同的国际条约或其他国家立法中出现的专营技术、营业秘密和技术秘密等。③ 这些概念的具体内涵和外延略有不同,但在实践中并不对其作具体区分,通常被理解为具有"秘密性、保密性和价值性"的技术信息。需要特别指出的是,专有技术在我国知识产权语境下有时也被理解为"商业秘密"。但商业秘密的内涵和外延更为广泛,包括技术秘密和经营秘密等,专有技术通

---

① 《中外合资经营企业法》第 5 条第 1 款规定,合营企业各方可以以工业产权出资。
② 《公司法》第 27 条规定:股东可以用货币出资,也可以用实物、知识产权、土地使用权等可以用货币估价并可以依法转让的非货币财产作价出资;但是,法律、行政法规规定不得作为出资的财产除外。对作为出资的非货币财产应当评估作价,核实财产,不得高估或者低估作价。法律、行政法规对评估作价有规定的,从其规定。
③ 参见郑友德、钱向阳:《论我国商业秘密保护专门法的制定》,载《电子知识产权》2018 年第 10 期。

常仅指商业秘密中的技术秘密。

从二者的概念中即可感受到专利技术和专有技术既存在相似,又存在区别。从关联性上看,专利技术和专有技术在保护的客体上存在相似,比如二者均要求受保护的客体具有相当程度的创新价值;同时,二者所涉及的技术信息都应当属于非公知、公用信息;最重要的是,二者均满足知识产权客体"非物质性"的本质特征。

但二者也存在相当程度上的差异。

第一,专利技术和专有技术的性质差异。专利技术毋庸置疑是一项知识财产,可以以产权的形式获得保护;而专有技术的性质,则长期以来饱受争议。英美国家长期以来认为专有技术属于一种"无形财产",以产权的形式予以保护。大陆法系国家则不同,这些国家并未赋予专有技术以"财产权",而是通过合同法或侵权责任法予以保护和救济。[1]

第二,专利技术和专有技术的保护路径差异。专利方式强调"用公开换取垄断",无论是发明、实用新型还是外观设计,其技术和方案信息均会通过国家知识产权行政机关予以公开,以供社会获取和监督,但与之相对的,专利技术可以在法定地域范围和法定保护期内为专利权人所独占,未经许可任何人不得使用。专有技术的保护方式则更加强调技术的秘密性,权利人通过保密手段防止技术泄露,从而实施技术。技术秘密不受保护期限制,只要专有技术不被泄露,持有人可无期限、无地域范围地使用。但与之相对,一旦技术秘密泄露,则无法回溯,只能通过金钱救济寻求赔偿。

第三,专利技术和专有技术的排他效力差异。专利技术由于可以获得产权保护,因此具有更强的排他效力;专有技术则不同,由于专有技术内容不公开,所以存在多个主体同时对同一客体通过专有技术的手段加以保护,这通常被概括为"相对排他性"。由此可见,专有技术虽然与专利权、著作权、商标权等知识产权有着相同的本质属性,但却不具备传统知识产权的主要特征,因此专有技术长期以来被视为一项特殊的知识产权。

综上,本案中,仲裁庭就申请人的请求内容均未予以支持,并对本案中的知识产权出资效力认定问题以及专利技术和专有技术的区分问题作出了正确、合理的判断与解释。

进一步思考:在知识产权出资问题中,尽管目前我国公司法体系和外资

---

[1] 参见吴汉东:《知识产权总论》(第四版),中国人民大学出版社2020年版,第60页。

法的冲突逐渐减少,逐步实现了以公司法体系规定为准的统一规范,但许多问题仍有待进一步讨论。公司法体系将知识产权出资客体从"工业产权"明确扩大为"知识产权",赋予知识产权出资人更广泛的选择,但2020年修正的最高人民法院《关于适用〈中华人民共和国公司法〉若干问题的规定(三)》仅对需要作出权属变更登记的知识产权出资作出了规定,明确其需履行的程序,回避了如著作权等非法定需办理权属登记的客体如何满足程序要件的问题。然而,相对于具有公示手段的传统"工业产权"客体,著作权等无法定公示程序之对象的出资程序显然更加需要予以明晰;另外,实务中对于知识产权出资"可转让性"的理解依旧存在分歧,不同的"可转让性"内涵理解将对知识产权的处分方式产生至关重要的影响。部分法院已通过判例明确支持了权利许可的出资方式,但在IPO上市的一些案例中,地方有关行政管理机关依旧对许可出资出具了否定意见。司法领域与行政领域对于"可转让性"理解的不统一对法律适用的稳定性造成了负面影响,不利于司法和行政领域的衔接,这一问题也将寄希望于法律的明确解释与规定,留待未来解决。

(本案例由中南财经政法大学知识产权研究中心博士研究生高婧和硕士研究生乔雪珂编撰)

案例11 侵犯注册商标专用权的认定

仲裁要点：被申请人罔顾涉案外观设计专利是申请人设计开发,以及申请人委托被申请人批量生产加工的事实,擅自将申请人已公开并获得认证的外观设计产品样机进行拍照并向国家知识产权局进行外观设计专利申请,此举严重侵犯了申请人的涉案知识产权。同时,第二被申请人所申请的外观设计专利的附图中附有案外人F公司和申请人终端客户所持有的".S.××SMART"的商标组合和"COMPUTADORES P××A EDUCAR"的商标组合,该行为直接侵犯了上述权利人的注册商标专用权。在被申请人获得国家知识产权局的授权后,又以侵犯外观设计专利为由起诉其他生产涉案产品的公司,其行为均违反了协议中关于知识产权保护条款的约定,构成违约。

一、案情概要

2016年5月10日,申请人美国A公司与第一被申请人中国香港B公司签订了3377号《订单》。申请人向第一被申请人申请采购哥伦比亚政府部门下属机构COMPUTADORES P××A EDUCAR(以下简称CP×E)定制的P系列平板电脑,约定的收货人为申请人的关联公司案外人F公司。签订《订单》后,申请人第一时间向第一被申请人支付了订金,但在约定的60天内,第一被申请人并未交付任何数量的货物,再加上第一被申请人没有使用订金向PCBA(电路板,本案中平板电脑所需的一种重要配件)的供应商案外人E公司支付订金,因此双方再次签订《采购协议》,双方约定申请人直接向E公司支付PCBA电路板的原料款。

随后在2016年8月3日、8月25日、9月8日,申请人与第一被申请人、第二被申请人中国内地C公司和第三被申请人杜某某(第一、第二、第三被申请人以下合称"被申请人")接连签订了三份《补充协议》,其中约定第一被申请人、第二被申请人与第三被申请人应向申请人提供证明其已有的生产所有平板电脑所需的配件存货;并且签署不可撤销的交货时间表,在承诺的期限内交货;而且被申请人向制造商致函声明所有平板电脑只能交付给申请人;第二、第三被申请人对第一被申请人按时生产和交付平板电脑承担连带担保责任,其中第三被申请人的担保责任至交货电脑达到一定数量后终止。三份《补充协议》订立后,第一被申请人交付了部分货物,但仍未交付全部数量的电脑。

另外,3377号《订单》附有涉案产品的相关图样、技术参数以及检测报告等,其中的外观设计的后视图中还有F公司". S. ×× SMART"的商标和"COMPUTADORES P×× A EDUCAR"的商标标识以及"prxxdo & aprxxdo"的字样。第二被申请人将涉案外观设计据为己有,在2016年5月23日进行了专利申请,随后获得了授权公告。但该专利在国家知识产权局专利复审委员会审查后被宣告无效。而且,第二被申请人还向S市中级人民法院起诉T公司(另一家替申请人生产涉案平板电脑的公司)侵害其外观设计专利,但被法院驳回起诉。

在履约过程中,双方当事人因为迟延交货问题多次以电邮形式进行交涉,直至2016年12月20日,申请人向第一被申请人发出终止采购合同的电邮通知。2017年5月19日,申请人依据合同中的仲裁条款向深圳国际仲裁院提起仲裁,请求裁决确认3377号《订单》《采购协议》以及三份《补充协议》已经实际解除,裁决第一被申请人返还申请人已支付的货款70余万美元及其他未退还的零配件,还有赔偿100万美元的违约金及其他费用,并支付律师费与仲裁费,另外第二和第三被申请人承担连带赔偿责任。

第二与第三被申请人提出仲裁反请求,请求确认其有权没收申请人的订金,请求裁决申请人赔偿因违约造成的损失人民币640余万元,并承担对应的律师费和仲裁费用。

二、当事人主张

(一)申请人主张

1. 终止合同的通知,是行使解除权的行为

由于被申请人多次违约,不断推迟出货时间,无法达成每次承诺的产品

出口数量,甚至让申请人代付出货款项,给申请人造成了严重损失,申请人不得不终止合同。被申请人的违约行为具体表现为:

(1)被申请人不断推迟出货时间,申请人不得已为其多次调整交货日期,并多次通过补充协议、邮件、律师函的方式给予合理的催促期限,但被申请人仍没有按约定的时间交货。同时,申请人为被申请人多次调整付款方式,截至合同解除之日,申请人对已交货的电脑已全额付款,但被申请人违约不予出货。

(2)被申请人没有将申请人预先支付的订金和货款用于采购原材料,并未将在此案的反请求中要求没收的订金用于实际采购LCD等原材料和制造商的生产费用,却要求申请人垫付货款以及制造商的生产费用才出货,至今被申请人拒不返还申请人代其向制造商工厂垫付的款项9000余美元。

(3)被申请人侵犯F公司的商标知识产权、侵犯3377号《订单》和《采购协议》终端客户CP×E机构的商标知识产权。

2. 被申请人违反《采购协议》的约定,侵犯申请人的知识产权

根据申请人与第一被申请人签订的3377号《订单》的附件,该订单附有产品内部结构图、外观样机图、技术参数和检测报告等。附件的平板电脑的外观设计的后视图中有F公司的商标标识".S. ×× SMART",以及有西班牙文CP×E的商标标识"Computadores P××a Educar"以及其特定字样"prxxdo & aprxxdo"。

上述F公司的商标标识已在哥伦比亚工商管理局登记,所有权人为F公司,其有效期经续展至2024年。而CP×E的商标标识也在哥伦比亚工商管理局注册登记,有效期至2018年。

但第二被申请人却擅自将3377号《订单》中申请人委托第一被申请人生产的平板电脑产品的外观设计据为己有,于2016年在国家知识产权局进行专利申请,并擅自将专利申请权人认定为第二被申请人,发明(设计)人认定为第三被申请人,产品外观设计的后视图中有F公司的商标标识,还有西班牙文CP×E的商标标识以及其特定字样,这两者都与在哥伦比亚工商管理局注册的商标标识基本相同,与3377号《订单》附件委托生产的产品外观完全一致,该外观设计专利还在国家知识产权局获得授权公告,不过最终经复审委员会宣告无效,而在与该专利有关的诉讼中,法院驳回了第二申请人的起诉。

因此,第二被申请人罔顾涉案外观设计专利是申请人的关联公司F公司

设计开发,申请人委托第一被申请人批量生产加工的事实,擅自将申请人的关联公司 F 公司已公开并获得认证的外观设计产品样机进行拍照并向国家知识产权局进行外观设计专利的申请,被申请人严重侵犯了申请人的关联公司 F 公司的知识产权,严重侵犯了 F 公司作为这项外观设计专利的发明人和所有权人的权利。

此外,在本案的合约解除后,第二被申请人未经 CP×E 的同意,擅自向国家知识产权局申请了 CP×E 的商标,企图将该商标据为己有,严重侵犯了 CP×E 机构的名称和已注册的商标。

CP×E 在中国组装的印有对应名称、商标标识的电脑等产品主要用于当地的公立学校和图书馆,属于政府采购项目。被申请人在中国恶意注册了 CP×E 的商标,将会阻止 CP×E 在中国采购产品,很有可能进一步对 CP×E 已在中国采购的所有产品进行法院查封、海关扣押,并提起知识产权侵权诉讼,将严重侵犯申请人、CP×E 和哥伦比亚政府的合法权益。CP×E 已就该侵权事件发函向中国大使馆反映。被申请人的上述违约和侵权行为不仅严重侵犯了 CP×E 的知识产权,也严重违反了 3377 号《订单》以及《采购协议》合同产品的终端买家和使用者 CP×E 的名称和商标,根据《采购协议》的约定,被申请人应向申请人赔偿损失。

(二)被申请人主张

1. 申请人的行为构成违约,不享有合同解除权

在履行协议过程中,根据《采购协议》的约定,申请人已经由单纯的采购商变成了物料供应商;同时,申请人通过与 E 公司签订《采购订单》,单方面掌控了 E 公司关于 PCBA 的出货时间和数量。申请人在承诺负责供应 PCBA 后,双方就物料供应先后履行顺序发生了争议。申请人自身违约在先,却通过单方拒交 PCBA 的方式,阻碍生产进度,制造被申请人无法交货的事实,同时又委托律师持续催促交货,制造被申请人违约的假象,进而提出单方解除合同。具体如下:

(1)双方前期因客观原因协商一致变更交货期限,没有最终确定交货期限。在合同履行前期,因为有电路板进行重新设计、打板、模块配件缺货、被申请人迟延交付操作系统、确认用户手册等种种问题,双方经协商一致同意以《补充协议》的方式变更合同期限。在最后一份《补充协议》中,并没有约定最后的交货期限。

(2)双方在《订单》及诸多《补充协议》中,均没有对 PCBA 与被申请人的零部件送至制造商的先后顺序作出详细的约定。在后期履行订单的过程中,双方发生了争执。此时就产生了谁先送零配件商业风险更小的问题。根据《补充协议》的约定,被申请人移送至制造商的零部件均归申请人所有,申请人随时有权要求制造商交付所有的材料、产品并且无须征得被申请人同意。此时,申请人将 PCBA 移送至制造商是没有任何风险的,可随时取进取出且无须征得被申请人同意,但是被申请人一旦将零部件送至制造商,申请人又不将 PCBA 送进工厂加工,被申请人的零部件就会变成呆滞物料,无法取出。

(3)申请人将 PCBA 转移给 T 公司处制作 3377 号《订单》,构成根本违约,直接导致合同目的无法实现。在《采购协议》中,申请人已经由单纯的采购商变成了物料供应商,负责提供 PCBA,实则把握了货物生产的总进度。但是,申请人却将同一批订单安排了两家企业进行生产,指示 E 公司将生产所需的 PCBA 送至 T 公司处,直接导致被申请人无法进行生产,已构成根本违约。合同的延迟并不足以导致整个合同被摧毁,申请人直接将被申请人生产必备的零件 PCBA 送给他人生产,才是整个订单的"致命硬伤"。

(4) 2016 年 12 月 20 日,申请人没有与被申请人协商一致,遂发送律师函通知被申请人终止合同并将提起仲裁。申请人单方面解除合同并没有征得被申请人的同意,已构成违约。

(5)申请人的违约行为现造成被申请人濒临破产,面临诸多供应商的起诉。但是申请人现已交付全部货物,收到相应的货款,无实际上的损失。被申请人因积极备货导致大量的物料囤积,也面临因为申请人跳单所带来的严重危害,如诸多供应商查封被申请人的银行公章、至被申请人办公地点索要违约金等,严重破坏了被申请人的经营秩序。被申请人现已无法进行正常的商业运行,正濒临破产。被申请人接手该订单,没有获取实质利润,却遭受了巨额的损失,承受申请人转嫁的商业风险。

2. 被申请人的行为不构成知识产权侵权

对于申请人提出的侵权以及赔偿控告,被申请人辩称:

(1)申请人没有适用《补充协议》第 15 条关于知识产权条款要求被申请人赔偿,而是要求被申请人支付 100 万美元的赔偿款。

(2)由于申请人提供给被申请人的样机是其他公司生产的,面临巨大被诉的风险,随时面临因涉及他人知识产权被海关部门查封,且 S 市仿冒产品诸多,为了防止他人仿冒该产品,保护自身和申请人利益,被申请人才申请外观知识产权的。

(3)单纯的申请行为并不构成知识产权侵权,不属于知识产权法定侵权的种类。

(4)被申请人为申请人在中国内地的合法生产商,其生产行为得到申请人的认可。

(5)被申请人除了用于此次订单的生产,没有其他的生产销售行为,也没有将申请人的商标或者外观设计销售给他人,申请人的法益没有受到实际损害,被申请人也没有因为获取外观专利而得到利益。

(6)没有任何法律规定,其他国家的知识产权可以自动延续至中国,中国国家知识产权局会自动对国外的知识产权进行认证或者确认。

(7)授予知识产权是国家知识产权局的职能范围,被申请人的申请行为不会导致申请人在其他国家享有的知识产权无效。

(8)被申请人生产的产品电路板是经过认证的,进行过重新的设计和排版,与申请人提供的其他公司样机是不同的。

三、仲裁庭认定的事实

1. 2016年5月10日,申请人与第一被申请人签订了关于采购82000台CP×E定制的P系列平板电脑的3377号《订单》。根据3377号《订单》的约定和申请人支付20%订金的时间,第一被申请人应当在2016年7月10日前交付全部货物。但第一被申请人在上述期间内并未交付任何数量的货物。

2. 2016年7月21日,申请人与第一被申请人就3377号《订单》项下的同一批标的物签订了《采购协议》,其中明确写明订立《采购协议》是由于第一被申请人的延误以及未向PCBA供应商支付订金。依照约定,第一被申请人应于8月15日之前完成全部交货,但实际上第一被申请人仅于2016年8月6日交付了少部分平板电脑。

3. 2016年8月3日、8月25日和9月8日,申请人与第一被申请人、第二被申请人、第三被申请人共同签订了对《采购协议》进行修改的第一份《补充协议》、第二份《补充协议》和第三份《补充协议》。关于实际履行情况,被申请人的交货数量与期限与双方合同约定或者双方变更后的约定不符。

4. 申请人已于 2016 年 8 月 22 日与 S 公司签订 3440 号《订单》,将其向最终用户供货的平板电脑中的一半分单给 T 公司。

5. 第二被申请人于 2016 年 5 月 23 日即以该型号的测量和测试报告的数据和信息向中国国家知识产权局申请外观设计专利,并将第三被申请人登记为发明人。9 月 7 日,国家知识产权局授予第二被申请人专利,登记的发明人为第三被申请人。

6. 2017 年 3 月,第二被申请人以 T 公司侵犯其外观设计为由向法院提起诉讼,并申请法院裁定对 T 公司采取财产保全和证据保全。

7. 2017 年 4 月,第二被申请人完成了外观设计专利的海关备案。

8. 2017 年 9 月 25 日,国家知识产权局根据 T 公司提出的申请,作出《无效宣告请求审查决定书》,宣告第二被申请人申请的涉案专利全部无效。

四、仲裁庭意见

(一)法律适用

1. 本案系争的合同关系是涉外民事关系

本案申请人是在美国注册成立的公司,第一被申请人是在中国香港注册成立的公司,第二被申请人是在中国内地注册成立的公司,第三被申请人是居住地在中国内地的中国公民。本案系争合同的标的物是平板电脑,合同约定其生产地在中国,生产后应运送给哥伦比亚的最终用户。因此,本案系争的合同关系的主体和标的物均有涉外因素,属于涉外民事关系。

2. 当事人关于适用法律的约定

3377 号《订单》中没有关于适用法律的约定。

在申请人与第一被申请人于 2016 年 7 月 21 日签订的《采购协议》中,第 18 条关于"准据法"的约定为"本协议的管辖和解释应适用中国法律(不包括冲突规范)"。

三份《补充协议》中均未对《采购协议》第 18 条关于"准据法"的内容进行变更。

3. 仲裁地的冲突规范

《涉外民事关系法律适用法》第 3 条规定:"当事人依照法律规定可以明示选择涉外民事关系适用的法律。"第 41 条规定:"当事人可以协议选择合同适用的法律。当事人没有选择的,适用履行义务最能体现该合同特征的一方当事人经常居所地法律或者其他与该合同有最密切联系的法律。"

4. 本案的法律适用

综上所述,鉴于本案系争的合同关系是涉外民事关系,当事人约定适用中国法律,仲裁地的冲突规范允许当事人选择合同适用的法律,因此,仲裁庭认为,本案应当适用当事人明示选择的中国法律。

(二) 申请人终止合同的行为,是行使解除权还是毁约行为?

第一被申请人自3377号《订单》订立后就一直存在延期交货的违约行为,但申请人没有解除合同,而是选择与被申请人签订《采购协议》和三份《补充协议》,对合同内容进行变更,延长了交货期限。因此,双方当事人签署《采购协议》和三份《补充协议》的事实,表明申请人放弃了基于三被申请人在2016年9月8日之前的违约行为而享有的合同解除权。

申请人与被申请人于2016年9月8日签订的第三份《补充协议》,是双方当事人之间达成的最后一份补充协议。然而,被申请人依然没有按时按量完成交付义务。在2016年9月8日至2016年12月20日期间,申请人曾多次发送电邮催促被申请人履行交货义务。在申请人的律师于2016年12月7日发至被申请人的函中,申请人明确告知被申请人:如不能在12月15日的最后期限内交付余下平板电脑,申请人将终止合同。2016年12月18日,申请人电邮给被申请人,要求在12月20日前返还之前替被申请人向制造商支付的费用,否则将提起仲裁。截至申请人于2016年12月20日发出终止合同的通知时止,被申请人没有在申请人催告的时间内交付余下的平板电脑。因此,仲裁庭认为,被申请人的行为构成了违约。

至于申请人的分单行为,也应当被认定为违约行为。申请人没有选择行使合同解除权,也没有与被申请人协商减少供货量,而是在自行将部分订单转移至T公司的情况下,仍旧要求被申请人交付全部货物。申请人还将部分PCBA转移给T公司,客观上导致了申请人与申请人之间的合同数量的减少。而且,在分单之后,申请人并没有将分单情况告知被申请人,还在第二份和第三份《补充协议》中,要求被申请人交付余下的全部平板电脑。这些事实表明,申请人的分单行为,主观上并非善意。因此,仲裁庭认为,尽管申请人为保证按时履行其对最终用户的交货义务而作出的分单行为在商业上有其合理性,但申请人的做法有违《合同法》第6条规定的诚实信用原则,其单方面作出的分单行为应当被认定为违约行为。

因此,申请人与被申请人的行为都构成违约行为。《合同法》第 94 条规定了在符合法律规定的情形下当事人有权解除合同,其中第(三)项情形是"当事人一方迟延履行主要债务,经催告后在合理期限内仍未履行"。根据《合同法》第 94 条的规定,当事人享有的法定解除权并不以其自身为守约方作为条件,据此,仲裁庭认为,在双方当事人均有违约行为的情形下,申请人和被申请人应当对各自的违约行为承担相应的责任,但双方之间的合同关系并没有自然终止,双方当事人仍应按照合同约定履行各自的义务,在随后的履约过程中,因被申请人迟延交货和还款且在催告的期限内仍未履行的行为,申请人根据《合同法》第 94 条的规定享有合同解除权,不因其自身此前的违约行为而消灭。

(三)关于侵犯知识产权的争议

申请人与第一被申请人在 2016 年 7 月 21 日签订的《采购协议》第 15 条中约定了知识产权保护条款,其中第 1 款约定了第一被申请人向申请人保证其产品及所有的组装件必须是第三方不能根据工业产权或其他知识产权主张任何权利或要求的货物;第 2 款约定该协议中的任何条款不能解释为申请人向第一被申请人转让申请人或其关联方享有的,与产品相关的,包括商标、著作权、设计规范、规格/说明书、信息所有权、绘图、生产过程、专有技术等在内的注册的或未注册的知识产权。

第一被申请人签订 3377 号《订单》后即已取得作为合同附件的、申请人的关联公司 F 公司申请认证的某型号的测量和测试报告,第二被申请人于 2016 年 5 月 23 日即以该型号的测量和测试报告的数据和信息向国家知识产权局申请外观设计专利,并将第三被申请人登记为发明人。由此可见,第二被申请人未经申请人同意,擅自利用申请人提供的资料向国家知识产权局申请外观设计专利,直接侵犯了申请人的关联公司 F 公司和最终用户 CP×E 的商标权,第二被申请人在《采购协议》及《补充协议》终止后又以侵犯外观设计专利为由起诉 T 公司,其行为违反了《采购协议》第 15 条第 2 款中关于知识产权保护条款的约定,构成了违约。

至于申请人声称的第二被申请人未经 CP×E 机构的同意,在中国注册 CP×E 的商标,由于申请人未在举证期间进行举证,对于该项主张仲裁庭不予认可。

五、裁决结果

1. 确认申请人与第一被申请人签订的3377号《订单》《采购协议》以及申请人与第一、第二、第三被申请人后续签订的《补充协议》均已经实际解除。
2. 第一被申请人向申请人返还：申请人已支付的采购电脑的货款；第一被申请人未交付电脑的20%的订金；申请人代第一被申请人向制造商出货时垫付的货款。
3. 第一被申请人向申请人赔偿违约金。
4. 第一被申请人赔偿申请人聘请律师已支付的律师费。
5. 本案仲裁本请求的仲裁费由第一被申请人承担。
6. 第二和第三被申请人对上述第2、3、4、5项裁决中第一被申请人应当支付的全部款项承担连带赔偿责任。
7. 本案仲裁反请求的仲裁费由第一和第二被申请人承担。
8. 本案仲裁员实际开支由第一、第二、第三被申请人承担。
9. 驳回申请人提出的其他仲裁请求。
10. 驳回第一和第二被申请人提出的全部仲裁反请求。

六、评析

本案争议焦点之一是被申请人申请的外观设计专利是否侵害了涉案商标权，其涉及注册商标专用权的侵权认定问题。具体而言，被申请人未经许可，在其申请的外观专利中标注了". S. ×× SMART"和"COMPUTADORES P××A EDUCAR"的商标标识，是否侵犯了F公司及申请人终端客户哥伦比亚政府CP×E机构的注册商标专用权。解决该争议焦点所需适用的法律条款为我国《商标法》第57条、第7条、第48条及《专利法》第23条第3款。下文就上述条款对本案中的争议焦点与核心问题展开评述。

对该争议焦点进行解构之后，可以从以下几个方面着手展开分析：一是本案被申请人在其申请的外观设计专利中附着他人注册商标，是否属于商标性使用；二是本案被申请人实施的该种行为是否会使消费者对涉案外观设计专利产品的来源产生误认或混淆;三是该种行为属于我国《商标法》所规定的何种注册商标权侵权行为。

(一)关于"商标性使用"的判断

商标使用是"商标法的基本结构性原理"①。国内外学者通常将"商标使用"作为构成商标侵权的前提要件或商标侵权的构成要件。② 2020年,国家知识产权局关于印发《商标侵权判断标准》的通知也明确了商标使用在判断商标侵权中的这一地位。③ 在该争议焦点中,被申请人在其申请的外观设计专利中附着他人注册商标的行为是否属于商标性使用,是判断被申请人是否构成注册商标专用权侵权的前提条件:如果外观设计专利中的商业标志没有发挥区分商品或服务来源的功能,那么该标志就不能作为商标存在,也就不存在商标侵权的可能;若结论相反,则需进一步考察该商标性使用行为是否具有正当性,是否会使相关消费者对涉案外观设计专利产品的来源产生误认或混淆。

我国现行《商标法》第48条规定:"本法所称商标的使用,是指将商标用于商品、商品包装或者容器以及商品交易文书上,或者将商标用于广告宣传、展览以及其他商业活动中,用于识别商品来源的行为。"由此可见,商标性使用的核心在于"识别商品来源"。外观设计是关于产品整体或局部的形状、图案和色彩及其组合的设计,这使得具有区分来源功能的某些标志可能成为外观设计专利产品中的组成元素。同时,外观设计必须与产品相结合,这意味着本案被申请人外观设计专利一旦被授权并付诸实施,那么上述标识将会直接用于商品之上。本案被申请人根据3377号《订单》附件中的外观样机图向中国国家知识产权局申请外观设计专利的行为,本身违反了诚实信用原则以及合同约定。由于附件中的外观样机图中包含的". S. ×× SMART"和

---

① Uli Widmaier, "Use, Liability, and the Structure of Trademark Law," Hofstra Law Review, Vol. 33, No. 2, 2004, p. 606.

② See Stacey L. Dogan and Mark A. Lemley, "Trademarks and Consumer Search Costs on the Internet," Houston Law Review, Vol. 41, No. 3, 2004, pp. 777-838;参见孔祥俊:《商标使用行为法律构造的实质主义——基于涉外贴牌加工商标侵权案的展开》,载《中外法学》2020年第5期;祝建军:《判定商标侵权应以成立"商标性使用"为前提——苹果公司商标案引发的思考》,载《知识产权》2014年第1期。

③ 《商标侵权判断标准》(国知发保字〔2020〕23号)第3条第1款规定:"判断是否构成商标侵权,一般需要判断涉嫌侵权行为是否构成商标法意义上的商标的使用。"

"COMPUTADORES P××A EDUCAR"商标标识的主要功能是用以区分商品（即笔记本）的来源，而在本案被申请人根据该外观样机图所申请的外观设计专利中，上述标识亦将不可避免地发挥区分商品来源的功能。因此，被申请人在外观设计中附着他人商业标志，将促使该标志起到识别商品来源的功能，其行为应属于我国《商标法》第48条所规定的"将商标用于商品"之上的"商标性使用"行为。故而，本案被申请人的行为存在侵害F公司及本案申请人终端客户的注册商标专用权的可能。

（二）关于"混淆可能性"的判断

在学理上，商标侵权认定标准可分为"混淆可能性"标准[1]和"商标显著性损害之虞"标准[2]，前者以消费者主观认知为视角，后者以裁判者客观化判断为基础，两者分别预设着"消费者中心主义"和"商标权人中心主义"的价值立场。但实际上，两项标准殊途同归。"混淆可能性"标准重在考察消费者是否对商品或服务的来源产生误认或混淆，"商标显著性损害之虞"标准则侧重分析商标所具有的区分商品或服务来源的核心功能是否有所弱化，两项标准都是商标"区分来源功能"的延伸。相较而言，"混淆可能性"标准更具有可操作性。"显著性"是商标的本质特征，"区分来源"是商标的核心功能，但"显著性是否降低"和"区分来源功能是否弱化"均无法进行客观化衡量，其必须依赖相关主体的主观认知加以判断。商标作为沟通经营者和消费者的桥梁，无论从理论还是实践层面，"相关公众"或"普通消费者"更适合作为"商标显著性"和"商标区分来源"的判断主体。从这一意义上说，"混淆可能性"标准可以视为对"商标显著性损害之虞"标准的进一步拓展。从本案争议焦点来看，判断被申请人申请的外观设计专利是否侵犯了涉案商标专用权，应当以"混淆可能性"标准为核心，以"消费者认知"为依据，判断消费者是否会根据被申请人外观专利产品上标注的".S. ×× SMART"和"COMPUTADORES P××A EDUCAR"的商标标识，认识到该产品来源于F公司及本案申请人终端客户。

结合本案具体案情来看，一方面，本案被申请人在明知".S. ×× SMART"

---

[1] 参见彭学龙：《论"混淆可能性"——兼评〈中华人民共和国商标法修改草稿〉（征求意见稿）》，载《法律科学（西北政法学院学报）》2008年第1期。

[2] 参见李雨峰：《重塑侵害商标权的认定标准》，载《现代法学》2010年第6期。

注册商标为F公司所持有、"COMPUTADORES P××A EDUCAR"注册商标为COMPUTADORES P××A EDUCAR所持有的情况,依然将上述两项商标组合附着于其申请的外观设计专利中,其行为同时违反了我国《专利法》第23条第3款关于"不得与他人在申请日以前已经取得的合法权利相冲突"①和《商标法》第7条"使用商标,应当遵循诚实信用原则"②的规定;另一方面,本案被申请人在其申请的外观设计专利中附着他人注册商标,将会导致消费者对涉案商品的来源产生混淆。从外观设计专利权属看,若被申请人外观设计专利被授权实施,那么其外观设计专利权将由本案被申请人享有,包括涉案商标与产品相结合的专用权;而从涉案商标的权利归属来看,两项涉案商标组合分别属于F公司及本案申请人终端客户持有。由此可能导致同一知识产品之上存在两项不同权属的知识产权,并导致消费者对涉案商品的来源产生混淆可能,亦即当消费者面对包含外观设计专利和注册商标专用权的涉案标的物商标时,难以判断该商品来源于谁,甚至可能产生涉案注册商标归属于外观设计专利申请人(即本案中的被申请人)的损害后果。基于此,从知识产权权利冲突解决路径来看,由于F公司和COMPUTADORES P××A EDU-CAR对涉案商标所享有的注册商标专用权早于本案被申请人申请外观设计专利的时间,因此根据知识产权法中的"维护在先权利"和"诚实信用"原则,应当认定被申请人的行为属于非法行为。根据我国《专利法》中的程序性规定,被申请人所申请的外观设计专利应被宣告无效。从"消费者认知"和"混淆可能性"的角度分析,由于被申请人申请的外观设计专利中使用了他人在先注册商标,其外观设计专利的实施足以导致消费者对涉案商品的来源产生混淆,或者足以使消费者认为本案被申请人与注册商标权利人之间存在某种特定商标许可使用关系,甚至还可能引发注册商标专用权人的商标显著性淡化的风险,因此应当根据我国《商标法》认定本案被申请人的行为属于注册商标专用权侵权行为。

(三)关于侵害注册商标专用权具体行为的认定

我国《商标法》第57条规定了七项侵犯注册商标专用权的情形,其中第

---

① 《专利法》第23条第3款规定:"授予专利权的外观设计不得与他人在申请日以前已经取得的合法权利相冲突。"

② 《商标法》第7条第1款规定:"申请注册和使用商标,应当遵循诚实信用原则。"

(一)项至第(三)项为直接侵害注册商标专用权的行为,均以"商标性使用"为构成要件;第(四)项至第(七)项为间接侵害注册商标专用权的行为,虽然并非将涉案商标直接用于市场交易之中,但属于商标使用的预备行为,或者商标侵权预备行为,从而被视为"商标性使用"[①]。被申请人申请的外观设计专利是否侵犯了涉案商标专用权,应当根据我国《商标法》第57条所列举的侵犯注册商标专用权的具体情形予以判定。由于本案被申请人未经注册商标专用权人许可而在同一种商品上使用与其注册商标相同的商标,因而其行为受我国《商标法》第57条第(一)项的规制。从本案事实看,本案申请人仅向第一被申请人采购终端客户定制的P系列平板电脑,既未许可他人将其附件中的外观样机图用于专利申请,更未许可他人将F公司及本案申请人终端客户的注册商标专用权据为己有。而被申请人明知". S. ×× SMART"注册商标为F公司所持有、"COMPUTADORES P×× A EDUCAR"注册商标为COMPUTADORES P×× A EDUCAR所持有,依然在未经上述两权利人许可的情形下,擅自根据当事人之间附件中的外观样机图申请外观设计专利,并将上述两权利人的注册商标附着于专利设计之中,使两项注册商标实质性地发挥了区分商品来源的功能,系对两权利人注册商标的使用。根据我国《商标法》第57条第(一)项的规定,本案被申请人的行为已经构成对F公司及本案申请人终端客户注册商标权的侵犯。而从效果上来看,由于被申请人系在同一种商品上使用与商标注册人相同的商标,因而推定其必然会导致消费者对涉案商品的来源产生误认或混淆。

(四)小结

在外观设计中附着他人注册商标进行专利申请的行为,实践中并不常见。判断该行为是否属于注册商标侵权行为,应根据商标法的立法宗旨、基本原则、商标侵权认定标准以及注册商标具体侵权行为类型予以认定。由于该行为触动了注册商标专用权人的实质性利益,不仅可能使消费者对相关商品或服务的来源产生误认或混淆,而且容易使注册商标权人持有的商标陷入淡化风险,对此应当认定该行为属于注册商标侵权行为,并应根据《商标法》第57条的规定予以具体认定。与此同时,本案被申请人基于合同约定,具有

---

① 参见王太平:《商标法上商标使用概念的统一及其制度完善》,载《中外法学》2021年第4期。

严守合同、维护涉案知识产权的义务,被申请人将他人知识产权向国家知识产权局提出申请的行为,不仅明显构成违约,而且违反诚实信用原则和商业道德,因此可以评价为不正当竞争行为,并根据我国《反不正当竞争法》的相关规定予以规制。

(本案例由中南财经政法大学知识产权研究中心博士研究生刘云开和硕士研究生罗丹妮编撰)

案例12　发明专利转让合同中专利未授权的责任承担

仲裁要点：1. 我国《专利法》对发明专利实行实质审查制度，只有经过审批机构实质审查，具有新颖性、创造性和实用性的发明创造才能被授予专利权，否则审批机构将驳回专利申请。

2. 本案发明专利未被授权的表面原因是受让方未提交答复意见而被"视为撤回"，但其实质的原因却是专利申请本身不具有创造性，应当依据合同约定由转让方承担相应责任。

一、案情概要

2016年9月9日，申请人A公司与被申请人B某签订《知识产权转让协议》，被申请人将两项实用新型专利、一项发明专利、一项商标、两项域名转让给申请人，转让款合计50万元。《知识产权转让协议》第2条约定，如转让后专利未审核通过，未取得专利证书，则被申请人应当将该项转让款原额退回；第6条约定，被申请人保证在协议签署前，不存在以被申请人或者其家人名义注册的相同或者近似（或损害申请人利益）的专利、商标、域名；第9条约定，被申请人负责将上述专利转化为商业化产品，转化的期限为两年内，如果不能转化，则被申请人应当赔偿申请人因此遭受的损失。

2016年12月1日，申请人与被申请人签署《股权转让协议》，申请人将其持有的案外人C公司18%的股权转让给被申请人，转让款总计为93.6万元。被申请人向申请人支付了58.8万元，剩余34.8万元未支付。

上述协议签订后，申请人认为涉案发明专利未被审核通过，也未转化为商业化产品，被申请人以自己名义申请了相同的发明专利，且未在两年期限内对专利的商业化采取任何实质行动，导致合同目的无法实现，被申请人的上述行为已经严重违反合同约定。因此,申请人依据《知识产权转让协议》中的仲裁条款于2018年10月22日向深圳国际仲裁院申请仲裁,请求裁决:

1. 解除双方签订的《知识产权转让协议》。
2. 被申请人返还申请人已经支付的知识产权转让款34.8万元。
3. 被申请人支付因违约给申请人造成的各类经济损失83730元,具体为:
（1）本案律师费8万元；
（2）专利年费及专利年费滞纳金3730元。
4. 本次仲裁费用由被申请人承担。

二、当事人主张

(一) 申请人主张

1. 涉案专利中的发明专利未被审核通过,被申请人以其名义申请了相同的发明专利(即被申请人在签署《知识产权转让协议》时存在不诚信行为),被申请人也未在两年期限内对专利的商业化采取任何实质行动,合同所涉的知识产权毫无商业价值。因此申请人签署合同的目的根本无法实现,双方若继续履行合同不仅不可能,而且也无意义和必要。被申请人的上述行为已经严重违反《知识产权转让协议》的约定,申请人有权根据《合同法》第94条第(二)、(三)、(四)项的规定解除《知识产权转让协议》。

2. 申请人为案外人C公司的股东,申请人与被申请人于2016年12月1日签署了《股权转让协议》,申请人将其持有的案外人C公司18%的股权转让给被申请人,转让款总计为93.6万元。被申请人已陆续向申请人支付了58.8万元,剩余34.8万元需要继续支付。鉴于双方在《知识产权转让协议》《股权转让协议》中互负付款义务,后来双方口头约定将知识产权转让款和剩余股权转让款直接充抵。若《知识产权转让协议》被解除,被申请人应返还申请人已经支付的知识产权转让款34.8万元,另被申请人还应赔偿申请人因此遭受的损失。

3. 被申请人无权要求申请人支付知识产权转让款,《知识产权转让协议》第2条约定:"……如果上述专利处于申请中,如果转让后未审核通过,未取得专利权,则被申请人将所得该项转让金原额退回……"第6条约定:"被申请人保证在本协议签署前,不存在以被申请人或者其家人名义注册的相同或者近似(或损害申请人利益的)的专利、商标、域名。"第 9 条约定:"被申请人承诺上述专利必须由其负责转化为商业化产品,转化的期限为两年内,如果不能转化,则被申请人应当赔偿申请人因此遭受的损失。"

被申请人转让给申请人的发明专利至今未审核通过,国家知识产权局《第一次审查意见通知书》的审查意见认为发明专利不具备创造性,因此该专利可能毫无价值。另外,被申请人在《知识产权转让协议》签署前还申请了与发明专利相同的专利,存在明显不诚信行为。被申请人未对产品商业化作出任何努力,商业化未在两年内完成,并且被申请人还私自夺回域名www.××××.com 导致申请人无法使用该域名。该等种种违约行为,导致合同目的无法实现,配套的实用新型专利、商标、域名也毫无价值可言。因此,申请人无须支付知识产权转让款。

(二)被申请人主张

1. 被申请人不同意解除《知识产权转让协议》,申请人解除的理由不成立,无论是法定解除还是约定解除,本案都不符合。被申请人在《知识产权转让协议》中的相关权利和义务已经履行完毕,剩余的应该是申请人向被申请人支付合同约定的知识产权转让款。

2. 关于申请人要求返还已经支付的知识产权转让款 34.8 万元没有事实和法律依据。事实上在 2016 年 12 月双方并没有所谓的口头约定将两者的款项予以冲抵,而在本案申请人提交的证据中可以反映出,被申请人支付的股权转让款是 58.8 万元,而申请人已经支付的知识产权转让款是 0 元。所以不存在返还已经支付的知识产权转让款的问题。所谓的知识产权转让款和股权转让款两者的争议解决的路径和款项支付的时间以及条件等各不相同,在没有做相应约定冲抵的情况下,被申请人是不认可的,法律也是不支持的。

3. 2018 年 10 月 24 日,因申请人在收到国家知识产权局《第一次审查意见通知书》后未进行答复,根据《专利法》(2008 年修正)第 37 条的规定,该专利申请被视为撤回。案涉商标于 2016 年 12 月 7 日申请转让,2017 年 8 月 8 日核准转让。域名亦转至被申请人所有。然而时至今日,申请人未支付任何转让款。被申请人认为其已如约履行合同义务,申请人应依约支付转让款项。

三、仲裁庭认定的事实

1. 申请人与被申请人于 2016 年 9 月 9 日签订《知识产权转让协议》,该协议合法有效。被申请人将专利号为 2015104××××××的一项发明专利作价 25 万元、专利号分别为 201520××××××和 201420××××××的两项实用新型专利作价 15 万元、商标注册证号为 124×××××的一项商标作价 8 万元、www.××××.com 和 www.×××××.com 两项域名作价 2 万元转让给申请人,转让款合计 50 万元。《知识产权转让协议》第 2 条约定,如转让后专利未审核通过,未取得专利证书,则被申请人应当将该项转让款原额退回;第 6 条约定,被申请人保证在协议签署前,不存在以被申请人或者其家人名义注册相同或者近似(或损害申请人利益)的专利、商标、域名;第 9 条约定,被申请人负责将上述专利转化为商业化产品,转化的期限为两年内,如果不能转化,则被申请人应当赔偿申请人因此遭受的损失。

2. 专利号为 201520××××××的实用新型专利已经于 2016 年 12 月 26 日转让到申请人名下;专利号为 201420××××××的实用新型专利已经于 2016 年 12 月 28 日转让到申请人名下;专利号为 2015104××××××的发明专利申请已经于 2016 年 12 月 15 日转让到申请人名下,但在本案审理时其权利状态显示为"逾期视撤,等恢复";注册证号为 124×××××的商标于 2017 年 8 月 8 日显示为"商标转让核准证明打印发送";根据被申请人提供的证据 4,域名信息网站查询结果显示,本案审理时 www.×××××.com 和 www.××××.com 的域名所有者显示为申请人。

四、仲裁庭意见

1. 发明专利未授权应由被申请人承担责任,申请人无须向被申请人支付发明专利的转让款 25 万元

《知识产权转让协议》第 2 条约定,如转让后专利未审核通过,未取得专利证书,则被申请人应当将该项转让款原额退回。2018 年 5 月 3 日,国家知识产权局就 2015104××××××号发明专利申请向申请人发出《第一次审查意见通知书》,指出国家知识产权局对发明专利申请进行了实质审查,审查员

认为通过与在先申请的对比文件相比对,"本申请的独立权利要求以及从属权利要求都不具备创造性,同时说明书也没有记载其他任何可以授予专利权的实质性内容,因而即使申请人对权利要求进行重新组合或根据说明书记载的内容作进一步的限定,本申请也不具备被授予专利权的前景。如果申请人不能在本通知书的答复期限内提出表明本申请人具有创造性的充分理由,本申请将被驳回"。申请人收文后并没有对审查意见进行答复,2018年10月24日,国家知识产权局发出《视为撤回通知书》,发明专利未被授权。

仲裁庭认为,发明专利未被授权,虽然其最后的原因是申请人未提交答复而被"视为撤回",但其根本原因却是专利申请本身不具有创造性。国家知识产权局《第一次审查意见通知书》非常明确地指明本次申请文件不能被授予专利,而且进一步指明,即使按照专利法允许的规则修改申请文件,也基本不可能被授予专利权。在此情况下,申请人选择不答复意见,防止增加费用、扩大损失,应属合理的选择,仲裁庭认定申请人无须承担责任,无须向被申请人支付发明专利申请的25万元转让费。

2. 被申请人在2015年8月28日申请相同主题专利的行为构成合同违约,但未造成损失

2016年9月9日《知识产权转让协议》第6条约定"被申请人保证在本协议签署前,不存在以被申请人或者其家人名义注册的相同或者近似(或者损害被申请人利益)的专利、商标、域名"。然而,在2015年8月28日,被申请人提交了一份专利申请,该专利申请的名称、主题、权利要求和说明书内容和本案协议标的专利内容基本一致,这明显违反了《知识产权转让协议》第6条的约定。但考虑到本案协议所涉的发明专利申请在前(2015年8月11日),根据《专利法》的"先申请原则",在后申请的同样内容的专利不可能获得授权,也不会对在先申请专利的授权产生任何不利影响,所以2015年8月28日的专利申请行为虽然有违诚信且违反协议但并未给申请人造成任何实际损失。

3. 涉案专利是否在两年内转化为商业化产品?如果没有,谁应该承担责任?

《知识产权转让协议》第9条约定,被申请人承诺在签署协议之后两年之内将上述专利转化为商业化产品,否则被申请人应赔偿申请人因此遭受的损失。协议中没有对何为"商业化产品"作进一步明确和限定,也没有对为达成"商业化产品"双方各自应当承担的职责进行约定。对此,仲裁庭结合商

业惯例的通行理解,认为本案"商业化产品"应指具有特定功能、可以以申请人或其指定公司的名义规模化生产销售的产品。本案协议签署后不久的2016年10月1日,被申请人即入职申请人的关联公司D公司,作为D公司的法定代表人、执行董事和总经理,开展专利商业化转化工作,应该认定为被申请人开始履行协议的行为。被申请人当庭展示了部分产品样品,这些样品只能算作开发过程产品,尚达不到可以规模生产、市场销售的要求,不能算作"商业化产品",因此,截至本案审理之时,涉案专利尚未完成商业化转化。

商业化转化需要一定的工作环境和条件,也需要商业机构作为承载主体。结合本案被申请人入股C公司、入职D公司的事实,仲裁庭认为双方实际合意为:由被申请人负责、以D公司为转化的承载主体、由D公司提供转化的工作环境,来实现专利的商业化转化工作。然而,在2017年11月16日,D公司召开股东会议,免去被申请人总经理兼法定代表人的职务,申请人解释系因巨额亏损,解除被申请人职务。对此,仲裁庭认为,成果转化本来就是前期投入大,巨额亏损并不意味着被申请人不能转化;至2017年11月16日时两年期限才过一半多,当时未能完全转化不代表两年期满时不能转化,被申请人并未构成违约;财务亏损是双方事先可以预见的经营风险,与《知识产权转让协议》约定的商业化转化没有必然的关系。另外,申请人解雇被申请人,被申请人失去了申请人的工作环境,申请人又没有提供其他的转化承载主体和转化环境给被申请人,客观上无法为申请人继续提供商业化转化的服务,也就无法完成第9条约定的两年之内完成商业化转化的义务。因此,撇开案外的劳动关系、财务状况不谈,对于本案所涉及专利未能完成商业化转化事宜,仲裁庭认定申请人应该承担相应的责任。

4. 被申请人部分违反了合同约定,这种违约行为是可分割的,不构成根本违约,不构成解除合同的充分理由

申请人认为,因为被申请人的违约行为,涉案专利中的发明专利仍未被审核通过,被申请人以其名义申请了相同的发明专利(即被申请人在签署《知识产权转让协议》时存在不诚信行为),被申请人也未在两年期限内对专利的商业化采取任何实质行动,合同所涉的知识产权毫无商业价值。因此申请人签署合同的目的根本无法实现,双方若继续履行合同不仅不可能,并且也无意义和必要。被申请人的上述行为已经严重违反《知识产权转让协议》的约定,申请人有权根据《合同法》第94条第(二)、(三)、(四)项的规定解除《知识产权转让协议》。

被申请人认为,其不存在根本违约,《知识产权转让协议》不应该被解除。

仲裁庭认为,如前所分析,在本协议的履行过程中,被申请人实施了三个方面的违约行为:一是转让的发明专利不能核准授权;二是擅自找回一个域名的账号密码;三是在签订协议之前、转让标的专利申请之后还提交了与转让专利相同内容的专利申请。在《知识产权转让协议》中,一个发明专利申请、两个实用新型专利、一个商标、两个域名是分开报价的,因此是独立可分的;两个实用新型专利和发明专利的保护对象不一样,发明专利的未被授权,并不必然影响实用新型专利的有效性及其产品的商业化;两个域名之间也是独立存在的。因此,即使被申请人存在上述部分违约行为,申请人仍然可以将两个实用新型专利进行商业化,使用受让的商标、使用另一个域名从事相应的经营,并不必然导致《知识产权转让协议》的合同目的整体不能实现,因此本案并不适用《合同法》第94条关于解除合同的法律规定。

5.《知识产权转让协议》中的给付义务和《股权转让协议》中的股权转让款项的给付义务能否相互抵消?

申请人主张与被申请人曾口头约定,被申请人应付尚未付申请人34.8万元股权转让款,与申请人应付给被申请人的知识产权转让款相互抵消。被申请人否认达成过这样的口头约定。对此,仲裁庭认为,《合同法》第10条第1款规定:"当事人订立合同,有书面形式、口头形式和其他形式。"但此处所述"口头形式"合同,应该是双方存在明确的意思表示并达成合意才属有效。本案中,申请人声称存在口头约定而被申请人予以否认,无法证明双方存在意思表示且达成合意,仲裁庭不予认定。

此外,《股权转让协议》第6条约定的争议解决条款"合同如发生纠纷,双方协商,协商不成时由仲裁委员会仲裁或向人民法院起诉",没有明确约定到深圳国际仲裁院仲裁,当事人也没有就《股权转让协议》纠纷向本院提起仲裁,因此《股权转让协议》项下的款项支付与否、剩余多少、能否应与本案的知识产权转让费相互抵消,不属于本案的审理范围。双方如就《股权转让协议》有争议,应另行通过其他法律渠道解决。

6. 关于知识产权转让款的履行期限

《知识产权转让协议》中约定了转让价款,但并未约定转让价款的支付时间。被申请人主张自各知识产权转让完成过户之日起计算而申请人不予认可。对此,《合同法》第61条规定:"合同生效后,当事人就质量、价款或者报酬、履行地点等内容没有约定或者约定不明确的,可以协议补充;不能达成补充协议的,按照合同有关条款或者交易习惯确定。"第 62 条规定:"当事人就有关合同内容约定不明确,依照本法第六十一条的规定仍不能确定的,适用下列规定:……(四)履行期限不明确的,债务人可以随时履行,债权人也可以随时要求履行,但应当给对方必要的准备时间。"本案中,申请人应向被申请人履行支付转让款的义务,但并未约定明确的履行期限,符合《合同法》第 61 条、第 62 条第(四)项的规定,被申请人作为债权人,可以随时要求履行,但应当给申请人必要的准备时间。在本仲裁之前,被申请人并未向申请人提出付款要求,只是在 2018 年 11 月 26 日提起仲裁反请求时,才正式提出付款请求,仲裁庭依据《合同法》将第 62 条第(四)项认定被申请人提出付款请求的合理期限为 5 个工作日,即至 2018 年 11 月 30 日为申请人履行支付知识产权转让款的履行期限。

五、裁决结果

1. 申请人向被申请人支付知识产权转让款 24 万元。

2. 申请人向被申请人支付逾期付款利息(以 24 万元为基数,按中国人民银行同期贷款利率,自 2018 年 12 月 1 日起至实际支付完成之日止)。

3. 申请人向被申请人支付律师费损失 1 万元。

4. 本案本请求仲裁费由申请人自行承担,反请求仲裁费由申请人和被申请人各承担 50%。

5. 驳回申请人的全部仲裁请求,驳回被申请人的其他仲裁请求。

六、评析

本案涉及知识产权转让合同中比较重要的几个实务问题,评析如下:

(一)发明专利未被授权的风险与责任承担

专利申请权是一项可以与专利权分离的具有实际应用价值的权利,可以依法转让。《合同法》第 342 条、《民法典》第 863 条均明确规定专利申请权转让属于技术转让合同的一种形态。如同大部分国家一样,我国《专利法》

对发明专利实行实质审查制度，只有经过知识产权局实质审查，具有新颖性、创造性和实用性的发明创造才能被授予专利权，否则知识产权局将驳回专利申请。就这就导致发明专利申请是否能最终获得授权存在一定的不确定性，从而引发本案中专利申请权转让后却未被授权的风险与责任承担问题。

《专利法》第 10 条、《民法典》第 859 条等对专利申请权虽有专门涉及，但并未对专利申请权转让后未被授权的责任如何承担作出规定，因此发明专利未被授权的风险与责任承担应根据意思自治的原则，尊重双方当事人的自行约定。本案中，双方签订的《知识产权转让协议》约定，如转让后专利未审核通过，未取得专利证书，则被申请人应当将该项转让款原额退回，这一约定是双方真实的意思表示，并不违反法律强制规定，应属有效。

专利申请权转让变更登记后，受让人成为新的权利人，在没有另行约定的情况下，受让人自然承接了专利申请的后续义务，尤其是积极答复审查通知，尽力争取专利授权的义务。如受让人消极答复专利审查机构的审查意见，由此导致专利不能授权或者视为撤回，则受让人应承担相应的法律后果。本案中，申请人在收到知识产权局《第一次审查意见通知书》后，并未进行答复，国家知识产权局据此发出《视为撤回通知书》，发明专利未被授权，被申请人据此认为，正是因为申请人怠于履行义务，在收到《第一次审查意见通知书》后没有答复审查意见，导致专利"视为撤回"而不是"被驳回"，因此专利未被授权的责任在于申请人，被申请人不应当承担未授权的责任。

然而仲裁庭在认定责任时，并未仅仅停留在造成专利未授权的表面原因、程序原因上，而是进一步探究其实质原因。国家知识产权局就 2015104××××××号发明专利申请向申请人发出《第一次审查意见通知书》，指出知识产权局对发明专利申请进行了实质审查，审查员认为通过与在先申请的对比文件相比对，"本申请的独立权利要求以及从属权利要求都不具备创造性，同时说明书也没有记载其他任何可以授予专利权的实质性内容，因而即使申请人对权利要求进行重新组合或根据说明书记载的内容作进一步的限定，本申请也不具备被授予专利权的前景。如果申请人不能在本通知书的答复期限内提出表明本申请人具有创造性的充分理由，本申请将被驳回"。由此可见，发明专利未被授权，虽然其表面的原因是申请人未提交答复意见而被"视为撤回"，但其实质原因却是专利申请本身不具有创造性。国家知识产权局《第一次审查意见通知书》非常明确地指明，该申请"独立权利要求以及从属权利要求都不具备创造性"，同时由于"说明书也没有记载其他任何可以授予专利权的实质性内容",所以"即使申请人对权利要求进行重新组合或根据说明书记载的内容作进一步的限定,本申请也不具备被授予专利权的前景"。由此可见,《第一次审查意见通知书》不仅指明基于本次申请文件不能被授予专利权,而且进一步指明,即使按照专利法允许的规则修改申请文件,也基本不可能被授予专利权。对此,专利审查机关的态度非常明确。在明知不可能授权的情况下,受让方选择不答复意见,防止增加费用、扩大损失,应属合理的选择,仲裁庭据此认定受让方无须承担责任,而是根据《知识产权转让协议》的约定由转让方承担相应责任。

《合同法》第324条规定:"技术合同的内容由当事人约定,一般包括以下条款:……(五)风险责任的承担……"《民法典》中删除了技术合同中风险责任承担条款的内容,表明立法方向是更加倾向于当事人意思自治。实践中如果专利申请权转让协议中并未对不能授权的风险进行约定,风险责任应该由谁承担呢?不管是《专利法》还是《合同法》,或新颁布的《民法典》对此都没有涉及。笔者认为,可以参照《合同法》及《民法典》中对买卖合同中风险责任承担的相关规定。《合同法》第142条、《民法典》第604条规定,标的物毁损、灭失的风险,在标的物交付之前由出卖人承担,交付之后由买受人承担,但法律另有规定或者当事人另有约定的除外。这里指的"标的物"出自"买卖合同"章节,一般理解应指有形财产标的物,不包括知识产权,但笔者认为知识产权风险转移可以参照此条文,认定如无特别约定,则自发明专利申请权变更登记之日起风险转移到知识产权受让人。对此,受让人应该有充分的风险意识,采取更充分的风险识别和防范措施,如做好法律和技术的尽调、全面细致地评估发明专利申请被授权的可能性,以及在转让合同中明确约定风险责任的承担方式。

(二)案涉专利是否在约定期限内转化为商业化产品及违约责任承担

《知识产权转让协议》约定,被申请人承诺在签署协议之后两年之内将上述专利转化为商业化产品,否则被申请人应赔偿申请人因此遭受损失。但"商业化产品"并非严格的法律术语,协议中也没有对何为"商业化产品"作进一步的明确和限定,也没有对为达成"商业化产品"双方各自应当承担的职责进行约定。对此,仲裁庭结合商业惯例的通行理解,认为本案"商业化产品"应指具有特定功能、可以以申请人或其指定公司的名义规模化生产销售的产品,即所谓"商品化"应该至少具备两个条件:一是能够实现特定(约定)的功能;二是满足规模化生产的条件。本案协议签署后不久的2016年10月1日,被申请人即入职申请人的关联公司D公司,作为D公司的法定代表人、执行董事和总经理,开展专利商业化转化工作,应该认定为被申请人开始履行协议的行为。被申请人当庭展示了部分产品样品,这些样品只能算作开发过程产品,尚达不到可以规模生产、市场销售的要求,不能算作"商业化产品",因此,仲裁庭认定截至本案审理之时,涉案专利尚未完成商业化转化。

本案还涉及一个比较特殊的情节,即知识产权转让与股权合作、劳动关系混合交织在一起。因此案件审理时需要理清知识产权转让法律关系、股权合作法律关系和劳动法律关系,查清三者之间如何相互影响,找出导致未能商业化的原因,并最终认定未商业化产品的责任承担。商业化转化需要一定的工作环境和条件,也需要商业机构作为承载主体。结合本案被申请人入股C公司、入职D公司的事实,仲裁庭认为双方实际合意为:由被申请人负责、以D公司为转化的承载主体、由D公司提供转化的工作环境,来实现专利的商业化转化工作。然而,在2017年11月16日,D公司召开股东会议,免去被申请人总经理兼法定代表人的职务,申请人解释系申请人巨额亏损,解除被申请人职务。对此,仲裁庭认为,成果转化本来就是前期投入大,巨额亏损并不意味着被申请人不能转化;至2017年11月16日时两年期限才过一半多,当时未能完全转化不代表两年期满时不能转化,被申请人并未构成违约;财务亏损是双方事先可以预见的经营风险,与《知识产权转让协议》约定的商业化转化没有必然的关系。另外,申请人解雇被申请人,被申请人失去了申请人的工作环境,申请人又没有提供其他的转化承载主体和转化环境给被申请人,客观上无法为申请人继续提供商业化转化的服务,也就无法完成第9条约定的两年之内完成商业化转化的义务。因此,撇开案外的股权关系、劳动关系、财务状况不谈,对于本案所涉及专利未能完成商业化转化事宜,仲裁庭认定申请人应该承担相应的责任。

(三)案涉违约行为是否导致合同目的无法实现

申请人认为,因为被申请人的违约行为,涉案专利中的发明专利仍未被审核通过,被申请人以其名义申请了相同的发明专利(即被申请人在签署《知识产权转让协议》时存在不诚信行为),被申请人也未在两年期限内对专利的商业化采取任何实质行动,合同所涉的知识产权毫无商业价值。因此申请人签署合同的目的根本无法实现,双方若继续履行合同不仅不可能,并且也无意义和必要。被申请人的上述行为已经严重违反《知识产权转让协议》的约定,申请人有权根据《合同法》第94条第(二)、(三)、(四)项的规定解除《知识产权转让协议》。

被申请人认为,其不存在根本违约,《知识产权转让协议》不应该被解除。

考虑到合同自治原则和倾向于保护交易稳定的立法精神,笔者认为,适用合同目的不能实现而解除合同应采用较高的判断标准,在双方当事人对合同是否继续履行存在争议的情况下,只要合同有希望继续履行且继续履行对当事人双方利大于弊或者不继续履行对一方当事人明显不公平,原则上应该支持继续履行合同。仲裁庭认为,在协议的履行过程中,被申请人实施了三个方面的违约行为:一是转让的发明专利不能核准授权;二是擅自找回一个域名的账号密码;三是在签订协议之前、转让标的专利申请之后还提交了与转让专利相同内容的专利申请。在《知识产权转让协议》中,一个发明专利申请、两个实用新型专利、一个商标、两个域名是分开报价的,因此是独立可分的;两个实用新型专利和发明专利的保护对象不一样,发明专利的未被授权,并不必然影响实用新型专利的有效性及其产品的商业化;两个域名之间也是独立存在的。因此,即使被申请人存在上述部分违约行为,申请人仍然可以将两个实用新型专利进行商业化、使用受让的商标、使用另一个域名从事相应的经营,并不必然导致《知识产权转让协议》的合同目的整体不能实现,本案并不适用《合同法》第94条关于解除合同的法律规定。仲裁庭正是对"合同整体目的不能实现"采取了较高的标准,在双方对是否继续应该履行合同存在争议的情况下,对有机会继续履行的部分支持继续履行,对违约未履行的当事人裁定其承担违约责任,从而维护交易的稳定性,维护社会公平与效益。

(本案例由深圳国际仲裁院仲裁员郭世栈编撰)

专题三
商标权纠纷

案例 13　商标相同或近似的认定及"相关公众"的理解

仲裁要点：1. 认定商标是否构成相同或近似应以商标整体对比为主、商标主要部分对比为辅，商标主要部分应界定为注册商标的全部标识（图形、文字或图文组合）与被控侵权商标主体标识（图形、文字或图文组合）和突出标识（图形、文字或图文组合）。

2. "相关公众"应当作为法律事实进行认定，其作为特定领域的概念，在某一特定领域内的经营者或消费者才构成"相关公众"。

一、案情概要

2019 年 9 月 27 日，申请人 A 公司与被申请人 B 会所签订《赔偿和解协议》，确认被申请人侵害申请人商标权的事实，协议约定：被申请人立即停止并保证以后不再实施侵犯申请人商标权的行为；被申请人向申请人赔偿 5 万元；如被申请人违反和解协议或再度实施侵权行为，应当向申请人承担不低于 30 万元的赔偿责任。

2020 年 6 月 17 日，申请人委托代理人前往某地核查，发现被申请人经营场所的店招门头使用"××××"标识，经营场所内挂有"B 会所"等字样的证照，且经营场所内多处使用"××"标识。申请人认为，在申请人与被申请人签订《赔偿和解协议》之后，被申请人仍然在继续使用申请人"××"商标标识，继续侵犯申请人商标权，构成违约。故申请人依据《赔偿和解协议》中的仲裁条款于 2020 年 9 月 30 日向深圳国际仲裁院申请仲裁，请求裁决：

1. 裁决被申请人支付违约金 30 万元。
2. 裁决本案仲裁费用由被申请人承担。

二、当事人主张

(一) 申请人主张

申请人与被申请人在 2019 年 9 月 27 日签订《赔偿和解协议》,协议第 1 条约定,"被申请人承诺立即停止并保证以后不再实施侵犯申请人商标权的行为"。2020 年 6 月 17 日,申请人委托代理人前往某地核查,发现被申请人经营场所的店招门头使用"××××"标识,经营场所内挂有"B 会所"等字样的证照,且经营场所内多处使用"××"标识。申请人认为,被申请人目前所使用的标识构成对申请人商标在相同服务上的"相同"或"近似"侵权,主要事实为在被申请人经营场所中使用的支付二维码、点餐牌以及室外的广告使用了"××"或者"×"图形,与申请人构成相同。

此外,被申请人经营场所中使用的"××××"四个字及"×"图形作为室内外店招或者装饰,"×"图形与申请人的"×"图形构成近似。"××××"完整包含申请人"××"商标构成近似。被申请人新使用的"×××Musical ××××"(×为图形商标和图形设计),该标识"×"字的图形设计明显往上移动,与"×"字并列,让消费者识别为"××××",所以同样与申请人的商标构成近似。中文及英文部分本身是不对称的排列,"×"字的标识是结合了一个"P"字作为图案展示,与被申请人所使用的部分标识存在差异,被申请人故意把"×"字往上移动,试图使相关公众误认为标识为"××××",被申请人在答辩中一直称该商标是"×××",但事实上其使用的标识容易被消费者读成"××××"。

被申请人在签订《赔偿和解协议》之后,仍在继续使用申请人"××"商标标识,继续侵犯申请人商标权,同时构成违约行为。

(二) 被申请人主张

1. 被申请人使用的商标为"×××Musical ××××",与涉案商标存在明显差别,且被申请人并无侵犯商标权的主观恶意

为解决商标侵权问题,被申请人在签署《赔偿和解协议》后将店招、前台、指示牌、电梯中的导引牌等相关 logo 全部由"××××"变更为"×××Musical ××××"。仅有不锈钢材质的"消防疏散示意图"中保留了不具有色彩的线条状"××"文字,以及不锈钢材质的电梯示意图中保留了一个"××"商标中的

"×"字样,该两处均为此前双方具有合作关系时遗留的店内设计,不易更改且十分隐蔽,被申请人尚未来得及更换,但该两处隐蔽标志的存在并不足以令公众混淆涉案门店的招牌与申请人的注册商标。

被申请人现使用的商标为"×××Musical ××××",该商标注册人为 C 歌城,注册时间为 2015 年 2 月 7 日,被申请人的实际经营人与 C 歌城签订了商标使用权许可合同,被申请人具有"×××Musical ××××"商标的实际使用权,该商标与商标"××"在"文字的字形、读音、含义或者图形的构图及颜色,或者其各要素组合后的整体结构"等方面均不相似;同时,众所周知 KTV 门店服务的人群分布区域非常小,属于典型的熟人、小圈子行业,涉案门店于 2019 年至今店招发生了重大变化,相关客户均已知悉,被申请人使用"×××Musical ××××"不会使相关公众误认为涉案门店与申请人注册的商标有特定的联系。《赔偿和解协议》签订后,被申请人已主动对店招进行修改,已不存在使用申请人注册商标近似商标的情形,更不存在故意混淆门店与申请人注册商标关系的行为,根据《商标案件解释》第 9 条第 2 款的规定,涉案商标存在明显差别,且被申请人无侵犯申请人商标权的主观恶意。

2. 申请人无权请求被申请人支付 30 万元赔偿金

首先,《赔偿和解协议》约定被申请人不再实施侵犯申请人商标权的行为,被申请人已积极将上述可以更改的标识更改到位,申请人提供的照片中有一些是消防标识的钢印,的确无法更改,并且被申请人之前与申请人是加盟关系。

其次,《赔偿和解协议》第 8 条约定的是存在侵权事实后的赔偿责任,而非申请人主张的违约责任。《商标法》第 63 条规定:"侵犯商标专用权的赔偿数额,按照权利人因被侵权所受到的实际损失确定;实际损失难以确定的,可以按照侵权人因侵权所获得的利益确定;权利人的损失或者侵权人获得的利益难以确定的,参照该商标许可使用费的倍数合理确定……"换言之,侵犯商标权的赔偿责任如何计算存在明确的法律规定,且不存在"当事人双方另有约定除外"的字眼,并不属于双方当事人可以自行约定的情形。本案中,申请人未能举证证明其被侵权所受到的实际损失,也未能举证被申请人因"侵权"所获得的利益。申请人在这样的前提下利用其恶意设置的不公平条款要求被申请人承担高额的赔偿责任,明显于法无据。

3. 案涉商标缺乏显著特征且已处于无效宣告审查中,本案应中止审理

《商标法》第 11 条第 1 款规定:"下列标志不得作为商标注册:……(二)仅

直接表示商品的质量、主要原料、功能、用途、重量、数量及其他特点的；(三)其他缺乏显著特征的。""××"二字的本意是行业内的通用语言，申请人对于"××"的使用系描述性使用，涉案商标本身不具有显著性，且随着后续更多商家的使用，"××"标识的显著性进一步淡化，其显著性已不足以指示、区分服务来源，申请人不应对涉案商标享有商标权。

三、仲裁庭认定的事实

1.《赔偿和解协议》依据的侵权事实

2019年6月30日，申请人委托D律师事务所向E公证处对被申请人位于某地的KTV经营场所进行证据保全公证。公证书公证拍摄照片显示：被申请人经营场所主要部分使用有申请人"××""×"商标标识；走廊指示牌、消防疏散示意图、菜单、微信支付二维码有申请人"×"商标标识。2019年8月29日，申请人向F区人民法院对被申请人提起侵害商标专用权一案。

2.《赔偿和解协议》的主要内容

2019年9月27日，申请人与被申请人签订《赔偿和解协议》，协议主要内容如下：

商标权侵害事实，申请人是"×× party""××""×"注册商标的商标权人，被申请人在位于某地的KTV中实施了侵犯申请人的商标权，申请人已起诉被申请人。

停止侵权，被申请人立即停止并保证以后不再实施侵犯申请人商标权的行为。

赔偿，被申请人向申请人赔偿5万元，并承担诉讼费4400元，共计5.44万元。

撤诉，申请人收到赔偿款后向法院撤回起诉。

违约责任，被申请人违反和解协议或再度实施侵权行为的，应当向申请人承担不低于30万元的赔偿责任。

3. 和解协议的履行

2019年9月28日，被申请人依约向案外人G公司支付了赔偿款5.44万元。

2019年9月30日，申请人向F区人民法院撤回对被申请人侵害商标专用权的诉讼。

此后,被申请人对某地的 KTV 经营场所进行了整改,并使用案外人 C 歌城注册的"×××Musical ××××"注册商标。

2020 年 7 月 3 日,申请人委托 H 律师事务所向 I 公证处对被申请人位于某地的 KTV 经营场所进行证据保全公证。公证书公证拍摄照片显示:被申请人经营场所主要部分使用有"×××Musical ××××"商标标识;走廊指示牌、消防疏散示意图、菜单、微信支付二维码有申请人"×"商标标识。其中,走廊指示牌、消防疏散示意图、菜单、微信支付二维码公证证据保全的照片与 2019 年 6 月 30 日 E 公证处所公证证据保全的照片为同一物品或标识。

4. 申请人注册商标与被申请人使用许可商标比对

(1)商标类别相同,申请人第 117×××××号"××"、第 1172××××号"××"、第 829××××号"×"注册商标和被申请人使用许可商标第 133×××××号"×××Musical ××××"同为核定服务项目第 41 类。

(2)商标组合字形、含义与读音不同,申请人注册商标由中文文字与英文字母"×"组合;被申请人使用许可商标由中文文字与英文字母"×××"组合,二者字形、含义与读音均不相同。

(3)商标图形构图不同,申请人注册商标属文字、字母组合商标,以及两个锥形拼接"×"图形商标;被申请人使用许可商标属于文字、字母和图形组合商标,即中文文字在上行,"×××"在下行,其中黑体×字母在上行和下行之中间、位于 P 图形圆圈之内。

5. 申请人注册商标有效存续状态

2019 年 8 月 7 日,国家知识产权局作出《关于第 117×××××号"××"商标无效宣告请求裁定书》,裁定书就案外人 J 酒店对申请人第 117×××××号"××"商标提出无效宣告请求作出裁定:争议商标予以维持。

2020 年 6 月 12 日,国家知识产权局作出《关于第 1172××××号"××"商标无效宣告请求裁定书》,裁定书就案外人 K 公司对申请人第 1172××××号"××"商标提出无效宣告请求作出裁定:争议商标予以维持。

2020 年 12 月 7 日,北京知识产权法院作出《行政判决书》,判决书就案外人 K 公司对申请人第 1172××××号"××"商标提起商标权无效宣告请求行政纠纷作出判决:驳回案外人原告 K 公司的诉讼请求。

2020 年 12 月 25 日,国家知识产权局网站登载申请人第 117×××××号"××"商标、第 1172××××号"××"商标的商标状态为"撤销/无效宣告申请审查中"。

四、仲裁庭意见

依据申请人主张被申请人新使用的许可商标"×××Musical ××××"和被申请人原使用已确认侵权的遗留商标构成违约的两个事由,前者属于商标是否构成侵权的争议焦点,后者属于《赔偿和解协议》合同履行的争议焦点,现分述如下:

1. 涉案的争议标识是否构成"相同"或者"近似"的侵权

仲裁庭认为,依据法律规定的被控侵权商标与申请人注册商标比对的规则,申请人"××"注册商标、"×"注册商标和被申请人使用许可商标"×××Musical ××××"从文字的字形、读音、含义或者图形的构图及颜色,或者其各要素组合后的整体结构或者其立体形状、颜色组合来看存在明显不同,不构成相同或近似。申请人将被申请人使用的许可商标"×××Musical ××××"认定为"××××"商标与事实不符,仲裁庭不予确认。

同时,仲裁庭还认为,《商标法》中的"相关公众"不是抽象的、主观的概念,对相关公众的认定要与时俱进。卡拉OK歌厅的相关公众更多来自年轻一代,他们对中文和外文具有识文断字的能力,其消费的产品既有中文歌曲,也有外文歌曲,相关公众对商标的关注同样不会漠视商标英文组合部分。在申请人"××"注册商标、"×"注册商标和被申请人使用许可商标"×××Musical ××××"存在明显差别的情况下,相关公众不会产生商品或者服务的混淆。申请人在没有明确具体相关公众的情况下主观认定相关公众会对申请人和被申请人的商标发生混淆与事实不符,仲裁庭不予确认。

2. 遗留未清理的标识是否构成新的侵权

仲裁庭认为,《赔偿和解协议》属于申请人与被申请人就商标侵权处理达成的合意,其履行应依照合同的规则进行。鉴于《赔偿和解协议》的性质和目的是停止商标侵权,依据《合同法》第60条"当事人应当按照约定全面履行自己的义务。当事人应当遵循诚实信用原则,根据合同的性质、目的和交易习惯履行通知、协助、保密等义务"的规定,申请人和被申请人依据《赔偿和解协议》行使权利、履行义务应当遵循诚实信用原则。

《赔偿和解协议》签订以后,被申请人按照协议履行了支付赔偿款义务,并同时对侵权场所进行了侵权商标消除整改;但在部分非主营场所遗留有原侵权商标标识,其履行行为有瑕疵,但不构成再度商标侵权的主观故意。从履行《赔偿和解协议》的另一方来看,申请人在行使收取商标赔偿金权利以后,应有义务协助核查检视侵权商标的消除。然而,申请人在没有履行协助核查义务的情况下,既未对被申请人遗留侵权标识的履行瑕疵发出警示通知,同时还将获得赔偿的侵权标的再次转变为商标维权的权利来主张侵权赔偿,其行为显然与合同履行的公平合理、诚信原则不相符合。申请人主张被申请人构成继续侵权与《赔偿和解协议》中的诚信原则不符,仲裁庭不予确认。

仲裁庭需要提示的是,如果被申请人完全没有履行《赔偿和解协议》进行消除侵权商标的整改措施,或者申请人在被申请人履行《赔偿和解协议》存在瑕疵时发出警示通知的情况下,被申请人仍不全面履行合同,则应承担违约责任。

五、裁决结果

1. 驳回申请人的仲裁请求。
2. 本案仲裁费由申请人承担。

六、评析

本案是商标合同当事人在履行《赔偿和解协议》过程中发生的商标侵权和合同违约双重纠纷,该类纠纷是在商标侵权判决执行或者商标侵权和解协议履行过程中的常见纠纷。处理此类纠纷应结合《商标法》和《民法典》中与合同相关的规定进行考察。案涉《赔偿和解协议》是申请人与被申请人在处理商标侵权纠纷时所达成的和解合意,虽然双方的争议焦点在于违约,但最基本的违约事实是被申请人是否再次发生商标侵权行为、被申请人是否将原侵权标识彻底清除。因此,本案的争议焦点具有双重性,对《赔偿和解协议》的争议解决既要考虑商标侵权的基本原则,还要依据《合同法》的相关规定来处理。被申请人是否再次发生商标侵权行为以及是否违反《赔偿和解协议》,需要对被申请人新启用的商标标识与申请人的注册商标进行比对才能确定;同时,在被申请人依据《赔偿和解协议》将原侵权标识清除的过程中,申请人与被申请人需依照《赔偿和解协议》履行各自义务以达到公平合理的责任承担。现分述如下。

(一)商标相同或近似的比对

1. 商标相同或近似比对方法的平衡与重心

根据《商标案件解释》第10条的规定,认定商标相同或者近似按照以下原则进行:既要进行对商标的整体比对,又要进行对商标主要部分的比对,比对应当在比对对象隔离的状态下分别进行。这种比对方法没有作出整体部分和主要部分比对主次之分,同时也没有明确商标主要部分是指哪一部分、以什么为标志。

《北京高院商标案件解答》中规定:"整体比对方法与主要部分比对方法在判断商标近似时应如何适用?商标的主要部分影响相关公众对商标的整体印象,因此在判断商标是否近似时应当以整体比对方法为主,并辅之以主要部分对比方法。"这种比对方法明确了以整体比对方法为主,主要部分比对方法辅助之,但只强调商标主要部分影响相关公众对商标的整体印象,对于商标主要部分影响相关公众对商标的整体印象的具体条件如何没有明确回答。

综观《商标法》和相关司法解释以及不同法院的司法实践来看,商标相同和近似的比对方法存在的问题为:商标整体部分和商标主要部分在商标比对中的主次之分,以及商标主要部分涵盖范围的界定标准。

在仲裁实践中,商标权人(如申请人)往往强调以商标主要部分比对为主,商标权人的商标为被控侵权商标比对的商标主要部分;而被控侵权人(如被申请人)则强调以商标整体的比对为主,商标主要部分应为被控侵权商标标识的主要部分,双方所主张的比对重点和范围界定并不一致。本案中,申请人重点强调比对被控侵权商标的主要部分为申请人商标"××"与被申请人商标中的"××××";被申请人则强调应着重商标整体的比对,被控侵权商标的主要部分为中文文字。对此,裁判者如何平衡商标相同和近似的比对方法,是关系到最终正确认定侵权事实的关键所在。

根据《商标法》、相关司法解释的规定以及审判实践,本案仲裁庭对商标相同或近似侵权比对方法进行了具体细化尝试,即:

(1)商标整体比对为主,商标主要部分比对为辅。

(2)商标主要部分范围界定为申请人商标全部(图形、文字或图文组合)标识与被申请人被控侵权商标主体(图形、文字或图文组合)标识和突出

(图形、文字或图文组合)标识,而突出标识应该与注册商标标识含义相同、字体相同、图形相同,而不是近似。正是由于突出标识与注册商标标识相同才导致相关公众产生误认和混淆。在此条件下,商标主要部分的比对才可以辅助商标整体比对来确定被控商标是否构成近似侵权。

本案在商标相同和近似侵权比对方法上确认:首先,在商标整体比对上,申请人的商标"××"与被申请人的商标"×××Musical ××××"有重大的区别。其次,在商标主要部分比对上,申请人主张被申请人的"××××"为商标的主要部分;被申请人则认为中文文字是商标的主要部分;仲裁庭则采取了中文文字是商标主要部分和 P 图形环绕×为突出标识部分进行比对,由于被申请人商标的 P 图形环绕×的突出标识部分没有采用与申请人注册商标相同的图形,为此,该突出标识部分不会使相关公众产生误认和混淆,故仲裁庭认定本案的商标主要部分和突出标识部分与申请人的注册商标不构成近似,对申请人主张被申请人商标与申请人注册商标构成近似侵权的请求不予支持。

2. 商标相同或近似比对中"相关公众"的理解和运用

关于商标侵权比对,相关法律和行政法规都有明确详细的规定,从操作层面来看,商标相同或近似的比对在方法上并没有很大的歧义。但由于商标的作用、功能是给予消费者判断商品的来源,而不同类别的商品商标又决定不同的相关公众或消费者群体,因此法律上就形成一个对商标相同或类似的识别判断标准,即相关公众的法律概念。实践中,因不同裁判者对"相关公众"的主观认识或采用自由裁量尺度的不同,而导致对同一事实作出不同的裁判。本案针对的主要是商标相同或近似比对在法律适用上应如何理解"相关公众",以及如何将裁判者的自由裁量权客观化和标准化等问题,力求使得裁决更为合理、公正。

(1)法律和司法解释对"相关公众"的规定

《商标案件解释》第 10 条规定:"人民法院依据商标法第五十七条第(一)(二)项的规定,认定商标相同或者近似按照以下原则进行:(一)以相关公众的一般注意力为标准……"第 8 条规定:"商标法所称相关公众,是指与商标所标识的某类商品或者服务有关的消费者和与前述商品或者服务的营销有密切关系的其他经营者。"

《北京高院商标案件解答》第 9 条、第 10 条规定:"9.判断商标近似的标准是什么?在判断商标近似时应当以对相关商品具有一般性的知识、经验的相关公众在选购商品时所施加的普通注意程度为标准。10.在确定相关公众时应考虑哪些因素？相关公众是指与商标所标示的某类商品有关的消费者和与前述商品的营销有密切关系的其他经营者。在确定相关公众时，应当考虑商品性质、种类、价格等因素对其范围及其注意程度的影响。"

在此，"相关公众"仍是一个范围概念，即相关消费者和相关经营者，并没有具体事实或条件的要求，因此本案中申请人与被申请人所描述的相关公众并不是同一类人，裁判者往往通过自由裁量来确认相关公众的具体类型。

(2)现行法律法规和司法解释下的"相关公众"的界定问题

从法律规定和司法解释来看，商标相同或近似侵权的判断主要取决于相关公众对商品来源是否产生误认和混淆。目前法律规定的相关公众一般是指消费者和经营者，从实际情况来看，相关领域的经营者对自己领域内的商标是非常熟悉和清楚的，其对近似商标的分辨能力远远高于相关领域的消费者。因此，相关公众中的经营者在商标裁判领域内一般不作为重点关注的对象，当事人对相关领域经营者的概念理解也不会产生很大的分歧。

分歧主要集中在相关公众中的消费者领域，作为商品和服务的需求方，消费者需要识别商标和商品服务的来源，商标是否会导致消费者产生误认和混淆是决定商标是否构成相同或近似的重中之重。

《商标法》规定，认定商标相同或者近似以相关公众的一般注意力为标准，这种立法的特殊性在于裁判者和当事人并不是直接按照法律规定的对比条件或方法来进行判断，而是通过一个虚拟的"相关公众"媒介或第三方来进行判断。类似的立法曾经在早期婚姻法中出现过，如1980年颁布的《婚姻法》规定离婚以感情确已破裂为标准，但感情破裂作为一个虚拟的概念并没有客观界定的标准，导致感情破裂往往成为当事人或者裁判者自由心证的事实。随着婚姻法审判实践的发展，对感情破裂这一概念进一步客观化和标准化，如《婚姻法》明确具有五种情形之一的就构成感情破裂，因而成为判断是否离婚的一个重要标准。

在诉讼和仲裁案件的商标相同或近似侵权对比判断中，谁来代表相关公众是一个分歧很大的问题，申请人认为其描述的消费者可以代表相关公众，被申请人也认为其所描述的消费者能代表相关公众；而裁判者在裁判文书的最后往往以一句被控侵权商标导致相关公众产生误认和混淆来决定案件的结果。在没有对相关公众问题的法律事实进行查明的情况下，这种判词往往难以得到当事人的信服。

(3)"相关公众"应当作为法律事实进行认定

本案仲裁庭就商标相同或近似比对的"相关公众"问题的法律事实进行了深入的查明,以求将裁判者的自由裁量权建立在真实的"相关公众"问题的法律事实基础上。笔者认为,"相关公众"是特定领域的概念,只有在某一特定领域内的经营者或消费者才构成"相关公众"。仲裁庭还力求对"相关公众"作出画像,列明卡拉 OK 消费者"相关公众"的组成基本要素:

①以年轻人为主;
②年轻人在卡拉 OK 时会唱中文歌和英文歌;
③该批年轻人对中文和英文有明显的识文断字的能力;
④该批年轻人对卡拉 OK 领域内的知名品牌有识别能力。

在确定这些"相关公众"消费者的基本法律事实基础上,仲裁庭认定被控侵权商标由中文、英文和图形构成,其与注册商标"××"的构成从商标整体比对上有明显区别,尽管被控侵权商标将英文部分的最后一个×字母拉高半格进行突出标识,但相关公众消费者能通过中、英文的商标内容表述对商标作出区分;在被控侵权商标突出标识部分与注册商标不相同的情况下,相关公众消费者能够依据其能力和经验作出不相同的判断。反之,假设一位不识英文的非相关公众消费者,他所关注的被控侵权商标可能更注意其中文部分和突出标识部分,可能会产生商标误认和混淆。由此可见,查明相关公众的构成就应当成为判断认定商标相同和近似的先决条件。

依照《商标法》、司法解释的相关规定和审判实践,笔者认为"相关公众"应从消费群体的消费类别、识别能力、消费经验等方面查明,具体界定和适用建议如下:

①相关公众的年龄段;
②相关公众的性别;
③相关公众的知识能力;
④相关公众的经历和经验。

同时,笔者还建议,对于同类商标相同侵权或近似侵权的比对应该依据法律或法规规定的商标侵权比对规则来进行比对,没有必要虚拟一个"相关公众"标准进行二次判断。因为任何一件商标侵权事件的发生,商标侵权方和商标权利方均属于相关公众,在法定的同类商标侵权比对规则下构成商标相同或近似的,就构成商标侵权,而无须再以相关公众消费者的概念来判断一个法律事实。因此,笔者建议,在同类商标相同侵权或近似侵权的商标立法中修改或废除"相关公众"的规定。

(二)商标侵权赔偿和解合同的权利义务对等

《赔偿和解协议》是申请人与被申请人就商标侵权处理达成的合意,其履行应依照《合同法》的规则进行,同时要参照知识产权侵权责任的规则和标准判断是否构成侵权。本案《赔偿和解协议》所涉的争议焦点是被申请人未清除的原侵权标识是否再次构成商标侵权。

1. 合同约定停止商标侵权、消除侵权标识是以商标侵权比对通知、协助为合同履行的必要义务

《合同法》第60条(《民法典》第509条第1、2款)规定,当事人应当按照约定全面履行自己的义务。当事人应当遵循诚实信用原则,根据合同的性质、目的和交易习惯履行通知、协助、保密等义务。鉴于《赔偿和解协议》的性质和目的是停止商标侵权,申请人在履行合同中应当遵循诚实信用原则履行通知、协助义务,这一要求是由知识产权类案件的特点所决定的。知识产权类案件有一个共同特征,就是对权利方与侵权方争议的判断需要经过比对才能确认,也就是有比较才有鉴别。这一特征决定《赔偿和解协议》的履行需要双方当事人在停止商标侵权、消除侵权标识过程中履行对比核查的通知、协助义务,从而实现停止商标侵权、消除侵权标识的目的和效果。

另外,《赔偿和解协议》没有明确约定停止商标侵权、消除侵权标识的履行期限,对于被申请人履行停止商标侵权、消除侵权标识义务的期限,申请人也应该履行通知的义务。

2. 侵权主观故意的考察

《赔偿和解协议》的履行涉及侵权行为中的主客观要件的考察,对被申请人主观故意的分析可以明确被申请人是否存在商标侵权行为或疏忽大意的瑕疵履行。在本案审理过程中,仲裁庭充分注意到,被申请人在履行《赔偿和解协议》时更换了商标标识,并委托装修公司对原侵权标识进行了清理,但在非主要场合遗漏了对原侵权标识的清除。仲裁庭认为,被申请人虽然构成《赔偿和解协议》的瑕疵履行,但不存在再度实施商标侵权行为的主观故意。

3. 合同履行权利义务的对等

仲裁庭注意到,申请人在收取被申请人赔偿款项后并没有履行到被申请人经营场所核实停止商标侵权、消除侵权标识的协助义务,而且其在没有对

被申请人遗漏侵权标识的瑕疵履行发出警示通知的情况下,直接就其获得赔偿的侵权商标标识再次主张侵权损害赔偿,其行为显然与合同履行中的公平合理、诚信原则不相符合。为此,仲裁庭依据《赔偿和解协议》的性质和目的,认定申请人的仲裁请求应视为对被申请人停止商标侵权、消除侵权标识的通知,被申请人遗漏清理的商标标识不构成再度实施商标侵权行为,被申请人无须承担违约赔偿责任。仲裁庭同时还认为,如果在本案裁决后被申请人依然没有停止商标侵权、消除遗漏的侵权标识,被申请人应承担侵害商标权的违约责任。

综上,本案裁决的意义,在于依照合同履行基本原则考察被申请人在履行《赔偿和解协议》时是否有再度实施商标侵权的主观故意,并基于商标侵权的判断需要经过比对的特殊性,要求申请人诚信履行通知、协助审查停止商标侵权、消除侵权标识的义务,从而确认被申请人原侵权商标标识未清理完毕的事实不构成再度实施商标侵权的行为,以期达到公平、合理地解决商标侵权赔偿和解合同争议的效果。

(本案例由深圳国际仲裁院仲裁员胡晋南编撰)

案例 14　抢注商标权及侵权责任的认定

仲裁要点：1.《合资合同》约定投资人自愿将其专有技术无偿提供给合资公司使用的，合资公司结合该技术生产的产品应归合资公司所有，基于产品名称的商标的所有权也应归合资公司所有。

2. 投资人未经合资公司同意抢注商标构成侵权，但在未导致实际损害结果的情况下，无须承担损害赔偿责任。

一、案情概要

2000年1月11日，申请人A公司、被申请人B公司及案外人C公司签订《合资合同》和合资章程，约定设立D合资公司，D合资公司为有限责任公司，合营各方对D合资公司的责任以各自认缴的出资额为限；各方按其出资额在注册资本中的比例分享利润或分担风险及亏损；合营各方合资经营的目的为建立生物高技术企业，通过科学的经营管理和运作，开发促进人类健康及生活质量的高新技术产品，使D合资公司产品在品质、价格等方面具有国际市场竞争优势，使投资各方获得满意的经济效益；D合资公司的投资总额为4000万元，注册资本为3000万元，其中，被申请人以现有的生产设备作价1350万元入股，占D合资公司股份的45%，C公司出资900万元入股，占D合资公司股份的30%，申请人出资750万元入股，占D合资公司股份的25%。

D合资公司成立后，申请人认为被申请人存在抢注商标等违约行为导致D合资公司无法正常经营、营利，遂依据《合资合同》中的仲裁条款向深圳国际仲裁院申请仲裁，并提出如下仲裁请求：

1. 裁决被申请人赔偿其在D合资公司应获得的利润损失和股份损失共计800万元。

2. 裁决被申请人承担本案的全部仲裁费用。

二、当事人主张

(一) 申请人主张

1. 被申请人存在两方面的违约行为：一是 D 合资公司成立后研制开发 Y 产品，并开始在市场上试销，但被申请人却在中国内地和香港特区抢先注册了 Y 产品的商标。该行为违反了《合资合同》、合资章程和《合同法》的规定，构成股东与 D 合资公司之间的不正当竞争，侵犯了其他股东的利益。二是 D 合资公司成立后，花 200 多万元购买了机器设备，但由于被申请人与 D 合资公司不正当竞争，导致 D 合资公司产品不能销售，公司处于停产状态。而被申请人生产的 Y-1 产品与 D 合资公司生产的 Y 产品外包装极其近似，产品外形、药物成分及含量则是完全一样的。被申请人大量生产 Y-1 产品，在内地和香港特区市场大量销售。

2. 被申请人的抢注行为与 D 合资公司的停产、终止和清算造成股东可得利润和投资股本减少的损失之间有直接的因果关系。

被申请人提供的证据 1"公司运作情况"提到，"公司成立两年多来，总的运作是正常的"，"根据市场的发展趋势，在工程研究中心的大力支持下研究开发出灵芝系列功能性保健产品……其中 Y 产品可以进入批量生产"。

可见，如果没有被申请人的抢注行为，D 合资公司的发展前景是非常良好的。Y 产品曾经在中国国际高新技术成果交易会展出，产品销售前景看好。然而，被申请人抢注 D 合资公司商标的行为，完全打乱了 D 合资公司生产经营的正常秩序，D 合资公司的 Y 产品因为没有商标权，不得进入内地和香港特区市场，D 合资公司大量生产产品却无法销售，其后果是可想而知的。所以，被申请人抢注 D 合资公司商标是导致 D 合资公司停产、终止和清算的重要原因之一。

3. 被申请人的违约行为导致了申请人的损失，被申请人作为过错方应当赔偿申请人因此产生的实际损失和可得利益损失。

(1) 实际损失

因被申请人抢注 D 合资公司商标，导致 D 合资公司股东产生纠纷，最终造成 D 合资公司停产和终止清算。现 D 合资公司总投资 3000 万元的资产清算后只剩 500 多万元，减去清算费用后可分配的只有不到 400 万元，按照申请人投资 25% 的比例分配，申请人最多可以分配到 100 万元。申请人向 D 合资公司投资了 750 万元，由此产生了 650 万元的实际损失。

(2) 可得利益损失

《合同法》第 113 条规定："当事人一方不履行合同义务或者履行合同义务不符合约定，给对方造成损失的，损失赔偿额应当相当于因违约所造成的损失，包括合同履行后可以获得的利益，但不得超过违反合同一方订立合同时预见到或者应当预见到的因违反合同可能造成的损失。"《合资合同》第 53 条约定："由于一方的过错，造成本合同及其合同的附件不能履行或者完全履行时，由有过错的一方承担违约责任。"本案双方当事人在订立《合资合同》设立 D 合资公司时已通过《可行性研究报告》确认 D 合资公司是可营利的，但由于被申请人的原因导致可得利益无法实现，被申请人应该对此进行赔偿。

(二) 被申请人主张

1. 被申请人协助 D 合资公司注册商标是为了保护 D 合资公司的利益

2002 年，D 合资公司在被申请人的某食品工程研究中心（以下简称"中心"）提供技术支持的情况下试生产了两个产品，申请人提出在香港特区市场试销售，根据市场情况再决定是否正常生产。但此后被申请人得知申请人竟然委托其亲戚以案外人 E 公司的名义在香港特区申请注册了商标，而且同时抢注的还有被申请人在内地已注册的商标。

在此情况下，为了保护 D 合资公司的利益不受侵犯，被申请人于 2002 年 10 月在内地和香港特区申请注册商标，同时，就申请人抢注 D 合资公司商标一事，被申请人多次与申请人代表 F 某交涉，并在 2003 年 5 月提起的申请人侵犯 D 合资公司权益仲裁一案中就申请人抢注 D 合资公司商标一事通过法律途径解决，后在仲裁过程中 E 公司放弃了抢注行为，撤回了注册申请，被申请人遂于 2004 年 5 月在香港特区注册商标成功。就协助 D 合资公司注册商标事宜，被申请人曾于 2004 年 3 月 20 日与 D 合资公司签订了一份《商标注册与使用许可协议》，将被申请人协助 D 合资公司注册的商标许可给 D 合资公司使用，最终达到保障 D 合资公司利益，避免 D 合资公司商标在香港特区被其他企业抢注而产品无法进入香港特区市场的尴尬境地。

2. D 合资公司无法正常生产是申请人拖延阻碍和恶意侵权行为造成的

作为 D 合资公司的外方代表 F 某多次在有关公司经营的会议中提出，他们通过对公司产品的国际市场调研发现,D合资公司原定投产产品市场竞争大,利润少,经济效益不太显著,故建议改为生产灵芝系列产品。此后,F某多次提出要求D合资公司生产灵芝孢子产品。在公司董事长同意并积极筹建生产设备生产灵芝系列产品时,F某又提出:D合资公司订购大型设备应慎重考虑,不宜过急。在此情况下,订购设备又被长时间拖延。但当设备购置及安装基本完毕后,F某又提出目前市场不够成熟,需等待市场成熟后才能进行生产,如此一来,导致D合资公司直至2002年年底还未能正式开始生产。

2002年9月,F某在没有与被申请人签订继续代理经销灵芝孢子产品合同的情况下,却在香港特区市场继续销售同一品牌的灵芝孢子产品。显然,申请人是通过组建D合资公司了解并掌握了被申请人的生产设备和非专利生产技术后自行生产,导致D合资公司无法正常开展生产并创造利润,D合资公司的损失完全是由申请人的恶意侵权造成的。

3. 被申请人对D合资公司生产Y产品提供技术支持,生产技术归被申请人所有

D合资公司2001年年底注册资金才到位,显然不可能在2002年8月就研究开发出Y产品一类的高科技产品,Y产品生产所需的专利技术是科研人员经过长达数年的科技攻关,耗费了大量人力、财力才取得的,根本不可能一蹴而就。只是在D合资公司设立之初,被申请人即准备将该产品许可给D合资公司生产。被申请人为了减少损失,于D合资公司停产后另以"Y-1"品名生产该产品。因此,被申请人生产的Y-1产品原本用的就是自有技术,并未对D合资公司的权利构成侵犯。

最后要说明的是,申请人认为"D合资公司每年可获利润4718万元"无任何事实依据,申请人假设按"D合资公司成立后有两年时间的正常经营时间计算,D合资公司应该可以赢利9400多万元",也因为申请人的恶意侵权导致D合资公司的正常生产成为不可能,该赢利推算毫无意义。

三、仲裁庭意见

(一)关于被申请人是否有权注册Y产品商标的意见

仲裁庭认为,根据《合资合同》的约定,被申请人对D合资公司的出资仅限货币,并不包括其专有技术。但被申请人自愿将其专有技术无偿交给D合

资公司使用，D合资公司结合设备、原料和人工等生产出的产品自然归D合资公司所有。

被申请人辩称是因为有第三方抢注Y产品的商标，为保护D合资公司的利益而以自己的名义申请注册了D合资公司Y产品的商标。仲裁庭认为，被申请人如要保护D合资公司的利益，则应以D合资公司的名义而不应以自己的名义在内地和香港特区申请注册此商标，被申请人如以自己的名义申请注册此商标，应当得到D合资公司董事会的同意。但被申请人无法提供证据证明其以自己名义申请注册商标已经过D合资公司的同意。故被申请人在内地和香港特区注册Y产品的商标对D合资公司而言，属于侵权行为。

（二）关于被申请人应否承担侵权赔偿责任的意见

仲裁庭认为，被申请人抢注D合资公司的商标是事实，但关键要看被申请人的抢注行为是否有损害事实发生。通常，可从三方面判断抢注行为与损害事实之间是否存在必然的联系：一是抢注人是否用抢注的商标生产销售自己的产品并获得利润；二是抢注人是否将抢注的商标许可他人使用并获得使用费；三是抢注人是否将抢注的商标专用权转让给他人并获得转让费。经审理，未有相应证据证明被申请人有上述行为并获取好处，由此损害D合资公司的利益，进而损害申请人的利益。

另被申请人虽将其拥有的专有技术无偿交给D合资公司使用，但由于被申请人并未与D合资公司办理此专有技术所有权的转让手续，故被申请人仍拥有此专有技术的所有权。因此，即使被申请人生产的产品的药物成分和含量与D合资公司产品完全一样，但由于被申请人有权使用自己拥有的专有技术，故不能认为被申请人应承担相应的侵权责任。

关于申请人指称的由于被申请人与D合资公司不正当竞争，导致D合资公司产品不能销售，致使D合资公司处于停产状态的意见。仲裁庭认为，申请人此前提出仲裁申请时，经查明申请人并未以被申请人抢注D合资公司Y产品的商标作为其请求解除《合资合同》、解散D合资公司的理由，相反，被申请人坚持D合资公司可依法继续经营，无须终止，而且双方代表都认为，关于D合资公司发展规划及工厂生产和市场拓展问题，原则同意D合资公司等待市场成熟后再进行生产。由此说明，被申请人抢注商标的行为不是造成D合资公司停产解散的原因或原因之一。

综上，仲裁庭认为，被申请人抢注商标的行为并未给D合资公司造成实际的经济损失,申请人要求被申请人赔偿可得利润和股本损失没有事实依据和逻辑性。

四、裁决结果

1. 驳回申请人要求被申请人赔偿可得利润损失 100 万元和股本损失 700 万元的请求。
2. 本案仲裁费由申请人承担。

五、评析

本案的核心争议焦点是被申请人是否有权申请注册商标以及是否需要承担侵权赔偿责任。

(一)被申请人是否有权申请注册商标

第一,D 合资公司通过被申请人的专有技术生产出 Y 产品及其他产品,由于被申请人对 D 合资公司的出资形式是货币,并非技术参股,且被申请人是长期无偿提供该专有技术给 D 合资公司使用,D 合资公司将该专有技术结合其自身的设备、原料、人工等生产出的产品自然归 D 合资公司所有,而用产品名称作为商标的所有权也自然归 D 合资公司所有。对于该点,被申请人是明确承认的。

第二,根据《商标法》第 9 条第 1 款"申请注册的商标,应当有显著特征,便于识别,并不得与他人在先取得的合法权利相冲突"的规定,即申请注册商标需同时满足商标便于识别及不得侵犯他人在先取得的合法权利之条件。本案中,D 合资公司已先于被申请人生产出 Y 产品,被申请人申请注册的商标明显与 D 合资公司生产的 Y 产品名称具有一致性,且被申请人提请商标注册时,D 合资公司的产品已在对外试销,显然已不符合上述申请注册商标的条件。

第三,被申请人明知该产品的商标申请注册权归 D 合资公司所有,却称是为了保护 D 合资公司的利益而以自己的名义申请注册商标,然而,若是为保护 D 合资公司的利益,被申请人完全可以以 D 合资公司的名义或经过 D

合资公司的同意以自己的名义申请注册商标,但被申请人却未有所作为,有违诚实信用原则。

综上,被申请人的申请注册行为属于抢注商标行为,侵犯了D合资公司的权利。

(二)被申请人是否需要承担相应的侵权赔偿责任

关于被申请人是否需要承担侵权赔偿责任,可从以下几方面进行讨论:

第一,被申请人的抢注行为是否属于恶意抢注?恶意抢注商标行为的定义在学界并没有统一的观点,恶意抢注商标至今还不是严格意义上的法律概念。根据《商标法》第32条"申请商标注册不得损害他人现有的在先权利,也不得以不正当手段抢先注册他人已经使用并有一定影响的商标"之规定,结合《商标审查及审理标准》《北京市高级人民法院商标授权确权行政案件审理指南》关于恶意抢注商标的相关规定和意见,笔者认为,构成恶意抢注商标的前提条件有二:一是商标申请注册人明知或应知其他人在先使用商标;二是前述在先使用行为已经使得该商标具有一定影响力。本案中,D合资公司在实际经营的两年时间内,其生产的Y产品仅在香港特区市场试销。尽管D合资公司先于被申请人使用了该产品名称,被申请人也明知并确认基于该产品名称的商标申请权属于D合资公司,但由于D合资公司并未大规模、大范围地对产品进行宣传、销售,亦无相关证据证明该产品名称在相关区域及行业内产生了一定程度的影响力和拥有一定的知名度和商誉,故被申请人申请注册该商标不能利用已形成的知名度让自己生产的产品进入相关领域市场。此外,我国《商标法》对于商标专用权采用先申请原则,被申请人取得该商标后并未用于自己生产的产品上对外进行宣传、销售,反而以独占许可的方式将注册商标授予D合资公司长期免费使用,此举并不影响D合资公司继续生产和销售产品,故笔者认为被申请人不具有主观上的恶意。

第二,被申请人的抢注行为有无产生损害事实。根据《商标侵权判断标准》第3条"判断是否构成商标侵权,一般需要判断涉嫌侵权行为是否构成商标法意义上的商标的使用。商标的使用,是指将商标用于商品、商品包装、容器、服务场所以及交易文书上,或者将商标用于广告宣传、展览以及其他商业活动中,用以识别商品或者服务来源的行为"及第7条"判断是否为商标的使用应当综合考虑使用人的主观意图、使用方式、宣传方式、行业惯例、消费者认知等因素"之规定,抢注人应将抢注的商标用于自己生产的产品及宣传中,使得相关公众认为该商标的所有人为抢注人。

本案中,申请人认为被申请人生产并大量销售的 Y-1 产品与 D 合资公司生产的 Y 产品外包装极其近似,产品的外形、药物成分及含量则是完全一致的。事实上,被申请人生产的产品与 D 合资公司生产的产品均是使用了被申请人的专有技术,但由于被申请人并未将该专有技术的所有权转让给 D 合资公司,而仅仅是允许 D 合资公司无偿使用该专有技术进行生产,故 D 合资公司和被申请人使用同种专有技术生产的产品具有同一性是无可厚非的。那么,D 合资公司的产品与被申请人的产品是否为类似产品?《商标法》及《商标侵权判断标准》规定了类似商品是指在功能、用途、主要原料、生产部门、消费对象、销售渠道等方面具有一定共同性的商品。如果仅从定义进行判断,两者的产品应属于类似商品,但根据《商标侵权判断标准》第 21 条之规定,客观上应综合相关公众对商品的注意和认知程度进行判断。由于 D 合资公司的产品并未进行大范围的宣传及销售,且已停产,尚未进入持续稳定生产和使用状态,市场上仅售有被申请人的产品,在申请人未举证证明被申请人将该商标用于自行生产及对外销售产品的情况下,并不会让相关公众将两者的产品联系到一起,从而导致出现产品误认和混淆的情况。至于 D 合资公司停产,是否与被申请人的抢注行为有必然关系?仲裁庭已查明,在申请人与被申请人解散 D 合资公司的仲裁案件中,申请人强烈要求解散 D 合资公司,在明知被申请人已提出商标注册申请的情况下,申请人主张被申请人的该抢注行为导致 D 合资公司的停产解散。由此可见,被申请人的抢注行为并非 D 合资公司停产解散的原因或原因之一。关于被申请人是否因申请注册该商标而获利,本案并未有相关证据证明被申请人将抢注的商标许可除 D 合资公司以外的他人使用从而获得使用费,或被申请人将抢注的商标专用权转让给他人从而获得转让费,被申请人并未因抢注商标而获取不当利益。

综上,被申请人的抢注行为并未给 D 合资公司造成实际的经济损失或可得利益损失。但鉴于被申请人的抢注行为属于侵权行为,被申请人应停止侵权,并应主动在内地和香港特区申请撤销此商标。

(三)关于防范商标抢注的法律提示

我国在 1982 年颁布《商标法》,随后分别于 1993 年、2001 年、2013 年和 2019 年进行了修正,有关商标抢注规制以及商标权人权益保护的内容也日臻完善。但是在实践中,商标抢注现象依然屡禁不止,甚至出现了职业商标抢注人。如发生于2018年的"姆巴佩"商标抢注事件,该商标在7天内被抢注138次。①

笔者认为,为减少恶意抢注商标行为,维护市场秩序稳定,可从以下几方面加强商标管理:

第一,完善商标审查制度。目前我国在商标申请注册阶段,只需申请人提供相关身份证明、营业执照等资料即可,由于提供信息不完整,所以不能从根本上遏制商标抢注行为。部分学者建议改变现行的注册取得商标权制度,代之以使用取得商标权制度或使用和注册皆可以获得商标专用权。②但这与我国国情不符,自我国第一部《商标法》实施以来,一直采用的都是注册取得原则,注册取得原则在我国具有悠久的发展历史,一切商标法律制度都是围绕此建立起来的,且注册取得原则也提供了可供查询的公示制度,通过注册取得商标权相比使用取得商标权更具稳定性,其在发生争议时对商标的归属的确定也更有公正性和效率。笔者建议,结合《商标法》第4条之规定以"实际使用"为商标申请注册的前提,要求申请人在申请注册商标时,向商标局提供证据证明申请人具有实际使用商标的意图,并且已为实际使用该商标做了必要的准备。如果申请人仅在申请注册商标时表明有使用意图,但又不能提供相关证据证明,则应当认定其没有实际使用意图,从而驳回其商标注册申请。在本案中,被申请人并未实际使用该商标,如依据上述原则进行审查则应驳回其注册商标申请,从而减少讼累。

第二,构建商标抢注行为的民事赔偿体系。《商标法》第七章规定了注册商标专用权的保护,对商标专用权的侵犯行为及后果进行了一一规定,但对于恶意抢注行为仅在第47条一笔带过。商标抢注行为本身是破坏社会主义市场经济秩序的不正当行为,但我国目前对于商标抢注行为并未构建系统的民事赔偿体系,仅靠驳回注册申请和宣告商标无效制度并不能对商标抢注人起到很好的惩戒和威慑效果。权利人出于维权的时间成本和经济成本、商誉损失等因素的考虑,可能并不愿意通过现有的法律途径来解决相关纠纷,从而助长了商标抢注现象的发生。鉴于此,在今后的立法实践中应进一步加大对商标抢注行为的规制和惩戒力度,增加商标抢注人的侵权成

---

① 参见《从7天注册138个"姆巴佩"商标事件,看抢注商标背后的大生意》,载https://www.sohu.com/a/242334932_624079,访问日期:2021年10月14日。

② 参见王明科:《新中国商标抢注防范制度的历史形成与展望》,载《产业创新研究》2020年第6期。

本,减少被抢注人的维权成本,从源头上遏制商标抢注行为。

现行《商标法》虽然在注册程序方面对恶意抢注进行了一定的规制,但并没有规定恶意抢注人承担直接的民事责任,这是恶意抢注屡禁不止的重要原因。但相信随着我国市场经济环境的逐渐优化,诚实信用的市场竞争规则的不断强化,立法体系的不断完善,商标抢注乱象终会退出历史舞台,最终使商标回归其本义。

(本案例由深圳国际仲裁院戴丽萍编撰)

案例15　涉外定牌加工产品商标侵权的判断

仲裁要点：申请人明知本案合同项下定牌产品侵犯了案外人的商标权，仍在与毫不知情的被申请人订约时"口头授权"被申请人使用案涉图标，并在工商行政管理部门查处后仍向被申请人主张其拥有商标权人的授权。申请人明显违背诚实信用原则，隐瞒了与订立合同有关的重要事实，应承担相应的法律后果。

一、案情概要

2006年3月至7月，申请人A公司与被申请人B公司先后签订了四份购货确认书，约定由被申请人按申请人提供的图纸和技术要求，自备原材料，加工"TRAD××ARK"系列产品，经申请人销售给其代理的案外公司。履约过程中，申请人认为被申请人拒不履行交货义务构成违约，遂根据本案合同中的仲裁条款向深圳国际仲裁院提请仲裁，要求被申请人赔偿经济损失。据此，申请人提出如下仲裁请求：

1. 被申请人赔偿申请人的各项经济损失，包括预期利润损失、信用证费用、检测设备及其他工具损失、原材料损失、图纸资料和知识价值损失等，上述损失总计336504.55美元及人民币192544.19元。

2. 被申请人偿付申请人因办理案件所支出的律师费用人民币20万元。

3. 被申请人承担本案全部仲裁费用。

被申请人则称，双方当事人签约后被申请人即购置各种原材料进行生产加工，并按约将已生产出的产品入柜打包。2006年4月，被申请人所在的Y县工商行政管理局认为被申请人所生产加工的"TRAD××ARK"系列产品存在侵权及违法情形，故对该系列产品进行封存并作出行政处罚决定，给被申请人带来经济损失。被申请人据此提出以下仲裁反请求：

1. 申请人赔偿被申请人的各项经济损失，包括系列产品生产损失、Y县工商行政管理局对被申请人的处罚罚款、律师费，共计人民币1178766.83元。

2. 驳回申请人的全部仲裁请求。

二、当事人主张

申请人认为，本案系因被申请人为牟取更多利益，在履约期间见原材料价格上涨，背信弃义将原材料转卖他人，拒不履行其向申请人交付产品的合同义务，给申请人造成巨大经济损失。

被申请人辩称，申请人在履行合同过程中要求被申请人定做标有"TRAD××ARK"标识的产品，但该标识已被注册，故而导致被申请人产品被查封，被申请人受到行政处罚，本案争议系申请人根本性违约导致。

对此申请人回应，首先，其已拥有案外商标权人C公司包括"TRAD××ARK"商标在内的合法授权，有C公司商标注册证书、商标争议申请书、商标许可合同等为证。其次，申请人与被申请人之间的合同未对商标有明确要求和约定，被申请人未得到任何来自申请人或商标权人的书面授权或许可，即便商标存在问题，被申请人提出后，申请人可以不要求被申请人使用有问题的商标或标识。被申请人作为产品的生产商，应当对其所生产的产品承担独立的责任，对其在产品上所使用的商标或标识，应当尽到适当注意义务，查明其法律状态，避免法律纠纷，否则，应对由此产生的损失和后果承担相应的责任，不得以申请人指示不当为由推卸其责任。

三、仲裁庭认定的事实

1. 双方当事人于2006年3月先后签订案涉合同后，被申请人即备好原材料、工具及模具，按申请人图纸及技术要求生产了有"TRAD××ARK"图标的产品。

2. 2006年4月，被申请人所在地的Y县工商行政管理局认定被申请人生产的产品侵害他人商标权，对这批产品进行了查处，要求被申请人停止生产，并查封了1000箱有"TRAD××ARK"图标的产品。

3. 被申请人立即将其产品被查处一事告知申请人。申请人答称其拥有C公司的授权并向被申请人提供了一份2006年1月C公司与申请人用英文签署的商标授权合同书传真件。被申请人将此传真件提交给Y县工商行政管理局，Y县工商行政管理局认为此件无效，没有对产品解封。

4. C公司于2000年5月在中国获准注册了该公司图形商标，但现有证据不能证明C公司已在中国申请"TRAD××ARK"文字商标注册并获得了该项商标专用权。

5. 案外人D公司于2001年6月向商标局申请注册"TRAD××ARK"商标，并获得了商标局于2002年6月颁发的"TRAD××ARK"商标注册证，自此日起12年内，其在中华人民共和国境内拥有该项商标专用权。C公司对此有异议，于2006年6月向商标局递交了《注册商标争议裁定申请书》，商标局已予受理，直至本裁决书作出之日尚未作出裁定。

6. 庭审调查结果表明，申请人在与被申请人订立合同时已经知晓"TRAD××ARK"商标存在争议，称"C公司2002年在中国申请商标领土延伸时就提出了'TRAD××ARK'商标的争议"。

7. 2006年10月9日，Y县工商行政管理局向被申请人发出行政处罚决定书。该决定书称被申请人在其产品显著部位标注"TRAD××ARK"文字，该文字并无特殊的含义，应理解为商标；而被申请人生产的产品是注册商标核准使用的类似商品。当事人未经商标注册人许可，在类似商品上使用与注册商标相同的商标，属《商标法》（2001年修正）第52条第（一）项所指侵犯注册商标专用权行为。

8. 关于案涉"TRAD××ARK"商标许可，申请人仅提供了一份C公司与其于2007年7月补签的商标使用许可合同，而从该英文书写的许可合同文件中列明的发票号看，申请人与被申请人所签案涉合同并不包括在内。

四、仲裁庭意见

申请人主张案外人C公司拥有"TRAD××ARK"标识的商标权，持有"TRAD××ARK"等商标的授权文件并授权申请人在中国境内进行加工贴牌生产，但申请人并未给予被申请人任何商标授权许可文件。与此同时，申请人主张案外人D公司在与C公司的合作过程中恶意抢注"TRAD××ARK"为其注册商标,该商标注册不合法,且在申请人与被申请人之间的合同履行过程中被申请人从未向申请人提出因该商标存在争议导致产品不能继续生产或合同不能继续履行的问题。

仲裁庭查明,申请人提供的相关证据只能证明C公司2000年5月在中国获准注册了该公司的图形商标,并不能证明C公司已在中国申请"TRAD××ARK"文字商标注册,C公司亦未获得该商标在中华人民共和国境内的专用权。相反,案外人D公司已于2002年6月获得商标局颁发的"TRAD××ARK"商标注册证,自此日起12年内,D公司在中华人民共和国境内拥有该商标专用权。

仲裁庭认为,在商标局就C公司提出的"TRAD××ARK"商标异议申请作出裁定前,只能根据本案现有证据及中国现行法律法规认定Y县工商行政管理局对被申请人所作行政处罚决定合法有效。本案中,合同履行因被申请人交货不能而中断,根本原因在于发生了商标侵权,即本案合同项下定牌产品"TRAD××ARK"侵害了D公司的商标权。申请人明知实情,仍在与毫不知情的被申请人订约时"口头授权"被申请人使用"TRAD××ARK"图标,并在Y县工商行政管理局查处后向被申请人传来C公司与其签订的商标使用许可合同,以证明其有"TRAD××ARK"商标权人的授权。申请人明显违背诚实信用原则,隐瞒了与订立合同有关的重要事实,应按《合同法》第42条之规定承担相应的法律后果。

五、裁决结果

1. 被申请人应给付申请人信用证费用2422.50美元,并将检测工具和剩余原材料返还申请人。

2. 驳回申请人的其他仲裁请求。

3. 申请人应给付被申请人为生产"TRAD××ARK"系列产品的损失人民币878766.83元、Y县工商行政管理局对被申请人的罚款计人民币20万元及被申请人律师费人民币10万元,合计人民币1178766.83元。

4. 本案本请求仲裁费由申请人承担95%、被申请人承担5%,反请求仲裁费全部由申请人承担。

六、评析

本案系典型的涉外定牌加工(Original Equipment Manufacture)过程中产生的商标侵权纠纷。涉外定牌加工,是指国内加工企业受境外人委托,生产并按照其要求对产品进行商标贴附加工,并将产品出口到境外销售的行为。由于境外委托人进行定牌加工的商标存在与国内商标相同或相似的情形,故而会产生涉外定牌产品加工是否侵害国内商标注册人商标权的判定问题。

在传统的生产模式中,产品的研发、生产、销售环节均处在同一地域范围内,以国家领域为划分标准的商标地域性原则便是基于此产生。各国在商标注册、使用等事务上遵循国内法,在一国国内合法注册的商标与在他国合法注册的商标各自独立、并存。而随着全球化程度的提高,国际经济产业链日益紧密交织,传统的生产模式不断碎片化,生产环节被重新分配至不同的国家和地区,逐步形成了物理生产和知识产权生产相分离的状态。物理生产国家从生产环节和空间上成为知识产权生产国家的延伸,而知识产权国家也同样依赖于物理生产国家的工业产业链,在生产环节上二者相辅相成,在经济价值上又各自独立。所以,在全球化进程势不可挡的今天,全球产业链不断融合,生产链以超越国界领土的方式辐射全球,生产活动不再具有以国家领域作为区分的清晰边界,传统的商标地域性原则正面临着巨大的情势变更和前所未有的挑战。

商标地域性原则是一种法律创造物,是在国家主权平等的基础上,为平衡各国并存权利——经合法注册的商标专用权——不被侵害而使得各国在商标领域达成一种和平秩序的产物。在传统的生产模式中,生产环节局限于国家领域以内,也即是说,各地域国内商标权人在使用其权利方面的私人利益与国家层面授予和保护商标权方面的国家利益是一致的。而在经济生产全球化的今天,由于生产模式的碎片化导致除原本利益一致的各地域国和地域国内商标权人以外,还出现了第三种群体,也即本案中被申请人所代表的进行涉外定牌加工贸易的外贸企业和中小微企业群体。这一群体虽然从其经济地位来说并不占主导地位,但其在物理生产国家中的数量和占比是十分可观的,在以物理生产为主导的国家产业链中是占有重要地位的。这一群体的利益与各地域国内商标权人的私人利益又存在冲突,而这一冲突的表现形式就是本案所讨论的涉外定牌加工商标与地域国内商标权的利益平衡问题。

我国作为最大的发展中国家,已经从曾经的"世界工厂"逐步转型为世界第二大经济体,自改革开放以来,以涉外定牌加工贸易为主要形态的加工贸易是我国对外贸易的重要组成部分,虽自 2014 年以来有所下降,但在出口贸易总值中仍大体维持 30%以上的比例,加工贸易基本在 5 万亿元人民币左右。① 而随着"一带一路"建设和"走出去"战略的提出,我国对于自主研发的注重和发展与日俱增,对国内知识产权建设的关注更是前所未有。从数据上来看,在侵害商标权纠纷的案由划分下,涉及商标侵权纠纷的在库案件判决书总量为 124 件,自 2011 年至 2014 年呈直线上升趋势,而自 2014 年至 2020 年则出现大幅减少的趋势。这表明我国对国内商标权的保护力度是显著增强的,如何平衡和保护国内定牌加工企业和商标权利益——涉外定牌加工行为是否侵害国内合法注册商标权人商标权成为当下商标权侵权问题中必须讨论的话题之一。

法学界对于上述问题的争论颇多,目前主要划分为三种观点。第一种观点是侵害论,以王太平、张伟君教授等为代表②,将涉外定牌加工行为认定为商标使用行为,进而认定该行为构成侵权。第二种观点是非侵害论,如张玉敏、刘迎霜等学者所认为的③,涉外定牌加工行为并非商标使用行为而不构成侵权。第三种观点则是以宋健、刘莉法官为代表的④认为判断涉外定牌加工行为是否侵害国内注册商标权需根据个案判断,一般情况下不构成商标侵权,但国内被委托的加工企业负有合理注意义务,如明知受托加工商标存在侵害国内驰名商标或知名商标而继续接受委托并造成商标权人实质性损害的,该涉外定牌加工行为构成商标侵权。纵观以上三种观点,实际也与法院判例对于该问题态度转变的方向一致,即从判定涉外定牌加工行为属于商标侵权到不属于商标侵权,再到应结合合理注意义务和实质性损害进行个案判

---

① 关于 2014—2018 年进出口商品贸易方式总值表,详见海关总署官方网站。
② 参见王太平:《从"无印良品"案到"PRETUL"案:涉外定牌加工的法律性质》,载《法学评论》2017 年第 6 期;张伟君、张韬略:《从商标法域外适用和国际礼让看涉外定牌加工中的商标侵权问题》,载《同济大学学报(社会科学版)》2017 年第 3 期。
③ 参见张玉敏:《国际贸易"定牌加工"性质分析》,载《重庆工学院学报(社会科学版)》2008 年第 1 期;刘迎霜:《国际贸易中涉外贴牌生产中的商标侵权问题研究》,载《国际贸易问题》2013 年第 5 期。
④ 参见宋健:《对涉外定牌加工商标侵权"合理注意义务+实质性损害"判断标准的解读——以"东风"案为例》,载《知识产权》2016 年第 9 期;刘莉:《对涉外定牌加工商标侵权认定的再思考》,载《人民司法》2016 年第 11 期。

断是否侵权,导致法院判例呈现三种结果交织的状态。

第一种观点主要产生在 2013 年《商标法》修正之前,根据 2002 年发布的《商标法实施条例》和 2001 年修正的《商标法》第 52 条第(一)项之规定,将形式上的相似作为商标使用行为的构成要件,法院也以条文中所载"在同一种商品或者类似商品上使用与其注册商标相同或者近似的商标的",即商品相同或近似+商标相同或近似作为商标权侵权的判定标准。此种观点仅将商标使用作为单一判定标准,简单适用了条文规定,从某种程度上来说扩大了商标权人的专用权排他范围,提高了定牌加工企业的法律风险和经营成本,目前已不被广泛适用。

在 2013 年《商标法》修正之后,第 57 条第(二)项加入"容易导致混淆"的表述,在原有的商标使用标准之上引入商标混淆理论,使得第二种观点随之产生。持非侵害论的学者认为,商标侵权的构成要件有二:商标使用行为+商标混淆可能性。从商标使用上来说,依据商标地域性原则,获得地域国保护的商标依地域国法律在其境内享有商标排他权,若商标权人未在该地域国取得商标权,则无权禁止在该地域国境内合法注册的商标权人使用相同或近似的商标。从商标混淆可能性上来说,该观点认为涉外定牌加工产品主要销往国外,并不会流入地域国内市场,定牌加工商标在地域国内市场不具有识别功能,也不构成商标使用行为,更不会导致一般公众对商标产生混淆的可能性,故涉外定牌加工行为不会构成商标侵权。

关于第三种折中论观点,早在"东风案"①之前,福建省高级人民法院已在 2012 年和 2014 年两次依照"合理注意义务+实质性损害"标准判定定牌加工企业不构成商标侵权。② 如前述所说,该观点认为定牌加工企业应负有合理注意义务,如因定牌加工企业未尽合理注意义务而继续定牌加工行为导致商标权人产生实质性损害的,定牌加工企业应对商标权人承担损害赔偿责任。此观点相较侵害论和非侵害论而言,更注重个案分析,但缺少条文依据,在实践中也存在持该观点的法院判例,如最高人民法院在"东风案"再审判决中依折中论观点来推翻非侵害论不构成侵权的结论。

综上而言,在涉外定牌加工行为是否构成商标侵权、是否属于商标使用、

---

① 参见最高人民法院(2016)最高法民再 339 号民事判决书。
② 参见福建省高级人民法院(2012)闽民终字第 378 号民事判决书(该判决是最高人民法院公布的 2012 年中国法院知识产权司法保护 50 件典型案例之 27)、福建省福州市中级人民法院(2014)榕民终字第 1322 号民事判决书。

侵害商标权的判定标准等问题上,目前还未形成统一标准。笔者认为,虽本案并未深入讨论涉外定牌加工行为侵权的构成要件和标准,但其作为典型涉外定牌加工案例,形成的裁判观点是值得讨论的。且从本案争议发生到现在已有十余年,不论从法律法规的修订更新抑或国际环境、国家政策方面的变化,都应该以更新的视角和客观事实来理解和讨论上述问题,为涉外定牌加工企业、国内商标权人的现实利益和未来导向进行法律层面的必要探索。

总的来说,笔者认为侵害论观点在地域国内的商标侵权行为判定上是有重要意义的,由于不涉及涉外商标,此时的商标地域性原则和客观上的国家领域重合,侵害论观点在商标侵权上是具有识别性和应用性的。但涉及涉外定牌加工问题的,由于引入了涉外因素,商标地域性原则不再以国家领域作为明确界限,侵害论已无法对国内外商标权作为并存权利时的界限作出简单分割,且在2013年《商标法》修正之后,商标可识别性和商标混淆性已明确体现在法律条文之中,因此2001年修正的《商标法》和2002年发布的《商标法实施条例》及侵害论所基于的商标表面相似性,即简单认定商标相同或近似+商品相同或近似标准已不再适用于涉外定牌加工行为的侵权认定。再者,仅通过表面相似性来认定存在商标使用行为,也无法直接得出商标侵权的结论。商标使用还包括商标指示性合理使用(nominative fair use)和商标描述性合理使用(descriptive fair use),前者旨在客观说明其所提供的商品或者服务是与使用原告商标的商品或服务配套的行为,后者则属于公有领域,相关公众不会将描述性标识作为能够识别商品来源的商标看待。因此,仅通过表面相似性来判断商标侵权行为,尤其是涉外定牌加工行为是否为商标侵权行为是不够准确的,判断商标侵权与否的关键还在于商标使用行为是否会导致消费者对商品或服务来源产生混淆,这也是2013年修正的《商标法》所增加的内容和非侵害论所讨论的重点。

商标的意义在于区分商品或服务的来源以发挥识别功能,因此在非侵害论视角下,商标侵权的判定标准在于商标使用行为是否会导致商标混淆可能性的产生。由此可见,非侵害论系将商标使用行为作为判定商标侵权的前置要件,如判断涉外定牌加工行为是否构成商标侵权,在非侵害论视角下必然需要先行讨论涉外定牌加工行为是否属于商标使用行为。多数持非侵害论观点的学者认为涉外定牌加工行为并非商标使用行为,主要是基于涉外定牌加工产品系销往国外,其市场与中国国内市场并不重合,消费者并不会接触到此类产品,也就不会产生商标混淆的可能性。但笔者认为,首先,将涉外定牌加工行为认定为非商标使用行为的理由在当下的市场环境中是不成立的。由于国际物流运输以及进出口贸易的快速发展，某一产品的流动性已经不再局限于一国领域之内，在中国境内进行涉外定牌加工的产品经出口之后仍可能通过如代购、海淘等渠道回流至国内市场，这对于国内注册商标权是存在损害可能性的。而且目前国内环境对知识产权保护和重视程度日益加深，鼓励国产产品走出国门打开国际市场，减少商标侵权的冲突和可能性的考虑也确有必要。其次，笔者认为，从《商标法》第48条①之规定来看，如商标被用于商品、商品包装及其他商业活动中，则应被推定为商标使用行为，如当事人认为该行为并不存在可以识别商品来源的可能性，则应承担举证责任，这对于维护注册商标的稳定性是有积极帮助的。最后，商标法对商标侵权和商标使用行为的判定往往是一国对境内商标保护政策的体现。以美国、英国、德国、日本为代表的实施商标强保护政策的国家，都会将产品生产的各个环节纳入商标法保护范围，而一些实施商标弱保护政策的国家则会根据其基本国情和经济发展情况将部分生产环节或形态排除在商标法保护范围之外。从促进国内知识产权发展的角度来看，过多地将涉外定牌加工行为认定为非商标使用行为，虽然有利于涉外定牌加工企业的发展，却不利于我国知识产权保护，也不尽符合目前国家所倡议的"一带一路"和"走出去"方针。综上而言，笔者认为，不宜通过"涉外定牌加工行为不属于商标使用行为"来直接判定涉外定牌加工行为不属于商标侵权行为，而是应该将商标使用行为和商标混淆可能性作为并列因素进行判断，涉外定牌加工行为侵权的根本原因在于该行为作为商标使用行为，其生产的产品进行出口销售之后是否会通过市场回流等方式影响国内注册商标权，使得消费者对商标产生混淆，从而判断该涉外定牌加工行为是否为商标侵权行为。

至于折中论中"合理注意义务+实质性损害"的判定标准，笔者认为，虽然该观点并没有法律条文的依据和支撑，但并非没有借鉴意义。涉外定牌加工企业多为中小微企业，其法律意识和自我保护意识相对淡薄，在争议商标仅为普通注册商标时，法律不应通过"合理注意义务"来过分苛责涉外定牌加工企业，这会造成对涉外定牌加工企业的过分打压，不利于我国外贸业的

---

① 《商标法》第48条规定："本法所称商标的使用，是指将商标用于商品、商品包装或者容器以及商品交易文书上，或者将商标用于广告宣传、展览以及其他商业活动中，用于识别商品来源的行为。"

稳定和发展。但当争议商标为驰名商标时，"合理注意义务"则可以作为裁判者增强内心确信的辅助性判断因素，其逻辑根源还是在于驰名商标不论是在国内还是国外均具有一定的影响力，对消费者区分商品或服务来源有重大影响，在相同或不同类别的商品或服务上使用与驰名商标相同或近似的商标，会冲淡驰名商标的识别力，对驰名商标权人造成贬损商誉与削弱影响力的不利后果，甚至导致商标混淆可能性的产生。相较于普通注册商标，驰名商标的社会影响力更加广泛，知名度更高，涉外定牌加工企业作为相关公众理应负有比一般公众标准更高的注意义务，在此情形下，其涉外定牌加工行为作为商标使用行为则极有可能造成驰名商标商誉和识别力减损等损害，应构成商标侵权行为。

总的来说，目前涉外定牌加工企业仍具有入行门槛低、抵抗法律和经济风险能力较弱的缺点，且该类型企业主要分布在我国东南沿海，提供了大量就业机会，是我国外向型经济的重要组成部分，因此从社会效应和国家政策的角度来看仍不宜将涉外定牌加工行为过多认定为商标侵权行为，否则将对定牌加工企业形成致命的打击。笔者认为，如果将非侵害论和折中论的主要观点结合作为涉外定牌加工行为是否构成商标侵权的判断标准，即依据《商标法》的相关规定，将"商标使用行为+商标混淆可能性"作为判断基础，将涉外定牌加工行为认定为商标使用行为，再对商标混淆可能性进行判断，既能给国内注册商标权的保护留出接口，又能合理客观地判定商标侵权行为。与此同时，通过区分系争商标为普通注册商标还是驰名商标，来辅助判断该定牌加工企业是否负有合理注意义务、是否在明知驰名商标侵权的情况下仍然继续其加工行为，既可以明确涉外定牌加工企业的侵权行为程度，又可以起到一定的社会引导作用，增强相关公众对于知识产权保护的理解和重视。

（本案例由深圳国际仲裁院周立凡编撰）

案例16 注册商标转让的范围及企业名称变更的认定

仲裁要点：产权交易合同约定股权受让方不受让目标公司注册商标的，应结合合同目的及交易目的认定注册商标的范围。双方当事人约定目标公司变更其名称的，应理解为变更后的企业名称明显有别于更名前的企业名称，以达到普通民众能够明显区分而不产生混淆的效果。

一、案情概要

2010年10月29日，申请人A公司与第一被申请人B公司、第二被申请人C公司、第三被申请人D公司、第四被申请人E公司、第五被申请人F公司、第六被申请人G公司签订了《产权交易合同》和《产权交易合同之补充合同》（以下简称《补充合同》）。

《产权交易合同》第1条约定，申请人将所持有的H公司100%股权转让给六被申请人，转让价款为1541300000元。《补充合同》第一章定义部分约定："'转让股权'指根据产权交易合同及约定，申请人拟向六被申请人转让其依法拥有的H公司100%股权……惟转让股权项下的H公司资产不包括剥离资产、注册商标及注册域名。""'注册商标'指现时由H公司拥有的一系列注册商标使用权，其细节见本补充合同附件三（一）。""'注册域名'指现时由H公司依法拥有的一系列注册域名权利。"

上述合同签订之后，申请人按照合同约定将标的股权转让给了六被申请人，六被申请人于2011年4月8日经批准变更为H公司股东。申请人认为，其与六被申请人签订合同的目的是六被申请人受让H公司的股权后不能继续保留"某某"品牌，不能继续使用"某某"系列注册商标、包含"某某"字号的企业名称、注册域名。H公司从2011年5月26日《产权交易合同》交易完成之日起一直在使用"某某"系列注册商标及包含"某某"字号的 H 公司的名称,违反合同约定。因此,申请人依据《产权交易合同》及《补充合同》中的仲裁条款于 2014 年 5 月 30 日向深圳国际仲裁院申请仲裁,请求裁决(由于各方当事人均在庭审时同意并表示第七被申请人 I 公司是否最终取代第二被申请人、承受相应的权利义务由仲裁庭最终裁决确定,故下文在表示承担或不承担责任时所指的"六被申请人"可能指"第一、第二、第三、第四、第五、第六被申请人"或"第一、第三、第四、第五、第六、第七被申请人"):

1. 裁决六被申请人促使 H 公司立即将"某某"系列注册商标(包括 H 公司名下已经获准注册的、H 公司正在申请注册的全部与"某某"有关的注册商标)由 H 公司无偿转让至申请人。

2. 裁决六被申请人保证 H 公司不得许可他人使用及/或不得转让"某某"系列注册商标。

3. 裁决六被申请人促使 H 公司立即停止使用包含"某某"字号的企业名称。

4. 裁决六被申请人自 2012 年 11 月 25 日起直至上述"某某"系列注册商标全部无偿转让给申请人及停止使用包含"某某"字号的企业名称之日止按照每年 5000 万元的标准向申请人支付使用费,暂计算至申请日为 73194444.22 元。

5. 裁决六被申请人承担申请人为本案所支付的律师费,包括已支付的律师费 30 万元及将支付的按照裁决书裁定的六被申请人向申请人支付的使用费金额的 10%计算的律师费。

6. 裁决六被申请人承担本案的全部仲裁费用。

二、当事人主张

(一)申请人主张

1. 申请人与六被申请人签订合同的目的是六被申请人受让 H 公司的股权后六被申请人及 H 公司不能继续保留"某某"品牌,不能继续使用"某某"系列注册商标、包含"某某"字号的企业名称、注册域名。

2. 某某保险(中国)有限公司的字号是"某某",行业是"保险",组织形式是"有限公司"。因此,双方合同中约定的不得使用某某保险(中国)有限公司的真实意思表示是不得使用包含"某某"字号的企业名称。

3. 双方合同中约定的 H 公司一系列注册商标既包含了 H 公司已经获准注册的注册商标,也包含了已经申请注册但尚未获准注册的申请注册商标。

4. 六被申请人及 H 公司应该将 H 公司 38 个注册商标与新申请的 8 个注册商标一并无偿转让给申请人。《补充合同》对 H 公司注册商标制作了清单,但该份清单遗漏了 2 个已获准注册的注册商标,同时还遗漏了 2 个已经申请注册但尚未获得注册的申请商标。同时,H 公司另行申请的 8 个"某某"商标也与《补充合同》附件所列 35 个商标中的部分商标构成相同或相似,依法应一并转让。六被申请人应该促使 H 公司依法将上述 45 个注册商标或商标申请权无偿转让给申请人。

5. H 公司从 2011 年 5 月 26 日《产权交易合同》交易完成之日起至今一直在使用"某某"系列注册商标及包含"某某"字号的 H 公司的名称,因此六被申请人应该按照《产权交易合同》的约定履行合同义务向申请人支付使用费,使用费的标准为每年 5000 万元。

6. 六被申请人的违约行为使申请人不能按照合同约定无偿取得 H 公司一系列注册商标及不能使用包含"某某"字号的企业名称。六被申请人应该就其违约行为承担违约责任,赔偿申请人的损失。

(二)被申请人主张

1. 2010 年 10 月 29 日,申请人与被申请人签订《产权交易合同》及《补充合同》。此后,第二被申请人将其持有的 H 公司 20% 的股权转让给第七被申请人。最高人民法院《关于适用〈中华人民共和国仲裁法〉若干问题的解释》第 9 条规定:"债权债务全部或者部分转让的,仲裁协议对受让人有效,但当事人另有约定、在受让债权债务时受让人明确反对或者不知有单独仲裁协议的除外。"被申请人认为,鉴于产权转让行为发生在前,提起仲裁申请发生在后,故在本案中,第二被申请人并非适格的仲裁当事人。

2.《补充合同》第一章"定义"中,"注册商标"的含义是"指现时由 H 公司拥有的一系列注册商标使用权,其细节见本补充合同附件三(一)"。由此可见,本次交易合同约定的所有无偿转让的注册商标,均建基于 H 公司现时拥有的已注册商标之上。因此,对于 H 公司在交易完成日之后另行申请并注册的商标,申请人主张无偿转让并无任何合同和法律依据。

3. 根据合同约定,无偿转让的注册商标,范围具体,内容特定,指向明确,这是双方合意的最终结果,被申请人也已协助办理转让手续,不存在所谓遗漏一说。

4. 根据合同约定,被申请人已将"某某保险(中国)有限公司"名称变更为"H公司",申请人的上述主张,与合同约定明显不符,属于自行扩张解释。

三、仲裁庭认定的事实

1. 2010年10月29日,申请人与六被申请人签订了《产权交易合同》和《补充合同》,两份合同均合法有效。与本案有关的主要合同条款包括但不限于:

《产权交易合同》第1条产权转让的标的及价格约定:"申请人将所持有的某某保险(中国)有限公司100%股权有偿转让给六被申请人。转让价款总额为1541300000元。"

第5条产权转让中涉及资产处置约定:"经各方同意,产权转让中涉及的资产处置另行签署补充合同约定。"

第10条违约责任约定:"任何一方发生违约行为,都必须承担违约责任。"

《补充合同》第一章定义部分约定:"'转让股权'指根据产权交易合同及约定,申请人拟向六被申请人转让其依法拥有的H公司100%股权……惟转让股权项下的H公司资产不包括剥离资产、注册商标及注册域名。"

《补充合同》第一章定义部分约定:"'注册商标'指现时由H公司拥有的一系列注册商标使用权,其细节见本补充合同附件三(一)。"

《补充合同》第一章定义部分约定:"'注册域名'指现时由H公司依法拥有的一系列注册域名权利。"

《补充合同》第二章第2.5条第(一)项约定:"各方一致同意,于本合同签订之日起,申请人将努力争取促使H公司于交易完成日前办妥注册商标由H公司无偿转让至申请人或其指定公司名下的相关手续;若于交易完成日H公司未能完成注册商标转让手续,则六被申请人保证及承诺持续确保H公司于交易完成日后,尽快办妥该等商标转让手续,直至办妥注册商标转让手续为止。"

《补充合同》第二章第2.5条第(二)项约定:"若至交易完成日H公司未能完成商标转让手续,六被申请人保证H公司于交易完成日起不得许可他人使用及/或不得转让注册商标(本合同项下的商标转让手续除外)。"

《补充合同》第二章第2.5条第(三)项约定:"无论于交易完成日是否完成商标转让手续,申请人均同意于交易完成日后18个月内许可六被申请人免费使用注册商标及使用'某某保险(中国)有限公司'的名称。各方同意,于交易完成日后18个月届满之日起,六被申请人及/或H公司不得再使用注册商标及'某某保险(中国)有限公司'的名称,若六被申请人及/或H公司拟继续使用注册商标及使用'某某保险(中国)有限公司'的名称,则六被申请人须书面通知申请人签订有关协议并每年向申请人支付使用费5000万元后方可使用。"

《补充合同》第二章第2.5条第(四)项约定:"此外,六被申请人亦保证及承诺确保H公司于交易完成日起18个月内(或各方书面协议之其他日期)办妥变更H公司'某某保险(中国)有限公司'的名称的一切法律手续[出现本条第三段所述的申请人同意六被申请人及/或H公司于交易完成日后18个月届满之日起有偿使用注册商标及/或'某某保险(中国)有限公司'的名称情形除外]。"

另外,《补充合同》第2.6条对包括"ming××.com.cn"在内的相关域名权属与转让手续作出了明确的约定。

《补充合同》第6.3条第(五)项规定:"六被申请人保证及承诺,如商标转让手续于交易完成日时仍未办妥,则六被申请人确认并促使H公司确认申请人仍然是注册商标唯一的权利人及实际权益拥有人,直至商标转让手续办妥为止。"

《补充合同》第7.2条约定:"各方进一步同意,如六被申请人各方未按本合同约定在交易完成日后确保H公司继续办理剥离资产的剥离手续及商标转让手续,及/或未按本合同的约定变更H公司名称,及/或于本合同规定的期限届满后未按本合同约定办妥相关手续而继续使用注册商标及H公司'某某保险(中国)有限公司'的名称及/或许可他人使用及/或转让注册商标(本补充合同项下的商标转让手续除外),均构成六被申请人各方的违约,六被申请人各方需就此承担违约责任。"

2.《补充合同》附件三(一)清单列示的明确需转让的注册商标共35个。在《产权交易合同》签订之后,H公司已经在35个"清单列示的商标"的"转让申请/注册商标申请书"上盖章。各方对此事实无异议。

3.《补充合同》附件三(二)清单列示的需转让的域名共6个,该等域名已经办理完成了转让手续,双方对此没有异议。

4. 在《产权交易合同》签订时,某某保险(中国)有限公司有2个注册商标未列入补充合同附件三(一)之清单,另有已经申请注册但尚未获得注册的申请商标2个,其中一个在开庭时已经无效,另一个于交易完成日(2011年5月26日)后的2012年11月14日获准注册。剔除已经无效的商标申请。

5. 在《产权交易合同》及《补充合同》签订后的2011年6月28日,H公司申请了8个"某某"商标,这8个商标申请中,部分已经无效。剔除已经无效的商标申请,已经获得注册和还在审理中的商标共7个。

6. 标的公司"某某保险(中国)有限公司"于2011年3月申请变更企业名称为"H公司"。

7. 产权交易的交易完成日为2011年5月26日,交易完成后的18个月届满的期限为2012年11月25日。

8. 自交易完成日至开庭日,H公司在持续使用"某某"字号和商标。

四、仲裁庭意见

1. 3个"清单未列示的商标"和7个"新申请的商标",属于合同项下H公司应无偿转让给申请人的商标范围,但并未办理转让手续

综合考虑《产权交易合同》《补充合同》的相关条款,以及各方在签约之前相关背景、履约过程中往来沟通所反映的意思表示,仲裁庭认为,《补充合同》中界定的"注册商标"是"现时由H公司拥有的一系列注册商标使用权",应该理解为在签约之时H公司拥有的、与"某某"品牌有关的全部注册商标/商标申请,附件三(一)用于说明和补充。具体而言,除包括附件三(一)所列示的35个注册商标外,还应该包括当时已经申请的/已获注册的3个"清单未列示的商标"。

此外,7个"新申请的商标"为H公司于交易完成日之后的2011年6月28日申请,该7个商标均为"某某"中文文字商标,均属于第36类,分属第3601、3603、3604、3605、3606、3607、3608小类。而3个"清单未列示的商标"中有一个也为"某某"中文文字商标,该商标的注册类别涵盖了第3601、3602、3603、3604、3605、3606、3607、3608、3609类,该7个"新申请的商标"均属于"在同一种或者类似商品上注册的相同或者近似的商标",根据2002年发布的《商标法实施条例》第25条第2款的规定,应当一并转让。因此,申请

人的第1项、第2项仲裁请求,仲裁庭应予以支持。

2. "某某保险(中国)有限公司"变更企业名称为"H公司",不属于合同项下的更名

综合考虑《产权交易合同》《补充合同》的相关条款,以及各方在签约之前相关背景、履约过程往来沟通所反映的意思表示,仲裁庭认为,《产权交易合同》及《补充合同》所约定的更名,应理解为更名后的企业名称应明显有别于更名前的企业名称,以使普通民众能够明显区分而不至于混淆。"某某保险(中国)有限公司"更名为"某某保险有限公司"及"某某保险有限公司"更名为"H公司"仅是体现了区域和细分行业的属性变化,普通民众并不能够明显区分,所以仲裁庭认为不属于合同约定的更名。此外,由于"某某"商标在保险行业有一定的知名度,作为保险行业企业,如果使用"某某"作为企业字号,必然与同属保险类的"某某"商标形成混淆,因此,要达到能够明显区分而不至于混淆的目标,"某某"公司理应变更企业字号。因此,申请人的第3项仲裁请求,仲裁庭应予以支持。

3. 关于责任的承担

《补充合同》第二章第2.5条第(一)项约定:"各方一致同意,于本合同签订之日起,申请人将努力争取促使H公司于交易完成日前办妥注册商标由H公司无偿转让至申请人或其指定公司名下的相关手续。"由此可见,在交易完成日前,促使商标转让的义务方是申请人。如果申请人在交易完成日前完成当时所有商标的转让手续,则不仅签约时的38个商标可以按时转让,H公司后续提出的7个新的商标申请,也会因为与申请人所拥有的相同、近似商标发生冲突而被驳回,本案争议也就不会发生。因此,仲裁庭认为,申请人对于涉案商标未能及时转让过户,对于本争议的发生,理应承担一定的合同责任。

综合考虑,仲裁庭对于商标未及时转让及企业名称未按合同要求变更的结果,裁定申请人和六被申请人各承担50%的责任。

此外,考虑到在本裁决作出之日前,双方对于3个"清单未列示的商标"和7个"新申请的商标"是否应该无偿转让尚存在不同的解读、H公司企业名称变更是否符合合同约定存在争议的客观事实,按《补充合同》第二章第2.5条第(三)项约定的金额标准支付使用费对六被申请人明显不公平,应予以酌减。仲裁庭综合考虑,将本裁决生效前补偿使用费的金额酌情调整到原合同约定标准的30%,即每年为1500万元,每天为41096元。需支付使用费的

时间区间为自交易完成日后届满18个月即2012年11月25日次日起,暂计至开庭日即2015年8月3日,共计2年零252天。

根据上述责任划分原则和补偿使用费标准,计算出六被申请人应向申请人支付:

(1500万元/年×2年+41096元×252天)×50% = 20178096元。

4. 关于律师费、仲裁费及财产保全费用

根据案件事实及相关法律规定,经综合考虑,仲裁庭认定:对申请人所提出由六被申请人承担律师费的主张不予支持。仲裁费由申请人承担40%,由六被申请人承担60%。

5. 第二被申请人的责任由第七被申请人承担

最高人民法院《关于适用〈中华人民共和国仲裁法〉若干问题的解释》第9条规定:"债权债务全部或者部分转让的,仲裁协议对受让人有效,但当事人另有约定、在受让债权债务时受让人明确反对或者不知有单独仲裁协议的除外。"本案《产权交易合同》《补充合同》并未对产权再次转让的仲裁事宜予以约定,而第二被申请人于2011年5月与第七被申请人签订了《股权交易合同》,约定将其持有的20%股权转让给第七被申请人,并于2011年10月11日办理了工商变更手续。虽然该《股权交易合同》中并没有明确本案所涉争议的债权债务由谁承担,但根据第七被申请人主动申请加入仲裁的意愿,以及庭审中第二、第七被申请人的表述,参照前述司法解释的规定,可以认定该仲裁协议对股权受让人即第七被申请人有效,本案争议中第二被申请人所涉的债权债务由第七被申请人承担。

五、裁决结果

1. 第一、第三、第四、第五、第六和第七被申请人促使H公司在本裁决生效之日起3个月内将"某某"系列注册商标(包括H公司名下已经获准注册的、H公司正在申请注册的全部与"某某"有关的注册商标)由H公司无偿转让至申请人。

2. 第一、第三、第四、第五、第六和第七被申请人保证H公司不得许可他人使用及/或不得转让"某某"系列注册商标。

3. 第一、第三、第四、第五、第六和第七被申请人促使H公司在本裁决生效之日起3个月内立即停止使用包含"某某"字号的企业名称。

4. 第一、第三、第四、第五、第六和第七被申请人向申请人支付补偿使用费共计 20178096 元;如 H 公司未在本裁决生效之日起 3 个月内完成上述"某某"系列商标全部无偿转让给申请人,则第一、第三、第四、第五、第六和第七被申请人自该期限届满之日起,应按每年 2500 万元的标准向申请人支付使用费,直至全部商标无偿转让之日;如 H 公司未在本裁决生效之日起 3 个月内停止使用包含"某某"字号的企业名称,则第一、第三、第四、第五、第六和第七被申请人自该期限届满之日起,应按每年 2500 万元的标准向申请人支付使用费,直至停止使用之日。

5. 驳回申请人的其他仲裁请求。

6. 本案仲裁费由申请人承担 40%,由第一、第三、第四、第五、第六、第七被申请人承担 60%。

六、评析

本案是同时涉及商标和股权的产权转让纠纷,笔者就案涉争议焦点及产权交易合同相关问题评析如下:

(一)关于本案争议焦点

1.《补充合同》中未列示的 3 个商标和 7 个新申请的商标是否属于案涉合同项下 H 公司应当无偿转让给申请人的商标范围

仲裁庭认为,案涉合同中界定的"注册商标"是"现时由 H 公司拥有的一系列注册商标使用权"应该理解为在签约之时 H 公司拥有的、与"某某"品牌有关的全部注册商标/商标申请,附件三(一)用于说明和补充。具体而言,除包括附件三(一)所列示的 35 个注册商标外,还应该包括当时已经申请的/已获注册的 3 个"清单未列示的商标"和 7 个"新申请的商标"。

笔者认为,从文义角度而言,案涉合同约定的"注册商标"是指双方当事人在签订合同时目标公司所拥有的一系列已注册商标。"清单未列示"的 3 个商标虽然不在双方当事人书面确认无偿转让的商标清单内,但其仍然属于双方当事人在签订合同时目标公司拥有的注册商标。清单未列示的 7 个"新申请的商标"虽然尚未完成注册,但均为"某某"中文文字商标,属于"在同一种或者类似商品上注册的相同或者近似的商标",如果将其排除在无偿转让的商标范围之外,将难以实现申请人保留商标权的合同目的和效果。因为商标是标明商品或服务的来源并区别同类商品或服务的标记。这是商标最主要的功能。①《合同法》第125条第1款(《民法典》第142条)规定,当事人对合同条款的理解有争议的,应当按照合同所使用的词句、合同的有关条款、合同的目的、交易习惯以及诚实信用原则,确定该条款的真实意思。仲裁庭结合双方当事人的交易安排、交易目的及习惯,对合同条款进行了目的解释,将前述商标纳入无偿转让商标的范围,具有合理性。

值得注意的是,在判断是否为相同或近似商标时,分析其是否会导致公众对商品或服务来源产生混淆是司法实践中的重要判断依据,《商标法》及其实施条例要求一并转让也是出于这一考虑。②

2. 某某保险有限公司变更企业名称为H公司是否符合案涉合同的约定

仲裁庭认为,案涉合同所约定的更名,应当理解为更名后的企业名称应明显有别于更名前的企业名称,以使普通民众能够明显区分而不至于混淆。"某某保险(中国)有限公司"更名为"某某保险有限公司"及"某某保险有限公司"更名为"H公司"仅是体现了区域和细分行业的属性变化,普通民众并不能够明显区分,因此仲裁庭认为更名行为不符合案涉合同的约定。

笔者认为,从民事权利角度而言,名称权是法人或其他组织机构的一项人格权,具体包括设定权、使用权、变更权与转让权③,如果不存在违反法律规定或违背公序良俗的情形,某一名称就能被使用且受到法律保护。而从经营者的角度而言,企业名称所起到的作用与商标较为相似,商标用于区别不同商品或服务,而企业名称区分不同企业。《反不正当竞争法》从经营者视角对企业名称进行了保护,该法第6条第1款规定:"经营者不得实施下列混淆行为,引人误认为是他人商品或者与他人存在特定联系:……(二)擅自使用他人有一定影响的企业名称(包括简称、字号等)、社会组织名称(包括简称等)、姓名(包括笔名、艺名、译名等)……"可以看出,《反不正当竞争法》保护企业名称的出发点也是避免企业之间的混淆。

回归本案,仲裁庭认为,涉案合同约定六被申请人与H公司均不得再使用"某某"这一企业名称,应当理解为更名后的企业名称应明显有别于更名前的企业名称,以使普通民众能够明显区分而不至于混淆。笔者赞同仲裁庭

---

① 参见刘春田主编:《知识产权法》(第五版),高等教育出版社2015年版,第245页。
② 参见李莉莎、张璇:《涉近似商标一并转让合同纠纷的裁判思路》,载《中华商标》2020年第5期。
③ 参见王利明等:《民法学》(第五版),法律出版社2017年版,第302页。

的上述观点,更名应当达到什么样的标准,可以参照《反不正当竞争法》有关"混淆行为"的规定。第一,第 6 条第 1 款第(二)项要求企业名称有一定影响,本案中,H 公司在境内经营多年,其品牌及名称在境内这一地域范围以及所处行业市场中已有相当影响力,应当符合"有一定影响"的标准。第二,是否已经或可能引起混淆应当以一般公众的认识为标准,因为本案中 H 公司所经营业务主要面向的消费者为一般公众,一般公众对某一具体行业的认识专业度较低,从一般公众的角度出发有利于保护消费者权益,同时也不影响企业权益的保护。但是,H 公司的名称仍然含有"某某"字号,仅是体现了区域和细分行业的属性变化,普通民众并不能够明显区分,因此 H 公司的更名并不符合案涉合同的约定。

(二)案涉合同的性质及法律适用

案涉合同既涉及股权转让问题,也涉及商标转让、域名、企业名称使用权等问题,在《合同法》分则中没有直接对应的类型。依据法律是否对合同名称作出明确规定,可以将合同分为有名合同与无名合同。前者是指法律上已经有了明确的名称与规则的合同,而后者指没有明确的名称与规则的合同。① 如此划分的意义在于二者的法律适用不同。同时,无名合同又可以分为三类:(1)纯无名合同,即以不属于任何有名合同的事项为内容的合同;(2)准混合合同,指以一个有名合同的事项与一个新事项为内容的合同;(3)混合合同,指以一个有名合同的事项与另一个有名合同的事项为内容的合同。②

笔者认为,案涉合同属于准混合合同。第一,对于转让股权的部分,从权利性质上来说,股权不同于所有权,故股权转让协议不属于买卖合同的范畴。《公司法》第三章规定了有限责任公司的股权转让,属于《合同法》第 123 条"其他法律对合同另有规定"的情形,该部分为有名合同。但也有观点认为,尽管股权并不符合买卖合同要求的标的物的标准,但还是要对股权买卖与有体物买卖的相似性进行判断,如果存在相似性,则准用《合同法》关于买卖合同的规定。③ 第二,对于商标权的转让、许可使用,以及企业名称权问

---

① 参见吴汉东、陈小君主编:《民法学》,法律出版社 2013 年版,第 472 页。
② 参见吴汉东、陈小君主编:《民法学》,法律出版社 2013 年版,第 473 页。
③ 参见杨旭:《〈合同法〉第 167 条对股权买卖之准用——〈指导案例〉67 号评释》,载《现代法学》2019 年第 4 期。

题,《商标法》《民法通则》(《民法典》第 990 条、第 993 条)及《反不正当竞争法》也作出了规定,故该部分亦属于有名合同的内容。第三,对于转让域名①的部分,由于现有法律未作出规定,笔者认为不属于有名合同的内容。

对于混合合同(广义的混合合同包括准混合合同)的法律适用,理论界大致有吸收主义②、结合主义③、类推适用主义④三种主张。《合同法》第 124 条(《民法典》第 467 条第 1 款)规定,本法分则或者其他法律没有明文规定的合同,适用本法总则的规定,并可以参照本法分则或者其他法律最相类似的规定。有观点认为,该规定便是类推适用主义的体现。笔者认为,《合同法》第 124 条的规定要优于类推适用主义的观点,因为类推适用主义仍然强调将混合合同进行拆分,再分别适用相应规定,未全盘考虑整个混合合同约定的交易。比如,某一混合合同中既有买卖合同条款,又有租赁合同条款,如果买卖合同条款存在无效情形,无效条款是仅在买卖合同的范围内,还是会影响租赁合同条款的效力,需要结合整个合同交易及合同目的进行判断。因此,《合同法》体现的并非前述类推适用主义的观点,而应作更优的解释。

综上,笔者认为,对于案涉合同,涉及股权转让、商标权转让与许可使用、名称权转让的部分,应当直接适用相应的法律规定;而对于涉及域名转让的部分,则应当适用《合同法》总则的规定,并参照分则或其他法律最相类似的规定。

(本案例由深圳国际仲裁院庄淮清编撰)

---

① 对于域名的法律性质,理论界存在不同学说,如暂时搁置说、民事权益说、知识产权说等。也有学者认为,域名是一种类似知识产权的新型民事权益。参见邵培樟:《论域名的法律性质》,载《河北法学》2006 年第 6 期。

② 吸收主义是在区别混合合同中的主要构成部分与非主要构成部分的基础上,主张混合合同应适用该主要构成部分所归属的有名合同的法律规定,即在法律效果上,非主要构成部分被主要构成部分所吸收。参见杨崇森:《混名合同之研究》,载郑玉波主编:《民法债编文选集》,五南图书出版公司 1984 年版,第 211 页。

③ 结合主义是在将混合合同分解为若干个构成部分的基础上,主张混合合同的各个构成部分分别适用其所归属的有名合同的法律规定,并依据当事人可推知的意思综合加以适用。参见杨崇森:《混名合同之研究》,载郑玉波主编:《民法债编文选集》,五南图书出版公司 1984 年版,第 211 页。

④ 类推适用主义认为法律对混合合同既然没有规定,那么就应该就混合合同的各个构成部分类推适用其所归属各个有名合同的法律规定。参见史尚宽:《债法总论》,中国政法大学出版社 2000 年版,第 11 页。

专题四
软件开发及技术合同纠纷

案例17　技术开发合同条款的解释与合同变更的认定

仲裁要点：1. 技术开发合同一般仅对开发内容或者验收标准作概括性的描述，由双方当事人在实际履行过程中对开发内容进行具体约定。委托方在履行合同过程中就开发内容或开发需求的具体化不宜一概视为对合同内容的增加或变更，应当针对合同条款、双方当事人沟通的具体内容进行解释和分析。

2. 主张合同变更的一方当事人需承担相应的举证责任，当事人对合同变更的内容约定不明确的，推定为未变更。

一、案情概要

2019年6月27日，申请人A公司与被申请人B公司签订《技术开发（委托）合同》（以下简称《开发合同》），由申请人委托被申请人开发"JS移动应用平台"。合同约定被申请人自收到申请人预付款之日起50个工作日完成项目开发工作；项目造价为20万元；合同签订后两天内申请人支付预付款6万元，被申请人提供系统设计文档经双方确认签字后申请人支付架构款4万元，项目验收合格上架成功后两天内申请人支付验收款8万元。

申请人认为，申请人按照合同约定向被申请人支付软件开发费合计10万元，但被申请人未按照合同约定的截止日期完成软件的开发工作，被申请人未在约定期限内完成软件开发工作的行为已经构成根本性违约。因此，申请人依据《开发合同》中的仲裁条款于2019年12月17日向深圳国际仲裁院申请仲裁，请求裁决：

1. 解除被申请人与申请人之间签订的《开发合同》。
2. 被申请人向申请人返还软件开发费用10万元及利息1135.83元（利息以10万元为基数，按同期银行贷款利率自2019年9月7日起计算至款项付清之日止,暂计至 2019 年 12 月 10 日)。

3. 被申请人向申请人支付违约金 20 万元。

4. 被申请人承担本案律师费 60227.17 元。

5. 被申请人承担本案仲裁费。

6. 被申请人承担本案的保全费 2332 元、担保费 700 元。

二、当事人主张

(一)申请人主张

1. 申请人与被申请人签订的《开发合同》已经于 2019 年 12 月 7 日解除。被申请人没有按照《开发合同》的约定交付符合验收标准的技术成果,违反了主要的合同义务。申请人于 2019 年 11 月 8 日书面通知被申请人 1 个月后合同解除,符合《开发合同》第 15 条第 3 款的约定。

2. 被申请人应该退还申请人 2019 年 6 月 29 日支付的 6 万元预付款、2019 年 8 月 16 日支付的 4 万元二期架构款及利息,并按照《开发合同》的约定向申请人支付违约金 20 万元。被申请人截至 2019 年 9 月 6 日无法完成软件开发工作的行为已经构成根本违约。申请人注重软件开发的时效,约定了 50 天的开发周期,被申请人无法在约定期限内完成工作,使申请人丧失了开发软件的时效利益、大量市场机会和可得利益,已经构成根本违约。被申请人在邮件中主张的工期推迟计划申请人从未予以确认,被申请人也没有按照所谓的工期推迟计划完成软件开发。被申请人无法按期完成软件开发的原因是其效率低下。由于被申请人技术上的重大过失,导致申请人 JS 应用在苹果系统中被禁用,导致申请人的合同目的无法实现。

3. 被申请人主张申请人新增、变更需求导致其无法完成软件开发的理由与事实不符。申请人仅向被申请人提出过一项关于"预览效果"的新增需求,而该需求被申请人已明确拒绝不予开发。《修正 1.0.pptx》仅是申请人与被申请人对软件开发需求进行的正常沟通,也正是在《修正 1.0.pptx》的基础上双方对软件开发内容进行细化,于 2019 年 8 月 16 日达成《JS Android 移动应用详细设计说明》《JS IOS 移动应用系统详细设计说明书》《JS 后台管理系统详细设计说明书》,明确被申请人的具体开发内容。被申请人以发生在双方确定设计版本之前的聊天记录证明申请人在双方确定设计版本之后存在变更需求的行为,显然与常理不符。

(二) 被申请人主张

1. 被申请人与申请人于 2019 年 6 月 27 日签订《开发合同》,《开发合同》签订后被申请人按照契约合作精神,履行合同条款,全力配合申请人各项工作,并提交研发成果给申请人验收。在工作过程中,申请人不断增加并变更需求,且无法正常提供硬件,不断修改硬件通讯协议并严重影响被申请人的工作进展。

2. 申请人一直拖延签订需求变更与新增的补充协议,同时又要求被申请人投入研发人力与资源,催促被申请人交付成果。在被申请人克服困难提交研发成果后,申请人却对研发成果拒之不理。

3. 申请人在《开发合同》执行期间没有履行相关的义务,违反以下合同条款:

《开发合同》第 3 条第 1 款:申请人负责提供业务需求资料,如硬件与相关的通讯协议,原型与 UI 素材。

《开发合同》第 3 条第 5 款:申请人对项目实施结果进行验收,出具验收结论性报告。

《开发合同》第 8 条第 7 款:申请人验收不合格,应出具书面的异议,由被申请人进行相关的修改并再次提交申请人验收,如非被申请人的原因造成需要修改的,申请人只能要求被申请人修改两次,申请人自验收申请收到之日起 3 个工作日证实反馈的,自动验收合格。

《开发合同》第 10 条第 4 款:如因申请人的原因无法按期验收或申请人无正当理由拒绝接收被申请人交付的软件,申请人应支付给被申请人全额的开发费用。

《开发合同》第 15 条第 2 款:若申请人增加本合同以外的服务内容,需向被申请人另行支付费用,经双方协商一致同意,对本合同修改或补充的条款由双方授权代表签署补充协议,费用标准及金额由双方订立的书面补充协议具体约定,成为本合同的组成部分。

4. 被申请人按照《开发合同》执行相关的义务,并提交了验收请求与测试报告,不存在违约责任。

三、仲裁庭认定的事实

(一)关于《开发合同》的签订情况

2019年6月27日,申请人与被申请人签订《开发合同》。《开发合同》第1条约定,由被申请人开发"JS移动应用平台";《开发合同》第2条约定,项目需求以"系统思维导图"与"某UI"为准,后续补充系统设计文档以双方签字为准;《开发合同》第4条第1款约定,被申请人负责根据申请人的具体需求进行设计,并及时与申请人沟通,确保设计的功能符合实际操作和管理需要,被申请人应当依照合同及附件的约定完成项目开发,未经申请人事先书面同意,被申请人不得擅自变更。

《开发合同》第5条约定,被申请人自收到申请人预付款之日起50个工作日完成项目开发工作;《开发合同》第7条约定,项目造价为20万元;《开发合同》第9条约定,合同签订后两天内申请人支付预付款6万元,被申请人提供系统设计文档经双方确认签字后申请人支付架构款4万元,项目验收合格上架成功后两天内申请人支付验收款8万元。

《开发合同》第8条第4款规定,项目开发完成后由被申请人提出验收申请,经被申请人内部测试通过提供《测试报告》,即可按照项目进度配合申请人进行系统验收,所有系统功能模块符合合同要求,能够正常运行。

《开发合同》第10条第1款约定,若被申请人不能按申请人的需求完成项目,被申请人如数向申请人退回所收款项,并承担申请人相应损失,赔偿申请人20万元,合同自动失效;第10条第3款约定,若被申请人无故拖延开发工期,两周后开始每日按已付款2‰计算滞纳金。

《开发合同》第15条第2款约定,若申请人增加合同以外的服务内容,需向被申请人另行支付费用,经双方协商一致,对合同修改或者补充的条款由双方授权代表签署补充协议,费用标准及金额由双方订立的书面补充协议具体约定,成为本合同的组成部分。

(二)关于《开发合同》的履行情况

2019年6月28日,申请人与被申请人签署《移交清单》,申请人将可以正常使用的源代码、接口文档、JS应用市场账户资料、手柄交给被申请人操作及开发,源代码及账号经被申请人员工D某验证确认无误。

2019年6月29日,申请人向被申请人支付预付款6万元。

2019年8月2日,申请人员工E某向被申请人员工D某发送文件《修正1.0.pptx》,对"某UI"部分内容作出了更改。

2019年8月12日,申请人向被申请人支付架构款4万元。

2019年8月16日,被申请人出具《JS Android移动应用详细设计说明》《JS IOS移动应用系统详细设计说明书》《JS后台管理系统详细设计说明书》,明确被申请人的具体开发内容。

2019年9月10日,D某向申请人发送邮件,告知项目无法在原定的计划内发布稳定版本与验收,需要做工期推迟计划,并附件《JS工期推迟计划及说明》,请求申请人审阅与回复。被申请人在《JS工期推迟计划及说明》中认为,项目已经超出原定的开发计划,申请人存在新增、变更需求,需要额外增加开发工期94天,且申请人需要另行支付费用9.4万元。

2019年9月21日,D某邮件通知申请人,JS后台管理系统上周已经开发完成并且完成了测试工作,现提交正式版本进行验收请求,邮件附件为《JS后台管理系统测试报告》。

2019年10月1日,被申请人的员工F某邮件通知申请人,JS IOS用户端、官网以及工厂检测APP已经完成开发并且完成测试工作,现提交正式版本进行验收请求。附件为《JS IOS移动应用测试报告》《JS官网测试报告》《JS工厂检测APP测试报告》。

2019年10月11日,申请人向被申请人反映项目问题,被申请人提交的项目成果存在蓝牙、分辨率、界面不适配的问题。

2019年10月30日,D某向申请人发送邮件,告知由于申请人一直不予确认9月10日的项目延期与需求变更协议,项目组已经于2019年10月18日停止了该项目。

2019年10月31日,被申请人员工G某邮件联系申请人员工C某,指出:8月16日收到申请人架构款后,于8月19日正式开始项目开发工作,但中途申请人新增和变更需求,申请人应与被申请人签订补充协议并另外支付费用94000元。为避免持续投入人员成本和费用造成持续亏损,被申请人已经在2019年10月21日要求项目组成员暂时停止工作,等待双方协商一致并最后签署补充协议后再复工。

2019年11月1日,申请人员工C某邮件回复G某:"按原合同执行。"

2019年11月8日,申请人向被申请人发送邮件,通知解除《开发合同》,并要求被申请人返还已付款项10万元和违约金20万元。

四、仲裁庭意见

(一) 关于合同效力

仲裁庭认为,本案申请人与被申请人于2019年6月27日签订的《开发合同》是双方当事人自愿协商签订的,是双方当事人的真实意思表示,不违反中国的法律和行政法规的强制性规定,应属合法有效,并对本案双方当事人具有约束力。

(二) 申请人提交《修正1.0.pptx》对"某UI"内容作出了更改,是否超出了《开发合同》原定的项目开发范围

《开发合同》第2条约定,项目需求以"系统思维导图"与"某UI"为准,后续补充系统设计文档以双方签字为准;《开发合同》第4条第1款约定,被申请人负责根据申请人的具体需求进行设计,并且及时与申请人沟通。可见,《开发合同》本身约定的项目需求具有概括性,仍然应以申请人的具体需求为准,需要双方进行具体的沟通,申请人有权依照《开发合同》向被申请人明确其具体的需求。从客观上看,软件开发也需要经过多轮沟通确认需求再提供解决方案,因此不能单纯地将需求的沟通与确认等同于需求的增加与变更。根据仲裁庭查明的事实,2019年8月2日申请人员工E某向被申请人员工D某发送文件《修正1.0.pptx》,对"某UI"部分内容作出了更改。2019年8月16日,被申请人出具《JS Android移动应用详细设计说明》《JS IOS移动应用系统详细设计说明书》《JS后台管理系统详细设计说明书》,明确被申请人的具体开发内容。从时间点上看,被申请人在其已经明确具体开发内容后,于2019年9月10日以申请人8月2日修正"某UI"新增、变更需求为由,要求推迟工期,理由不能成立。按照《开发合同》的约定,若被申请人认为申请人新增、变更需求应当在提出开发方案时及时与申请人沟通确认。《开发合同》约定以"某UI"为笼统的标准去确认具体需求,修正后的"某UI"并非新增的其他文件,故被申请人若主张修正后的"某UI"不在《开发合同》约定的需求范围内,更应当及时与申请人进行沟通与说明,而非直接出具具体的开发方案。

因此，申请人提交《修正 1.0.pptx》对"某 UI"内容作出了更改，并未超出《开发合同》原定的项目开发范围，被申请人仍然有义务按照修正的"某 UI"在《开发合同》约定的工期内完成开发任务。

(三)《开发合同》是否已经变更，被申请人是否仍应按《开发合同》约定的工期完成项目开发

《开发合同》第 4 条第 1 款约定，被申请人应当依照《开发合同》及附件的约定完成项目开发，未经申请人事先书面同意，被申请人不得擅自变更。《开发合同》第 15 条第 2 款约定，若申请人增加《开发合同》以外的服务内容，需要向被申请人另行支付费用，经双方协商一致，对《开发合同》的修改或者补充的条款由双方授权代表签署补充协议，费用标准及金额由双方订立的书面补充协议具体约定，成为《开发合同》的组成部分。因此，双方变更《开发合同》，应当另行签订书面的变更合同。根据仲裁庭查明的事实，申请人与被申请人之间未签订书面的变更合同。因此，《开发合同》未发生变更，被申请人仍应按《开发合同》约定的工期完成项目开发。

(四) 被申请人是否存在根本违约行为，《开发合同》是否已解除

如上所述，申请人提交《修正 1.0.pptx》对"某 UI"内容作出了更改，并未超出《开发合同》原定的项目开发范围，《开发合同》也未经变更，被申请人仍应按照申请人的需求与《开发合同》约定的工期完成项目开发。根据仲裁庭查明的事实，被申请人未在《开发合同》约定的工期内即 2019 年 9 月 6 日前完成项目开发工作，同时被申请人提交的项目成果存在蓝牙、分辨率、界面不适配的问题。但对于被申请人在 2019 年 10 月 1 日提交的项目成果，申请人并未明确拒绝受领，并在 10 月 11 日向被申请人反映了项目问题。随后至 10 月 21 日期间内，双方仍在对项目版本进行沟通和修改，被申请人逾期交付的行为实际上得到了申请人的追认。因此截至 2019 年 10 月 11 日，即使被申请人存在迟延履行的行为，但尚未构成根本违约。

然而，2019 年 10 月 30 日和 31 日被申请人通知申请人，被申请人已经停止项目的开发工作，以申请人未签署补充协议和支付额外费用为由明确表示不再履行主要债务。被申请人以上行为已经构成根本违约。

2019 年 11 月 8 日，申请人向被申请人发送邮件，通知被申请人解除《开发合同》。根据《开发合同》第 10 条第 1 款"若被申请人不能按申请人的需

求完成项目,被申请人如数向申请人退回所收款项,并承担申请人相应损失,赔偿申请人20万元,合同自动失效"和《开发合同》第15条第3款"双方均可由于对方未履行其在本合同内的义务而终止本合同,但应提前一个月书面通知对方"的约定,对于申请人请求裁决解除《开发合同》,《合同法》第93条规定:"当事人协商一致,可以解除合同。当事人可以约定一方解除合同的条件。解除合同的条件成就时,解除权人可以解除合同。"第96条规定:"当事人一方依照本法第九十三条第二款、第九十四条的规定主张解除合同的,应当通知对方。合同自通知到达对方时解除。对方有异议的,可以请求人民法院或者仲裁机构确认解除合同的效力。法律、行政法规规定解除合同应当办理批准、登记等手续的,依照其规定。"仲裁庭确认《开发合同》已于2019年12月8日解除。

(五)关于被申请人是否应承担违约责任

《合同法》第97条规定:"合同解除后,尚未履行的,终止履行;已经履行的,根据履行情况和合同性质,当事人可以要求恢复原状、采取其他补救措施,并有权要求赔偿损失。"对于申请人请求返还预付款和架构款共计10万元及其利息,仲裁庭予以支持。利息以10万元为基数,按全国银行间同业拆借中心公布的贷款市场报价利率自2019年12月8日起计算至款项付清之日止。

被申请人认为申请人不断变更和新增需求以及变更硬件协议导致被申请人违约的理由不能成立,被申请人应当对其违约行为承担违约责任。申请人请求被申请人根据《开发合同》第10条第1款的约定支付20万元违约金,明显超过其已经支付的10万元款项。申请人亦没有举证证明其因被申请人违约行为实际遭受的损失。对于申请人请求被申请人支付20万元违约金,仲裁庭酌情在2万元的范围内予以支持。

五、裁决结果

1. 申请人与被申请人于2019年6月27日签订的《开发合同》于2019年12月8日解除。

2. 被申请人向申请人返还软件开发费用10万元及利息(利息以10万元为基数,按全国银行间同业拆借中心公布的贷款市场报价利率自2019年

12月8日起计算至款项付清之日止)。

3. 被申请人向申请人支付违约金2万元。
4. 被申请人承担本案前期律师费1000元,承担后期律师费2万元。
5. 被申请人补偿申请人保全费1632.40元、担保费490元。
6. 本案仲裁费由申请人和被申请人各承担50%。
7. 驳回申请人的其他仲裁请求。

六、评析

本案涉及软件类技术委托开发合同纠纷当中具有典型性的争议焦点。在该类纠纷案件中,当事人的争议主要集中在合同开发内容或范围、合同变更以及根本违约的认定上。下面针对这三点作进一步的分析与总结,希望能为同类案件的裁判提供有价值的参考。

(一)合同标的内容的解释与确定

对于大多数合同类纠纷如买卖、借款、承揽以及股权转让纠纷,争议点往往集中在合同履行层面,关于合同成立、标的内容具体确定这些前置要件一般不会产生太大分歧,不需要对合同标的内容作太多的解释。但对于技术开发合同类纠纷,由于合同标的的抽象性和复杂性,合同的解释几乎成为当事人双方的必争之地,是否违约等合同履行上问题的确定首先有待于对合同标的内容的解释与确定。

申请人申请仲裁的主要事实理由是被申请人没有按期交付符合合同约定的开发成果,被申请人构成违约。被申请人抗辩认为其不构成违约,且开发成果存在的技术问题超出了约定的范围。被申请人实际上是抓住了软件开发合同在开发内容、范围或要求上普遍存在的模糊性和框架性,先在合同成立、合同内容或意思表示的解释这一层面进行防守与抗辩,主张有关范围或要求的约定不成立,这是本类型纠纷案件中常见的抗辩组合。此类案件的违约认定问题很大程度上可以归结为合同解释的问题。[1] 故对于本类案件,在判断有关技术问题是否构成违约之前,首先需要对合同文本、各类需求

---

[1] 参见黎淑兰、陈惠珍、范静波:《计算机软件开发合同纠纷疑难问题研究》,载《法律适用》2018年第21期。

规格说明文档中的相关专业术语、功能模块或技术指标进行一番解释,以确定相关技术问题究竟是否在合同约定的范围内。

本案的特别之处在于不需要对有关功能或指标进行实质性的解释,而是结合软件开发的常规流程、软件开发合同的框架性特点、涉案合同对于需求确认方式或需求解释权的具体约定、双方实际沟通需求的方式和时间点,从形式上确定合同的开发内容与范围。

软件开发是将用自然语言表达的开发需求转化为用机器语言表达的开发成果的一个过程,实施开发项目最先涉及的是对开发需求作进一步的具体分析、转化与确认。对于采用瀑布模型的开发流程而言,架构设计、代码编写、测试上线等后续的软件实现以前期详尽完备的需求分析为前提。而在迭代开发模型中,需求在开发成果测试上线后甚至还需要反过来进行修正与完善。[①] 因此在订立软件开发合同时,当事人一般选择对开发内容与范围或者验收标准仅作框架性与概括性的描述,而在实际履行过程中再加以具体化。那么在合同履行过程中将会表现为双方当事人就开发内容进行了多轮反复的沟通。因此在本类型案件中,不宜将合同履行过程中委托方提出的需求一概视为对开发内容的增加或变更,应当结合合同的相关约定、双方沟通的方式与时间点进行具体分析。从利益衡量与促进交易的角度而言,原则上也不宜苛求委托方一次性把开发需求描述明确,原则上考虑给委托方,尤其是不具有相关技术背景知识或接受了开发方格式合同的委托方更多的解释权限与空间。一般情况下开发方更有能力在前期做好需求调查、分析与管理的工作,对开发成本作出合理的预估,根据诚实信用原则,在项目进行过程中发现问题应该及时反馈说明,不应在项目中后期坐地起价、额外收费。

就本案而言,首先,合同中约定了项目需求以"系统思维导图"与"某UI"为准,后续补充系统设计文档以双方签字为准,对开发范围作出了有待具体化的框架性约定。申请人后续提交了修正版的"某UI",从形式上看可以初步认定在原合同的框架范围内。其次,双方约定被申请人负责根据申请人的具体需求进行设计,并且及时与申请人沟通,本身赋予申请人一定程度的解释权,并对被申请人课以及时沟通的义务。最后,被申请人在收到修正版的"某UI"后,并没有及时提出项目可能存在需要延期或涉及额外费用的情况,而是径直提供了后续的开发方案文档,近一个月后以申请人增加、变更需

---

① 参见《软件工程 软件工程知识体系指南》(GB/Z 31102-2014)。

求为由要求推迟工期和增加费用,有违诚实信用原则。因此,仲裁庭结合软件开发的常规流程、软件开发合同的框架性、合同对于需求确认方式或需求解释权的具体约定、双方实际沟通需求的方式和时间点,从形式上作出了修正版"某UI"仍在合同开发内容与范围内的认定,被申请人有义务按照修正版的"某UI"履行合同,根据开发成果是否符合修正版"某UI"的要求进而判断是否构成违约。

(二)合同变更的认定

关于合同是否发生变更,也是本类型纠纷案件中常见的争议焦点。一方当事人可能考虑原有的框架性、模糊性的合同约定解释起来难度太大或不利于己方,另而主张双方在合同的履行过程中达成了新的合意,变更了合同的开发内容。在软件开发过程中,委托方的需求也常会根据市场状况发生变化,开发方对需求的理解和执行程度也会不断发生变化,随着双方交流不断深入,以及开发项目的进展情况、市场的变动情况、双方自身经营状况的变化情况,软件开发合同的履行实际上是一个动态过程,合同的标的也可能处于动态调整之中。① 这个争议焦点仍旧属于合同成立、意思表示的解释问题,尤其需要解释和分析当事人前后意思表示之间的关系。从审判的逻辑上来说,认定有关技术问题是否超出合同约定的范围,同时需要密切考虑双方在合同履行过程中是否达成了新的合意、变更了合同开发的内容与范围。一方面,若双方实际变更了合同,可能使得开发方无须再负责原本在开发范围内的技术问题,也可能使得开发方仍要负责原本在开发范围外的技术问题。另一方面,若认定有关技术问题没有超过原本的开发范围,那么从逻辑上或内容上就不太可能就同一技术问题再去提新增或变更,但也可能涉及委托方同意延期或验收标准放宽(包括认定有关技术问题超过原本开发范围的),仍要根据邀约承诺的规则、合同的具体约定或有关交易惯例进一步判断是否发生合同变更。

本案中,被申请人除了主张开发成果存在的技术问题超出了合同约定的范围,还进一步主张合同发生了变更,认为该部分技术问题属于申请人的新增需求,并曾提出反请求要求申请人就该新增需求的开发工作支付额外的开发费用(后因未及时缴纳反请求仲裁费而被视为未提出)。虽然仲裁庭是根

---

① 参见徐卓斌:《技术合同制度的演进路径与司法理念》,载《法律适用》2020年第9期。

据双方明确约定的合同变更条件,即需签署书面协议,认定合同未发生变更,但其实也考虑了当事人双方前后意思表示的关系,以及有关沉默、合同变更推定的规则背景。

由于仲裁庭认定相关技术问题并未超出合同约定的范围,那么从逻辑上讲,也就难以认定申请人有新增需求,也难以支持合同变更的主张。在此前提下,被申请人按照申请人后续提出的需求进行开发,就是在原有约定范围内履行合同,无权请求额外的费用。同时申请人与被申请人明确约定了合同变更的条件,要求签署书面协议,对此并无证据证明。此外,申请人在被申请人提出变更合同时,一直未予确认,属于沉默的状态。对于沉默是否构成意思表示,本案适用的《合同法》未明确规定。根据理论通说,沉默只有在有法律规定、当事人约定或者符合当事人之间的交易习惯时,才可以视为意思表示,现也已经实证化于《民法典》第140条第2款中。再者,《合同法》第78条(《民法典》第544条)规定,当事人对合同变更的内容约定不明确的,推定为未变更,对主张变更的一方当事人提出了更高的举证义务,而被申请人的举证未达优势。故仲裁庭对被申请人的主张未予支持。

值得进一步思考的是,若申请人后续提出的开发需求确实超出了原有的约定范围,被申请人又实际按照新的需求即在原定范围外进行了开发,但双方确实没有签订合同变更协议,被申请人是否仍有权要求申请人支付额外费用?

必须指出的是,根据《合同法》第330条第3款(《民法典》第851条第3款)的规定,技术开发合同应当采取书面形式。根据《合同法》第11条(《民法典》第469条)的规定,书面形式是指合同书、信件和数据电文(包括电报、电传、传真、电子数据交换和电子邮件)等。若当事人只是没有签订纸质的合同书,仍有可能通过数据电文的形式达成合同变更。若当事人明确约定需签订合同,或者当事人的确没有其他书面形式的合意,仍可以根据《合同法》第36条与第37条(《民法典》第490条)的规定,证明一方已经履行主要义务,对方已经接受,那么仍旧可以认定合同变更。另外,双方也可能成立事实上的技术咨询合同。① 对于技术咨询合同,法律并无书面形式的要求,不排

---

① 参见猫鼠游戏:《软件生存周期视角下的开发合同纠纷疑难问题初探》,载 https://mp.weixin.qq.com/s/1ysf2Ri9aQ1z9wSlYRgADg,访问日期:2021年9月18日。

除双方通过电子邮件、口头乃至实际履行的行为,另外成立一个技术咨询合同。① 因此,至少在开发方有证据证明自己已经履行主要义务、委托方已经接受的情况下,可以认定合同变更,从而考虑支持开发方额外费用的请求。② 当然,开发方原则上还能主张委托方构成缔约过失③、不当得利,篇幅所限在此不再展开。

(三) 根本违约的认定

技术开发在开发周期与开发结果上存在客观的不确定性与风险性,故技术开发合同一般不涉及定期行为,当事人约定的开发周期或计划多为预估性质,合同约定的履行期限对委托方的利益往往不产生根本影响,开发方的履行迟延不会立即导致委托方主要合同利益落空。而对于一些技术瑕疵,开发方一般也多有作出修正补救的机会。④ 法律上对于开发方的违约行为也相对比较宽容,如最高人民法院《技术合同解释》第 15 条规定:"技术合同当事人一方迟延履行主要债务,经催告后在 30 日内仍未履行,另一方依据民法典第五百六十三条第一款第(三)项的规定主张解除合同的,人民法院应当予以支持。当事人在催告通知中附有履行期限且该期限超过 30 日的,人民法院应当认定该履行期限为民法典第五百六十三条第一款第(三)项规定的合理期限。"又如最高人民法院《关于印发全国法院知识产权审判工作会议关于审理技术合同纠纷案件若干问题的纪要的通知》第 30 条规定:"技术合同履行中,当事人一方在技术上发生的能够及时纠正的差错,或者为适应情况变化所作的必要技术调整,不影响合同目的实现的,不认为是违约行为,因此发生的额外费用自行承担。但因未依照合同法第六十条第二款的规定履行通知义务而造成对方当事人损失的,应当承担相应的违约责任。"因此,对于技术开发合同中的迟延履行或瑕疵履行,若仍存在继续履行与补救的可能,不会构成根本违约,此时守约方需要及时催告,给予违约方,尤其是主动

---

① 实务中也有不少的开发方会约定对委托方新增需求的评估分析工作进行单项收费。
② 参见(2021)最高法知民终 308 号民事判决书:双方就涉案项目的开发虽然没有签订书面合同,但均确认涉案项目已完成并投入使用,可以确认开发方完成了涉案项目的开发,委托方接受了履行,因此,双方没有签订书面合同不影响合同的成立。
③ 有关缔约过失责任的分析可以参见《软件生存周期视角下的开发合同纠纷疑难问题初探》一文中的分析。
④ 参见欧修平:《技术合同违约行为的审查判断》,载《人民司法》2013 年第 5 期。

提出补救、仍有开发能力和开发意愿的开发方补正履行的机会。只有开发方在经催告后仍未及时履行或者履行仍不能符合约定，或者并无继续履行的能力或意愿，甚至明确拒绝继续履行，才有可能构成根本违约。进一步而言，委托方在个别情况下甚至有义务协助配合与受领验收开发方补救的成果，若未履行协力义务，委托方反而会构成违约。另外，委托方是否受领、默认或追认开发方的补救行为，也会影响开发方是否构成根本违约的判断。委托方未及时追究开发方的违约行为，未在除斥期限内行使解除权，也会导致解除权的消灭或者视为放弃。

仲裁庭考虑到申请人并没有证明约定的履行期限对合同目的的实现至关重要，申请人也未拒绝受领被申请人逾期交付的开发成果，对开发方有一定程度上的宽限与追认，故仲裁庭认定此时被申请人虽构成迟延履行，尚不构成根本违约。值得注意的是，在本类案件中，开发方常以委托方违约或未支付开发费用为由而停止继续履行合同，但若委托方实际上没有违约或不需要支付开发费用，开发方则不存在抗辩权，其行为可能就转化为一种拒绝补救的行为，导致原本尚不构成根本违约的行为构成了根本违约。

（本案例由深圳国际仲裁院仲裁员崔军编撰）

案例18 软件开发周期、成果交付及验收的认定

仲裁要点：1. 软件开发合同当事人在履行合同过程中，因委托人延迟交付相关设备或软件，导致受托人未能如期开展软件开发工作的，开发周期应相应延后。

2. 开发成果是否交付属于法律事实的判断问题，涉及举证责任的分配。交付作为积极行为，应由受托人承担成果交付的举证责任。

3. 在缺失验收证据的情况下，如委托人陆续支付了全部开发款项，可以结合双方的沟通记录视为委托人通过软件验收，受托人无须承担违约责任。

一、案情概要

2017年4月20日，申请人A公司作为甲方与被申请人B某作为乙方签订《委托开发协议》（以下简称"合同"），约定由申请人委托被申请人开发执法仪软件，被申请人应在合同签署后100日内完成开发，另外还约定了开发费用及支付方式、争议解决方式等事宜。合同签订后，申请人向被申请人支付了开发费用，但是申请人认为被申请人未如约完成软件开发工作，致使其重新委托第三方完成相关工作并支出了相关开发费用。因此，申请人依据合同中的仲裁条款于2019年6月18日向深圳国际仲裁院申请仲裁，请求裁决：

1. 被申请人向申请人返还已经支付的全部研发费用14万元。
2. 被申请人向申请人支付重新委托开发的费用2.1万元。
3. 被申请人向申请人支付违约金1.4万元。
4. 被申请人立即向申请人赔偿样品机费用1万元。
5. 被申请人承担本案所有的仲裁费用及律师服务费1.6万元。

二、当事人主张

(一) 申请人主张

1. 双方当事人对双方款项往来的事实没有争议,结合款项支付的时间、金额等基本事实,可以查明双方除案涉软件开发外,并不存在其他的合作,案涉款项均为申请人因案涉合同所产生的费用。上述费用远超过双方的合同金额,而且前后时间长达一年半之久,早已超过案涉合同 100 日的开发时限的约定。

2. 被申请人至今仍没有向申请人交付经过申请人确认合格的劳动成果,只是向申请人的原法定代表人 C 某发过几次电子邮件,但双方并未就被申请人交付的工作成果是否符合合同要求进行过任何确认,被申请人以发过电子邮件就证明已经完成案涉劳动成果的观点是错误的。

3. 结合被申请人的陈述,其明确承认案涉样机仍在其掌控之中,并未交还给申请人,这也印证了双方没有进行劳动成果确认的工作。

4. 正是由于被申请人的严重违约行为,申请人不得不寻找第三方继续完成案涉软件开发工作,并且申请人是在 2018 年 11 月 27 日向被申请人支付最后一笔费用仍然无法解决的情形下才于 2019 年 1 月 9 日寻找第三方继续开发案涉软件。

5. 被申请人声称其与 C 某有口头约定其他的开发项目,却未能提供任何证据证明有所谓的其他合作项目,亦不能对超出合同约定的款项作出合理说明,而其所提交的其他证据只是证明被申请人曾经向申请人提交过阶段工作,但并未证明双方当事人对其提交的劳动成功进行过确认或验收。申请人在支付了合同约定的 9 万元费用之外,另行向被申请人支付了 5 万元的开发费用,只为被申请人能够如约完成软件开发工作,但被申请人却仍未完成。

(二) 被申请人主张

1. 申请人要求被申请人返还已支付的全部研发费用 14 万元无法律和事实根据。

软件开发期间,因被申请人需要申请人提供执法仪设备硬件及其配套系统软件支持,但直至合同订立70天后的2017年6月30日,被申请人才收到申请人系统软件工程人员提供的可供运行的系统软件,这严重影响了被申请人的软件开发和调试进度,致使项目整体开发进度受到严重影响。面对申请人造成的如此不利影响,被申请人克服种种困难,于2017年8月10日按合同约定完成软件开发中的"1.执法仪设备端录像功能(第一阶段需求)"并交付申请人。申请人确认项目开发进度达到合同第2.2条约定的"执法仪设备端录像功能(第一阶段需求)完成"状态后,支付开发费用4万元(实际比原合同约定3.6万元多支付4000元)。

2017年9月27日,被申请人软件开发进度达到合同约定的"执法仪设备端设置功能、执法仪应用及其SDK开发包(第二阶段需求)完成"状态,要求申请人确认软件功能并支付合同第2.3条约定的尾款2.3万元。申请人以公司资金紧张和软件功能确认需要时间为由,要求分次付款,当日被申请人收款1.5万元后,直至2018年1月9日,申请人拖延3个多月后,才确认项目可以结案,确认当日,被申请人按照申请人的要求发送项目全部源代码到指定邮箱(系申请人的原法定代表人C某配偶D某的QQ邮箱)后,申请人支付了最后剩余的8000元尾款。

至此,被申请人完成了合同约定的软件开发全部事项,申请人也完成了相应软件开发费用9万元的支付。除保密条款外,该合同约定的其他事项均已履行完毕。

至于申请人提出的"另行向被申请人支付了5万元的开发费用",这5万元费用支付发生在合同履约结束(2018年1月9日)之后,系申请人要求额外增加软件功能所支付的软件二次开发费用,不属于该合同约定和履约事项,与该合同约定和履约无关。

2. 申请人要求被申请人支付其重新委托开发的费用2.1万元没有法律依据。

合同约定软件版权归申请人所有,被申请人根据合同交付源代码后,申请人可在源代码基础上进行任何二次开发,也可委托包括被申请人在内的其他任何潜在服务商进行二次开发,申请人对此拥有完全的处分权。至于申请人是否委托他人进行二次开发以及开发费用多少与被申请人毫不相干,申请人要求被申请人支付其重新委托开发的费用2.1万元无法律依据。

3. 申请人要求被申请人支付违约金1.4万元没有法律依据。

根据《合同法》的规定,当事人一方不履行合同义务或者履行合同义务不符合约定的,应当承担继续履行、采取补救措施或者赔偿损失等违约责任。被申请人对两份合同义务的履行是适当的,符合合同约定,否则申请人不会贸然支付合同价款。被申请人既已按要求履约,且申请人也已支付合同对价,现又要求被申请人支付违约金无法律依据。

三、仲裁庭认定的事实

1. 2017年4月20日,申请人与被申请人签订合同,约定如下:

申请人委托被申请人开发执法仪软件,双方经过友好协商,为保障双方的权利和义务,根据《合同法》的相关规定,达成如下协议:

第一条 软件开发时间及进度

在申请人支付被申请人定金之日起,100(包含周六、周日)日内完成开发,具体功能如下:

1. 执法仪设备端录像功能(第一阶段需求);
2. 执法仪设备端设置功能及其SDK开发包(第二阶段需求);
3. Android版执法仪应用;
4. 以上功能不包括连接电脑端通信协议相关操作功能。

双方就开发项目的开发进度达成一致之后,由被申请人填写《开发进度表》,本合同签字盖章之后,《开发进度表》同步生效。

在本合同签订完毕之日起双方协议的开始时间,非经申请人书面同意,开发期限不得变更。

……

被申请人不得无故拖延申请人进度,如果被申请人无故拖延开发或无法实现规定的功能要求,申请人有权要求返还开发款,取消本协议。

第二条 开发费用及支付方式

1. 软件开发总费用为90000元。申请人按照以下方式分次付给被申请人。
2. 支付方式

2.1 合同签订后一个工作日内,申请人支付被申请人30%定金,即27000元整。

2.2 开发项目的开发进度达到执法仪设备端录像功能(第一阶段需求)完成状态,申请人支付被申请人40%开发费用,即36000元。

2.3 开发项目的开发进度达到执法仪设备端设置功能、执法仪应用及其 SDK 开发包(第二阶段需求)完成状态,申请人支付被申请人 30% 开发费用,即 27000 元。

第三条 开发项目的归属

被申请人为申请人开发的项目版权归申请人所有,交付申请人使用时应提交全部资料。

被申请人未经申请人的书面通知,不得将上述资料用于本项目之外的任何项目。

被申请人必须按照合同进行服务,如果违约,申请人有权索回软件款项并终止合同。

……

第六条 违约金或损失赔偿额的计算方法

在申请人支付定金之后,因被申请人自身能力的原因导致开发项目不能继续进行的,被申请人应全额返还申请人所支付的预付款,由此对申请人产生的影响,申请人保留追究权利。

被申请人未按期完成开发约定的,每推迟 7 天扣除总开发费用的 5%,如果推迟至一个月,费用全部退回给申请人,包括定金。

……

2. 申请人原法定代表人 C 某通过招商银行个人账户向被申请人支付款项的日期及金额如下:

日期	金额(元)
2017 年 4 月 21 日	27000
2017 年 6 月 14 日	15000
2017 年 7 月 10 日	20000
2017 年 8 月 10 日	20000
2017 年 9 月 27 日	15000
2018 年 1 月 9 日	8000
2018 年 5 月 25 日	15000
2018 年 7 月 27 日	10000
2018 年 11 月 8 日	10000
2018 年 11 月 27 日	15000

3. 2018年4月11日,申请人法定代表人由C某变更为E某。

四、仲裁庭意见

(一)关于本案合同的效力

仲裁庭认为,本案申请人与被申请人于2017年4月20日签订的合同是双方当事人自愿协商签订的,是双方当事人的真实意思表示,不违反中国的法律和行政法规的强制性规定,应属合法有效,并对本案双方当事人具有约束力。

(二)关于本案的争议焦点

1. 本案软件开发是否完成?

申请人为被申请人进行了软件开发,但是被申请人没有完成合同约定的开发成果,阶段性成果也没有经过双方确认,被申请人提供源代码不代表完成了软件开发任务,如果被申请人主张已完成案涉合同约定的软件开发工作,就应当证明其已经提交经过双方确认的软件,以及确认的过程和相关证据。

被申请人认为本项目的执法仪包括硬件、系统软件和应用软件三个部分,被申请人只做应用软件部分。2017年6月30日,被申请人收到申请人发来"执法仪项目系统软件"电子邮件后开始开发工作;2017年10月26日,被申请人发送"执法仪软件测试版"电子邮件给C某测试;2018年1月9日,被申请人发送项目全部源代码到C某配偶D某的QQ邮箱。被申请人与申请人的法定代表人C某及其配偶D某完成交接,申请人根据合同第2.3条的约定付款。

仲裁庭认为,双方签署的合同并未明确约定软件交付方式,亦未约定软件开发成果的确认方式,双方在合同生效后,亦未对上述内容进行补充约定,仲裁庭参照《合同法》第62条"当事人就有关合同内容约定不明确,依照本法第六十一条的规定仍不能确定的,适用下列规定:(一)质量要求不明确的,按照国家标准、行业标准履行;没有国家标准、行业标准的,按照通常标准或者符合合同目的的特定标准履行。……(五)履行方式不明确的,按照有利于实现合同目的的方式履行……"的规定进行认定。

(1) 被申请人软件交付履行方式的认定。

被申请人当庭演示了"126网易免费邮"邮件记录,表明申请人通过电子邮件将开发需要的软件发给被申请人,被申请人通过电子邮件方式交付测试版和源代码。仲裁庭认为上述邮件记录说明双方在沟通过程中均使用电子邮件,目前没有证据表明申请人对被申请人通过电子邮件方式进行软件交付提出过异议。被申请人将软件测试版、源代码通过电子邮件发送给C某及其配偶D某,C某依照合同第2.3条的约定支付相应款项的行为,应视为申请人对上述电子邮件交付方式、电子邮件接收人均没有异议,因此,仲裁庭认为被申请人通过电子邮件履行软件交付的行为,符合双方的沟通习惯,有利于实现合同目的,不违反双方合同的约定。

(2) 被申请人提交开发成果的认定。

被申请人当庭演示的邮件显示,2018年1月9日,被申请人向申请人的QQ邮箱发送了内容为"执法仪项目所有源代码请见附件,谢谢!"的电子邮件。申请人对上述证据的真实性、合法性、关联性不予确认,对于被申请人当庭演示的电子邮件内容,申请人认为只能证明被申请人与申请人之间的工作沟通过程,但是至今被申请人还没有交付申请人确认合格的软件。

仲裁庭认为,合同约定了软件开发进度及付款方式,被申请人提供了相关证据证明其提交开发成果,且C某分别于2017年7月10日支付2万元、8月10日支付2万元、9月27日支付1.5万元,2018年1月9日支付8000元至被申请人账户,上述逐笔支付并最终完成全部合同款项支付行为,应解读为申请人在合同履行过程中,逐步确认被申请人的开发成果。申请人在庭审中提出软件开发成果需要申请人及其客户确认,由于合同并无相关约定,仲裁庭对申请人的上述观点不予认可。申请人在庭后补充证据中提供了软件的性能参数说明,证明被申请人没有完成相关的功能开发;被申请人认为该项证据真实性无法确认,与本案无关联。经查,合同无相关软件性能参数约定,亦未提及存在其他技术说明附件,仲裁庭无法认定申请人提供的软件性能参数是双方签订合同时共同确定的开发成果验收标准。在合同对开发成果验收标准没有约定的情况下,参照《合同法》第62条的规定,仲裁庭认为,通常情况下,软件开发完成提交给委托方后,委托方应进行相关测试和验收,如果软件质量不符合委托方的要求,委托方应向开发方提出修改要求,直到修改后的软件质量符合委托方的要求,委托方才会向开发方付款,委托方通常会采用保留合同尾款暂不支付给开发方的方式来保证开发方的软件质量满足其要求。本案有被申请人提交软件的证据及申请人付款的证据,缺失了双方进行软件验收的证据,根据对上述情况的分析,仲裁庭认定申请人最终付款的行为应解读为其完成了对软件的验收,认同被申请人的开发成果。参照《民事诉讼法》第64条第1款"当事人对自己提出的主张,有责任提供证据"的规定及最高人民法院《关于民事诉讼证据的若干规定》(2008年)第2条"当事人对自己提出的诉讼请求所依据的事实或者反驳对方诉讼请求所依据的事实有责任提供证据加以证明"的规定,仲裁庭采信被申请人的庭审陈述及相关证据,认定被申请人已经提交了开发成果,且开发成果已由申请人通过付款的方式进行确认。

2. 被申请人收取的全部费用是否均为本案软件开发费用?

申请人认为,从2017年4月到2018年11月,被申请人在履行合同过程中屡屡违约,没有按期完成案涉软件的开发,由于申请人对客户要交付案涉劳动成果,被申请人称如果不支付后续费用就不提供相应服务,申请人不得不超出合同的内容支付相关费用。被申请人与申请人之间只存在案涉软件开发合作,被申请人声称与C某约定有其他开发项目,没有任何证据证明,案涉的银行交易流水,均为案涉合同所产生的费用。

被申请人认为,2017年6月14日收到的1.5万元,与本案完全没有关系,这是申请人委托被申请人帮忙支持以前的一个饮水机项目所付的费用,减掉该笔费用后,到2018年1月9日,申请人支付的费用加起来是9万元。2018年5月25日以后,因为申请人的客户会有更改、投标以及不同要求,所以申请人委托被申请人再次进行修改,产生了这些费用。但这些费用都是被申请人和C某口头约定的,与本案无关。

仲裁庭认为,本案申请人原法定代表人共向被申请人支付了10笔款项,应分为两批分析,第一批是2018年4月11日以前支付的6笔,第二批是2018年4月11日以后支付的4笔。

(1)对于第二批支付的4笔款项,由于2018年4月11日申请人法定代表人由C某变更为E某,在该日期之后,C某通过个人账户向被申请人支付的款项,不应视为C某作为法定代表人代表申请人向被申请人支付的款项,本案申请人未提供相关证据证明2018年4月11日以后C某将申请人的资金支付给被申请人,仲裁庭因此认为第二批4笔款项是C某个人与被申请人之间另行约定的其他费用,不是申请人向被申请人支付的本案合同约定的软件开发费用。申请人在庭后提供C某、D某与被申请人的微信聊天记录证明为了让被申请人完成软件开发,申请人不得不超出合同约定向被申请人支付开发费用。仲裁庭分析聊天记录的时间是 2018 年 8 月至 12 月,鉴于仲裁庭已经认定被申请人已经于 2018 年 1 月交付了合同约定的源代码,C 某在合同履行完成之后,再次与被申请人联系,提出开发需求,不应视为本案合同继续履行。C 某与被申请人之间关于该 4 笔款项的争议,应另循法律途径解决。因此,仲裁庭不支持申请人要求被申请人返还 2018 年 4 月 11 日以后支付的 4 笔款项的请求。

(2)对于第一批支付的 6 笔款项,是 C 某担任申请人法定代表人期间向被申请人支付的款项,共计 10.5 万元。被申请人在庭审中提出,其于 2017 年 6 月 14 日收到的 1.5 万元属于申请人原法定代表人委托其支持第三方的项目所支付的费用,并提供了第三方广东某科技有限公司的网站截图、域名备案信息、发送的电子邮件截图为证,申请人对上述证据的真实性、合法性、关联性均不予确认。仲裁庭认为,申请人原法定代表人 C 某以个人账户支付的款项,有可能是代表申请人支付的款项,亦有可能是其个人支付的款项,鉴于:①申请人提供的证据不足以证明申请人原法定代表人以个人账户向被申请人支付的款项均为本案合同约定的软件开发款项;②从上述第二批款项的支付中可以看出,申请人原法定代表人与被申请人之间存在本案合同约定之外的其他开发工作;③2017 年 6 月 30 日,申请人将开发需要的软件发给被申请人,被申请人在收到该软件之前尚无法进行开发,在定金已于 2017 年 4 月 21 日支付,开发尚未进行的情况下,如果认定 2017 年 6 月 14 日申请人原法定代表人支付的 1.5 万元为本案合同约定的软件开发款项,无法从合同中找到相应依据,因此,仲裁庭采信被申请人的观点,认定 2017 年 6 月 14 日申请人原法定代表人支付的 1.5 万元为本案合同约定的软件开发款项之外的款项。扣除该项金额后,申请人为本案开发支付的款项剩余 9 万元,恰好与合同约定的软件开发总费用相同,仲裁庭认定该 9 万元为申请人向被申请人支付的合同约定的软件开发费用。

五、裁决结果

1. 驳回申请人的全部仲裁请求。
2. 本案仲裁费用由申请人承担。

六、评析

本案是软件开发合同纠纷的典型案例，双方当事人围绕开发周期、成果交付及软件验收等软件开发中常见的争议点展开辩论。笔者从以下三个方面进行分析。

（一）关于开发周期

软件开发存在诸多不确定因素，硬件、软件或者需求变化等因素均可能导致开发周期无法准确预测。本案申请人认为被申请人逾期交付开发成果，被申请人则认为应从满足开发条件的日期开始计算开发周期，其并未违约。结合本案软件需要以申请人提供的硬件及配套系统软件为基础才能开发的调查结果，仲裁庭认为双方当事人在履行合同过程中，由于申请人延迟交付硬件及配套系统软件，导致被申请人开发周期相应延后，申请人在合同约定的开发期限届满时，未催促被申请人交付软件，被申请人完成软件开发并交付后，申请人也未就开发周期延后事宜扣除款项，而是分笔向被申请人支付了全部开发余款，因此仲裁庭认为软件交付时间比合同约定的交付时间延后，是双方合意的结果，被申请人不存在逾期交付开发成果的违约情形。

实践中，为避免开发周期引发的争议，作为开发人，首先，应在签订合同前充分了解委托人需求，做好开发计划，包括基本目标、方法与方案、开发的速度、试验的方法等①，向委托人说明开发可能发生的各种情况，为开发争取充足的时间，预留代码编写所需时间之外的需求分析、测试、交付验收等需要的时间，如果存在类似本案需要委托人先提供软件、硬件为开发前提的，应在合同中约定满足先履行义务的情况下，才开始计算开发周期。其次，假如出现无法按期完成软件开发的客观原因，开发人应及时通知委托人，通过签署补充协议延长开发周期。再次，如果委托人变更或者新增开发需求，开发人应重新确定开发成本及开发时间，并与委托人签署补充协议，如果不能达成协议，开发人应按照原合同要求完成开发，否则根据原合同约定，开发人可能因未按期完成约定义务而承担违约责任。作为委托人，应该明确开发需求，可与开发人在签订合同前就开发需求及开发周期进行充分沟通，在开发

---

① 参见黄薇主编：《中华人民共和国民法典合同编释义》，法律出版社 2020 年版，第 769 页。

需求确认后,不宜变更需求,对于可能发生变更需求的项目,委托人可以考虑分期签订合同,在前期合同目的实现后再签订下一期合同,笔者在实践中遇到的因开发周期引发的案件纠纷多与委托人变更开发需求有关。最后,委托人应与开发人约定开发周期,明确软件开发各个阶段关键节点的期限,分阶段确认开发人的工作成果,及时纠正开发人对需求可能产生的错误理解,同时保留各阶段形成的确认文件,预防纠纷发生。

(二)关于开发成果交付

开发成果的交付是软件验收的前提,鉴于源代码是软件开发最重要的智力成果,笔者认为开发成果的交付应首先考虑是否需要软件源代码。对于不需要源代码的情形,委托人主要关注软件实现的功能,比如仅需要软件达到宣传或者服务效果;对于需要源代码的情形,委托人除了关注软件实现的功能,还需要源代码用于软件的进一步升级维护,且往往同时需要软件使用说明书、开发文档等材料,或者在合同约定软件著作权归属委托人的情况下,需要源代码用于软件著作权的申请。两种情形合同目的不同,交付内容不同,开发人的报价也可能不同。此外,在开发成果交付的约定中,还需要明确交付期限、方式及联系人等内容。

本案合同未约定开发成果的交付方式,在软件开发过程中,双方一直使用电子邮件进行沟通,被申请人以电子邮件方式履行交付,符合双方的沟通习惯,有利于实现合同目的,且申请人在合同履行过程中未对该交付方式提出异议,仲裁庭据此认定被申请人履行了开发成果交付的义务。

判断开发成果是否交付,实质上是一个证据判断的问题,而证据判断首先涉及举证责任分配的问题。交付行为是一个积极行为,由开发人承担软件已经交付的举证责任在实践中并无异议。[①] 为防范开发成果交付风险,作为开发人,除按约完成开发义务外,还应做好相关交付证据的保存工作。在合同履行过程中,开发人应当严格按照各阶段时间节点约定履行义务,记录软件的开发进度及最终完成时间,如期提交相关开发成果,测试和交付软件时以书面形式提交测试报告和交付记录,要求委托人签字确认,如委托人不予确认或不接收书面交付材料,则开发人可通过电子邮件等方式向委托人提

---

① 参见黎淑兰、陈惠珍、范静波:《计算机软件开发合同纠纷疑难问题研究》,载《法律适用》2018年第21期。

交,并告知委托人相关权利及义务。同时,合同双方通过电子邮件、即时聊天工具等方式进行沟通协商的,应当保留好邮件、聊天记录等电子证据[①],必要时可以通过第三方对电子证据进行证据固化或公证。作为委托人,在开发人延迟交付开发成果时,应及时发出催促履行的书面函件,并保留送达的证据。

(三)关于软件验收

软件经委托人验收通过后,通常情况下,委托人应向开发人支付相应报酬。因此,软件验收通过,一方面可以证明开发成果的质量符合约定,另一方面可以证明委托人付款条件已经成就;软件验收不通过,委托人可以向开发人主张违约责任,行使先履行抗辩权。[②]

本案申请人主张被申请人开发的软件性能不符合其客户要求,被申请人未完成软件开发工作,应承担违约责任。被申请人认为其只与申请人签订合同,未与申请人的客户签订合同,被申请人仅需根据申请人的要求完成开发,且其已经完成开发。仲裁庭根据合同约定,认为申请人提出的软件验收要求并非合同附件,无法认定其验收要求是双方签订合同时共同确定的验收依据;根据软件开发中,委托人行使先履行抗辩权,拒付款项要求开发人保证软件通过验收的通常情形,仲裁庭认为本案虽然缺失软件验收环节的相关证据,但申请人最终支付了全部开发款项,应解读为其认同被申请人的开发质量,软件验收通过,因此仲裁庭认定被申请人完成了软件开发工作,无须承担违约责任。

软件系统验收的依据是合同或验收双方约定的验收依据文档或相关标准。双方约定的验收依据文档,可以是软件需求规格说明、软件总体设计、软件设计方案等。[③] 软件开发一般包括需求分析、软件设计、代码编写、测试、交付、验收及维护[④]等阶段,笔者认为需求分析是最重要的阶段。在需求分析阶段,委托人应当明确具体地提出研究开发要求,提出研究开发的具体愿

[①] 参见左广红:《软件开发合同纠纷中如何认定成果已交付?》,载 https://zhuanlan.zhihu.com/p/84775929,访问日期:2021年9月25日。

[②] 参见猫鼠游戏:《软件生存周期视角下的开发合同纠纷疑难问题初探》,载 https://mp.weixin.qq.com/s/1ysf2Ri9aQ1z9wSlYRgADg,访问日期:2021年9月18日。

[③] 参见国家质量监督检验检疫总局、中国国家标准化管理委员会发布的《软件系统验收规范》(GB/T 28035-2011)第4.1条。

[④] 参见"软件开发流程"词条,载 https://baike.baidu.com/item/软件开发流程/3430246?fr=aladdin,访问日期:2021年9月25日。

望是什么,目标是什么,希望研究开发工作成果是什么样子,达到什么标准,符合什么条件等,技术要求、时间要求、质量要求等是什么①;而开发人应当解读委托人对开发的愿望与目标,形成软件需求规格说明及设计方案,以文档描述委托人的需求,并将文档作为合同附件。在双方未另行约定验收依据的情况下,需求分析阶段形成的上述文档多数情况下都会成为软件系统的验收依据。

软件系统验收的计划一般包括验收目的、验收内容、技术条件、验收方法、进度安排、人员组成、验收准则等内容。② 实践中,如果委托人对软件验收不熟悉,很难制订验收计划,为促成委托人尽快验收,开发人可在合同中加上类似"在开发人将验收通知书送达委托人之日起20日内,委托人未提出异议,则视为验收完成"的条款。此外,对于验收中发现的软件缺陷,双方应商定处理办法并预留缺陷整改的时间。

综上,笔者结合本案,浅谈软件开发纠纷中常见的三个争议点,认为可以通过做好软件开发需求分析,制订明确开发计划,在合同履行中保留交付、验收的书面签署记录及相关沟通记录等措施促进软件开发合同及时履行,预防纠纷发生。

(本案例由深圳国际仲裁院李治编撰)

---

① 参见黄薇主编:《中华人民共和国民法典合同编释义》,法律出版社2020年版,第767—768页。
② 参见国家质量监督检验检疫总局、中国国家标准化管理委员会发布的《软件系统验收规范》(GB/T 28035-2011)第5.3.1条。

案例19　技术服务合同的性质与认定标准

仲裁要点：对于技术服务合同纠纷，首先，应判断涉案合同的性质，重点从"特定技术问题"还是"特定技术项目"的角度进行区分，避免与技术咨询合同和承揽合同混淆；其次，对照合同约定的服务义务，从服务的时间、地点、过程、成果、行业标准等方面综合考虑服务方是否已履行合同约定的义务。

一、案情概要

2016年5月10日，申请人A公司与被申请人B公司签订《音箱事业合作书》，约定"申请人提供费用及运营资金、工厂、生产平台，被申请人负责实际产品技术研发协助、品质管控协助、业务行销及成本管控协助"。上述合同签订后，申请人自2016年6月5日至2018年7月5日期间合计向被申请人支付57万港元。申请人认为，被申请人除在2016年5月12日向申请人发送了一份包含有《产品类专利交底材料》资料的邮件外，并未履行《音箱事业合作书》约定的内容，构成违约。故申请人依据《音箱事业合作书》中的仲裁条款于2019年12月11日向深圳国际仲裁院申请仲裁，请求裁决：

1. 被申请人向申请人返还劳务费57万港元，具体为2016年6月起至2017年5月申请人向被申请人每月支付3万港元，2017年6月起至2018年7月期间申请人向被申请人每月支付1.5万港元，共计57万港元。

2. 被申请人赔偿申请人上述劳务费的利息，以57万港元为本金，从转账之日起计算至实际清偿之日（暂计至2019年11月20日的利息为67700.63港元）。

3. 被申请人承担全部仲裁费。

二、当事人主张

(一) 申请人主张

1. 申请人已履行合同所约定的义务,有权请求被申请人返还劳务费。申请人已提供工厂、生产平台,并按约定向被申请人支付劳务费。直至2017年6月,申请人发现被申请人未按合同约定提供技术支持,故开始减半向被申请人支付劳务费。

2. 被申请人未履行双方签订的《音箱事业合作书》所约定的义务,应返还申请人向其支付的劳务费。《音箱事业合作书》第2条中明确约定"被申请人负责实际产品技术研发协助、品质管控协助、业务行销及成本管控协助",而在实际履行过程中,被申请人仅于2016年5月12日向申请人提交了一份技术交底材料。关于该份材料,被申请人当庭亦承认其与案外人C公司于2015年11月签订了合作书,把相同的技术材料给了C公司。C公司亦于2016年4月27日就相关专利材料向国家知识产权局申请了专利,故被申请人的行为属于严重的商业欺诈行为,对申请人"醒酒器"项目的研发亦未作出实质性的创造性的劳动,法院的判决书对相关事实作出了认定。

3. 被申请人的行为属于根本违约,应解除合同,并向申请人返还劳务费及相关利息。

(二) 被申请人主张

1. 申请人与被申请人于2016年5月10日签订的《音箱事业合作书》属于技术合作开发合同,双方合作开发的"醒酒器"项目已于合同期满前即2018年4月之前开发成功,申请人的全资子公司即合同实际履行方D公司向国家知识产权局就该项目成功申请了7件专利(其中2件发明、5件实用新型),被申请人已依据合同约定履行了相关义务。

2. 被申请人不仅全程参与了项目产品的研究开发、技术支持、指导、把关以及产品推广等过程,还向申请人提供了"交底技术"并在一定程度上对"交底技术"进行了具体化与改进,而不是申请人在仲裁申请书上所说的除发送了一份包含有《产品类专利交底材料》资料的邮件外,并未履行《音箱事业合作书》约定的内容。

3. 申请人与被申请人于 2016 年 5 月 10 日签订的《音箱事业合作书》系双方真实意思表示,应依法受法律保护,申请人提供的仲裁申请书也证明申请人存在擅自降低被申请人劳务费,拖欠被申请人 15 万港元劳务费和货款 2%的佣金提成,独自侵吞研发成果等违约行为,被申请人将继续通过法律途径向申请人追讨相关费用。

三、仲裁庭认定的事实

2016 年 5 月 10 日,申请人和被申请人签订了一份《音箱事业合作书》,该合同的主要内容为:

1. 申请人提供费用及运营资金、工厂、生产平台,被申请人负责实际产品技术研发协助、品质管控协助、业务行销及成本管控协助。双方合作研发产品知识产权归申请人、被申请人双方所有。

2. 申请人给付被申请人每月 3 万港元劳务费。

3. 合同签订后,申请人自 2016 年 6 月 5 日至 2017 年 5 月 5 日期间,每月向被申请人支付 3 万港元,共支付 12 个月,计 36 万港元。申请人自 2017 年 6 月 5 日至 2018 年 7 月 5 日期间每月向被申请人支付 1.5 万港元,共支付 14 个月,计 21 万港元。上述各项合计 570000 港元。

4. D 公司系申请人的全资子公司。2016 年 5 月 10 日至 10 月 14 日期间,D 公司通过电邮与多方沟通与案涉醒酒器产品相关的事项,其中有关设计、技术、生产、财务等实质性内容,D 公司均抄送被申请人的员工 F 某。

2016 年 5 月 24 日,被申请人通过电邮回复关于"醒酒器大日程表"的意见,内容为"如我们电话讨论,在出货前我们还需要以下提前作业:1. 增加醒酒器的营业项目;2. 海关方面的产品报备;3. LOGO 品牌授权书;4. 商检申请;5. 产地证制作……"

2016 年 6 月 29 日,D 公司醒酒器产品的供应商 G 公司的员工在发给被申请人的电邮中提到,"关于贵司的醒酒器样品,今年贵司来我司谈论了存在的问题,原计划的底部螺旋门高度 25mm 是商谈的目标高度,玻璃样品与计划样品会有出入,当时我们也是详细讨论过的……"

另查明,被申请人于 2018 年 4 月 10 日对申请人和申请人全资子公司 D 公司提起专利权权属、专利申请权权属诉讼,请求判令以 D 公司名义申请的与醒酒器项目有关的三项专利权及专利申请权属于被申请人、申请人与案外人 C 公司共同所有；判令 D 公司、申请人依据与被申请人签订的《音箱事业合作书》及邮件中约定的技术内容为基础技术方案申请的所有专利均属被申请人与其共同所有。

就上述纠纷，E 知识产权法院一审审查认为，在将不具备新颖性的"交底技术"转化为诉争专利的过程中，没有证据证明被申请人为此作出过实质性的贡献，并据此驳回被申请人的前述诉讼请求。最高人民法院二审审查认为，根据现有证据无法证明被申请人对于诉争专利技术方案的改进作出了创造性贡献，诉争专利不属于双方"合作研发产品"，并据此驳回上诉，维持原判。

四、仲裁庭意见

(一) 关于本案合同的效力

仲裁庭认为，本案申请人与被申请人于 2016 年 5 月 10 日签订的《音箱事业合作书》系双方当事人自愿协商签订，是双方当事人的真实意思表示，不违反中国法律和行政法规的强制性规定，应属合法有效，并对本案双方当事人具有约束力。

(二) 关于本案的争议焦点

1. 被申请人是否履行了《音箱事业合作书》项下据以取得劳务费的义务，申请人是否有权要求被申请人返还已经支付的劳务费用

申请人认为，根据合同约定，被申请人据以取得劳务费的义务应当集中在产品技术研发协助、品质管控协助、业务行销及成本管控协助几个方面，但被申请人未诚实和恰当地履行上述义务，且被申请人提供的技术材料是案外人专利信息，被申请人也承认曾经将该技术材料提供给案外人。被申请人的行为是严重的商业欺诈行为，也是不诚信地履行合同义务的行为，因此被申请人应当承担该违约责任。此外，尽管申请人并不否认被申请人在案涉产品的研发团队中，但是被申请人在产品研发过程中没有提供过任何实质性帮助，因此根据合同履行的公平原则要求被申请人返还全部的已支付款项。而且从客观公平、事实公平的角度来讲，也应当适当地退还相应的费用给申请人，以维护合约的公平精神。

被申请人认为:第一,双方于 2016 年 5 月 10 日签订的合同是合法有效的,在合同已经履行完毕且申请人已支付款项的情况下,申请人要求返还劳务费用于法没有依据。因为依据《合同法》的规定,只有合同无效才能要求恢复原状或者返还。第二,依据申请人提供的证据证明被申请人不仅仅只是提供了技术上的协助,而且在产品的整个生产过程、推广过程中都有参与,这在申请人提供的证据以及 E 知识产权法院和最高人民法院的判决书中对于相关事实都予以确认,虽然被申请人没有作出实质性、创造性的贡献,但是并不能否认被申请人提供劳务的客观事实。

就此问题,仲裁庭认为,申请人的此项主张不能成立,详述如下:

第一,根据《音箱事业合作书》第 2 条的约定,被申请人在合同项下的主要义务是技术研发协助、品质管控协助、业务行销及成本管控协助。根据仲裁庭查明的事实,双方在《音箱事业合作书》项下实际合作的产品是醒酒器,双方在本案中的争议也仅围绕醒酒器产品。就该产品而言,被申请人至少向申请人(包括其关联方 D 公司)提供了技术交底材料,至少参与了部分申请人(包括其关联方 D 公司)的内部会议、讨论工作以及对外的沟通工作。在案涉产品从技术文件到成品的过程中,关于技术、设计、生产、财务等实质性内容的电邮沟通,申请人均抄送被申请人的员工 F 某。这些电邮中并没有明确要求 F 某回复的内容,故 F 某未逐一回复并不等同于被申请人没有参与相应的过程。因此,申请人主张被申请人未履行《音箱事业合作书》约定的义务与事实不符。

第二,申请人主张,被申请人于 2016 年 5 月 12 日向申请人提交一份技术交底材料,被申请人当庭亦承认其把相同的技术材料给了案外人,案外人于 2016 年 4 月 27 日就相关专利材料向国家知识产权局申请了专利。E 知识产权法院、最高人民法院在判决书中对相关事实亦作出了认定,因此被申请人构成"严重的商业欺诈行为"。仲裁庭认为,被申请人向案外人提供资料并不等同于其没有向申请人履行《音箱事业合作书》约定的内容,且《音箱事业合作书》并未约定双方的合作具有排他性,亦没有约定上述情形发生时的合同后果,申请人亦未能明确其依据何种请求权基础主张被申请人因"商业欺诈行为"而负有返还劳务费的义务。因此,申请人因上述事实主张被申请人返还劳务费缺乏合同和法律基础。

第三,申请人还主张,E 知识产权法院和最高人民法院在专利权权属纠纷诉讼中认定被申请人没有对诉讼系争专利作出实质性或创造性的贡献,故被申请人没有履行《音箱事业合作书》约定的义务。仲裁庭认为,前述诉讼解决的是系争专利的权属问题,专利权权属纠纷诉讼的裁判标准和逻辑与本案仲裁并不相同。法院认定被申请人因没有对系争专利作出实质性和创造性的贡献而达到可以成为专利权共有人的标准,并不意味着被申请人未履行《音箱事业合作书》的约定而达到了应当向申请人返还全部劳务费的程度,故申请人据此主张返还劳务费亦不能成立。

第四,在《音箱事业合作书》履行过半之际(2017年6月),申请人开始单方面减半支付劳务费。根据仲裁庭查明的事实,案涉产品的研发和初期生产工作集中发生在2016年10月之前。因此,申请人称其在2017年6月之后才"发现"被申请人没有提供技术支持,但仍愿意继续减半支付劳务费,并不符合常理和正常的商业逻辑,且申请人亦未提供任何证据证明或合理说明,其为何在合同履行期内(尤其是在发现被申请人未履行义务后)并未提出停止支付或者返还劳务费的主张。故申请人将其减半支付劳务费作为被申请人未履行合同义务的依据不能成立。

综上,仲裁庭认为,申请人主张因被申请人未履行《音箱事业合作书》的约定而要求返还全部已经支付的劳务费缺乏事实依据、合同依据和法律依据,亦不符合诚信、公平合理的法律原则,故被申请人并无此项义务。

2. 被申请人是否有义务赔偿劳务费的利息,以及利息计算的标准

申请人认为,因为被申请人有义务返还劳务费,故申请人有权要求支付应当返还部分的利息。仲裁庭认为,申请人主张的利率标准是4.5%/年,系根据申请人的融资成本利率确定的,没有合同依据。

被申请人认为,申请人要求赔偿劳务费用利息没有法律依据,不产生所谓的利息损失。

就此问题,仲裁庭认为,根据对上述第一个争议焦点的分析和认定,申请人的此项主张缺乏事实依据、合同依据和法律依据,被申请人没有赔偿与劳务费有关的利息损失的义务。

五、裁决结果

1. 驳回申请人的全部仲裁请求。
2. 本案仲裁费由申请人承担。

六、评析

本案为技术服务合同纠纷,申请人与被申请人就涉案合同项下醒酒器研发的技术服务劳务费发生争议。本案仲裁庭对醒酒器研发中被申请人是否提供劳务进行辨析,并说明专利权权属纠纷和技术服务合同纠纷裁判标准的区别。下文就本案的涉案合同性质、争议焦点及仲裁思路展开评述。

(一)关于案涉合同的性质与认定标准

1. 技术服务合同的特征和认定标准

《合同法》第 356 条第 2 款(《民法典》第 878 条第 2 款)规定,技术服务合同为当事人一方以技术知识为对方解决特定技术问题所订立的合同,不包括建设工程合同和承揽合同。《技术合同解释》将"特定技术问题"界定为,包括需要运用专业技术知识、经验和信息解决的有关改进产品结构、改良工艺流程、提高产品质量、降低产品成本、节约资源能耗、保护资源环境、实现安全操作、提高经济效益和社会效益等专业技术问题。

技术服务合同具有以下四个主要特点:

(1)合同的标的为运用专业技术知识、经验和信息解决特定技术问题的服务性项目。

(2)合同的履行内容为改进产品结构、改良工艺流程、提高产品质量、降低产品成本、节约资源能耗、保护资源环境、实现安全操作、提高经济效益和社会效益等专业技术工作。

(3)合同的工作成果有具体的质量和数量指标。技术服务合同要解决明确的、具有难度的技术问题,提出解决该问题的技术方案,因而合同中通常需要约定解决问题所达到的质量和数量指标要求。

(4)合同所针对的技术知识的传递不涉及专利、技术秘密成果及其他知识产权的权属转移。

本案双方当事人签订的合同名称为《音箱事业合作书》,被申请人在合同项下的主要义务是"负责实际产品技术研发协助、品质管控协助、业务行销及成本管控协助",实际履约过程是为"一种新型自动旋转式醒酒器"的研发提供技术支持,而申请人的主要义务为"在签订《音箱事业合作书》起一个月内开始按月向被申请人支付劳务费",因此,从合同约定及双方履约情况来看,该《音箱事业合作书》是一份典型的技术服务合同。

2. 技术服务合同和技术咨询合同的差异和区分

在理论和实践中,与技术服务合同最易混淆的是技术咨询合同,技术咨询也是受托人为委托人提供技术方面的服务,单就这一点而言,技术服务合同与技术咨询合同没有本质上的差异,但"服务"的内容和侧重点不同。

从定义上看,技术服务合同的标的较为具体,且限于特定技术的服务,而技术咨询合同的标的则较为广泛。《合同法》第 356 条第 1 款(《民法典》第 878 条第 1 款)规定,技术咨询合同的标的包括就特定技术项目提供可行性论证、技术预测、专题技术调查、分析评价报告等。《技术合同解释》将"特定技术项目"定义为:包括有关科学技术与经济社会协调发展的软科学研究项目,促进科技进步和管理现代化、提高经济效益和社会效益等运用科学知识和技术手段进行调查、分析、论证、评价、预测的专业性技术项目。

技术服务合同的标的相对具体、特定,而且此类特定技术是成熟的或相对成熟的,换句话说,技术服务合同的标的是受托人以其技术知识为委托人解决特定技术问题的服务行为;而技术咨询合同的标的大多较为抽象、宏观,可能是"务虚的"泛泛而论,可能是远景展望,当然,也不排除较为具体、特定的专题技术调查、分析、评价。①

此外,技术咨询合同和技术服务合同关于当事人义务的不同约定,导致两种合同当事人所承担的责任的区别。技术咨询合同的顾问方只负责向委托方提交符合合同要求的并可供决策参考的咨询报告,但不承担决策的风险;技术服务合同的服务方则要负责进行合同约定的具体的专业科技工作,不仅传授技术知识和经验,还要运用知识经验达到解决某一技术问题的目的。②

3. 技术服务合同与承揽合同的差异和区分

技术服务合同与承揽合同亦是实践中易混淆的合同类型,尤其是以某种技术或信息为基础而完成定作的工作成果的承揽合同。

承揽合同与技术服务合同最本质的区别在于,承揽合同的承揽方为定作人提供的是产品或者劳务服务,是有形的;而技术服务合同的服务方为委托

---

① 参见崔建远:《技术合同的立法论》,载《广东社会科学》2018 年第 1 期。
② 参见周大伟:《论技术服务合同的法律特征》,载《科学管理研究》1988 年第 5 期。

方提供的是技术服务,是无形的,要通过一定的载体来表现。① 承揽是指对已知领域进行批量的重复生产。②

此外,两种合同履行的目的也不同,技术服务合同主要是为了解决特定的技术问题,在这个过程中通常直接或者间接伴随着专业科技知识的传授和转移;而承揽合同的履行目的具有不特定性,主要是为了满足人们生产和生活的实际需求,承揽人运用自己的设备、技术和劳力来完成一定的工作成果,在合同的履行过程中当事人之间没有传递专业技术知识的主观愿望。

(二)关于本案的裁判思路

本案的裁决形成过程是一个典型的技术服务合同裁判思路。首先,判断涉案合同是否为技术服务合同,重点从"特定技术问题"还是"特定技术项目"的角度进行区分,避免与技术咨询合同和承揽合同混淆,从而明确合同双方的法定义务和责任;其次,对照合同约定的服务义务,从服务的时间、地点、过程、成果、市场需求、行业标准、报酬等方面综合考虑服务方是否已履行合同约定的义务,以及合同双方就服务内容的沟通情况;最后,根据《合同法》关于技术服务合同的责任承担的规定,综合合同约定的违约责任以及双方的过错,认定责任承担。

(三)本案对市场主体签订及履行技术服务合同的启示

1. 签订技术服务合同的启示

(1)签订技术服务合同应明确且细化技术服务的内容和服务方式。一方面,保证服务内容属于解决"特定技术问题"的范畴,避免合同性质发生变化;另一方面,明确且细化技术服务的内容,便于核查服务方的履约行为,督促服务方依约提供技术服务。

(2)签订技术服务合同应设置科学合理的服务时间及服务时间调差机制,避免由于时间设置不合理或其他因素,导致双方因服务时间发生争议,影响技术服务合同目的的实现。

(3)明确技术成果的归属和分享。《合同法》第363条(《民法典》第885

---

① 参见金云:《是加工承揽合同还是技术服务合同——兼谈调处技术服务合同纠纷法律适用问题》,载《科技进步与对策》1989年第5期。

② 参见蒋瑞祥:《关于技术合同纠纷与经济合同纠纷的定性问题》,载《法学评论》1993年第2期。

条)规定,受托人利用委托人提供的技术资料和工作条件完成的新的技术成果,属于受托人。委托人利用受托人的工作成果完成的新的技术成果,属于委托人。当事人另有约定的,按照其约定。

因此,对于技术成果的归属和分享,属于约定优先,技术服务合同应对技术成果的归属进行明确的约定,合理保障双方的利益。即在履行技术咨询合同或技术服务合同的过程中,顾问方或者服务方利用委托方提供的技术资料和工作条件所完成的新的技术成果,属于顾问方或服务方,但可以在合同中约定委托方有使用权。同样,委托方利用顾问方或服务方的服务工作所完成的新的技术成果,属于委托方,也可以根据需要在合同中约定顾问方或者服务方有使用权。①

(4)确定服务方的工作费用。《合同法》未就受托人开展工作所需费用的负担作出专门规定,《民法典》的出台填补了这一空缺。《民法典》第886条规定,技术咨询合同和技术服务合同对受托人正常开展工作所需费用的负担没有约定或者约定不明确的,由受托人负担。因此,对于服务方(受托人)而言,应当对工作费用的承担进行明确,合理确定自身工作成本,避免成本过高导致工作质量下降或者违约。

2. 履行技术服务合同的启示

(1)按照技术服务合同约定的内容和方式提供技术服务,一方面,服务方需要按照合同约定的服务内容提供技术服务,避免缺项、漏项导致未完全履约,或者在约定不明的情况下按照单方的理解提供服务;另一方面,服务方需要按照合同约定的方式提供服务,包括按照双方认可的合理的工作方式开展工作,提供合理的技术服务成果。否则,依照《民法典》第884条第2款的规定,技术服务合同的受托人未按照约定完成服务工作的,应当承担免收报酬等违约责任。

(2)避免超出服务方能力,因技术服务不能而产生争议和纠纷。技术服务不能,是指在技术服务具有专属性的情况下,受托人因其技术专家丧失殆尽或其技术知识过时而无力解决委托人要求解决的技术问题;在技术服务不具有专属性的情况下,除了前述情形,还包括在约定的期限内,受托人聘请不到合格的技术人员来解决委托人要求解决的特定技术问题,或者所受制特

---

① 参见杨继省、雷文:《订立技术合同应注意的几个问题》,载《山东法学》1991年第4期。

定的源泉等消失,并且于履行期届满时仍未恢复或出现。①

(3)严格履行保密义务。一方面,服务方未依约履行保密义务可能会导致委托方受到损失,需要承担相应的损害赔偿责任;另一方面,未履行保密义务属于违约行为,按照合同约定也会承担违约责任。在本案中,申请人就以被申请人泄密为由要求赔偿,虽然因为服务方是将资料分享给了申请人的全资子公司,仲裁庭对泄密一事不予认可,但这仍然给服务方启示,其需要严格履行保密义务。

(本案例由深圳国际仲裁院陈巧梅编撰)

---

① 参见孙屹、王淑玲:《技术服务不能及其救济》,载《当代法学》2014年第5期。

案例20 技术服务合同与技术合作开发合同的区分与认定

仲裁要点：根据《合同法》及《民法典》的规定，技术服务合同与技术合作开发合同存在诸多不同：在缔约方主体地位方面，前者是一种主体地位对立平等的买卖关系，后者是一种主体地位平行平等的合作关系；在合同标的方面，前者是一方当事人单方拥有的技术服务商品，后者是双方之间共同的技术合作开发行为；在合同基本权利义务方面，前者基于当事人合同地位的不同而各不相同，受托人最基本的合同权利义务内容是提供技术服务商品并收取技术服务报酬，委托人最基本的合同权利义务内容是接受技术服务商品并支付技术服务报酬，后者则是通过合作开发，获得一项双方共同所有的新技术。

一、案情概要

2007年12月4日，申请人A公司与被申请人B公司签订了《技术服务合同》，该合同就申请人运用自己的专利和专有技术，为被申请人提供电炉烟气能源综合利用的节能减排设备建设及技术服务作了详细的权利义务约定。

申请人认为，根据《技术服务合同》第9条第2款的约定，被申请人有义务在合同生效后，完成包括但不限于项目应当进行的项目建设用地审批、规划审批、环境评价等立项的全部政府审批手续，配合申请人的工作进展要求，办理项目的消防及安全评价、施工许可、停水、停电、中断道路交通、爆破作业等的一切申请批准手续。但自合同签章生效后，被申请人未能按照合同的约定完成项目的报批手续，致使项目建设工期一再延迟，投资成本不断增加。项目建设完工后,因被申请人自身原因停工停产,致使项目设施闲置不能运营,被申请人未给予申请人赔偿。双方签订《技术服务合同》的目的是申请人利用自身的节能减排技术建设、运营依附于被申请人1#、2#电炉的节能减排发电站,利用1#、2#电炉排放的低温烟气(余热)资源发电供被申请人使用。但是,申请人依约建成节能减排项目之时,被申请人就处于生产不正常或停产的状态,致使项目获得《联动试运行合格证书》后无法投入正常的生产运营。至仲裁时申请人已停产近三年时间,无法提供项目生产运营所需的余热,设施闲置导致的投资损失仍在进一步扩大。申请人认为被申请人延迟申报和长期停产直接导致合同目的无法实现,申请人要求解除合同、赔偿损失。根据《技术服务合同》的约定,被申请人应当赔偿的损失包括:申请人的投资及相应利息的损失、违约金以及项目可得收益损失(即节能减排服务费损失)、律师费和与项目相关的其他费用损失。

此外,申请人认为被申请人应将获得的国家补贴和奖励按约定比例支付给申请人。在合同履行期间,被申请人利用该项目获得了G省科技厅下发的经费100万元,其中申请人应享有该经费的30%即30万元。另外,被申请人利用该项目获得了财政部发放的节能技术改造财政奖励资金216万元,根据《技术服务合同》第7条第5款"因余热电站所获得的一切补贴、CDM和优惠政策的获益,由甲乙双方各按50%的比例共享"的约定,申请人应享有前述收益的50%权益即108万元,两项合计138万元。

因双方协议未果,申请人于2012年2月29日向深圳国际仲裁院申请仲裁,请求裁决:

1. 解除申请人与被申请人于2007年12月4日签订的《技术服务合同》。

2. 裁决被申请人承担违约责任,赔偿申请人的全部损失307759059.81元。其中包括:项目投资损失81650559.81元;项目投资损失的同期银行贷款利息损失11625138.27元(自2010年3月21日起暂计至2012年7月13日止);违约金7473500元(自2010年4月1日起暂计至2012年6月30日止);节能减排技术服务费损失207009861.73元(按评估结果的91.5%计算)。

3. 裁决被申请人向申请人支付其已取得的国家补贴及奖励资金共计138万元。

4. 裁决被申请人赔偿申请人律师费、仲裁费用。

二、当事人主张

(一)申请人主张

1. 本案所涉的《技术服务合同》是"技术服务合同",不是"技术开发合同",更不是被申请人所辩称的"技术合作开发合同"。

(1)从合同订立背景来看,被申请人为建设余热发电站而发布投标邀请,招标文件中明确列明了招标内容,就是"要求投标人以自有技术帮被申请人建设余热电站并运营"。

(2)从合同的约定来看,合同中一直在强调申请人为被申请人提供技术服务的内容,并没有关于技术开发的内容,而且余热发电技术是申请人拥有的已经成熟的节能减排技术,可以直接运用于生产,不需要对该技术进行二次开发。

(3)通过申请人提交的荣誉证书、其他同类项目的建设成果证明文件以及申请人已利用该技术在国内各钢铁企业建成运营的二十多个余热电站的事实,均充分说明了本案所涉的技术是已经成熟并由申请人完整掌握的节能技术,申请人具备建设运营设施和提供该技术服务的能力,并且已按技术要求建成了本案所涉的余热电站,在与被申请人的电炉对接的过程中已取得《联动试运行合格证书》。

(4)本案所涉《技术服务合同》约定的项目建设的内容是申请人提供技术服务的必要的技术服务设施,并不影响合同的技术服务性质。节能减排技术是独立于传统的能源利用的新兴技术,这一技术支持是被申请人这一传统企业无法做到的,所以合同才约定将项目的建设交由申请人来完成,是申请人为被申请人提供节能减排技术服务的要求。因此,本案中,应当从合同约定的根本目的和本质来认定合同的性质。本案所涉的合同就是技术服务合同。

2. 本案所涉的技术服务不存在欺诈。本案中,提供技术服务一方不存在任何欺诈,《技术服务合同》是双方真实的意思表示,是合法有效的合同。被申请人答辩称申请人欺诈的理由是申请人不具备完整、关键的余热发电技术服务能力,但这一理由是根本没有任何事实依据的。因为:第一,本案所涉合同是经过严格的招投标程序,由申请人中标后才签订的。第二,通过申请人提交的荣誉证书、其他同类项目的建设成果证明文件以及其利用该技术在国内各钢铁企业建成运营的二十多个余热电站的事实,充分说明申请人具有完整、关键的余热电站的技术服务能力。第三,本案所涉项目的建设一直由申请人独立完成,并且在建成后获得了建设、施工、监理和设计单位的一致认可合格。第四,被申请人通过本案所涉项目先后获得了财政部、G省科技厅高达316万元的节能奖励和补贴。第五,申请人为本案所涉项目的建设运营投资8000多万元,至今不仅未获得分文收益,而且一直在承担着不断扩大的巨额损失。

3. 本案中不存在不可抗力,被申请人应对其违约行为承担全部的违约和赔偿责任。

本案中的产业调整是双方签订合同时已经预见到的,并且将已经预见的事实和后果处理明确写入了《技术服务合同》第16条第4款,因此该产业调整不能认定为不可抗力事件。第一,此次产业调整并非近期刚刚提出,只是近期刚获得国家批准而已。第二,产业调整不是不可抗力,也不是政府行为,是市场行为。第三,此次产业调整在获得批准前进行了充分磋商,被申请人作为独立的市场主体,其在此次的重组并购中有权利参与磋商并保护自身的合法权益,被申请人并不是完全的被动接受方,其完全有资格和能力左右事情的发展方向,对于该产业调整的发生,被申请人并非不可避免或不可克服。本案中的损失也并非不可预见、不可避免、不可克服。

4. 申请人已按约履行了全部合同义务,有权要求被申请人赔偿项目建设费用并支付违约金和节能减排技术服务费。

第一,项目已取得《联动试运行合格证书》,已实际验收合格,申请人有权要求被申请人支付节能减排技术服务费。第二,申请人已经履行并取得了并网许可手续,有权要求被申请人支付节能减排技术服务费。第三,相关节能减排技术服务费的计算是合法有据的。

5. 被申请人已构成根本违约,应当承担全部的违约赔偿责任。

第一,在项目建设过程中,被申请人未按合同约定履行义务,造成项目审批手续的迟延,应当承担违约责任。第二,项目建设完成后,被申请人再次违反合同约定义务,不按合同约定提供余热烟气并最终停产,导致项目无法运营,合同目的无法实现。被申请人已构成根本违约,应当承担全部的违约赔偿责任。

6. 项目投资金额为81650559.81元,这一金额早已由被申请人确认并向国家审计署报告。

7. 由于被申请人的利益驱动而主动重组,进而不惜违约导致申请人合同目的已经无法实现在原厂地履行,也不可能由新主体承接并继续履行。因此,合同只能解除。

(二)被申请人主张

1. 涉案合同名为《技术服务合同》,实为技术合作开发合同。被申请人不同意赔偿申请人项目投资损失,但可分担技术合作开发失败的损失。

第一,申请人不具备完整的、关键的余热电站的技术服务能力。第二,合同内容和实际履行均为"技术合作开发合同"。被申请人以大量的人力、财力承担了投资、建设、技术审定、劳务等法定的技术合作开发义务。反之,申请人却没有成熟的技术知识提供技术服务,只能与多方进行合作开发和实验。第三,项目的商业惯例是由投资方承担全部法律风险,本案合同中申请人的真实意思表示符合该商业惯例。第四,技术合作开发失败的原因是多方面的。首先,申请人设计的工艺和除尘技术是试运行节能效果差的主要原因。其次,被申请人因不可抗力停产是技术合作开发失败的根本原因。第五,技术合作开发费用损失应由双方共同承担。《合同法》第338条规定了因无法克服的技术困难才可以按约定承担风险责任。本案技术合作开发合同的失败主要是由不可抗力造成的,双方均可免责,技术合作开发损失由双方共同承担。第六,技术合作开发失败的实际损失估计不超过4000万元。

2. 申请人没有技术服务能力,却以欺诈方式订立合同,技术服务费条款无效,被申请人不同意支付节能减排技术服务费。

第一,合同无效条款自始不具约束力。第二,评估报告不合法,不能作为法律依据。第三,盈利不能的风险因技术开发失败而客观存在,被申请人未必需要支付节能减排技术服务费。第四,合同约定了如因产权变动,被申请人的义务不是赔偿而是促成新投资方对本合同义务的承接。《合同法》第113条规定,主张损失赔偿不得超过违反合同一方订立合同时预见到或者应当预见到的因违反合同可能造成的损失。一方面,被申请人并无违约行为;另一方面,申请人因项目建设尚未完成,其所估算的所谓收益价值并非合同双方所能预见。

3. 被申请人同意向申请人支付已取得的奖励资金108万元,此外,根据合同,申请人应向案外人主张G省科技厅下发的30万元经费。

4. 不同意赔偿律师费,仲裁费用可依比例承担。

三、仲裁庭意见

1. 申请人与被申请人于2007年12月4日签订的《技术服务合同》,意思表示真实,形式和内容都符合国家法律规定,合法有效,双方当事人都应该依法严格履行合同所约定的义务。

2. 关于《技术服务合同》的性质,虽然被申请人存有异议,但是,基于该合同的名称及其相关内容,仲裁庭认为,申请人与被申请人之间的合同完全属于《合同法》第356条第2款规定的技术服务合同。

(1) 双方当事人签订的合同名称就叫《技术服务合同》。

(2)《技术服务合同》的"序言"中明确表明,"申请人运用自己的专利技术和专有技术,为被申请人提供电炉烟气能源综合利用的节能减排技术服务,自筹资金建设一座装机容量为10MW的余热电站和配套系统,并提供项目设计、设备采购、工程施工、设备安装调试、人员培训及负责余热电站的运营管理";"被申请人同意接受申请人的服务,提供项目建设、运营所需用地以及协助回收排放的废弃余热,购买电站生产的所有电量"。合同目的就是由申请人向被申请人提供技术服务,被申请人接受申请人的技术服务。

(3)《技术服务合同》第2条第2款还明确约定:"项目内容为申请人凭借自己的专利及专有技术,协助被申请人回收并综合利用1#、2#电炉在生产过程中废弃的余热资源,为被申请人提供技术方案,设计建造一座利用废弃排放烟气余热发电的电站,并负责该电站的运营管理,通过收取节能减排技术服务费的方式获得回报。"合同所约定的完全属于由申请人向被申请人提供技术服务的项目内容。

(4)《技术服务合同》第3条约定的申请人的工作范围完全属于技术服务合同的工作内容。

(5)《技术服务合同》第9条所约定的被申请人"接受申请人按合同约定提供的服务,包括各种技术方案、人员、本项目的建设、运营管理"等合同义务,都属于《合同法》第360条规定的"技术服务合同的委托人应当按照约定提供工作条件,完成配合事项;接受工作成果并支付报酬"的内容。

3. 被申请人基于《技术服务合同》第9条所应履行的上述义务,没有任何内容涉及被申请人与申请人合作开发本案所涉"专利技术和专有技术"。

而且,被申请人没有提供任何证据证明其自身具有与申请人合作开发本案所涉"专利技术和专有技术"的能力;没有提供任何证据证明其在本案所涉合同的履行过程中与申请人合作开发出了什么"专利技术和专有技术"。被申请人作为建设单位和接受服务的单位,提供《合同法》第360条规定的接受服务的"工作条件"和"完成配合事项"不属于"合作开发",更不属于"技术合作开发"的范畴。被申请人有关"合同内容和实际履行均为'技术合作开发合同'。被申请人以大量的人力、财力承担了投资、建设、技术审定、劳务等法定的技术合作开发义务。反之,申请人却没有成熟的技术知识提供技术服务,只能与多方进行合作开发和实验"的主张没有事实和法律依据,仲裁庭不能给予支持。

4. 在《技术服务合同》签订后,申请人完全按照合同的约定,运用自己的专利和专有技术,为被申请人提供电炉烟气能源综合利用的节能减排技术服务,自筹资金建设了一座装机容量为10MW的余热电站,通过了72小时的试运行,并获得了供电局同意并网的意见和《质量监督检查签证书》,切实履行了自己的合同义务,是《技术服务合同》的守约方。

5. 由于被申请人未能及时办理相关手续和取得相关文件,致使本合同所涉及的服务项目到2008年8月才开始动工,2009年10月才完成项目的主体工程。而且,被申请人自己也在其于2010年7月5日给申请人的《关于电炉余热电站提高出力改造方案的说明》中确认,是"由于受金融危机的影响,被申请人单炉不连续生产导致蒸汽量不足,电站无法进行正常调试;直至2010年4月份,被申请人生产恢复正常,才通过了72小时连续运转"。

更为重要的是,被申请人因为其母公司与案外人的合并停止了电炉冶炼,致使余热发电机组处于停运状态,整个项目处于中止状态,设备处于封存状态,无法进行竣工验收,并导致《技术服务合同》不能继续履行,构成根本违约,依据合同约定和法律规定,被申请人应该承担违约赔偿责任。

6. 申请人具有本案所涉的技术服务能力。申请人事实上已经按照《技术服务合同》的约定完成了本案所涉余热电站的建设,通过了试运行,并获得了并网意见和《质量监督检查签证书》,已经实际提供了合同所约定的技术服务,已经实际履行了合同义务。且被申请人在多个文件中明确表明是因为"受被申请人停止电炉冶炼的影响""设备处于封存状态,无法进行竣工验收"。申请人不能继续履行其后续合同义务的责任完全在被申请人一方。

7. 本案不存在不可抗力,被申请人有关本案存在不可抗力的主张没有事实依据和法律依据,仲裁庭不能给予支持。本案当事人所遇到的也不是不能预见并且对其发生和后果不能避免和不能克服的意外事件。国家产业政策的调整并不只是这两年才有的,而且这种宏观政策的变化并没有直接涉及被申请人,并没有直接要求被申请人与其他公司合并。被申请人也当庭确认,被申请人并没有收到任何必须与其他公司合并的强制性文件。

8. 基于以下理由,对于申请人要求解除合同的仲裁请求,仲裁庭给予支持。

(1)《技术服务合同》第11条第1款第2项明确约定,被申请人违反本合同中的一项或多项义务,则申请人有权要求解除合同。

(2)仲裁庭认定,是因为被申请人的母公司与案外人的合并停止了电炉冶炼,致使余热发电机组处于停运状态,整个项目处于中止状态,导致《技术服务合同》不能继续履行,被申请人构成根本违约。

(3)被申请人在第二次庭审中,鉴于本案的实际情况,也明确同意解除合同。

9. 仲裁庭确认,申请人为建设本案所涉项目共计实际投资81650559.81元。至于本案申请人和被申请人的责任划分,因为是被申请人的单方违约行为导致《技术服务合同》不能继续履行,相关责任当然应该完全由被申请人承担。

10. 因为:第一,根据《技术服务合同》第4条的约定,被申请人支付所有相关款项后,无偿取得该项目及有关设备、技术文件的所有权,同时,被申请人无偿获得本项目所涉及的所有专利技术在本项目中的使用权。第二,本案所涉余热电站是申请人专门为被申请人建设,并完全依附于被申请人的场地和被申请人提供的工作条件,不能完全独立存在和运营,该余热电站的所有权事实上也只能归属于被申请人。也就是说,不管是基于双方当事人在合同中所作的明确约定,还是基于本案的实际情况,本案所涉余热电站的所谓"残值"都应该归属被申请人所有,没有从被申请人赔偿申请人投资损失和利润损失现值中扣除的事实依据和法律依据。所以,对于被申请人在庭审中提到的"残值"问题,以及被申请人要求从赔偿申请人现值中扣除余热电站"残值"的主张,仲裁庭不能给予支持。

11. 对于申请人提出的第2项仲裁请求,仲裁庭根据双方当事人在《技术服务合同》第11条第1款第2项中有关"被申请人违反本合同中的一项或多项义务,则申请人有权要求解除合同,要求被申请人赔偿全部损失;该损失包括但不限于:申请人的直接损失、项目利润、律师费用和与项目相关的其他费用"的约定,以及仲裁庭前述意见,只能支持被申请人应该赔偿申请人的全部损失于 2012 年 12 月 31 日的现值,共计 208966098 元。其他请求仲裁庭不能给予支持。

12. 被申请人抗辩称 G 省科技厅下发的项目经费总额 100 万元并没有落实到被申请人处,申请人也没有提供证据证明被申请人收到了该笔费用,所以,对于申请人要求被申请人支付其中 30 万元的仲裁请求,仲裁庭不能给予支持。

13. 根据《技术服务合同》第 7 条第 5 款的约定,以及被申请人明确同意,对于申请人请求被申请人支付其已经取得的财政部奖励资金 108 万元的仲裁请求,仲裁庭给予支持。

14. 考虑到仲裁庭委托司法会计鉴定机构作出的鉴定结果与申请人原来提供的鉴定结果并不完全相同,基于仲裁庭支持申请人仲裁请求的比例,鉴定费由申请人承担 30%,由被申请人承担 70%。

15. 考虑到本案仲裁程序的发生,是由于被申请人的单方违约行为所致;而且,申请人的大部分仲裁请求都得到了仲裁庭的支持,仲裁庭对律师费给予支持。同时也考虑到申请人的部分仲裁请求没有得到仲裁庭的支持,仲裁庭决定,本案仲裁费由申请人承担 30%,由被申请人承担 70%。

四、裁决结果

1. 解除申请人与被申请人于 2007 年 12 月 4 日签订的《技术服务合同》。
2. 被申请人赔偿申请人全部损失 208966098 元。
3. 被申请人向申请人支付其已经取得的奖励资金共计 108 万元。
4. 被申请人赔偿申请人律师费 160 万元。
5. 鉴定费、仲裁费由申请人承担 30%,由被申请人承担 70%。
6. 驳回申请人的其他仲裁请求。

五、评析

虽然本案属于"技术服务合同"纠纷案例,涉及的主要诉求是申请人(技术服务提供方)要求解除其与被申请人(技术服务接受方)签订的《技术服务合同》,要求被申请人承担违约责任、赔偿申请人的全部损失共计307759059.81元,要求被申请人向申请人支付其已取得的国家补贴及奖励资金共计138万元;而且本案的争议焦点主要包括《技术服务合同》是"技术服务合同"还是"技术合作开发合同"、申请人有没有技术服务能力和有没有以欺诈方式订立合同、本案是否存在不可抗力等多个方面的法律问题;但其中最核心、最关键的问题是技术服务合同与技术合作开发合同的区别与认定,以及申请人是否具有履行合同所需的技术能力这两个问题。

(一)技术服务合同与技术合作开发合同的区别与认定

《合同法》在分则部分规定了十五种典型合同,其中"技术合同"分为"技术开发合同""技术转让合同""技术咨询合同和技术服务合同",而"技术开发合同"又分为"委托开发合同"和"合作开发合同";《民法典》第三编第二分编规定了十九种典型合同,其中"技术合同"分为"技术开发合同""技术转让合同和技术许可合同""技术咨询合同和技术服务合同"三种类型,而"技术开发合同"同样又分为"委托开发合同"和"合作开发合同"。① 很显然,本案双方当事人争议的"技术服务合同"和"技术合作开发合同"都属于"技术合同"的范畴;而且,属于两种不同的"技术合同"。

1. 技术服务合同与技术合作开发合同的区别

作为两种不同的"技术合同",双方当事人之间的主体地位、合同标的以及相关的权利义务内容各不相同。

(1)根据《合同法》第335条(《民法典》第855条)(合作开发合同的当事人应当按照约定进行投资,包括以技术进行投资,分工参与研究开发工作,协作配合研究开发工作)和《合同法》第340条第1款(《民法典》第860条第1款)(合作开发完成的发明创造,除当事人另有约定的以外,申请专利的权利属于合作开发的当事人共有。当事人一方转让其共有的专利申请权的,其他各方享有以同等条件优先受让的权利)的规定可知,"技术合作开发合同"是双方当事人合作开发新技术,且双方当事人共同拥有新技术所有权的合同。技术合作开发合同的双方当事人之间是一种主体地位平行平等的合作关系;

---

① 参见姚兵兵、臧文刚:《技术合同纠纷案件争议问题实证研究》,载《人民司法》2018年第7期。

合同标的是双方当事人之间共同的技术合作开发行为;双方当事人最基本的合同权利义务内容都是通过合作开发,获得一项双方当事人共同所有的新技术。①

(2)根据《合同法》第360条(《民法典》第882条)(技术服务合同的委托人应当按照约定提供工作条件,完成配合事项;接受工作成果并支付报酬)、《合同法》第361条(《民法典》第883条)(技术服务合同的受托人应当按照约定完成服务项目,解决技术问题,保证工作质量,并传授解决技术问题的知识),以及《合同法》第362条(《民法典》第884条)(技术服务合同的委托人不履行合同义务或者履行合同义务不符合约定,影响工作进度和质量,不接受或者逾期接受工作成果的,支付的报酬不得追回,未支付的报酬应当支付。技术服务合同的受托人未按照合同约定完成服务工作的,应当承担免收报酬等违约责任)的规定可知,"技术服务合同"是拥有现存技术的受托人,出售技术服务商品给委托人,并由委托人向受托人支付技术服务商品价款,即技术服务报酬的合同。"技术服务合同"的双方当事人之间是一种主体地位对立平等的买卖关系;合同标的是一方当事人所单方拥有的技术服务商品;双方当事人最基本的合同权利义务内容,基于其合同地位的不同而各不相同,受托人最基本的合同权利义务内容是提供技术服务商品并收取技术服务报酬,而委托人最基本的合同权利义务内容是接受技术服务商品并支付技术服务报酬。

2. 技术服务合同与技术合作开发合同的认定

根据技术服务合同与技术合作开发合同在双方当事人主体地位、合同标的、相关权利义务内容等方面的不同,结合本案案情,对本案所涉《技术服务合同》到底是技术服务合同还是技术合作开发合同作出认定。

因为本案申请人与被申请人处于对立平等地位,而不是平行平等地位;而且,合同标的是申请人自己的专利和专有技术及电炉烟气能源综合利用的节能减排技术服务,而不是申请人与被申请人共同的技术合作开发行为;此外,申请人与被申请人最基本的合同权利义务内容,基于其合同地位的不同而各不相同,申请人最基本的合同权利义务内容是运用自己的专利和专有技术,为被申请人提供电炉烟气能源综合利用的节能减排技术服

---

① 参见刘强、蒋芷翌:《协同创新战略背景下的技术开发专利法律问题——以交易成本为视角》,载《安阳师范学院学报》2017年第6期。

务,自筹资金建设一座装机容量为 10MW 的余热电站和配套系统,并提供项目设计、设备采购、工程施工、设备安装调试、人员培训及负责余热电站的运营管理,具体为申请人凭借自己的专利及专有技术,协助被申请人回收并综合利用 1#、2#电炉在生产过程中废弃的余热资源,为被申请人提供技术方案,设计建造一座利用废弃排放烟气余热发电的电站,并负责该电站的运营管理,并按照合同的约定接受被申请人支付的节能减排技术服务费,通过收取节能减排技术服务费的方式获得回报;而被申请人最基本的合同权利义务内容是接受申请人按照合同约定提供的服务,包括各种技术方案、人员、本项目的建设、运营管理,按合同约定的时间和数额向申请人支付节能减排技术服务费,在合同有效期满后 1 个月内,按约定付清申请人应得的全部款项,无偿取得该项目及有关设备、技术文件的所有权,无偿获得本项目所涉及的所有专利技术在本项目中的使用权;而不是通过合作开发,获得一项申请人和被申请人共同所有的新技术。所以,本案所涉《技术服务合同》应该被认定为申请人所主张"技术服务合同",而不是被申请人所主张的"技术合作开发合同"。

(二) 申请人是否具有履行合同所需的技术能力

本案申请人是否具有履行合同所需技术能力的问题是一个事实问题,而非理论问题。① 因为仲裁庭查明:第一,《技术服务合同》序言载明,"申请人运用自己的专利技术和专有技术,为被申请人提供电炉烟气能源综合利用的节能减排技术服务";第 2 条第 2 款明确约定,"申请人凭借自己的专利及专有技术,协助被申请人回收并综合利用 1#、2#电炉在生产过程中废弃的余热资源,为被申请人提供技术方案,设计建造一座利用废弃排放烟气余热发电的电站";第 3 条进一步明确约定,"申请人以自己所有的专利技术和专有技术为基础,制订利用电炉烟气余热并发电的技术开发方案;以上述技术方案为依据,设计、建造一座相应规模的电炉烟气余热电站;为余热电站提供按申请人自有专利技术和专有技术生产的设备及其他非标设备","并就申请人的专有技术应用对电站的运行人员进行培训"。由上可见,通过签订合同,被申请人认定申请人具有履行合同所需的技术能力。第二,某冶金工程质量监督站出具的《冶金工程质量核验证书》载明,由申请人承建的"××烧结低温

---

① 参见孙屹、王淑玲:《技术服务不能及其救济》,载《当代法学》2014 年第 5 期。

余热发电5MW工程"通过验收,并被核验为"优良"项目;中国节能协会节能服务产业委员会出具的"××电炉烟气能源综合利用项目被评为中国节能服务产业优秀示范项目"证书和《中国节能服务产业最具成长潜力企业》的证书;国家发展和改革委员会和财政部共同发布的公告,公布了第一批"节能服务公司备案名单",申请人名列其中,其中载明申请人的"主要节能业务及技术产品"为"余热回收利用技术应用";工业和信息化部于2010年10月19日发布的工节〔2010〕第123号中华人民共和国工业和信息化部公告,该公告载明"经各省(自治区、直辖市)工业和信息化主管部门和相关行业协会推荐、专家评审及公示,现将主要面向工业和通信业领域开展业务的节能服务公司推荐名单(第一批)予以公告",申请人名列其中,该推荐名单列明:申请人的"隶属"为"中央企业",其"主要业务领域"为"工业余热发电";中国节能协会节能服务产业委员会其他证书等,都可以证明申请人具备完整、成熟的余热节能技术服务能力,且其技术能力已得到国家主管部门充分认可,并被授予资质证书。第三,某供电局于2009年12月15日签发的《关于某1×10MW电炉余热发电工程接入系统的复函》明确载明,"同意余热发电机组(1×10MW)通过一回10.5千伏电缆接至220千伏珠钢专用变电站10千伏ⅢB(只能通过ⅢB)段母线";建设单位、监理单位、施工单位、设计单位于2010年3月21日共同签发的《联动试运行合格证书》明确载明:"工程名称:××10MW电炉余热发电工程;试运行时间:2010年3月17日11时30分至2010年3月20日11时30分;试运行情况:根据施工合同的工程范围,所有项目已经施工、安装、调试完成;根据调试会议,本工程已经完成72小时的整组启动调试工作,所有项目运行正常;并于2010年3月17日正式进入72小时试运,连续运行至2010年3月20日,一切正常,本工程联合试运行合格,可以全部移交生产"等,证明申请人事实上已经按照《技术服务合同》的约定完成了本案所涉余热电站的建设,通过了试运行,并获得了某供电局同意"余热发电机组(1×10MW)通过一回10.5千伏电缆接至220千伏珠钢专用变电站10千伏ⅢB(只能通过ⅢB)段母线"的并网意见和《质量监督检查签证书》,已经实际提供了合同所约定的技术服务,而且已经实际履行了合同义务。所以,基于本案仲裁庭所查明的上述事实,可以认定申请人具有履行合同所需的技术能力。

综上所述,因为本案所涉《技术服务合同》属于《合同法》第360条(《民法典》第882条)规定的"技术服务合同",而不属于《合同法》第335条(《民法典》第855条)规定的技术"合作开发合同",而且,申请人具有履行案涉合同所需的技术能力,所以,仲裁庭裁决支持申请人的仲裁请求,具有合同依据、事实依据和法律依据。

(本案例由深圳国际仲裁院仲裁员谢石松和
深圳国际仲裁院孟伟编撰)

案例21 技术合同违约的认定

仲裁要点：关于申请人是否完整履行研发及交付成果的义务,仲裁庭认为,综合整个基因测序、交付过程,申请人依照合同约定的时间提取了基因样品下机测试,并在合同约定的交付时间内提交报告,而被申请人不仅签字盖章同意验收,在交付后,也并未对报告内容提出异议,同时未能就申请人提交的报告和数据"不符合合同约定""合同目的不能实现"提供充分的证据来证明其主张,可认为申请人已经适当履行了合同义务。

一、案情概要

申请人A公司与被申请人B公司于2016年3月2日签订了《技术开发（委托）合同》,由被申请人委托申请人研究开发海参种质资源收集、保护与利用项目,并支付研究开发经费和报酬,申请人接受委托并进行此项研究开发工作,有效期为2016年3月2日至2019年3月1日。

双方约定,申请人在2016年7月1日前将海×基因测序数据下机,并在2016年12月31日前在S市向被申请人交付海×基因图谱报告,同时在第11条约定了保密义务。

2016年6月22日,申请人的联系人游某向被申请人的联系人王某发送电子邮件表示,海×基因组项目原始数据多数已下机或能在2016年6月30日前下机,预计能按时完成测序数据下机任务。

2016年7月13日,游某向王某致函,表示"上次送到W市的那批样品,DNA提取的结果不错,目前剩余的10K和20K测序文库已经构建好了,预计这两天就可以上机测序",被申请人在仲裁过程中认为,这表明申请人并未在2016年7月1日前将基因测序数据全部下机,而申请人则认为这属于新样品的数据采集,并不构成对约定下机时间的违反。"

2016年10月24日,申请人向被申请人提交《海×基因组图谱交付报告》,并对2016年7月13日邮件中提及的新样品的基因组数据进行下机。次日,双方分别在合同中加盖印章确认交付事实。被申请人对交接数据的履行和内容并未提出异议,但却没有依据《技术开发(委托)合同》第5条约定的时间(交付基因组数据之后10个工作日内)支付基因组测序费用尾款90万元。

2016年12月9日,被申请人微信公众号发布消息——"重磅消息!海×基因图谱被成功破译,揭开海×生物遗传密码!",且承认"……获得海×基因组图谱大小682MB,并注释出一万余个海×基因,创造性地完成了海×基因图谱的绘制……"申请人认为被申请人此举构成对保密义务的违反,被申请人反指申请人教唆被申请人之工作人员虚假宣传。

2017年3月9日,申请人因上述技术开发合同纠纷向深圳国际仲裁院提出书面仲裁申请,认为被申请人拖欠技术开发费并涉嫌违反保密义务,请求裁决:

1. 被申请人向申请人支付技术开发费人民币90万元。
2. 解除双方于2016年3月2日签订的《技术开发(委托)合同》,并由被申请人向申请人支付逾期付款违约金。
3. 被申请人承担因仲裁发生的交通费、住宿费等费用。
4. 被申请人承担全部仲裁费用。

2017年4月17日,被申请人依据同一合同对申请人提出仲裁反请求,认为申请人存在未对海×全基因数据进行测序组装,隐瞒人工驯养等实验必备环节,交付报告数据及内容不完整等违约行为,导致被申请人合同目的不能实现,请求裁决:

1. 申请人向被申请人退还已支付的合同款90万元。
2. 申请人承担本案仲裁费用。

二、当事人主张

本案核心争点在于,申请人交付基因组数据以及提交《海×基因组图谱交付报告》是否存在违约情形,对此,将双方当事人在仲裁请求与答辩、仲裁反请求与答辩中的主张总结如下:

(一) 申请人主张

申请人认为,己方在交付基因组数据及提交《海×基因组图谱交付报告》方面不存在违约情形。在合同履行过程中,申请人按照合同约定内容全面适当地进行履行,并按照《技术开发(委托)合同》第5条的约定对基因组数据及海×基因图谱报告进行了交付,交接时间为2016年10月24日(合同约定期内),被申请人对交接数据的履行和内容未提出任何异议,但却没有依据《技术开发(委托)合同》第5条约定的时间(交付基因组数据之后10个工作日内)支付基因组测序费用尾款90万元,构成了根本性违约,至今没有任何回复,给申请人造成了严重经济损失。

(二) 被申请人主张

被申请人则认为,申请人交付基因组数据及基因图谱报告不符合合同约定,存在以下违约情形:

1. 申请人并未对海×全基因数据进行测序组装,导致后续的工作准确性受到严重影响,被申请人的合同目的不能实现。

根据《技术开发(委托)合同》第1条第2款之约定,申请人应当"利用现有全基因组数据及相关家系生长表型数据,开展包括RAD测序技术在内的多种分子标记开发技术"。可是在2016年10月24日提交报告时,申请人承认由于海×基因复杂,基因组只组装了66.7%,组装基因先天性不足导致获得的基因组数量也不足,基因数据并不完整,直接影响了后续家系生长表型数据及多种分子标记开发技术的进行。此外,申请人也承认可采用三代测序技术得出更完整的基因数据,但却由于成本高而采取成本较低的二代技术。

2. 申请人经过多次考察,明知被申请人人员不可能完成分子标记统计前期开发所必需的人工驯养环节,却隐瞒了这一环节,直到收取款项、基因测序后才告知,导致后续研发根本无法正常开展,合同目的无法在约定期限内实现。

3. 申请人并未采取科学严谨的态度进行研发,只想通过表面研发而进行大肆宣传,甚至教唆被申请人在新闻稿中给出模糊数据、进行虚假宣传,这也是导致被申请人签订合同的根本目的不能实现的重要因素。

4. 申请人交付的报告不仅数据不具有完整性,而且报告内容也不完整。完整的基因组图谱,需要对基因进行功能性注释,才能够达到基因测序的基本目的。而申请人交付的报告,仅仅作出了一些列举,并没有作出任何实质性的功能性注释。

5. 申请人在测序上机过程中也存在违约行为。合同约定海×基因测序数据在 2016 年 7 月 1 日之前下机,但是还有部分样品在 7 月 13 日才上机测试,也给报告的完整性带来影响。

三、仲裁庭认定的事实

(一)合同相关条款

2016 年 3 月 2 日,申请人与被申请人在 D 市签订了《技术开发(委托)合同》,有效期限自 2016 年 3 月 2 日至 2019 年 3 月 1 日,具体约定事项如下:

第 1 条约定:由被申请人委托申请人研究开发海×种质资源收集、保护与利用项目,目的是要开展多种分子标记开发技术,对海×经济性状相关基因进行筛选,得出前述基因相关的遗传标记,并在此基础上开发分子标记辅助育种及相关联海×产品延伸开发。

第 5 条约定:海×基因组测序、育种重测序分两项费用合计优惠应付人民币 270 万元整。付款周期为:①合同签订后 10 个工作日,被申请人应先支付基因组测序费用首批款人民币 90 万元整;②交付基因组数据之后 10 个工作日之内,被申请人应支付基因组测序费用尾款人民币 90 万元整;③申请人采集完家系样品之后的 10 个工作日之内,被申请人支付标记开发费用首批款人民币 45 万元整;④申请人交付标记数据之后的 10 个工作日之内,被申请人支付标记开发费用尾款 45 万元整……被申请人还应承担人工成本及差旅费用;主要指专家咨询费用、技术人员差旅费用……

第 8 条约定:在本合同履行中,因出现在现有技术水平和条件下难以克服的技术困难,导致研究开发失败或部分失败,并造成一方或双方损失的,双方按如下约定承担风险损失:按照技术开发路径实际开展中,遇到问题无法继续开展技术开发时,按合同付款进度终止合同付款。如果改进方案追加资金可以解决该技术难题,双方按实际情况协商签署补充协议,继续合同;若无法继续开展研究探索,则合同终止,余下部分款项亦不需支持……

第 11 条约定:在合同执行期间,所有参与该项目人员应当对技术开发实施方案、进度、技术开发产生的 DNA 数据、用于验证的相关引物样品、验证结果、海×相关产品延伸开发数据、国家基因库海×种质资源中心数据等所有技术开发相关内容进行保密……如因被申请人泄密导致研究中断或申请人损失,申请人有权按实际损失向被申请人主张赔偿……

第12条约定:……研究开发成果交付的时间及地点:海×基因测序数据2016年7月1日前下机,S市。海×基因图谱2016年12月31日前交付,S市。海×分子标记指导育种2017年7月1日前展开实施,D市。

第23条约定:任何一方未能按照本合同约定履行义务即构成违约,应向守约方承担违约责任。如被申请人未能按约定支付合同款,每逾期一天,应按照应付未付款项的5‰承担违约责任,逾期超过30天,申请人有权解除合同并要求被申请人承担赔偿责任。申请人未按照本合同约定开展研发工作并交付研发成果,每逾期一天,应按照协议总额的5‰承担违约责任,逾期超过30天,被申请人有权解除合同并要求申请人承担赔偿责任。

(二)合同履行情况

2016年3月15日,被申请人从其工作人员王某的银行账户向申请人银行账户转款人民币90万元。"用途"显示为:B公司海×测序首期费用付款。

2016年6月22日,申请人的联系人游某向被申请人的联系人王某致函:海×基因组项目原始数据多数已下机或能在2016年6月30日前下机,预计能按时完成测序数据下机任务,后续计划为:①2016年7月30日前完成剩余文库数据分析,提交海×基因组调查报告;②如2016年6月24日的样品检测不合格,需要再寄送海×样本到W市。次日,王某就项目实施技术细节进行回复。

2016年6月24日,游某致函王某表示,样品检测情况不理想,需要被申请人再准备样品,争取制备更好的DNA。

2016年7月13日,游某致函王某表示,上次送到W市的样品,DNA提取结果不错,新测序文库已建好,预计两天内可上机测序,下周可给出基因组调查报告。

2016年7月19日,游某致函王某内容为:海×基因组调查分析完成,大小预计为682MB,预计8月中旬可完成大片段文库测序,开始基因组装,9月完成基因组装,10月完成基因组注释,提交基因组分析报告。

2016年10月24日,申请人向被申请人提交了《海×基因组图谱交付报告》,申请人和被申请人在报告上签名,签名日期为2016年10月25日。申请人与被申请人分别在合同和合同骑缝上加盖了印章。双方在庭审时确认了上述事实,也确认了在交付报告后,申请人交付了已完成的基因组原始数据。但是,被申请人并未在交付基因组数据后 10 个工作日内支付尾款 90 万元。

2016 年 11 月 28 日,游某致函王某表示,海×基因组草图报告及原始数据已交付,可启动第二期经费支付(90 万元),申请人在尝试用之前的样品构建三代测序文库,但有些困难,预计需要被申请人再寄送一批样品,重新提取 DNA,申请人仍会就目前的基因组数据开发一些分子标记,撰写专利。

2017 年 1 月 21 日,王某致函游某,表示申请人交付的《海×基因组图谱交付报告》缺少关键内容和表格,希望申请人提供详细的海×基因图谱书面说明。

2017 年 1 月 24 日,游某致函王某,表示申请人如期提交的《海×基因组图谱交付报告》包含海×基因组测序数据、数据处理方法、海×基因组组装结果和基因集注释结果,以上结果涵盖了合同约定的技术内容,同时也满足了基因组项目的全部技术要求。

2017 年 4 月 25 日,由 S 市某公证处出具的第 3037 号公证书,公证事项是:保全证据。证据内容为:2016 年 12 月 9 日,被申请人微信公众号发布消息——"重磅消息!海×基因图谱被成功破译,揭开海×生物遗传密码!",且承认"……获得海×基因组图谱大小 682MB,并注释出一万余个海×基因,创造性地完成了海×基因图谱的绘制……"

被申请人在庭审时对公证书所涉内容的真实性予以认可,但认为上述消息系申请人的工作人员在交付报告时教唆被申请人的工作人员进行虚假宣传。

四、仲裁庭意见

(一)《技术开发(委托)合同》的性质和目的

仲裁庭认为,本案系争合同的性质为技术委托开发合同。关于本案的合同目的,双方希望通过基因研究,最终达到利用优质分子进行育种,从而使海×养殖达到育种高效、降低养殖成本、形成海×优良品种培育的目的。同时,案涉的技术开发合同是一种在探索新技术、新领域中进行的具有研究开发性质的工作,故而双方应当承担研究开发过程中可能产生的风险。

(二)申请人能否请求被申请人支付技术开发费 90 万元

仲裁庭认为,该问题的关键在于,申请人是否存在被申请人主张的违约情形,以及申请人主张的技术开发费尾款付款条件是否成就。

1. 申请人是否存在被申请人主张的违约情形

第一,关于被申请人主张的"申请人并未对海×全基因数据进行测序组装"及交付报告"不完整"等答辩理由,双方在庭审时均未能对"全基因数据"和"报告交付数据何为完整"等进行定义或提供相应的标准,仲裁庭认为,基因科学是一门正在发展中的科学,行业内对基因组数据交付标准没有相应的规定,法律法规也没有相应的规定。

在本案中,申请人已经于 2016 年 10 月 24 日交付了《海×基因组图谱交付报告》,被申请人在"报告验收人"一栏签字,并在报告上加盖了公章,该交付时间符合本案合同关于在 2016 年 12 月 31 日前交付的约定。申请人在现有的水平、条件下,已经向被申请人交付其所能达到的基因组图谱报告,被申请人也承认收到申请人提交的报告及存在电子载体中的原始数据,并在验收人栏签字确认,对被申请人答辩时所主张的"未对海×全基因数据进行测序组装"和交付报告"不完整",仲裁庭不予采纳。

第二,关于被申请人在答辩中所称的申请人只组装了 66.7%、隐瞒了人工驯养的必备环节、未采用三代测序技术等一系列理由,认为申请人交付的基因图谱不符合合同约定,被申请人仅提供了录音资料表示申请人曾口头提到上述内容,由于仲裁员无法辨别录音资料的真实性和其与本案的关联性,双方签订的合同中对上述内容没有约定,仲裁庭对被申请人的录音证据和上述答辩理由均不予采纳。

第三,对于被申请人所称的申请人"通过表面研发而进行大肆宣传",违反《技术开发(委托)合同》第 11 条约定的保密义务的抗辩,被申请人并未提供证据证明申请人违反保密义务;相反,根据 S 市某公证处出具的第 3037 号公证书显示,被申请人涉嫌违反保密义务,仲裁庭对于被申请人主张的申请人"通过表面研发而进行大肆宣传",违反保密义务的答辩不予采纳。

第四,被申请人认为申请人测序下机过程中也存在违约行为,并提供了部分电子邮件拟证明申请人在 2016 年 7 月 13 日才将样品下机测试,违反双方在合同中约定的海×基因测序数据在 2016 年 7 月 1 日前下机的约定。

仲裁庭综合双方所提供的、经双方合同指定的项目联系人的电子邮件记录,认为:申请人于2016年6月22日前已经将海×基因组项目的相应数据下机测试,双方为了得到更好的检测效果,于6月24日进行联系提取新样品的事宜,在庭审中引起歧义的7月13日的邮件是对前述提取新样品的进展的回复,仲裁庭对被申请人认为申请人于7月13日左右项目整体仍未下机测试的答辩不予采纳。

因此,仲裁庭认为,综合申请人整个基因测序、交付过程,申请人依照合同约定的时间提取了基因样品下机测试,在合同约定的交付时间内交付了《海×基因组图谱交付报告》,被申请人在"报告验收人"一栏签字,并在报告上加盖了公章。报告交付后,被申请人并未对基因报告内容提出过异议,也未就申请人提交的报告和数据不符合合同约定、合同目的不能实现提供充分的证据来证明其主张,可以认为申请人已经适当履行了合同义务,并未发现违约或违反法律规定的情形。

2. 申请人主张的技术开发费尾款付款条件是否成就

根据《技术开发(委托)合同》第12条的约定,"研究开发成果交付的时间及地点:海×基因测序数据2016年7月1日前下机,S市。海×基因图谱2016年12月31日前交付,S市。海×分子标记指导育种2017年7月1日前展开实施,D市"。

综合前述论述,仲裁庭认为申请人已经适当履行了合同义务,主张的技术开发费付款条件已经成就,被申请人应在申请人交付基因组数据之后10个工作日之内,也就是2016年11月9日前向申请人支付技术开发费(即基因组测序费用尾款)人民币90万元,而被申请人至今仍未给付尾款,已经构成违约。

(三)申请人能否要求解除合同并要求被申请人承担违约金

根据《技术开发(委托)合同》第23条的约定,任何一方未能按照合同约定履行义务即构成违约,应向守约方承担违约责任。如被申请人未能按约定支付合同款,每逾期一天,应按照应付未付款项的5‰承担违约责任,逾期超过30天,申请人有权解除合同并要求被申请人承担赔偿责任。因此,申请人要求解除合同并要求被申请人承担违约金的仲裁请求有合同依据,仲裁庭予以支持。但按日5‰计算违约金标准过高,仲裁庭酌定以应付款项90万元为基数,按日0.5‰的标准,从被申请人交付基因组数据之后10个工作日后,即

2016年11月9日开始计算至实际清偿之日止。

(四)被申请人能否要求申请人退还已支付的首期合同款90万元

仲裁庭认为,本案涉案合同系技术开发委托合同,被申请人委托申请人对海×基因进行研究,建立从基因水平评价海×种质优良的技术体系,并在此基础上开发分子标记辅助育种及相关联海×产品延伸开发,建设国家基因库海×种质资源中心等目的,系被申请人委托申请人在新技术、新领域中进行的具有研究开发性质的工作。按照《合同法》第331条的规定,合同的委托人即本案中的被申请人,应当负有"按照约定支付研究开发经费和报酬;提供技术资料、原始数据;完成协作事项;接受研究开发成果"的义务。

即使退一步讲,在本合同履行过程中出现了现有技术水平和条件下未能预计的障碍,开发成果未达理想,作为委托人,被申请人也应承担相应的风险,首期合同进度款亦应支付。更何况申请人已经按期完成研究开发工作,交付研究开发成果,被申请人应当向申请人支付剩余的尾款,而非要求退还首期合同款。因此,仲裁庭对被申请人要求申请人退还已支付的首期款90万元的仲裁反请求不予支持。

五、裁决结果

1. 解除双方于2016年3月2日签订的《技术开发(委托)合同》。
2. 被申请人向申请人支付技术开发费90万元。
3. 被申请人向申请人支付逾期付款违约金。
4. 本案本请求仲裁费由被申请人承担,反请求仲裁费由被申请人承担。
5. 驳回申请人的其他仲裁请求。
6. 驳回被申请人的全部仲裁反请求。

六、评析

本案是一起典型的技术开发委托合同履行纠纷,其争议焦点在于,申请人作为研究开发人,在交付基因组数据以及提交《海×基因组图谱交付报告》等合同义务履行方面是否存在违约情形。本案仲裁主要适用《合同法》

关于技术委托开发合同的条款,如《合同法》第 330 条、第 331 条及第 332 条,即《民法典》第 851 条、第 852 条及第 853 条,法条内容和表述与现行《民法典》的规定基本一致,故本文就上述条款的适用进行评述。评述主要围绕技术合同的特征、技术合同违约的认定进行展开,并对其涉及的基因技术保护问题进行了进一步探讨。

(一)关于技术合同的特征

技术合同,是当事人就技术开发、转让、咨询或者服务订立的确立相互之间权利和义务的合同。技术合同法律制度自《技术合同法》正式确立,在《合同法》及《民法典》中均作为有名合同进行详细规定并得以延续,至今其主要制度内容并未发生实质性变化,主要条文一以贯之,体现出技术合同制度在中国法律体系中的超强稳定性。[①] 技术合同的标的与技术有密切联系,不同类型的技术合同有不同的技术内容。技术合同是激励技术创新、促进科技成果转化的重要方式,也是将资本与科技结合推动技术进步的重要手段。[②] 由于技术合同本身内容所具有的高度技术性,技术合同往往与我国的专利制度密切相关。这在技术合同的案件管辖规定上也可见一斑:根据《技术合同解释》的规定,技术合同纠纷案件作为知识产权案件,一般由中级以上人民法院管辖。事实上,这种管辖的特殊性是由技术合同所涉内容和法律关系的特殊性决定的,但技术合同归属于一般民事合同的性质并未改变。结合本案的基本案情来看,本案的争议焦点主要是当事人是否构成合同违约。其实,如果对众多的技术合同进行总结和归纳,我们会发现当事人是否切实履行合同义务、是否构成违约是技术合同类案件普遍的争议焦点。[③] 此种现象的发生,实际上存在着一种必然,是由技术的复杂性、技术标准的模糊性和技术合同义务的双向性所共同决定的。

前述复杂性、模糊性及双向性不仅引发了是否构成合同违约的普遍争议,也体现出技术合同本身所具备的显著特征。首先是技术合同的复杂性。由于技术合同是围绕某种技术的开发、转让、咨询或者服务所订立的合同,因

[①] 参见徐卓斌:《技术合同制度的演进路径与司法理念》,载《中国社会科学》2020 年第 9 期。

[②] 参见欧修平:《技术合同违约行为的审查判断》,载《人民司法》2013 年第 5 期。

[③] 参见广东省高级人民法院民三庭:《审理技术合同纠纷案件中难点热点问题综述》,载《人民司法》2013 年第 5 期。

此合同内容往往与某一领域的技术密切相关。技术的复杂性带来了合同内容的复杂性,从而演变成技术合同的复杂性特征。其次是技术合同的不确定性。技术合同的不确定性有两个方面的原因,一方面,是由技术标准的模糊性导致的,这种模糊性既可能来源于新兴行业标准的不明确,也可能来源于双方专业知识的不对等所导致的约定的不明朗。另一方面,由于技术合同常与前沿技术相关,国家对其监管的政策法规处于变动之中,这种变动往往会与合同效力或合同义务的履行标准密切相关。最后是合同义务的双向性。① 这一点在《民法典》的技术合同规范中有明确的规定,例如《民法典》第852条规定,委托开发合同的委托人应当按照约定支付研究开发经费和报酬,提供技术资料,提出研究开发要求,完成协作事项,接受研究开发成果。第853条规定,委托开发合同的研究开发人应当按照约定制定和实施研究开发计划,合理使用研究开发经费,按期完成研究开发工作,交付研究开发成果,提供有关的技术资料和必要的技术指导,帮助委托人掌握研究开发成果。这些制度设计都凸显了技术合同的义务履行往往需要双方相互配合、共同完成的特征。

(二)关于本案技术合同是否违约的认定

本案中,《技术开发(委托)合同》充分体现了技术合同的三种特性,并由此引发了当事人是否违约的主要争议。首先,基因技术作为一项人类社会尚未完全掌握的尖端技术,其技术复杂性不言自明。而本案中的基因测序技术虽在许多领域广泛应用,但仍不能完全应对生物多样性带来的挑战。其次,由于基因技术仍处在快速发展的阶段,因此对于基因技术的国家监管、行业规范尚未形成统一的标准,因此对于基因测序应当达到何种技术标准尚不明确。最后,技术合同义务的双向性在本案中也有所体现。对海×进行基因测序的前提是需要提供经过特定选育的海×品种,这需要海×养殖企业按照一定的要求进行繁育。本案中,当事人之间没有明确约定基因测序所要达到的标准,也没有行之有效的行业规范或国家法规进行参考,由此引发了当事人之间对是否履行合同义务、是否违反合同约定的争议。根据《民法典》第510条的规定,合同生效后,当事人就质量、价款或者报酬、履行地点等内容没有约定或者约定不明确的,可以协议补充;不能达成补充协议的,按照合同

---

① 参见崔建远:《技术合同的立法论》,载《广东社会科学》2018年第1期。

相关条款或者交易习惯确定。显然,本案当事人并没有达成一致意见,因此申请仲裁。根据《民法典》第 511 条的规定,当事人就有关合同内容约定不明确,依据前条规定仍不能确定的,适用下列规定:质量要求不明确的,按照强制性国家标准履行;没有强制性国家标准的,按照推荐性国家标准履行;没有推荐性国家标准的,按照行业标准履行;没有国家标准、行业标准的,按照通常标准或者符合合同目的的特定标准履行。由于本案没有统一的国家标准和行业标准,仲裁员以双方约定的合同内容为基础,以双方合同签订的目的为依据,在综合衡量双方义务负担的基础上,认定基因测序义务已合约履行,拒不支付价款的行为构成违约是公平合理且适度的。①

(三)关于本案所涉基因技术保护的进一步思考

本案的争议焦点为技术合同是否违约,但对于以基因技术为代表的前沿技术保护引发了我们的进一步思考。关于基因技术立法,我国法律界多从人文关怀的角度重点关注了基因技术在人类领域的适用。学者们首先从宪法角度提出了根本质疑:"其挑战首先体现在主体的界定上。法律上之'人'需要宪法做出一个基本的解释与界定。其次是对宪法基本价值的挑战。人性尊严是宪法的基本价值,由于基因技术在分子水平上实现了对人类遗传物质的修饰和操纵,人类的特性成为一种附庸,这样就使得人性尊严面临着巨大的挑战。另外,基因技术的研究和运用同样给宪法基本权利如生命权、平等权、隐私权、后代基本权利等以及社会基本秩序带来了巨大的冲击和挑战。"②在逐渐缓和了新技术带来的冲击后,法律界又逐渐认可和接纳了此种技术的进步性和有益性,努力推动人体基因资源的立法规制:"明确人体基因兼具人格和财产这一复合属性的基础上,从私法和公法的双重角度思考构建我国人体基因资源的立法保护模式。私法保护主要通过人体基因权利体系的建构与权利损害救济机制的设置来加以实现;公法保护则采用国家公权力的主动干预模式,防止人体基因资源过度开发成为权利滥用。"③最后,在明确了基本框架后又展开具体制度的研究,如关于基因隐私保护,"学界在对基

---

① 参见中林:《〈关于审理技术合同纠纷案件适用法律若干问题的解释〉的理解与适用》,载《人民司法》2005 年第 2 期。
② 秦成坤、刘长秋、吕艾芹:《论基因技术对宪法的挑战》,载《东岳论丛》2012 年第 4 期。
③ 张亮、郑丹:《我国人体基因资源的立法保护》,载《四川师范大学学报(社会科学版)》2017 年第 2 期。

因隐私法律保护的必要性达成一致后,对具体的法律保护进路存有争议。通过梳理基因隐私综合立法和单独立法两种保护模式的学理论证、立法实践及立法背景,根据我国实际,可以认为,我国现阶段应当采取以小综合立法模式为主,辅以行业自律机制,并在条件成熟时,向单独立法的保护进路发展"[1]。

  基因技术关涉人类未来,警惕人体基因技术滥用引发伦理风险无可厚非。但基因技术作为一项中立技术,存有系统风险的同时也在为人类描绘一幅更加美好的未来图景。基因育种、基因生物等技术不仅可以为人类提供更加优质的物质资源,还可能从根本上解决人类生老病死的物质难题。更现实地讲,基因技术也成为当今时代国家间竞争的核心领域。因此,构建更加科学的基因技术规范体系,无论是从国家发展还是国民幸福的角度,都具有重要意义。以知识产权透析基因工程,一项前沿科技的可专利性论证成为促进、保护和规范基因技术发展的重要方式。因此,我们应当以专利法的基本原则和基本制度为框架,通过更加细致的制度设计为基因提供保护的模式。在可专利性问题上,可回避对基因是发明还是发现的直接回答,专注于基因的专利性要求,规定"涉及基因的专利申请,符合本法所规定授予专利权实质要件的,可授予专利权"[2]。除规定基因应符合专利法上一般的"三性"要求外,在实用性上应提高审查标准,如应符合诚实信用原则、保护公共利益以及利用遗传资源的特殊保护等标准,视情况仍可以排除某些基因的专利保护,如规定单纯的基因发现、作为基础研究工具的ESTs、违背公共利益的基因发明等不授予专利权。[3]

            (本案例由中南财经政法大学知识产权研究中心
             博士研究生孔文豪和硕士研究生陈永康编撰)

---

[1] 秦天宝:《论我国基因隐私保护的立法模式选择》,载《政法论丛》2013年第6期。
[2] 朱川、谢建平:《我国基因专利保护的立法对策》,载《政治与法律》2001年第1期。
[3] 参见朱川、谢建平:《我国基因专利保护的立法对策》,载《政治与法律》2001年第1期。

专题五
特许经营合同纠纷

Topic 5

案例22 特许经营合同的认定

仲裁要点：《商业特许经营管理条例》对从事特许经营的特许人应具备的条件和应履行的义务进行了诸多限定，例如特许经营主体必须是企业、"两店一年"的资质条件、依法备案义务、冷静期约定、信息披露义务、夸大宣传或欺骗误导等，在判断合同是否为特许经营合同时，应当不拘泥于合同标题或个别用词，而应当从合同具体权利义务出发，准确认定双方的真实意思表示。

一、案情概要

2014年1月11日，申请人A公司与被申请人B自然人签订了《自主知识产权课程授权经营许可合同》。根据合同约定，申请人许可被申请人在许可期限内、特定区域内对申请人指定的课程进行经营，被申请人需向申请人支付授权许可费300万元，被申请人营业额的8%超过300万元的，以营业额的8%支付。在此之前，申请人与涉案课程的实际创作人即知识产权所有权人刘某签订了《著作权许可使用及合作经营协议》，申请人获得上述课程除署名权外的所有著作权，有权对第三人进行授权许可。

被申请人曾于合同签订前即2014年1月10日向申请人支付了授权许可费保底数10万元，同时支付了履约保证金50万元。同日，向申请人提交了一份请求延迟支付剩下的290万元授权许可费并承诺将于2014年3月1日前支付给申请人的"申请书"。

2014年2月28日，被申请人向申请人支付了授权许可费保底数140万元。

截至申请人申请仲裁之时，被申请人仅向申请人支付了授权许可费150

万元,对于余下的许可费,被申请人拒绝支付,双方由此产生争议。协商不成后,申请人于 2015 年 7 月 7 日依据合同中的仲裁条款向深圳国际仲裁院申请仲裁,并提出如下仲裁请求:

1. 请求裁决被申请人支付所欠合同款 150 万元。
2. 请求裁决被申请人承担本案仲裁费用。

二、当事人主张

(一) 申请人主张

1. 申请人与被申请人的协议性质为合作经营合同。

(1)根据双方 2014 年 1 月 11 日签订的合同,约定由申请人许可被申请人对三门许可课程进行使用及合作经营,收取相关费用。上述课程的实际创作人为刘某,申请人于 2014 年 1 月 6 日获得上述课程除署名权外的所有著作权利,申请人有权对第三人进行授权许可。

(2)根据《著作权法》以及《著作权法实施条例》的规定,本案争议涉及的三门许可课程的课件为文字作品,但是实际上更重要的是本案所涉的著作权人刘某的口述作品的广播权以及表演权。

(3)本合作经营合同与演员的演艺合同性质一致,即演员只是提供作品以及表演的行为,具体的运营以及收费等都由地方的演艺公司承接,本案中,申请人以及著作权人所有的费用都是通过被申请人取得,被申请人已经在庭审中予以认可。

2. 合作经营失败,被申请人应该承担的风险。

由于被申请人不了解申请人的情况以及市场不好等原因,造成被申请人亏损等风险,应该由被申请人承担。由于申请人已经履行了其在合同中约定的义务,因此,申请人有权要求被申请人支付相关的费用。

3. 被申请人提出的双方签订的合同受《商业特许经营管理条例》约束且属于无效合同的观点不能成立。

《商业特许经营管理条例》第 3 条第 1 款规定:"本条例所称商业特许经营(以下简称特许经营),是指拥有注册商标、企业标志、专利、专有技术等经营资源的企业(以下称特许人),以合同形式将其拥有的经营资源许可其他经营者(以下称被特许人)使用,被特许人按照合同约定在统一的经营模式下开展经营,并向特许人支付特许经营费用的经营活动。"特许经营又被称为"特许连锁""合同连锁""加盟连锁",是以连锁店的形式进行经营的营业模式,其中一个至关重要的要件即为店面的加盟。申请人与被申请人同时知晓,双方并不存在"连锁店面",其签订的合同仅仅是关于约定课程的著作权许可授权的合作经营而已,根据合同约定,申请人授权被申请人在特定的区域及期限内提供场地以及"售票"收取费用,让申请人提供授课人以及许可的课程而已。双方的合同不关涉任何"特许经营"之性质。

4.《商业特许经营管理条例》已经明确列举特许经营是指针对企业拥有的"注册商标、企业标志、专利、专有技术"而言,"著作权"许可并不属于该条例所称特许经营的调整范围,对特许经营的理解,不应作扩大解释。

(二)被申请人主张

1. 本案合同的性质为特许经营合同,案由应为特许经营合同纠纷。

(1)合同约定了许可经营的内容、许可经营的地域范围、许可经营的期限。从本案来看,涉案合同的内容约定:申请人将三门自主知识产权课程的经营资源授权许可被申请人经营;被申请人在一年内支付申请人特许经营费300万元,被申请人的营业额的8%超过300万元的,以营业额的8%支付;申请人许可被申请人在一年的许可期内,在特定的Z省区域范围内按照申请人要求的模式统一经营。上述双方订立合同的内容及实际的履行,符合特许经营合同的特征,因此,本案的案由应为特许经营合同纠纷。

(2)合同约定了统一经营的模式。合同约定:授课的讲师应属于申请人提供的《讲师名录》中认可的人员;统一标准支付讲师报酬;统一组织授课;统一授课地点;统一结算费用;统一退款流程;统一登记学员的报名情况;统一汇总课程销售业绩。还约定了申请人的监督检查权。被许可人违反申请人管理规定的,申请人享有处罚权。

(3)在合同的履行中实施统一的经营模式。例如:统一工作对接流程;授权的课堂必须统一使用申请人的企业标志"FSH";统一课程的收费标准;统一授课时间、授课地点。

2. 双方于2014年1月11日订立的合同无效。

本案所涉合同的形式、内容、特许人的资格等均违反了2007年5月1日施行的国务院颁布的《商业特许经营管理条例》的强制性规定,合同应当认定为无效。

(1) 申请人在申请仲裁时及庭审中未提供证据证明其取得了本案涉及三门课程的知识产权拥有人刘某的独家授权经销权，自己也不享有三门课程的知识产权，因此，申请人无权以许可人的名义与被申请人订立《自主知识产权课程授权经营许可合同》，将三门课程许可被申请人经营。

(2) 被申请人至今未取得合同的签约权(参见《自主知识产权课程授权经营许可合同》第4.2条)，被申请人不具有签约的主体资格。

(3) 申请人不具有特许经营的资质。

(4) 合同内容违反了《商业特许经营管理条例》的规定。

(5) 申请人未按《商业特许经营管理条例》的规定履行备案手续。

(6) 申请人未根据《商业特许经营管理条例》的规定履行信息披露及告知义务。

(7) 合同仅约定了申请人享有的权利，但未约定申请人应承担的义务。

三、仲裁庭认定的事实

2014年1月11日，申请人(合同甲方)和被申请人(合同乙方)签订了《自主知识产权课程授权经营许可合同》，约定被申请人从申请人处获得许可在指定区域、指定期限对本合同所列的授权课程进行推广营销。与本案有关的合同主要条款如下：

鉴于：

1. 甲方是某系列课程(以下简称"授权课程")知识产权拥有人刘某指定的独家授权经销商，有权根据刘某的委托对授权课程进行营销推广许可授权。

2. 乙方愿意遵守国家相关法律法规要求，有意按照本合同的条款约定，从甲方获得在指定区域、指定期限对本合同所列的授权课程进行推广营销，双方协议如下：

......

二、普通许可

2.1 乙方遵守本合同的条款，并支付了在授权期内的普通许可授权费和履约保证金。甲方特此授予乙方，在许可期限内、在指定区域内、在指定的授权课程上，按照本合同的要求以销售、推广和营销的方式，对许可的课程产品进行销售、推广和营销,并获得相应的收益。
……

四、授权许可费和履约保证金

……

4.2 双方约定,乙方在授权期内,应按照推广授权课程年度营业额的8%向甲方支付授权许可费,最低保底数为300万元,在本合同签订之日前付清,付清该笔款项后,乙方获得与甲方的签约资格。

4.3 授权期满,甲、乙双方按照授权期内乙方营业额的8%进行授权费的结算,具体结算办法如下:

4.3.1 如果结算金额小于或等于保底数的,按照保底数收取;

4.3.2 如果结算金额超过保底数的,双方同意先以乙方上交给甲方的履约保证金冲抵;履约保证金不足抵扣的,乙方仍应向甲方补齐。

4.4 在本合同签订前,乙方应支付履约保证金,即伍拾万元。
……

六、经营管理分工

……

6.1.2 乙方应当按照约定承担并支付讲师报酬;

6.1.3 如果甲方主办授权课程、乙方派客户参与的,应当按照约定向甲方支付相应的会务费。
……

九、争议解决

9.1 凡起因于本合同或与本合同有关的任何争议,双方应通过友好协商加以解决;协商不成的,可申请深圳国际仲裁院按照其现行有效的仲裁规则进行仲裁。

四、仲裁庭意见

(一) 本案合同的性质及其效力

根据庭审情况及相关证据材料,仲裁庭注意到:

首先,本案所涉的合同,是在申请人从涉案课程的知识产权权利人刘某处获得的具有处分许可权利的许可使用及合作经营权利的基础上,双方就上述课程"进行营销推广"所达成的合同,这在合同中数次明确约定,是双方当事人的真实意思表示。

其次,本案合同既不具备"特许经营"合同的形式,也不具备"特许经营"的实质性条件,不适用《商业特许经营管理条例》的规定。如前所述,根据涉案合同条款内容的约定,被申请人对许可的课程产品仅限于"销售、推广和营销",并未体现被申请人具有独立的经营权;同时,合同中也不具备《商业特许经营管理条例》中规定的"特许经营合同"应当具有的必要条款。例如,《商业特许经营管理条例》第11条规定的"……特许经营合同应当包括下列主要内容:……(四)经营指导、技术支持以及业务培训等服务的具体内容和提供方式;(五)产品或者服务的质量、标准要求和保证措施;(六)产品或者服务的促销与广告宣传;(七)特许经营中的消费者权益保护和赔偿责任的承担……"第14条规定的"特许人应当向被特许人提供特许经营操作手册,并按照约定的内容和方式为被特许人持续提供经营指导、技术支持、业务培训等服务"。另外,本案申请人本身并不具备《商业特许经营管理条例》所规定的作为"特许人"的资质,例如,"特许人从事特许经营活动应当拥有至少2个直营店,并且经营时间超过1年"等。

最后,在本案合同的实际履行中,被申请人在合作中承担的是宣传、推广、销售、招揽学员、课堂组织和协调等中间事务性工作,讲师均是由本案申请人提供,也就是说,被申请人本身并不提供"产品和服务",也不具备相应的人员及能力,只是从事营销推广、组织协调,缺乏经营的核心内容和条件,这与双方签订合同的真实意思是一致的。

被申请人认为,申请人在申请仲裁时及庭审中未提供证据证明其取得了本案涉及的三门课程知识产权拥有人刘某的独家授权经销权,自己也不享有三门课程的知识产权,因此,申请人无权以许可人的名义与被申请人订立合同,将三门课程许可被申请人经营。因此,主张该合同无效。仲裁庭发现,庭审后双方书面质证中,申请人提供了其与涉案课程权利人刘某于2014年1月6日签署的《著作权许可使用及合作经营协议》,表明申请人于2014年1月6日获得上述课程除署名外的所有著作权利,申请人有权对第三人进行授权许可。被申请人对该证据的真实性以及与本案的关联性无异议,但是提出根据《著作权许可使用及合作经营协议》第2.2条、第2.3条的约定,"即使甲方(即刘某)同意授权许可乙方(即本案申请人)将甲方授予的该协议约定的权利转授权第三方行使,乙方进行转授权时需满足以下条件,否则该转授权无效。……(2)第三方应为合法存续的出版社",认为被申请人为自然人不是出版社,也无合法的出版资质,因此,申请人对被申请人的授权许可是无效的。仲裁庭认为,申请人对于《著作权许可使用及合作经营协议》第2.2条、第2.3条约定的理解是不适当的,该条款是甲方(即刘某)对许可乙方(即本案申请人)将该协议约定的权利转授权给第三方行使的限制,并非对许可乙方(本案申请人)将涉案课程授权第三方的条件限制,这是完全不同性质的两种授权行为,可以从该协议第1.3、2.1条的约定中得到确认。因此,仲裁庭认为被申请人的主张不能得到支持。

被申请人认为,根据《自主知识产权课程授权经营许可合同》第4.2条"双方约定,乙方在授权期内,应按照推广授权课程年度营业额的8%向甲方支付授权许可费,最低保底数为300万元,在本合同签订之日前付清,付清该笔款项后,乙方获得与甲方的签约资格"的约定,由于被申请人在签约前并未按照约定支付授权许可费保底数300万元,因此被申请人至今未取得合同的签约权,被申请人不具有签约的主体资格,从而主张合同无效。仲裁庭发现,证据表明,被申请人在上述合同签订之前,于2014年1月10日向申请人支付授权许可费保底数10万元,同日,提交了一份向申请人请求延迟支付剩下的290万元授权许可费并承诺将于2014年3月1日前支付给申请人的"申请书"。其后,双方于2014年1月11日签署了本案合同。仲裁庭认为,双方在签约之前,已经通过被申请人提交的"申请书"对被申请人的签约资格进行了变更,并且双方实际履行了合同。因此,仲裁庭认为被申请人的主张不能得到支持。

因此,仲裁庭认为,本案所涉的合同是双方当事人在真实意思表示下自愿签订,其性质是以涉案课程的著作权许可使用授权为基础的营销推广合作合同,内容不违反中国法律、法规的强制性规定,合法有效,对双方当事人具有约束力。

(二)关于申请人主张的授权许可费的请求

仲裁庭注意到,双方当事人提交的证据表明,2014年1月10日,被申请人向申请人支付授权许可费保底数10万元,同时支付了履约保证金50万元。同日,向申请人提交了一份请求延迟支付剩下的290万元授权许可费并承诺将于2014年3月1日前支付给申请人的"申请书"。其后,双方于2014年1月11日签署了本案涉案合同。2014年2月28日,被申请人又向申请人支付授权许可费保底数 140 万元。

现申请人请求被申请人支付所欠合同款 150 万元,被申请人在庭审后书面质证阶段,提供了一份"付款明细表"的证据,证明被申请人在合同订立后,被申请人通过其子支付了许可费 922997.65 元,加上以被申请人名义支付的 150 万元许可费,共计支付许可费 2422997.65 元。仲裁庭注意到,在被申请人提供的这份 32 笔累计付款 2422997.65 元的"付款明细表"中,付款用途均注明为"课程费",并非"许可费"。申请人在质证意见中,认可了"付款明细表"的真实性,但对其证明内容不予认可,并提供了一份由被申请人与被申请人的儿子实际控制的某公司于 2014 年签订的《委托代理合同》,该合同第 1 条约定,某公司对于涉案三门课程所涉及的讲师报酬委托本案被申请人代为支付。申请人同时提供了一份"Z 省 2014 年业务往来明细"证据,对被申请人提供的"付款明细表"中的付款项目进行了详细的备注说明和分类,清楚显示这些款项分为"会务费""讲师费"两大类,为双方在履行合同过程中因具体培训项目所产生的往来款项,并非"许可费"。

综合以上双方质证情况,根据《自主知识产权课程授权经营许可合同》第 4.2 条、第 4.3 条、第 4.4 条、第 6.1.2 条、第 6.1.3 条的约定,仲裁庭认为,在合同签订前,被申请人应当向申请人支付授权许可费保底数 300 万元以及履约保证金 50 万元。被申请人按照合同约定支付了授权许可费保底数 10 万元、履约保证金 50 万元,经申请人同意后又延迟支付了授权许可费保底数 140 万元,双方书面确认剩下的授权许可费保底数 150 万元应由被申请人在 2014 年 3 月 1 日前支付。但是截至目前,被申请人一直未支付该费用。被申请人主张支付了 922997.65 元许可费,根据《自主知识产权课程授权经营许可合同》第 6.1.2 条、第 6.1.3 条的约定,该款项系双方在履行合同过程中因具体培训项目所产生的往来款项,与"许可费"无关。庭审中,仲裁庭确认授权期限内乙方营业额的 8% 少于授权许可费保底数,因此,实际许可费按照保底数收取,即 300 万元,被申请人还需要向申请人支付剩下的许可费 150 万元。

因此,仲裁庭对申请人主张的被申请人拖欠许可费金额予以支持。

(三)关于申请人主张的仲裁费承担的请求

根据《仲裁规则》第 66 条的规定以及仲裁庭认定的事实,仲裁费应由被申请人全额承担。

五、裁决结果

1. 被申请人向申请人支付所欠合同款150万元。
2. 本案仲裁费由被申请人承担。

六、评析

本案双方当事人的主要争议焦点在于,涉案合同性质是否为特许经营合同,因为这将直接影响案涉合同的有效性,笔者试作以下讨论。

商业特许经营由于其特殊的经营模式,被很多企业广泛采用,目前已经成为一种常见的商业模式,因特许经营合同产生的纠纷也随之越来越多,而我国现行法律体系中关于商业特许经营的法律规定较为分散,因此,特许经营实践中常见的法律问题值得关注。

根据《商业特许经营管理条例》第3条的规定,商业特许经营(即特许经营),是指拥有注册商标、企业标志、专利、专有技术等经营资源的企业(即特许人),以合同形式将其拥有的经营资源许可其他经营者(即被特许人)使用,被特许人按照合同约定在统一的经营模式下开展经营,并向特许人支付特许经营费用的经营活动。可见,在特许经营模式下,特许人除了要将商标、企业标志、专利、专有技术等经营资源许可被特许人使用,还要将整个经营或服务系统转让给被特许人使用。

首先,为了保护被特许人的合法利益,《商业特许经营管理条例》对从事特许经营的特许人应具备的条件和应履行的义务进行了诸多限定,例如特许经营主体必须是企业、"两店一年"的资质条件、依法备案义务、冷静期约定、信息披露义务、夸大宣传或欺骗误导等,实践中经常被当事人恶意利用作为主张合同无效或者可撤销的理由,以达到"全身而退"的目的。

本案中,申请人在获得指定课程知识产权所有权人的授权后,与被申请人签订了《自主知识产权课程授权经营许可合同》,授权被申请人在特定许可期限、特定区域内推广营销指定课程。《自主知识产权课程授权经营许可合同》第2.1条约定:"乙方遵守本合同的条款,并支付了在授权期内的普通许可授权费和履约保证金。甲方特此授予乙方,在许可期限内、在指定区域内、在指定的授权课程上,按照本合同的要求以销售、推广和营销的方式,对许可的课程产品进行销售、推广和营销,并获得相应的收益。"由该条约定可见,双方当事人缔约的真实意思表示是指定课程营销、推广的著作权使用许可,并没有明确的特许经营的意思表示。

其次,《商业特许经营管理条例》第11条对特许经营合同应当具有的必要条款作出了规定:"……特许经营合同应当包括下列主要内容:……(四)经营指导、技术支持以及业务培训等服务的具体内容和提供方式;(五)产品或者服务的质量、标准要求和保证措施;(六)产品或者服务的促销与广告宣传;(七)特许经营中的消费者权益保护和赔偿责任的承担……"而本案合同除了对双方在"销售、推广和营销"方面的权利义务进行了详细约定外,对于《商业特许经营管理条例》第11条所规定的第(四)项至第(七)项合同必要条款基本上未涉及。因此,本案合同在内容和形式上也并非特许经营合同。

再次,根据《商业特许经营管理条例》第14条的规定,特许人应当向被特许人提供特许经营操作手册,并按照约定的内容和方式为被特许人持续提供经营指导、技术支持、业务培训等服务。在本案合同的实际履行中,申请人并未提供特许经营操作手册,也未向被申请人持续提供经营指导、技术支持、业务培训等服务,被申请人在合作中承担的是宣传、推广、销售、招揽学员、课堂组织和协调等中间事务性工作,讲师均由申请人提供,被申请人本身并不提供"产品和服务",而只是从事营销推广、组织协调,显然被申请人缺乏"经营"的核心内容和条件,这与双方签订合同时的真实意思是一致的。

综上,无论是从双方真实意思表示、合同形式,还是从合同实际履行等方面看,本案合同的性质应当是关于指定课程营销推广的著作权使用许可合同,不宜定性为特许经营合同。

最后,由本案可见,在特许经营模式中,由于特许人所拥有的经营资源中往往会包括商标、专利权、著作权等各种类型知识产权权利,正因为这种天然的联系,决定了特许经营与知识产权许可之间容易产生混淆。但是,只要我们抓住特许经营中的"经营"二字,理解特许经营权实质上是一种通常包括知识产权使用权许可在内的综合性经营权利,即可拨云见日。这也是为何《条例》着重强调特许人应当拥有成熟的经营模式,具备为被特许人持续提供经营指导、技术支持和业务培训等服务的能力,并且提出"两店一年"的资质条件。

(本案例由深圳国际仲裁院仲裁员李俊和深圳国际仲裁院孟伟编撰)

案例 23　特许经营合同格式条款的认定及合同的解除

仲裁要点：1. 提供格式条款的一方负有法律规定的提示和说明义务,本案申请人一方提供的合同文本对特许经营资源、合同解除权、违约责任等实质性履行条款相关文字作了加粗处理,应视为足以引起被申请人的重视和注意。

2. 合同解除权属于形成权,其解除合同的法律效力应以权利人确实享有法定或者约定解除权为前提条件。若权利人不享有解除权,即便解除的意思表示到达对方,也不能发生权利人意欲达成的解除效果。

一、案情概要

2014 年 3 月 26 日,申请人 A 公司与被申请人 B 公司签订《W1 酒店特许经营加盟合同》(以下简称《加盟合同》)及《补充协议》《补充协议二》,约定被申请人将位于某地的物业改造成酒店加盟申请人的连锁酒店体系,申请人负责对加盟酒店提供品牌、商标、技术服务和经营管理支持,期限为 10 年。同日,申请人与被申请人签订《商标授权使用协议》(以下简称《商标授权协议》),约定《商标授权协议》是《加盟合同》不可分割的一部分,且随前述合同的解除而同步解除。

上述合同签订后,双方实际履行了合同。申请人称被申请人从 2017 年 10 月开始持续拖欠各类应付费用,此后申请人多次发出催款函、撤离团队函及违约函等书面函件向被申请人催款,但被申请人仍旧欠付各类费用。因此,申请人依据《加盟合同》中的仲裁条款于 2019 年 4 月 16 日向深圳国际仲裁院申请仲裁,请求裁决:

1. 确认申请人与被申请人于 2014 年 3 月 26 日签订的《加盟合同》及《补充协议》《补充协议二》《商标授权协议》均已于 2018 年 10 月 9 日解除。

2. 被申请人向申请人支付 2017 年 10 月至 2018 年 8 月期间所欠费用 267059.34 元。

3. 被申请人向申请人支付拖欠费用的违约金 224329.80 元(违约金按照欠费总额的每日 5‰计算,从合同解除 5 日起计算至欠款全部支付完毕之日,本案从 2018 年 10 月 14 日暂计至 2019 年 4 月 1 日),嗣后仍按照每日 1‰ 计算至支付完毕之日止。

4. 被申请人立即停止使用属于申请人的一切品牌、名称、广告标识、宣传资料等,拆除广告牌和招牌等。

5. 被申请人自 2018 年 10 月 10 日起至完全停止使用带有申请人商业标志、连锁经营酒店名称、服务标识、Logo、物品、宣传资料等特许资源之日止,按照每日 1 万元向申请人支付违约金,暂计至 2019 年 9 月 5 日,应付 331 万元,本案仅主张 200 万元违约金。

6. 被申请人向申请人支付合同解除违约金 147 万元。

7. 被申请人向申请人支付律师费 3 万元。

8. 被申请人承担本案全部仲裁费。

二、当事人主张

(一)申请人主张

1.《加盟合同》和相关补充协议的签订是双方的真实意思表示,且得到实际履行,故对双方均有法律约束力,双方均应据此承担相应的法律责任。

2. 案涉合同的性质属于特许经营和委托管理的双重法律关系,申请人既是特许方也是受托方。加盟酒店是独立的法律主体,案涉合同约定加盟酒店应自行承担法律责任和义务。

3. 相关费用并非在加盟酒店有收入之后才支付。按照约定,只有特许经营管理费才是根据经营收入计算的,其他如"系统预订费"是使用了申请人的系统就应支付,"店总和管理人员费用"是按照在岗时间和约定的薪资进行支付。在加盟酒店经营业绩稳步提升的大前提下,被申请人违背客观事实,妄称申请人外派团队欠缺管理能力和工作能力,将持续的欠款行为辩称为先履行抗辩权,缺乏证据支持。申请人从未同意或认可过所谓的"先履行抗辩权"。

4. 目前被申请人已将 W1 酒店的招牌换成"W2 酒店",并停止使用属于申请人的部分特许经营资源。该事实表明,被申请人实际上清楚涉案合同早已解除。

5.《加盟合同》有关"任何一方的违约行为致使本合同被解除的,违约方须向守约方支付 300 万元违约金"的约定,是对双方的约定,对双方当事人公平一致,即任何一方违约均可适用。

(二) 被申请人主张

1. 申请人发出的解约通知书不符合《合同法》第 93 条、第 94 条的规定,不具备法律效力。根据最高人民法院研究室对《〈关于适用《中华人民共和国合同法》若干问题的解释(二)〉第 24 条理解与适用请示的答复》(2013 年 6 月 4 日,法研〔2013〕79 号),合同解除通知书并非一经作出,必然就会产生合同解除的法律效力,提出解约一方当事人的解除权并不因此自动成立,解约行为也不因此自动有效。合同是否解除,还应当满足《合同法》第 94 条、第 96 条所规定的实质条件。

2. 根据约定,申请人需对加盟酒店提供品牌、商标、技术服务、酒店预订系统及经营管理支持(包括人事、财务、运营管理等),但是申请人派至加盟酒店的管理人员并不具备相应的管理能力。申请人未能先行履行相应管理职责,构成违约。

3. 申请人未履行约定的管理义务,被申请人沟通无果,无奈只能停止支付管理费,行使先履行抗辩权。申请人以被申请人未付款为由解除合同的理由不成立,解约通知属于无效通知。目前合同正在履行中,故被申请人不存在所谓的后合同义务。申请人主张的滞纳金、商标使用违约金、合同解除违约金等均没有事实和法律依据,不应支持。

4. 本案《加盟合同》是申请人提供的格式合同,约定被申请人的义务过多,对申请人的经营管理义务则未约定明确的考核标准和相应的违约责任,违反公平原则。约定的违约金过高,应依法调整。

5. 被申请人已经采取必要措施消除使用带有"W1 酒店"标志的相关影响,对于特许经营期限内采购的带有"W1 酒店"标志的客房用品,属于合理使用,不构成侵权。

三、仲裁庭认定的事实

1. 2014年3月26日,申请人与被申请人签订《加盟合同》《补充协议》《补充协议(二)》《商标授权协议》。

《加盟合同》约定,被申请人提供位于某地,名为W2酒店的物业用于经营特许酒店;申请人特许经营的被申请人酒店即加盟酒店须按照申请人的标准进行装修改造、配备运营物资后委托给申请人按照W1酒店模式开展经营管理,申请人负责对加盟酒店提供品牌、商标、技术服务、酒店预订系统及经营管理支持;特许经营期限从2014年3月26日到2024年3月25日,共10年。其他与双方争议有关的约定如下:

《加盟合同》有关特许经营费用的约定:(1)品牌使用费为35万元,由被申请人于合同签订之日起15日内一次性向申请人支付。(2)月特许经营管理费的计算标准为加盟酒店月营业总收入的4%,由申请人财务人员于每月3日前按加盟酒店上月营业总收入向加盟酒店总经理发出《收费通知书》,经加盟酒店财务人员审核后报被申请人代表签名确认,于该月5日前由被申请人向申请人支付。(3)被申请人须向申请人支付酒店管理系统软件使用费,标准为600元/月,按年支付,被申请人须在每年1月10日前向申请人支付当年费用。(4)加盟酒店通过申请人的中央预订系统(包括但不限于通过申请人400电话、网站预订、手机预订等方式预订客房需支付的费用)订房成功的,被申请人须在每月5日前按照20元/间/夜的标准向申请人支付上月产生的预订费用。

《加盟合同》有关酒店人事管理的约定:(1)被申请人及加盟酒店对申请人派出的管理人员(包括酒店总经理和其他一般管理人员)经书面确认后,不得随意提出更换,除非该人员存在严重不称职的情形或者连续3个月无法完成合同约定的经营任务;被申请人有证据证明申请人派遣的管理人员存在不称职情形时,需提前1个月书面通知申请人并说明具体理由,由申请人根据实际核实的情况进行调换。(2)双方及加盟酒店不得唆使、利诱、劝说对方下属酒店员工及管理酒店员工到本方酒店任职,也不得录用离职未满6个月的对方员工。一经发现,违约方需向守约方支付该员工月工资的3倍作为罚款。

《加盟合同》有关单方面解除合同的约定:(1)被申请人未能按照本合同

和附件的约定向申请人支付费用超过 30 天,申请人有权单方面解除合同。(2)被申请人严重违反本合同和附件的其他约定,经书面通知后在 5 天内拒不改正,申请人有权单方面解除合同。(3)被申请人的其他行为致使合同无法继续履行或者签订合同的目的落空,申请人有权单方面解除合同。(4)被申请人完成加盟酒店的装修改造并经申请人工程、运营验收合格后,申请人不提供经营管理支持服务,经书面申请后 15 天内仍不提供,被申请人有权单方面解除合同。(5)因申请人单方面原因导致加盟酒店无法经营或因申请人单方面原因导致签订合同的目的落空,被申请人有权单方面解除合同。

《加盟合同》有关违约责任的约定:(1)除另有约定外,被申请人出现任何违约行为,在申请人书面函件通知后合理期限内不予以纠正的,申请人有权暂停中央预订系统;申请人第二次函件通知后被申请人拒不纠正违约行为的,申请人有权暂停 PMS 系统及其他经营管理服务等,申请人的暂停许可及服务不代表合同终止或被解除,暂停服务期间被申请人仍应支付申请人相关费用;申请人第三次函件通知后被申请人仍拒不纠正的,视为恶意违约,申请人有权单方面解除合同,并追究被申请人的违约责任。(2)任何一方的违约行为致使合同被解除的,违约方除须向守约方支付 300 万元违约金外,还须赔偿守约方的经济损失。(3)被申请人未能按照合同约定及时向申请人支付费用的(包括但不限于品牌使用费、系统使用费、中央系统预订费、效益管理费、总经理及管理团队薪资等),将向申请人承担应按时而未按时支付费用的日 1%的违约金;超过 20 天未能支付,申请人有权暂停中央预订系统及 PMS 系统。超过 30 天未能支付,申请人有权单方面解除合同并追究被申请人的违约责任。(4)合同终止后,被申请人须在 5 日内付清所欠申请人的所有款项(包括已产生的违约金、赔偿金等),否则将承担所欠费用日 1%的滞纳金,直到全部欠费清偿为止。(5)任何一方在合同终止后没有按照约定履行后合同义务(如保密义务、停止使用申请人商业标志等),违约方须向守约方承担 300 万元的违约责任和赔偿经济损失,但本合同另有约定的除外。

《加盟合同》有关合同终止后的义务的约定:(1)合同终止后,被申请人及加盟酒店应立即停止使用申请人的商业标志、连锁经营酒店名称、服务标识、Logo、物品、宣传资料、预订网络及中央预订电话(广告牌和招牌在 30 天内拆除)等。任何未经申请人许可的使用均构成侵权行为,被申请人应按每天 1 万元的标准向申请人支付赔偿金,不足以弥补申请人损失的,被申请人仍应承担赔偿责任。(2)被申请人于合同终止之日应将印有申请人商业标志的相关告示、招牌等在30天内拆除,否则按照每天5万元的违约金支付给申请人,直到告示、招牌拆除之日。(3)加盟酒店中涉及申请人知识产权的有关物品必须在3天内归还申请人或在申请人现场监督下就地销毁,被申请人保证不再使用。(4)被申请人不再享有特许经营合同的各项权利,不得冒用申请人名义或者申请人许可加盟酒店名义对外进行宣传或联系工作。(5)上述行为所发生的拆除或销毁费用或后果由被申请人自行承担。

《补充协议》对《加盟合同》部分条款作了修改,增加了若干补充条款,约定申请人委派的管理团队部门经理费用标准暂定为6000元/人/月,细化了会员卡销售收入的结算分成办法等事项。

《补充协议(二)》明确加盟酒店使用"W1酒店"品牌,将《加盟合同》有关月特许经营管理费的确认流程和付款方式修改为:申请人财务人员于每月8日前按加盟酒店上月营业总收入向加盟酒店总经理发出《收费通知书》,经加盟酒店财务人员审核后报被申请人代表签名确认,于该月15日前由被申请人向申请人支付。

《商标授权协议》明确申请人享有相关"W1酒店"注册商标的商标专用权,授权许可被申请人非独占性使用。约定:在《加盟合同》解除、中(终)止或期满后,被申请人须立即停止使用申请人之一切商标标识、酒店管理系统和经营技术等;本协议有效期限(含商标授权使用期限)同《加盟合同》有效期一致,并随《加盟合同》的解除、中(终)止或期满而同步解除。

2.《加盟合同》《补充协议》《补充协议(二)》《商标授权协议》签订后,双方均予实际履行。双方当事人确认,加盟酒店开业运营,申请人委派了酒店总经理和管理团队,持续提供了经营指导和技术支持等服务。

申请人分别于2016年11月23日、2017年6月16日和9月12日三次向被申请人发出《酒店欠款违约通知函》,催讨本案《加盟合同》项下的各项费用。申请人又分别于2018年5月18日、6月8日和6月21日三次向被申请人发出《酒店催款函》,催讨《加盟合同》项下的各项费用。申请人再分别于2018年7月19日和8月21日两次向被申请人发出《酒店欠款违约函》,继续催讨《加盟合同》项下的各项费用。

2018年9月17日,申请人向被申请人发出《酒店违约函》,称被申请人未予理会申请人分别于2018年5月18日、6月8日、6月21日、7月19日、8月21日要求结清欠款的函件,构成严重违约,申请人已于2018年9月8日撤离委派至被申请人酒店的管理团队;截至2018年8月31日,被申请人累计拖欠特许经营管理费用、总经理费用、外派人员费用、系统维护费、中央预订费用、OTA渠道费用及会员卡收入等共计267059.34元。申请人要求被申请人收函后5日内付清拖欠申请人管理人员的工资款项,联系申请人再次委派管理团队到店。

3. 2018年10月9日,申请人作出《酒店解约通知书》,于10月23日通过中国邮政EMS向被申请人寄送,被申请人于10月24日签收该邮件。申请人称,被申请人未能依约履行付款义务,欠款数额巨大,构成严重违约;自2017年10月起至发函之日,被申请人拖欠特许经营管理费、总经理费用、外派人员费用、系统维护费、CRS预订费、OTA渠道费用、会员卡收入等费用共计253372.40元。申请人指出,由于被申请人的上述违约行为,申请人于2018年9月8日撤出管理团队。申请人以《酒店解约通知书》的形式通知被申请人解除本案所涉双方于2014年3月26日签订的《加盟合同》《补充协议》和《补充协议二》。申请人亦一并通知被申请人立即停止使用申请人的一切品牌、名称、广告标识、软件系统及宣传资料,并于收到解约通知书后30日内拆除全部带有"W1酒店"字样的招牌、VI标识和广告牌。

四、仲裁庭意见

(一)发出解除合同通知的申请人是否享有解除权?

参照《九民纪要》第46条的规定,被申请人有关不能仅以其收到申请人发出的解除合同通知后没有请求仲裁机构确认通知解除合同的效力而认定合同已解除的抗辩理由成立,仲裁庭应对申请人是否享有合同解除权进行审查。

申请人在《酒店解约通知书》中主张的解除合同的理由是:被申请人屡次违反约定,未能履行付款义务,且经多次催告仍不纠正,构成严重违约。根据仲裁庭查明的事实以及被申请人的确认,被申请人确实存在未能按照《加盟合同》的约定向申请人支付费用超过30天的情形。就此问题,被申请人主张系行使合同先履行抗辩权,不构成违约。仲裁庭认为,根据《合同法》第67条之规定,当事人互负债务,有先后履行顺序,先履行一方履行债务不符合约定的,后履行一方有权拒绝其相应的履行要求。可见,虽然合同履行抗辩权是当事人的法定权利,但是亦须依法行使,其重点在于"相应"二字。本案中,被申请人数次向申请人反映加盟酒店安保部经理、前厅部经理工作中存在的问题,要求调离,申请人已按照《加盟合同》的约定更换过加盟酒店的前厅部经理和安保部经理。被申请人数次要求自行委派加盟酒店的部门经理,则不符合《加盟合同》的约定。被申请人并未举证证明加盟申请人连锁酒店体系后产生亏损、不能盈利,倘认为由于申请人未能依照《加盟合同》的约定履行管理职责,导致不能实现合同目的,被申请人即使以暂时停止支付相关费用的形式加以抗辩,也应当在合理的期限内遵循法律途径主张解除合同或赔偿损失等救济措施,而不应当长期拒不支付相关费用致使纠纷久拖不决,造成当事人权利义务关系的长期失衡。至于因加盟酒店客户挂账而导致的应收营业款项、客户车辆被砸而产生的损失,属于惯常的酒店经营风险,自应由直接责任主体承担,被申请人亦可另循法律途径解决,要求申请人赔偿则无法律依据。即使按照被申请人所主张的较小损失金额,亦不足以产生拒绝支付较大金额的约定费用之抗辩后果,被申请人违背了"相应履行"的法律规定。此外,被申请人所举证据不足以证明申请人存在违反《加盟合同》有关"不得唆使、利诱、劝说对方下属酒店员工及管理酒店员工到本方酒店任职,也不得录用离职未满6个月的对方员工"约定的行为,被申请人亦未曾向申请人主张过《加盟合同》约定的"该员工月工资的3倍"作为罚款。被申请人因此而行使合同履行抗辩权,缺乏证据支持。仲裁庭还注意到,双方因欠费问题而于2015年8月6日达成的《补充协议》并未确认申请人存在管理不善的问题。其后,被申请人于2015年12月29日向申请人发出《关于管理费用延期支付的申请函》,以"生意下滑"为由申请将需要在年底前支付的27万元费用延后分期支付,显与"先履行抗辩权"无关。综上,被申请人在本案中所提交的证据,不足以证明被申请人拒绝支付《加盟合同》及有关补充协议约定费用的行为符合法律有关"拒绝其相应的履行要求"的规定,仲裁庭不能采纳被申请人的抗辩理由。

《加盟合同》约定,被申请人未能按照本合同和附件的约定向申请人支付费用超过30天的,申请人有权单方面解除合同。被申请人在2015年8月6日签订的《补充协议》中承诺,从2015年8月1日起,每月按时向申请人支付各项费用,如再次出现费用拖欠情况,除承担相应的违约责任,同时被申请人无条件接受申请人的任何处理(包括但不限于无条件接受申请人撤离酒店管理团队、关闭W1酒店官网及PMS系统下线,接受无条件解约处理等)。根据上述约定,仲裁庭认为,因被申请人拖欠费用的违约行为,申请人享有案涉《加盟合同》和2015年8月6日签订的《补充协议》所约定的合同解除权。

(二)申请人主张的违约金标准是否过高?

《加盟合同》约定:任何一方的违约行为致使本合同被解除的,违约方须向守约方支付300万元违约金;本合同终止后,被申请人须在5日内付清所欠申请人的所有款项(包括已产生的违约金、赔偿金等),否则将承担所欠费用日1%的滞纳金,直到全部欠费清偿为止;合同终止后,被申请人及加盟酒店应立即停止使用申请人的商业标志、连锁经营酒店名称、服务标识、Logo、物品、宣传资料、预订网络及中央预订电话(广告牌和招牌在30天内拆除)等。任何未经申请人许可的使用均构成侵权行为,被申请人应按每天1万元的标准向申请人支付赔偿金。申请人据上述标准主张违约金,被申请人则请求仲裁庭予以减少。

仲裁庭认为,签订《加盟合同》的根本目的是在申请人与被申请人之间建立加盟W1连锁酒店体系的特许经营合作关系,并非一方当事人因另一方当事人的违约行为而获得较高的违约金收益。《合同法》第114条规定,当事人可以约定一方违约时应当根据违约情况向对方支付一定数额的违约金,也可以约定因违约产生的损失赔偿额的计算方法。约定的违约金低于造成的损失的,当事人可以请求人民法院或者仲裁机构予以增加;约定的违约金过分高于造成的损失的,当事人可以请求人民法院或者仲裁机构予以适当减少。鉴于被申请人要求减少约定的违约金,而申请人并未因此提交证明其由于被申请人违约所产生的损失金额方面的证据,依照上述法律规定,应对三项违约金予以适当减少。结合本案案情,既考虑违约金的补偿性质又考虑违约金的惩罚性质,从相对公平合理的角度出发,仲裁庭酌定:被申请人未依约及时向申请人支付费用的,承担日1‰的违约金;被申请人未依约及时停止使用申请人的商业标志、连锁经营酒店名称、服务标识、Logo、物品、宣传资料等特许经营资源的,承担每天3000元的违约金;因被申请人的违约行为致使《加盟合同》及相关补充协议被申请人解除的,被申请人向申请人支付90万元的违约金。

(三)关于《加盟合同》部分条款是否有效?

如前所述,《加盟合同》《补充协议》《补充协议(二)》《商标授权协议》相关条款,并未违反公平原则,亦不属于免除一方责任、加重对方责任或排除对方主要权利的情形,均系有效条款。

五、裁决结果

1. 申请人与被申请人于 2014 年 3 月 26 日签订的《W1 酒店特许经营加盟合同》《补充协议》《补充协议二》《商标授权使用协议》于 2018 年 10 月 24 日解除。

2. 被申请人向申请人支付特许经营费用 253372.40 元。

3. 被申请人向申请人支付本裁决第 2 项所定款项的违约金(以 253372.40 元为基数,按照每日 1‰ 的标准,自 2018 年 10 月 29 日起计至债务实际清偿之日止)。

4. 被申请人停止使用属于申请人的品牌、名称、广告标识、宣传资料等。

5. 被申请人向申请人支付未履行停止使用带有申请人商业标志、连锁经营酒店名称、服务标识、Logo 的物品和宣传资料等特许经营资源义务的违约金(按照每日 3000 元的标准,自 2018 年 10 月 25 日起计至停止使用义务实际履行之日止,若实际应付金额高于 200 万元则以 200 万元为限)。

6. 被申请人向申请人支付合同解除违约金 90 万元。

7. 被申请人补偿申请人律师费 3 万元。

8. 本案仲裁费由申请人承担 20%、被申请人承担 80%。

9. 驳回申请人的其他仲裁请求。

六、评析

本案系商业特许经营合同纠纷,商业特许经营是指拥有注册商标、企业标志、专利、专有技术等经营资源的企业(特许人),以合同形式将其拥有的经营资源许可其他经营者(被特许人)使用,被特许人按照合同约定在统一的经营模式下开展经营,并向特许人支付特许经营费用的经营活动。① 商

---

① 《商业特许经营管理条例》第 3 条第 1 款规定:"本条例所称商业特许经营(以下简称特许经营),是指拥有注册商标、企业标志、专利、专有技术等经营资源的企业(以下称特许人),以合同形式将其拥有的经营资源许可其他经营者(以下称被特许人)使用,被特许人按照合同约定在统一的经营模式下开展经营,并向特许人支付特许经营费用的经营活动。"

业特许经营合同具有条款格式化、履行期限一般较长、特许人和被特许人履行配合度较高等特点,履行过程中一旦发生纠纷,当事人往往各执一词。针对本案双方当事人争议较大的几个问题,评析如下。

(一) 商业特许经营合同中的格式条款

根据《商业特许经营管理条例》第 8 条的规定,特许人应当向商务主管部门备案,备案时应当提交特许经营合同样本。① 可见,商业特许经营合同样本应当先行提交商务主管部门备案,是一种当事人为了重复使用而预先拟定基本条款的合同,即使在订立时与对方进行了协商,也仍然存在预先拟定的格式条款②。格式条款的优势是简便、操作性强、效率高,缺点是协商余地较小、订约双方的地位不够平等。因此,《民法典》规定了提供格式条款一方当事人的注意义务:(1)遵循公平原则确定当事人各方的权利和义务;(2)采取合理方式提示对方注意免除或者减轻其责任等与对方有重大利害关系的条款;(3)应对方的要求对该条款予以说明。提供格式条款的一方未尽上述第(2)项和第(3)项规定的提示和说明义务,致使对方当事人没有注意或者理解与其有重大利害关系的条款的,对方当事人可以主张该条款不成为合同的内容、不对当事人发生法律约束力、无需履行等抗辩理由。③ 对此,仲裁庭应当支持当事人的该项主张。如何判断提供格式条款的一方当事人采取合理方式履行了提示义务呢?实践中提供格式条款的一方当事人常见有以下

---

① 《商业特许经营管理条例》第 8 条规定:"特许人应当自首次订立特许经营合同之日起 15 日内,依照本条例的规定向商务主管部门备案。在省、自治区、直辖市范围内从事特许经营活动的,应当向所在地省、自治区、直辖市人民政府商务主管部门备案;跨省、自治区、直辖市范围从事特许经营活动的,应当向国务院商务主管部门备案。特许人向商务主管部门备案,应当提交下列文件、资料:(一)营业执照复印件或者企业登记(注册)证书复印件;(二)特许经营合同样本;(三)特许经营操作手册;(四)市场计划书;(五)表明其符合本条例第七条规定的书面承诺及相关证明材料;(六)国务院商务主管部门规定的其他文件、资料。特许经营的产品或者服务,依法应当经批准方可经营的,特许人还应当提交有关批准文件。"

② 《民法典》第 496 条第 1 款规定:"格式条款是当事人为了重复使用而预先拟定,并在订立合同时未与对方协商的条款。"

③ 《民法典》第 496 条第 2 款规定:"采用格式条款订立合同的,提供格式条款的一方应当遵循公平原则确定当事人之间的权利和义务,并采取合理的方式提示对方注意免除或者减轻其责任等与对方有重大利害关系的条款,按照对方的要求,对该条款予以说明。提供格式条款的一方未履行提示或者说明义务,致使对方没有注意或者理解与其有重大利害关系的条款的,对方可以主张该条款不成为合同的内容。"

三种做法:(1)对格式条款中免除或者限制其责任的内容,在合同文本中采用了足以引起对方注意的文字、符号、字体等特别标识,比如加粗、加黑、加星号或使用异形字体等;(2)在合同文本中单列一个条款,列明对方已注意到合同中具体哪几条格式条款的内容;(3)在金融、保险机构的合同文本中还常见由对方抄写"已注意到合同中的格式条款并自愿履行"等内容。

需要注意的是,即使提供格式条款的一方当事人采取合理方式履行了提示义务,依然存在格式条款无效的情形:(1)提供格式条款一方不合理地免除或者减轻其责任、加重对方责任、限制对方主要权利;(2)提供格式条款一方排除对方的主要权利。① 上述情形不能实现对方当事人订立合同的目的,违背了公平原则等民法基本原则,这样的格式条款是绝对无效的。

本案中,被申请人一方提出了商业特许经营合同部分格式条款是否有效的问题。仲裁庭认为,申请人一方提供的合同文本对特许经营资源、合同解除权、违约责任等实质性履行条款的相关文字作了加粗处理,应视为足以引起被申请人的重视和注意。另外,合同文本还约定了被申请人有权单方面解除合同、请求申请人支付违约金及赔偿损失的权利救济渠道,并未违反公平原则,亦不属于免除一方责任、加重对方责任或排除对方主要权利的情形,系有效条款。

(二)仲裁庭应审查权利人是否享有合同解除权

因商业特许经营合同约定的特许期限一般较长,合同的履行需要特许人和被特许人相互配合,一旦发生纠纷,争议往往存在时间跨度和行为交织的问题。特许人和被特许人均认为对方违约在先,既然你违约,那么我就有权行使合同履行抗辩权。矛盾激化到一定程度,一方就会向对方发出解除合同的通知。《民法典》第526条规定:"当事人互负债务,有先后履行顺序,应当先履行债务一方未履行的,后履行一方有权拒绝其履行请求。先履行一方履行债务不符合约定的,后履行一方有权拒绝其相应的履行请求。"因此,虽然合同履行抗辩权是当事人的法定权利,但是亦须依法行使,重点在于"相应"二字。可以从是否有利于合同继续履行之角度来判

---

① 《民法典》第497条规定:"有下列情形之一的,该格式条款无效:(一)具有本法第一编第六章第三节和本法第五百零六条规定的无效情形;(二)提供格式条款一方不合理地免除或者减轻其责任、加重对方责任、限制对方主要权利;(三)提供格式条款一方排除对方主要权利。"

断是否属于"拒绝其相应的履行请求",即拒绝行为的目的是促成对方完全履行合同义务还是不合理地阻碍了合同的继续履行,进而影响合同根本目的的实现。

就合同解除权而言,其性质属于形成权,行使的方式是通知,自权利人解除的意思表示到达相对方即发生解除的效果。但是,应以权利人确实享有法定或者约定的合同解除权为前提条件。若权利人不享有合同解除权,解除的意思表示到达对方,即便对方没有请求人民法院或者仲裁机构确认解除行为的效力,也不能发生权利人意欲达成的解除效果。仲裁庭应对权利人是否享有合同解除权进行审查。关于这一点,最高人民法院在《九民纪要》第46条中作了明确的阐述。①

本案中,被申请人主张先履行抗辩权。仲裁庭注意到,被申请人提出相关主张后,申请人作了一定程度的积极响应,先后更换过加盟酒店的前厅部经理和安保部经理等。即便申请人未能依照约定履行管理职责,导致不能实现合同目的,被申请人有权以暂时停止支付相关费用的形式加以抗辩,那么,被申请人也应当在合理的期限内主张解除合同或赔偿损失等救济措施,而不能久拖不决,造成当事人之间权利义务关系的长期失衡。因此,申请人的响应行为可视为目的是继续履行合同,而被申请人所主张的先履行抗辩权不符合法律有关"拒绝其相应的履行要求"的规定,实质上阻碍了合同的继续履行。结合其他案情,仲裁庭最终认定申请人享有案涉特许经营合同约定的解除权。

(三) 约定的违约金是否过高,应在考虑商业特许经营合同特点的基础上遵循公平原则加以判断

商业特许经营合同的目的在于合同的履行,即通过持续经营而给特许人和被特许人带来商业利益,并非一方当事人因另一方当事人的违约行为

---

① 《九民纪要》第46条规定:"审判实践中,部分人民法院对合同法司法解释(二)第24条的理解存在偏差,认为不论发出解除通知的一方有无解除权,只要另一方未在异议期限内以起诉方式提出异议,就判令解除合同,这不符合合同法关于合同解除权行使的有关规定。对该条的准确理解是,只有享有法定或者约定解除权的当事人才能以通知方式解除合同。不享有解除权的一方向另一方发出解除通知,另一方即便未在异议期限内提起诉讼,也不发生合同解除的效果。人民法院在审理案件时,应当审查发出解除通知的一方是否享有约定或者法定的解除权来决定合同应否解除,不能仅以受通知一方在约定或者法定的异议期限届满内未起诉这一事实就认定合同已经解除。"

而获得较高的违约金收益。我国民法原理通说认为,合同项下的违约金在性质上以补偿为主、以惩罚为辅[1],应当遵循损害填平原则,包括当事人在合同履行后可以获得的预期利益,惩罚性赔偿只能在特别法有明确规定的商品欺诈和服务欺诈等情形下才可以适用。然而,从特许人的角度出发,其往往认为自己的特许经营资源具有较高的商业价值,为了维护特许品牌的信誉及口碑、维护特许经营资源在较广地域范围内的稳定性和持续性,一般会采取格式条款对被特许人规制较为严厉的违约责任以及较高的违约金标准。这种情形仍应视为特许人正常且合理的商业考量,不宜认定为不成立、无效或可撤销的合同条款,亦不宜认定为对被特许人显失公平。从常理上分析,倘若特许经营资源的商业价值不够高,则被特许人没有必要选择加盟特许经营体系。因此,仲裁庭原则上可以认可较为严厉的违约责任以及较高的违约金标准。

公平原则是民事法律的一项基础性原则,鉴于违约金大多情况下属于商业特许经营合同中的格式条款,因此也要从被特许人的角度考虑问题。在被特许人违约的前提下,即使其具有一定的从业经验,有足够的风险预判能力,自愿接受违约金条款的约束,仲裁庭在确认违约方的责任时亦应当遵循"可预见性原则",即违约赔偿额不得超过违约方在订立合同时预见或者应当预见到的因违约可能给对方造成的损失。就违约方预见或者应当预见到因违约可能给对方造成的损失而言,除了审查当事人就实际损失所提交的证据,还应当结合商业特许经营合同履行期限较长的特点,考虑在合同完全履行的情境下特许人和被特许人各自能够获得的长期商业利益。约定的违约金明显超过上述预期利益的,一般可以认定为过高,仲裁庭应当依据公平原则予以适当调整。[2]

本案中,被申请人主张约定的违约金过高。仲裁庭根据申请人提供的特许经营资源的知名度、合同解除后剩余的特许经营期限、各项特许经营费用的约定及实际收取情况,结合双方当事人均系具有多年酒店经营管理经验的

---

[1] 《合同法解释(二)》第29条第2款规定:"当事人约定的违约金超过造成损失的百分之三十的,一般可以认定为合同法第一百一十四条第二款规定的'过分高于造成的损失'。"可见,我国法律并非完全拒绝惩罚性违约金。

[2] 《民法典》第285条第2款规定:"约定的违约金低于造成的损失的,人民法院或者仲裁机构可以根据当事人的请求予以增加;约定的违约金过分高于造成的损失的,人民法院或者仲裁机构可以根据当事人的请求予以适当减少。"

商事主体而非缺乏法律常识和商业经验的一般民事主体等因素,综合判断,酌情行使自由裁量权,对特许经营合同约定的违约金标准作了适当的下调。

(本案例由深圳国际仲裁院仲裁员陈军编撰)

案例 24 商业特许经营合同与授权经营合同的区别

仲裁要点：虽然双方当事人签订的合同名称为《合作协议》或其他，但只要该合同具备了商业特许经营的法律特征，就可认定为商业特许经营合同。特许人在履行特许经营合同期间，应保障被特许人在合同中约定的独家区域代理权；在推广宣传中，不得有欺骗误导行为或隐瞒相关信息行为；特许经营的产品或服务的质量、标准应当符合法律、行政法规和国家有关要求；特许人应按约定的内容和方式持续向被特许人提供经营指导、技术支持、业务培训等服务。如果特许人未按合同约定及法律法规规定适当履行上述义务，应承担相应的违约责任。

一、案情概要

2019年1月5日，申请人A某了解到被申请人B公司"智能收银机"的代理推广营销项目。

2019年1月13日，申请人参加被申请人举办的招商会，双方达成初步意向，申请人独家代理D市、G市、Z市市场，初步商定代理费25万元，现场刷卡支付了代理费(定金)5万元。2019年1月25日，申请人又向被申请人支付代理费10万元，双方约定春节后正式签订合同并支付尾款10万元。

2019年2月22日，双方签订了案涉《合作协议》和《补充协议》，约定：申请人在D市、G市、Z市、S市区域合作"YDJ智能收银一体机(D1000)"产品及附属收单业务推广营销。代理资格为：D市、G市、Z市为独家代理，S市为非独家区域代理。代理费为：25万元，代理期限为：2019年2月22日至2022年2月21日，到期后协议自动免费续约1年。协议签订后，申请人得知被申请人经营状况及人员发生重大变化，故要求退出案涉项目。为防止申请人的退出,双方于 2019 年 3 月 29 日签署《补充协议二》,约定:将申请人代理费调整为 15 万元,即申请人不再缴纳尾款 10 万元,并补充被申请人为申请人提供 30 台案涉收银机供其推广等其他条款。

在履行协议过程中,申请人与被申请人因独家区域代理权、被申请人提供的收银机产品及软件系统质量、经营指导服务、宣传是否存在虚假和误导、隐瞒重要事项等问题产生争议。故申请人依据《合作协议》中的仲裁条款,向深圳国际仲裁院提起仲裁,并提出如下仲裁请求:

1. 裁决解除申请人与被申请人于 2019 年 2 月 22 日签订的《合作协议》及《补充协议》、于 2019 年 3 月 29 日签订的《补充协议二》。

2. 裁决被申请人返还申请人代理费 15 万元,并接收申请人退还的 22 台"YDJ 智能收银一体机"。

3. 裁决被申请人支付申请人因仲裁支出的合理费用 1.35 万元。

4. 裁决被申请人承担本案所有的仲裁费用、财产保全费用。

二、当事人主张

(一)关于《合作协议》及《补充协议》《补充协议(二)》的合同性质

1. 申请人主张,本案合同的性质为商业特许经营合同。

2. 被申请人主张,本案合同应系授权经营合同,而非商业特许经营合同。

(1)被申请人与申请人之间并不存在统一的经营模式。《商业特许经营管理条例》第 3 条第 1 款规定:"本条例所称商业特许经营(以下简称特许经营),是指拥有注册商标、企业标志、专利、专有技术等经营资源的企业(以下称特许人),以合同形式将其拥有的经营资源许可其他经营者(以下称被特许人)使用,被特许人按照合同约定在统一的经营模式下开展经营,并向特许人支付特许经营费用的经营活动。"根据上述规定,特许经营合同的核心内容为被特许人被授权在统一经营模式下使用特许人的经营资源。在本案中,被申请人虽然授权申请人销售"YDJ 智能收银一体机(D1000)",但除可能会损害被申请人利益以及存在违法情形外,对于申请人采用何种手段进行销售和推广没有任何限制[参见《合作协议》第 3 条第(十)项],对于申请人与其发展的商户之间是否存在另外的返利模式也不加以限制。也就是说,被申请人并不控制申请人的经营模式。

(2)被申请人只是协助申请人进行推广,并非代替申请人进行推广,不能就此认定申请人使用特许人的经营资源。这也是特许经营合同与授权经营合同的区别之一,特许经营合同对经营方式较授权经营合同更为严苛,从另一方面讲,被申请人虽然培训申请人如何使用操作系统,但究其目的仅是方便申请人对外销售,对于建设平台账户,最重要的是为履行被申请人与申请人单独约定的利润提成义务,便于统计申请人发展的商户。被申请人授权申请人销售和推广终端的目的是销售和推广,至于对申请人的返利只是为了提高申请人的推广积极性,而案涉收银机,究其本质,只是一种方便支付的支付工具,类似于推销 POS 机。

(3)本案与汽车品牌销售授权经营合同内容相似,汽车品牌商家(供应商)当然拥有注册商标、企业标志、专利、专有技术,但汽车品牌商家授权 4S 店(经销商)进行汽车销售显然不属于特许经营合同。汽车品牌商家对于汽车销售价格仅有指导价,或许还存在最低价限制,但实际上对于 4S 店实际售卖车辆的价格则在所不问,这也是为什么同一城市但不同 4S 店汽车销售价格存在不同的原因之一,这与本案《合作协议》第 3 条第(十一)项之约定基本类似,即被申请人不限制申请人以自己的名义销售及返点,汽车品牌商家授权 4S 店对外销售车辆也存在返点等利润分成的方式。如果本案属于特许经营合同关系,显然,汽车品牌商家授权 4S 店对外销售也应当属于特许经营合同关系,但我国为了规范汽车销售行为,专门出台了《汽车销售管理办法》,该办法第 19 条明确规定供应商向经销商可以采取授权方式销售汽车,这显然与《商业特许经营管理条例》的规定是不一致的。

(二)关于被申请人违约责任的认定问题

1. 申请人主张,被申请人存在以下违约情形,并据此请求解除《合作协议》及《补充协议》《补充协议二》,全额退还代理费,理由如下:

(1)被申请人未协助制定二级招商政策及进行二级招商、无任何运营支持。

(2)被申请人提供的 30 台收银机属于"三无"产品,未进行 3C 认证,设备及软件系统不成熟,设备存在严重质量问题。

(3)代理费未开发票、未向申请人提供对账单,未支付任何交易分润及装机奖励。

(4)重复招商,在没有通知申请人的情况下,被申请人与案外人 C 公司签订了涉及申请人独家代理区域 G 市的独家代理合同,严重侵犯了申请人独家代理权益及二级代理招商收益等合法权益。

(5)被申请人招商阶段相关宣传存在重大虚假和误导,提供虚假信息,通过夸大和隐瞒重要事项,诱骗申请人签订合同,涉嫌合同欺诈。

2. 被申请人认为其不存在违约情形,且即使合同被解除,也应适用公平原则退还代理费。

(1)被申请人不存在"重复签授代理权"的情形。被申请人已将申请人的 Z 市代理权于 2019 年 3 月 29 日收回。被申请人因推广涉案产品的需要,委托第三方外包公司进行推广。2019 年 1 月初,外包公司对外以被申请人的名义与申请人签订《合作协议》,书面约定申请人的代理权限为 D 市、G 市、Z 市。后又经双方协商,被申请人同意将代理费从 25 万元变更为 15 万元,条件是申请人不再代理 Z 市,但由于被申请人与外包公司之间沟通不畅,由外包公司于 2019 年 3 月 29 日代为签订的《补充协议二》中,未更改代理区域,形式上造成了"重复签授代理权"的情形,实质上并未出现"重复签授代理权"的情形。

(2)申请人称涉案产品因存在质量问题不能使用不成立。申请人已经发展了部分客户,该部分客户均正常开户经营。事实上,由于被申请人的产品升级,未就第一代案涉收银机向 3C 认证机构续费,致使第一代收银机的 3C 认证被撤销,但并不代表涉案产品存在质量问题,而被申请人交付给申请人的第一代收银机生产日期也均在 3C 认证被撤销前。而且,双方签订补充协议后,被申请人已将新一代收银机免费寄发给申请人,新一代收银机的 3C 认证等证书均在有效期内。

(3)在申请人不会操作机器以及发展新客户后,被申请人公司客服均及时与申请人沟通,提供解决方案并帮助解决问题,申请人称被申请人无任何运营支持无法律及事实依据。

(4)申请人发出的解除通知不能产生解除《合作协议》的法律后果,申请人应提供证据证明出现合同解除的情形。《合作协议》中对于合同期限、代理区域、代理费均作出了明确约定,《合作协议》明确约定在"各自责任明确履行之后,方可终止协议"。被申请人认为,《合作协议》是双方真实意思的表达,合法有效,根据《合同法》第 45 条的规定,"附解除条件的合同,自条件成就时失效"。本案中,目前各自责任未能明确,因此申请人发出的解除通知不能产生解除《合作协议》的法律后果。

即便合同被解除,退还全部代理费有违公平原则。根据《合作协议》第3条第(十)项的约定,申请人应自行开展销售活动,未积极推广销售涉案产品因此而造成的无收益等情形应自行承担相应的法律后果,申请人要求被申请人退还代理费没有合同及法律依据。

三、仲裁庭认定的事实

1. 2019年1月13日,申请人参加被申请人举办的招商会,并于招商会现场向被申请人支付代理费(定金)5万元。2019年1月25日,申请人向被申请人支付代理费10万元。

2. 2019年2月22日,申请人作为乙方与被申请人作为甲方签订案涉《合作协议》,与案涉争议相关内容如下:

第一条 业务合作范围、代理费、方式及期限

甲乙双方协议在乙方广东省D市、G市、Z市范围内合作智能收银一体机产品及附属收单业务推广营销,代理费为人民币贰拾伍万元整,代理资格独家。乙方享有代理合作区域的相关权益,并承担代理区域的相关义务。

本协议有效期为二年,从2019年2月22日至2021年2月21日。本协议到期日前的三十日内,如任何一方未提出异议,则本协议自动免费续签一年。

……

第三条 乙方权利和义务

(一)乙方有权要求甲方合理提供有关的文件和材料,向乙方的销售和技术人员提供合理的业务及操作流程培训;向乙方提供业务范围内必要的技术和销售培训,培训具体安排由乙方提出、甲方统筹安排。

(二)甲方有义务为乙方开立商户管理系统平台账户,乙方应及时通过平台账户查询其发展商户的总交易额和结算情况。

(三)乙方需要甲方人员协助从事开拓客户、维护客户关系等相关工作的,甲方应当提供协助。

(四)乙方应积极配合甲方开展市场宣传和推广活动,同时甲方亦应积

极配合乙方的售前售后技术支持与客户服务等工作。

……

（十）乙方独立开展销售活动，销售成交价格和费率不得低于甲方给乙方的商户最低签约价格和费率(即甲方官网公布的全国统一指导价)。

……

第五条　违约责任

（一）甲乙双方同意任何一方违反本协议(含附件)及相关协议构成违约的，违约方承担赔偿责任。

（二）甲方不介入乙方与乙方推荐商户之间的纠纷，甲方仅就合作业务中涉及甲方协议义务对乙方及推荐商户承担责任。

第六条　协议变更和解除

……

（二）在协议执行期间，如果双方或一方认为需要终止，应提前十五日通知对方。未结算分润作为保证金存放在甲方，三个月后无任何争议，甲方将无息本金退还乙方。双方在财务结算完毕，各自责任明确履行之后，方可终止协议。如乙方违反本协议的约定擅自终止本协议，给甲方造成损失的，应赔偿甲方全部损失。

……

3. 2019年2月22日，申请人作为乙方与被申请人作为甲方签订《补充协议》，双方就《合作协议》达成补充条款，与案涉争议相关内容如下：

（1）甲方增加授权乙方为S市行政区域内非独家代理资格，享有本区域代理合作的相关权益，并承担相关义务。

……

（4）为了激励区域代理商拓展业务，甲方给予乙方一定比例的股权奖励，代理区域或项目装机每满1500台，给予乙方价值10000元的甲方股权(对应甲方当前资本市场融资估值4亿元)，所得股权价值将随甲方估值变化成比例增值。甲方给予乙方的股权应以书面形式同乙方确认。

……

（6）《合作协议》中第六条(二)变更为：《合作协议》执行期间乙方与甲方无任何合同约定的违约情形出现，双方都无权终止协议。如果双方或一方擅自终止本协议，属违约行为。如擅自终止本协议给对方造成损失的，应赔偿对方损失。

……

4. 2019年3月29日,申请人作为乙方与被申请人作为甲方签订《补充协议二》,与案涉争议相关内容如下:

(1)《合作协议》第一条(一)中的代理费变更为150000元,该条款其余部分不变。

(2)为更好地拓展市场,开发客户,甲方在运营方面给予乙方产品培训、宣传物料、市场指导、客户服务、物流服务、售后服务等一切必要的支持;在二级代理招商方面,甲方给予乙方全力支持和配合,具体招商方案由双方协商确定。

(3)为支持乙方开拓市场,在主协议的佣金分配条件下,甲方特批给予乙方按以下方式结算费率:微信支付和支付宝支付:0.25%,即佣金按0.13%(装机300台以内);微信支付和支付宝支付:0.23%,即佣金按0.15%(装机超过300台);银行卡(贷记卡和借记卡)刷卡结算费率另行确认。

(4)本补充协议签订后,甲方给乙方首批发货30台收银机作为周转设备。

(5)甲方同意乙方在《合作协议》有效期内以甲方名义拓展市场,开发客户,授权乙方使用其商标等开展招商及市场营销等商业活动。

5. 上述协议签订后,被申请人向申请人交付了机型均为"YDJ智能收银一体机(D1000)"的30台收银机。《中国国家强制性产品认证证书》(即"3C证书")上载:被申请人生产的"YDJ智能收银一体机(D1000)"符合CNCA-C16-01:2014《强制性产品认证实施规则电信终端设备》的要求,有效期至:2021年8月17日。但自2018年5月18日起,由于被申请人没有再续费,导致上述3C证书处于"撤销"状态。

6. 申请人收到30台机器后,将其中8台安装至相关商户处(1台有问题已经退回)。

7. 2019年4月29日,被申请人与C公司签订《YDJ合伙人合作协议》,约定C公司在G市、J市范围内合作收银机产品及附属收单业务推广营销,代理费为13万元,代理资格为独家代理,期限为2019年4月30日至2021年4月29日。

四、仲裁庭意见

(一) 关于《合作协议》及《补充协议》《补充协议二》的合同性质

仲裁庭认为,根据《商业特许经营管理条例》第3条的规定,商业特许经营的基本特征在于:(1) 特许人拥有注册商标、企业标志、专利等经营资源;(2) 被特许人根据特许人的授权在特定经营模式下使用特许人的经营资源;(3) 被特许人按照约定向特许人支付商业特许经营费用。商业特许经营合同可能包含产品销售关系,但其实质上是由知识产权、经营模式以及特许双方监督、管理、支持、服务等一系列关系和诸多要求构成的综合系统。涉案《合作协议》虽然名为《合作协议》,但其内容约定的经营模式是:授权申请人在特定区域内推广经营具有外观设计专利权的"YDJ"注册商标品牌的智能收银一体机及附属收单业务;该项业务的经营需要通过被申请人统一的操作系统及平台账户完成,遵循被申请人统一的业务及操作流程;被申请人向包括申请人在内的合作方提供智能收银机;被申请人提供内容统一的产品及业务培训;被申请人统一进行跟单核算及利润结算;被申请人配合申请人进行售前售后技术支持与客户服务等工作;申请人向被申请人支付使用其经营资源的对价即合同约定的代理费,并依约独立开展销售活动。由此可以看出,《合作协议》对当事人双方权利义务的设定,具有申请人与被申请人之间主体身份的独立性、法律关系的契约性、经营模式的统一性、申请人使用经营资源的许可性特征,完全符合商业特许经营合同的基本法律特征。《补充协议》和《补充协议二》是双方当事人对《合作协议》的补充和变更,但其仅增加了授权区域、延长了授权期限、变更了结算率等,并未变更原合同的性质。因此,仲裁庭认为,《合作协议》及《补充协议》《补充协议二》为商业特许经营合同。被申请人关于涉案合同仅为授权经营合同的主张,与事实不符,仲裁庭不予采纳。

(二) 关于被申请人的违约责任认定

《商业特许经营管理条例》第7条第2款规定:"特许人从事特许经营活动应当拥有至少2个直营店,并且经营时间超过1年。"第15条规定:"特许经营的产品或者服务的质量、标准应当符合法律、行政法规和国家有关规定的要求。"本案中,被申请人没有提交其所经营直营店的数目及直营店经营持续时间的相关证据,无法证明其符合前述行政法规所规定的"两店一年"的要求。

关于 Z 市区域的独家代理问题,被申请人主张已经收回了申请人对该区域的代理,但双方并未有任何书面约定,故仲裁庭对该项主张不予采信。双方合同中约定申请人在 Z 市区域为独家代理,但在其独家代理期限内,被申请人又另与案外人签订关于独家代理 Z 市区域的合作协议,也未及时向申请人予以告知和披露,已严重影响了申请人的合同权益。被申请人主张交付给申请人升级后的机器,但未能提交合理证据证明,仲裁庭不予采信。被申请人交给申请人的机器为申请人携带至仲裁庭出示的"YDJ 智能收银一体机(D1000)",该机器的 3C 证书在 2019 年 2 月 22 日《合作协议》签订之前已经被撤销。被申请人没有证据证明其已经在签约时向申请人进行过信息披露,其行为也属于隐瞒有关信息或者提供虚假信息的情形。根据《商业特许经营管理条例》第 23 条的规定,申请人有权要求解除本案《合作协议》《补充协议》《补充协议二》。

合同解除后,尚未履行的,终止履行;已经履行的,根据本案合同性质和履行情况,当事人可以要求恢复原状。因此,合同解除后,被申请人提供的 30 台收银机,未安装的 22 台应当退还被申请人。已经安装的 8 台收银机,根据双方在合同中约定的经营模式,申请人在合同解除后实际已经无法自行处理 8 台已经安装机器的售后、结算等问题,因此 8 家安装收银机的商户应由被申请人接收管理,不存在需要折价补偿的情形。本案合同的解除系因被申请人引起,申请人请求返还代理费 15 万元的仲裁请求,仲裁庭予以支持。

五、裁决结果

1. 解除申请人与被申请人于 2019 年 2 月 22 日签订的《合作协议》及《补充协议》、于 2019 年 3 月 29 日签订的《补充协议二》;

2. 被申请人返还申请人代理费 15 万元,并接收申请人退还的 22 台"YDJ 智能收银一体机(D1000)";

3. 被申请人补偿申请人因仲裁支出的律师费 1.35 万元、财产保全费用 1337.50 元;

4. 本案仲裁费由被申请人承担。

六、评析

(一) 商业特许经营合同与授权经营合同的区别

《商业特许经营管理条例》第3条规定，商业特许经营，是指拥有注册商标、企业标志、专利、专有技术等经营资源的企业(以下称特许人)，以合同形式将其拥有的经营资源许可其他经营者(以下称被特许人)使用，被特许人按照合同约定在统一的经营模式下开展经营，并向特许人支付特许经营费用的经营活动。国家国有资产管理局《关于印发〈关于企业集团国有资产授权经营的指导意见〉的通知》中规定，企业集团国有资产授权经营是指政府将企业集团中国家以各种形式直接投资设立的成员企业(指与集团公司为非产权关系的企业，下同)的国有产权授权集团公司持股，其实质是通过政府授权持股方式对集团企业进行产权重组，确定集团公司与成员企业间的母子公司产权关系，即集团公司作为成员企业的出资者。这里的授权经营是一种国家机构授权国有企业管理国家资源的整体行为，另外还有类似烟草专卖的许可经营行为，也是一种国有资源的授权经营。本文将重点探讨的是与商业特许经营容易混淆的商业性质的授权经营(下文如无特殊说明，授权经营就是指商业性质的授权经营)。这种授权经营暂未有法律法规上的定义，一般来说，授权经营是指授权方将自己的品牌、专利、专有技术等授权给经营者，由经营者按约定的条件开发、生产、销售授权的资源及产品。[1]

下文将重点对商业特许经营和非国家权力或资源的授权经营作区分。商业特许经营合同与授权经营合同存在一些相似之处，如均涉及商标、专利、商业秘密的使用，存在技术支持、指导，被特许人或被授权人支付特许经营费或授权费等，而且在合同名称上，也都有可能叫加盟合同、连锁经营合同、合作协议、特约经销协议等，导致在司法实践中容易将二者混淆。如在本案中，被申请人即主张案涉合同为授权经营合同而非商业特许经营合同。笔者认为，可以从以下几个方面对两者进行区分。

---

[1] 参见陈晖：《特许经营与授权经营的区别》，载找法网(https://china.findlaw.cn/lawyers/article/d552195.html)，访问日期：2021年9月27日。

1. 合同主体不同

《商业特许经营管理条例》第 3 条第 2 款规定:"企业以外的其他单位和个人不得作为特许人从事特许经营活动。"故商业特许经营合同中的特许人只能是企业。授权经营合同的授权人范围则较广,授权方可以是企业,也可以是个人或其他单位。

2. 是否具有统一的经营模式

商业特许经营合同一定约定了统一的经营模式。商业特许经营这种经营方式快速发展的原因之一就是其可复制性,即特许人将其已成功的、成熟的经营模式复制给被特许人,被特许人在合同约定的统一模式下开展经营,经营模式一般具有统一化、规范化、标准化、可复制化等特点。本案中,被申请人为申请人提供统一的操作系统、使用统一的业务及操作流程、提供内容统一的产品及业务培训、进行统一的跟单核算及利润结算,从产品服务到运营体系均是统一的。授权经营合同则没有该特征。这是由于二者被特许或授权的资源不同。在商业特许经营合同中,特许人给予被特许人的经营资源往往是复合型的,包括管理、经营方式、形象标志以及产品或者服务渠道。在授权经营合同中,授权人授权给被授权人的资源往往是单一的商标、专利、专有技术等。如本案中,被申请人提及的汽车授权经营,就是汽车供应商授权汽车经销商汽车资源并销售的行为。汽车供应商授权的只有汽车资源,对于管理模式、经营方式、形象标志等则均没有统一规定,故汽车销售是一种授权经营。

3. 特许人或授权人对被特许人或被授权人的经营控制程度不同

《商业特许经营管理条例》第 14 条规定:"特许人应当向被特许人提供特许经营操作手册,并按照约定的内容和方式为被特许人持续提供经营指导、技术支持、业务培训等服务。"特许人对被特许人的经营支持度较高,从产品、服务到指导、技术均需持续提供支持。授权人对被授权人的控制程度较低。在有些长期性的授权经营合同中,授权人对被授权人的控制度也较高。在这种情况下,要结合合同订立的目的、双方交易的客体、双方所处的行业、合同的整体内容及其履行情况等方面作出判断,查看是否建立起统一的商业模式及其建立的原因(不是为了销售产品或避免他人不正当地利用其知识产权,而是为了保持上下游生产销售的统一化、规范化、标准化)。①

---

① 参见金泳锋:《商业特许经营关系的认定进路》,载《知识产权》2018 年第 3 期。

4. 其他外观方面

根据《商业特许经营管理条例》的规定,商业特许经营有如下强制性的要求,如"特许人从事特许经营活动应当拥有至少2个直营店,并且经营时间超过1年",即本案中,仲裁庭提及的"两店一年"的要求;"特许人应当自首次订立特许经营合同之日起15日内,依照本条例的规定向商务主管部门备案""特许经营合同约定的特许经营期限应当不少于3年""特许人应当依照国务院主管部门的规定,建立并实行完备的信息披露制度"。授权经营则没有以上要求。

(二)特许人违约责任的认定

特许人违约责任的认定要结合合同约定及法律法规的规定进行认定。结合本案,特许人违约责任的认定可以从以下几个方面进行考虑:

1. 违反信息披露义务的违约责任认定

《商业特许经营管理条例》第三章专门对"信息披露"进行了规定,其中第22条第(八)项规定,特许人应当向被特许人提供在中国境内现有的被特许人的数量、分布地域以及经营状况评估。第23条第2款规定,特许人向被特许人提供的信息发生重大变更的,应当及时通知被特许人。第23条第3款规定,特许人隐瞒有关信息或者提供虚假信息的,被特许人可以解除特许经营合同。在商事活动中,防范经营风险是很重要的内容,防范特许经营风险的核心在于设立信息披露制度。①

根据《商业特许经营管理条例》第23条和《商业特许经营信息披露管理办法》第9条之规定,在我国违反特许经营信息披露义务的行为类型主要有两种:隐瞒真实信息和提供虚假信息。当事人违反信息披露义务不以故意为必要。②

本案中,双方当事人的《合作协议》中约定了被特许人的Z市独家代理权,但在合同履行期间,特许人将Z市的独家代理权又特许给了C公司,而未向被特许人进行披露,虽然特许人辩称其无意隐瞒且未重复授权,但这不影响其违反信息披露义务的事实。根据《合作协议》的约定及《商业特许经营

---

① 参见郑豪:《特许经营法律制度探讨》,复旦大学2012年硕士学位论文,第19页。
② 参见山东省济南市中级人民法院民三庭课题组、赵西巨:《特许经营合同的私法本性》,载《人民司法(应用)》2016年第4期。

管理条例》的规定,特许人违反了信息披露义务,侵害了被特许人的排他性经营权,被特许人据此要求解除特许经营合同,符合法律法规的规定及合同约定,特许人应当承担合同解除的法律后果。

2. 提供的产品或服务质量不符合相关要求的违约责任认定

《商业特许经营管理条例》第15条规定:"特许经营的产品或者服务的质量、标准应当符合法律、行政法规和国家有关规定的要求。"本案中,特许人的产品"YDJ智能收银一体机(D1000)"的3C证书在《合作协议》签订之前已经被撤销,产品质量不符合相关规定的要求。《北京高院特许经营意见》第10条规定:"法律、行政法规明确规定特许经营的产品或者服务应当经批准方可经营,或者从事特许经营的业务需要具备其他特定条件的,特许人或被特许人为规避上述规定签订的特许经营合同无效,但特许人或被特许人在特许经营纠纷发生前已具备相关特定条件的,可以不认定为无效合同。"故特许人提供的产品或服务质量不符合相关要求,可能会承担合同无效的法律责任。

3. 不具备"两店一年"的要求的违约责任认定

《商业特许经营管理条例》第7条第2款规定,特许人从事特许经营活动应当拥有至少2个直营店,并且经营时间超过1年。这也是商业特许经营合同与授权经营合同的区别之一。本案中,特许人未提交证据证明其具备了"两店一年"的要求,仲裁庭结合特许人的其他违约情形,最终支持了被特许人解除合同的仲裁请求。

在司法实践中,特许人不具备"两店一年"的要求,并不必然导致合同无效。上海市高级人民法院《关于审理特许经营合同纠纷案件若干问题的解答》中指出,《商业特许经营管理条例》第7条第2款和第8条的备案规定,均属于管理性的强制性法律规范,特许人不具备"两店一年"及备案条件的不必然导致合同无效。该解答从立法背景和价值取向方面进一步解释了对《商业特许经营管理条例》如此理解的合理性。因为条例起草的主要目的是加强行政管理、使特许经营活动能够有序规范健康发展,同时也为了充分保护被特许人作为较为弱势的合同一方当事人的合法权益。如"两店一年"设定的初衷是为了提供一个衡量特许经营人的经营资源、经营模式是否成熟的量化指标。而备案制度的目的主要是便于商务主管部门进行监督管理。所以,本案仲裁庭并未以特许人不具备"两店一年"为由认定合同无效。

4. 特许人未向被特许人持续提供服务的违约责任认定

根据《商业特许经营管理条例》第14条的规定,特许人应持续向被特许人提供支持度较高的服务。本案中,双方签订的《合作协议》约定了特许人应向被特许人提供如合理的业务及操作流程培训、提供业务范围内必要的技术和销售培训、积极配合被特许人的售前售后技术支持与客户服务等。本案被特许人未提供证据证明特许人未按照《商业特许经营管理条例》规定及《合作协议》的约定履行相关义务,故仲裁庭未采信被特许人的该项理由。在司法实践中,如果特许人未按照《商业特许经营管理条例》的规定及合同约定履行持续提供相关服务的义务,应承担相应的违约责任。

在合同的不同阶段,特许人应承担不同的违约责任形式。已经履行的,根据履行情况和合同性质,当事人可以要求恢复原状、采取其他补救措施,并有权要求赔偿损失。① 如本案中,仲裁庭在支持被特许人解除合同的仲裁请求的同时,也支持了其返还代理费、退还产品的请求。

(三)结语

商业特许经营合同性质的认定不应仅以合同名称作为依据,应当根据合同内容予以认定。目前法院一致认为,商业特许经营一般具备经营资源、特定经营模式、特许经营费用三个基本特征。②《北京高院特许经营意见》第1条将商业特许经营的基本特征归纳为:(1)特许人拥有注册商标、企业标志、专利等经营资源;(2)被特许人根据特许人的授权在特定经营模式下使用特许人的经营资源;(3)被特许人按照约定向特许人支付特许经营费用。在合同履行过程中,特许人应按照合同约定及相关法律法规如《商业特许经营管理条例》的规定履行义务,否则应当承担相应的违约责任。

(本案例由深圳国际仲裁院刘程编撰)

---

① 参见刘晓军:《对特许经营合同案件诸问题的认定》,载《人民司法(应用)》2011年第11期。
② 参见李晓民、宋建宝:《商业特许经营合同纠纷特有问题司法实证研究》,载《法律适用》2016年第9期。

案例 25　特许经营资源是否必然包括注册商标

仲裁要点： 在合同没有明确约定的情况下，特许人不负有授权被特许人享有或使用特定注册商标使用权的义务，被特许人以相关商号未经商标注册或特许人不享有注册商标专用权为由主张合同目的不能实现并要求解除合同的，不能获得支持。

一、案情概要

2015 年 10 月 2 日，申请人 A 公司与被申请人 B 自然人经协商一致，签订了《个人加盟合同》，约定由申请人授权被申请人使用申请人某商号开办零售超市，被申请人认同申请人的品牌及营销模式，自愿接受申请人指定的有关管理规范，并且约定被申请人的所有商品均由申请人统一指导采购、生鲜配送，双方按购销形式结算申请人为被申请人配送的商品货款。

合同签订后，被申请人于 2015 年 10 月 23 日设立甲超市，申请人正常向被申请人供应商品。之后被申请人请求将其之前投资设立的乙超市纳入加盟店管理，沿用已签订的《个人加盟合同》，乙超市虽非以被申请人的名义设立，但属于被申请人投资设立，申请人同意该请求。

自此，申请人对被申请人的两家店进行指导和配货，通过长期往来，申请人的各供应商对被申请人日渐熟识，两家店的商品货款均通过被申请人的账户汇入申请人处。申请人认为，自 2016 年 6 月开始，两家店开始拖欠货款。经双方核算，被申请人聘请的财务人员于 2016 年 10 月 27 日向申请人出具两张欠条，其中一张载明：甲超市欠 2016 年 6 月至 8 月份百货款 5 万元，另一张载明：乙超市欠 2016 年 6 月至 8 月份百货款合计 136341 元。

申请人认为，申请人向被申请人投资设立的两家店供应商品，对于乙超市,作为经营者的被申请人应支付拖欠的货款,虽被申请人非乙超市登记的经营者,但确系实际投资人,以往的货款均以其名义支付,因此,被申请人理应支付两家店拖欠的商品货款。然而被申请人却拒绝支付所欠款项。

申请人遂于2019年5月14日向深圳国际仲裁院提起仲裁,并提出如下仲裁请求:

1. 裁决被申请人向申请人支付2016年6月至8月拖欠的商品货款186341元(甲超市拖欠5万元+乙超市拖欠136341元)及逾期利息23279.80元(利息的计算以186341元为基数,按中国人民银行规定的金融机构同期贷款利率计收,自2016年10月27日起算,暂计算至2019年4月27日,实际应计算至款项偿还完毕之日止)。

2. 裁决被申请人承担本案仲裁费。

被申请人认为,2015年10月2日,申请人与被申请人经协商一致,签订了《个人加盟合同》,约定申请人授权被申请人使用某商号开办零售超市,被申请人按照合同约定一次性缴纳了加盟费5万元、商誉保证金5万元、两年的固定管理费4.5万元。然而,申请人的商标已被国家工商行政管理总局驳回,该商标已失效,申请人不具有授权他人使用某商号开办零售超市的权利。据此,被申请人提出如下仲裁反请求:

1. 请求裁决解除被申请人与申请人签订的《个人加盟合同》。

2. 请求裁决申请人返还加盟费5万元、商誉保证金5万元、固定管理费4.5万元。

3. 请求裁决申请人承担本案仲裁费。

二、当事人主张

(一)申请人主张

1. 申请人确实收到了被申请人的加盟费5万元、商誉保证金5万元,但并未收到被申请人的任何管理费。

2. 根据《个人加盟合同》的约定,申请人无须向被申请人返还加盟费以及商誉保证金。理由是,根据双方签订的《个人加盟合同》第1条、第2条、第4条、第6条、第7条的约定,双方加盟是被申请人利用申请人的平台共同发展超市零售事业,加盟的也是某商号超市的资格以及营销模式。

3. 申请人授权被申请人使用的某商号只是商号，同意被申请人使用该字样，整个合同并没有确定申请人对该字样和商标已经进行了注册，也并没有承诺是注册商标。根据《个人加盟合同》以及双方履行的情况，作为申请人，已经按照《个人加盟合同》的约定对被申请人开设的两个店面进行了相应指导以及人员培训，同时还有货物的配送。特别需要说明的是，被申请人的加盟更多的是看中申请人的货物配送平台，因为申请人的货物配送平台是有价格优势的（因为量大），也就是说，申请人完全按照《个人加盟合同》的约定，给予被申请人所有加盟商应该享有的权利。

4. 《个人加盟合同》第14条约定加盟费5万元，特别注明了此款项不予返还；第15条约定，商誉保证金是在合同到期之后，被申请人在没有违反相关规定的情况下才予以返还。本案中，被申请人在加盟之后就没有交纳管理费，严重违反了《个人加盟合同》的约定。故商誉保证金不应当予以返还。同时，申请人也保留追究被申请人支付加盟期间加盟管理费的权利。

5. 本案不适用《商业特许经营管理条例》的规定，因为《个人加盟合同》中并未涉及被申请人所提的《商业特许经营管理条例》。《商业特许经营管理条例》中的有关规范也与审理被申请人的反请求无关。因为，申请人虽然同意被申请人加盟，但是并没有称某商号是注册商标，而是以其品牌、经营模式、供应商渠道及价格让被申请人加盟，这才是申请人的核心竞争力。如果在《个人加盟合同》中申请人授权被申请人使用申请人的商标和专利，那么申请人必须拿出注册商标、已登记的专利或专有技术，但《个人加盟合同》中并未涉及这些内容，所以与《商业特许经营管理条例》没有关系。

6. 被申请人认可申请人的管理模式，实际也按照申请人的管理模式运行，同时也认可品牌及营销模式。营销模式、管理规范是被申请人已认可和履行的，也是《个人加盟合同》的价值，这与被申请人出具的某法院的判决书认定申请人侵犯了相关商标无关。即使有关，被申请人也应该承担相应的责任，因为申请人和被申请人共同认可了这个品牌。申请人也没有欺骗被申请人称这个品牌是注册商标，如果申请人对相关商标构成侵权，那也是申请人和被申请人共同侵权。客观地说，申请人侵权的程度会大一点，但是被申请人作为加盟商，根据《个人加盟合同》的约定，被申请人是加盟超市的投资者，其扩大了申请人的侵权范围和程度，故被申请人亦应承担相应的责任。现在被申请人要求申请人全部退还加盟费，有失公平，也没有法律依据和合同依据。

(二)被申请人主张

1. 被申请人确认甲超市拖欠 5 万元货款,但对乙超市拖欠 136341 元货款不予认可。因为乙超市与被申请人无关,其经营者是他人,该超市在被申请人经营的超市隔壁,并不由被申请人经营。且申请人亦未提交证据证明特许经营加盟合同有关于与被申请人约定乙超市要加入特许经营的相关约定,故乙超市与本案无关。

2. 关于利息。申请人不享有某商号的注册商标专用权,因此申请人存在过错,被申请人不认可支付利息。

3. 被申请人要求解除《个人加盟合同》的依据是《合同法》第 94 条第(四)项,申请人有其他违约行为致使不能实现合同目的,这是法定解除事由。

4. 被申请人要求返还加盟费 5 万元、商誉保证金 5 万元,有相关的银行转账凭证证实;对于管理费,实际上被申请人交纳了 7 个半月共 4.5 万元管理费,但是目前只找到了 3 个月的收款收据,在该收款收据上签字的是申请人的财务人员。

三、仲裁庭查明的事实

1. 2015 年 10 月 2 日,申请人与被申请人签订《个人加盟合同》,约定申请人授权被申请人加盟,被申请人认同申请人的某商号品牌以及营销模式,愿意接受申请人制定的有关管理规范;申请人授权被申请人使用某商号,在某地址开办零售超市;申请人提供加盟店设计方案图纸、指派店长、员工培训、商品配送、统一的价格政策和价格体系等服务;双方按购销形式结算申请人为被申请人配送的商品货款;《个人加盟合同》第 14 条约定:被申请人需向申请人一次性交纳加盟费 5 万元,此款不予返还;《个人加盟合同》第 15 条约定:被申请人需向申请人一次性交纳商誉保证金 5 万元,合同到期后,如被申请人未违反相关规定,申请人无条件退回商誉保证金;《个人加盟合同》第 17 条约定:被申请人每月 5 日前向申请人交纳固定管理费 6000 元。

2. 合同签订后,被申请人支付了加盟费 5 万元,商誉保证金 5 万元,在约定地址登记注册了甲超市。申请人依约对被申请人甲超市提供商品配送服务。被申请人确认已足额收到上述加盟费和商誉保证金。

3. 根据双方陈述,2016年6月至8月,被申请人确认拖欠申请人甲超市货款5万元。2017年5月,被申请人停止向申请人采购商品。

4. 申请人提交《欠条》称,2016年10月27日,被申请人财务人员出具两张欠条,确认甲超市拖欠申请人货款5万元,乙超市拖欠申请人货款136341元。被申请人对此证据不予认可,但被申请人确认其经营的甲超市拖欠申请人商品货款5万元。

5. 被申请人提交的3张管理费收据,申请人亦否认签字人是其聘请的财务人员,称其中一张收据的出具时间早于合同签订时间。

四、仲裁庭意见

(一)关于本案合同的效力

仲裁庭认为,本案申请人与被申请人签订的《个人加盟合同》是双方当事人的真实意思表示,不违反中国的法律和行政法规的强制性规定,应属合法有效,并对本案双方当事人具有约束力。

(二)关于本案的争议焦点

1. 关于申请人的仲裁请求。仲裁庭认为,争议焦点是乙超市拖欠申请人的商品货款是否应由被申请人支付。

仲裁院根据《个人加盟合同》受理本案。《个人加盟合同》第19条明确约定的加盟店地址是甲超市的工商注册地址,并未约定乙超市是加盟店。对于申请人在仲裁申请书中陈述的"之后被申请人请求将其之前投资设立的乙超市纳入加盟店管理,沿用已签订的《个人加盟合同》",该主张既未得到被申请人的认可,申请人也未提交任何证据予以证明。因此,申请人与乙超市之间的纠纷并非《个人加盟合同》项下的纠纷,仲裁庭对申请人与乙超市之间的纠纷不予审理。

2. 关于被申请人的仲裁反请求。仲裁庭认为,争议焦点是申请人不享有某商号注册商标专用权是否会导致被申请人签订《个人加盟合同》的合同目的不能实现,被申请人能否以此理由解除合同。

(1)申请人依据合同约定应提供的服务或应履行的义务中不包含相关注册商标使用权。

从合同约定可知,双方的主要权利义务是申请人授权被申请人加盟资格,被申请人认同申请人的相应品牌以及营销模式,愿意接受申请人制定的有关管理规范;申请人授权被申请人使用某商号,在某地开办零售超市;申请人提供加盟店设计方案图纸、指派店长、员工培训、商品配送、统一的价格政策和价格体系等服务;双方按购销形式结算申请人为被申请人配送的商品货款等。作为回报,被申请人需向申请人支付加盟费、商誉保证金及固定管理费。仲裁庭注意到,《个人加盟合同》第2条"乙方认同甲方的某品牌……"、第6条"甲方授权乙方使用某商号开办零售超市"、第7条"甲方同意乙方在加盟店使用申请人CI标识(某商号字样)"等条款,无论是结合合同上下文还是根据字面解释,均不能看出申请人依据合同提供的服务包括授权被申请人使用相应注册商标的义务。

(2)即便依据《商业特许经营管理条例》的规定,亦不能得出申请人提供的服务中包括授权被申请人使用相应注册商标的义务。《商业特许经营管理条例》第3条第1款规定:"本条例所称商业特许经营(以下简称特许经营),是指拥有注册商标、企业标志、专利、专有技术等经营资源的企业(以下称特许人),以合同形式将其拥有的经营资源许可其他经营者(以下称被特许人)使用,被特许人按照合同约定在统一的经营模式下开展经营,并向特许人支付特许经营费用的经营活动。"该规定以列举的方式写明特许人以合同形式许可被特许人使用的经营资源的内容和范围,注册商标只是经营资源之一,并不是说特许经营合同一定要包括注册商标,没有注册商标特许经营合同就不成立。

综上,申请人依约依法均不负有授权被申请人享有相应注册商标使用权的义务,因此,其不享有相应注册商标专用权不会导致被申请人签订《个人加盟合同》的合同目的不能实现,被申请人无权以此理由解除合同。

(三)关于申请人的仲裁请求

1. 关于申请人的第1项仲裁请求

仲裁庭认为,乙超市拖欠的商品货款不在本案审理范围内,并决定驳回该部分仲裁申请。至于申请人主张被申请人支付2016年6月至8月其经营的甲超市拖欠的商品货款5万元,因被申请人对此予以确认,仲裁庭予以支持。

关于逾期利息。申请人主张从其提交的《欠条》的出具之日2016年10

月27日起按银行同期贷款利率计算至实际清偿之日,仲裁庭认为,被申请人对上述《欠条》签字的财务人员的身份和签字授权均不予认可,申请人的其他证据亦不能证明,因此,仲裁庭酌定商品货款5万元的逾期利息从申请人申请仲裁之日即自2019年5月14日起按银行同期贷款利率计算至清偿之日止。

2. 裁决被申请人承担本案仲裁费

依据《仲裁规则》第64条第(二)项之规定,根据仲裁庭对申请人请求支持的比例,本请求仲裁费,由申请人承担75%,被申请人承担25%。

(四)关于被申请人的仲裁反请求

1. 请求裁决解除被申请人与申请人签订的《个人加盟合同》

如前所述,申请人不享有相应注册商标的专用权,不会导致被申请人签订《个人加盟合同》的合同目的不能实现,被申请人无权以此理由解除合同。因此,仲裁庭对被申请人的第1项仲裁反请求不予支持。

2. 请求裁决申请人返还加盟费5万元、商誉保证金5万元、固定管理费4.5万元

《个人加盟合同》第14条约定:被申请人需向申请人一次性交纳加盟费5万元,此款不予返还;第15条约定:被申请人需向申请人一次性交纳商誉保证金5万元,合同到期后,如被申请人未违反相关规定,申请人无条件退回商誉保证金;第17条约定:被申请人每月5日前向申请人交纳固定管理费6000元。被申请人自称其从2017年5月开始停交固定管理费。据此,仲裁庭认为,因被申请人无权解除合同,当然不能要求申请人返还加盟费5万元、商誉保证金5万元及固定管理费4.5万元。

3. 请求裁决被申请人承担本案反请求仲裁费

依据《仲裁规则》第64条第(二)项之规定,本案反请求仲裁费由被申请人承担。

五、裁决结果

1. 被申请人向申请人支付2016年6月至8月拖欠的甲超市商品货款5万元及逾期利息(利息以人民币5万元为基数,按中国人民银行规定的金融机构的同期贷款利率计收,自2019年5月4日起计算至款项偿还完

毕之日止)。

2. 本案本请求仲裁费用由申请人承担75%,被申请人承担25%。本案反请求仲裁费由被申请人承担。

3. 驳回申请人的其他仲裁申请。

4. 驳回被申请人的仲裁反请求。

六、评析

近年来,"特许经营"活跃在商业社会的众多领域,发展非常迅猛。对于希望从事商业经营而缺乏经营技能、经验和相关资源信息的市场主体来说,想要迅速开展经营并且能够在行业内拥有一定的竞争力,特许经营模式无疑是颇具吸引力的商业模式。

(一)什么是特许经营?

依据《商业特许经营管理条例》第3条的规定,商业特许经营是指拥有注册商标、企业标志、专利、专有技术等经营资源的企业(称特许人),以合同形式将其拥有的经营资源许可其他经营者(称被特许人)使用,被特许人按照合同约定在统一的经营模式下开展经营,并向特许人支付特许经营费用的经营活动。

通过特许经营关系的建立,特许人可以以较低的成本迅速扩大商业规模及品牌影响,而被特许人则借助特许人成熟的经营资源及管理支持,得以迅速进入市场并顺利开展业务。比如,常见的连锁便利店、快餐店、教育培训机构、洗车行、美容店、奶茶店等多采取特许经营的方式。

(二)如何确定一份合同是否为特许经营合同?

一些特许人为否定特许经营合同的性质,不受《商业特许经营管理条例》的约束,从合同文本名称到内容都刻意规避"特许经营"字样,整份合同文本中不会出现"特许经营"字眼,多表述为合作合同、服务协议、加盟合同等。更有甚者在合同条款中刻意注明"本协议不属于商业特许经营合同"等排除性条款。《北京高院特许经营意见》第3条规定,特许经营合同性质的认定应当以双方当事人约定的合同内容为主要依据,合同名称及合同中有关"本合同不属于特许经营合同"等类似约定一般不影响对特许经营合同性质

的认定。该指导意见归纳了特许经营的三大基本特征:

1. 特许人拥有注册商标、企业标志、专利等经营资源。经营资源包括但不限于注册商标、企业标志、专利,也包括字号、商业秘密、具有独特风格的整体营业形象,以及在先使用并具有一定影响的未注册商标等能够形成某种市场竞争优势的经营资源。特许人原始取得或经受让取得经营资源,或者取得包括再许可权在内的经营资源独占使用权的,可以视为拥有经营资源。比如本案中,申请人授权被申请人使用"某"商号开办零售超市;申请人提供加盟店设计方案图纸、指派店长、员工培训、商品配送、统一的价格政策和价格体系等服务;双方按购销形式结算申请人为被申请人配送的商品货款等。作为回报,被申请人需向申请人支付加盟费、商誉保证金及固定管理费。申请人没有注册商标专用权也依然可以提供特许经营。

2. 被特许人根据特许人的授权在特定经营模式下使用特许人的经营资源。这里需要和销售代理合同作区分,销售代理合同中,代理人以被代理人的名义开展经营,除过错外,不承担经营造成的法律责任。还应当注意,有些特许经营合同约定以托管的方式进行管理,由特许人派驻经理、店长等管理人员到被特许人处进行管理,双方共享收益共担风险或收取管理费,此时应当注意的是,即使管理上是托管的方式,但如果仍然是以被特许人自己的名义开展实际经营,仍应是特许经营合同关系。比如本案中,申请人为被申请人的加盟店指派店长,就是管理上托管的方式,但仍然是特许经营合同关系。

3. 被特许人按照约定向特许人支付特许经营费用。实务中,费用的名称可谓五花八门,加盟费、服务费、培训费、技术转让费等,但这些名称不影响认定其特许经营的实质。因此,经营模式是否按特许人的特定经营模式进行,特许人在正常的货物往来之外有无收取额外的费用,如服务费、技术转让费,或者分摊到平时的管理提成等,裁判者会综合合同约定的实质内容及双方实际履行情况对合同的性质作出认定。

(三)特许经营合同的效力如何认定?

1. "两店一年"及行政备案要求不影响合同的效力。

"两店一年"要求源自《商业特许经营管理条例》第7条的规定,特许人从事特许经营活动应当拥有至少2个直营店,并且经营时间均超过1年。特许人是向被特许人输出成熟经营模式等经营资源的一方,应具备持续为被特许人提供经营指导、技术支持和业务培训等服务能力。"两店一年"是从管理的角度对特许人提出要求,这正是《商业特许经营管理条例》作出相应规定的原因。《商业特许经营管理条例》第8条对备案也作出了要求,规定特许人应当自首次订立特许经营合同之日起15日内,依照规定向商务主管部门备案。

司法实务中,许多被特许人在诉讼中主张因特许人不具备"两店一年"条件或者没有备案而要求认定双方签订的合同无效。《北京高院特许经营意见》否定被特许人的主张,明确"两店一年"要求不影响特许经营合同的效力;"未及时向商务主管部门备案的,一般不影响特许经营合同的效力"。笔者认为,"两店一年"和行政备案要求应属于管理性强制性规定,并不是效力性强制性规定,并不导致合同无效的后果。

2. 特许人是否为企业的身份可能影响合同效力。

《商业特许经营管理条例》第3条明确规定特许人是企业,企业以外的其他单位和个人不得作为特许人从事特许经营活动。特许人必须是企业,如果签订特许经营合同的特许人是自然人或者个体工商户等主体,则可能会导致签订的特许经营合同无效。

3. 未取得行业许可,可能导致特许经营合同无效。

"法律、行政法规明确规定特许经营的产品或者服务应当经批准方可经营,或者从事特许经营的业务需要具备其他特定条件的,特许人或被特许人为规避上述规定签订的特许经营合同无效。但特许人或被特许人在特许经营纠纷发生前已具备相关特定条件的,可以不认定为无效合同。"这是《北京高院特许经营意见》第10条的规定,尽管其适用范围为北京地区,但是对全国其他地区有参考意义。需要取得事先许可或批准或注册的,如果在发生纠纷时仍然没有取得,则特许经营合同被认定为无效。如卢某某与上海龙邦速运有限公司、唐某特许经营合同纠纷案[1]中,法院认为:因根据我国《邮政法》第51条第1款的规定:"经营快递业务,应当依照本法规定取得快递业务经营许可;未经许可,任何单位和个人不得经营快递业务。"特许经营合同中的特许人未取得快递业务经营许可,擅自经营该业务违反了我国法律强制性规定等,从而认定特许经营合同无效。

在刘某某与安徽佳佳视光科技有限公司、黄某特许经营合同纠纷案[2]

---

[1] 参见江苏省常州市中级人民法院(2015)常知民终字第31号民事判决书。
[2] 参见合肥高新技术产业开发区人民法院(2015)合高新民三初字第00372号民事判决书。

中,因特许经营资源核心为一种"近视康健仪",该近视康健仪经国家食品药品监督管理局检测认定为第二类医疗器械,查证未申请注册。但根据《医疗器械监督管理条例》(2017年修订)的规定,第二类医疗器械实行产品注册管理,"医疗器械经营企业、使用单位不得经营、使用未依法注册、无合格证明文件以及过期、失效、淘汰的医疗器械"。因此,法院认为特许人实施了经营未依法注册的医疗器械的行为,由于医疗器械的安全、有效对人体健康和生命安全有重大影响,可能会损害社会公众利益,违反了医疗器械管理中的效力性强制规定,从而认定特许经营合同无效。

我国"特许经营"商业实践在快速发展的同时,特许经营合同纠纷作为一种新的案件类型在商事案件中所占的比例也在逐年上升,特许经营作为一种新的经营模式,其法律关系较为复杂,有待于裁判实务进一步观察、思考和总结。

(本案例由深圳国际仲裁院仲裁员付增海和
深圳国际仲裁院孟伟编撰)

案例 26　特许经营合同相关费用的计算

仲裁要点：本案所涉及的主要是特许经营合同解除后，当事人之间涉及履约保证金、特许经营费、拆店损失赔偿等费用上的分歧，这是特许经营合同纠纷中常见的问题。本案仲裁员对于如何理解计算公式，结合合同目的和行业习惯，并参考双方在仲裁时的意见，以探究双方签订合同时的真实意思表示，最终作出了判断。

一、案情概要

2006年9月20日，申请人A公司与被申请人B公司签订了《经营合同》，申请人成为S国际机场候机楼餐饮业务的独家特许经营人，双方对在S国际机场内的餐饮面积及区域、经营范围、经营期限、特许经营费用进行了约定。

2010年5月17日，申请人与被申请人签订《餐饮业务指定经营合同补充协议》（以下简称《补充协议》），对《经营合同》作了部分变更。

2010年5月19日，被申请人致函申请人，称因机场对值机岛扩建所需，要求申请人于当年5月31日前拆除其经营的店面之一M餐厅。申请人认为拆店行为给自己造成了损失，希望被申请人予以补偿，并就特许经营费的计算依据与被申请人产生争议。

2011年2月10日，被申请人致函申请人，以"配合离岛免税工作"建设为由，要求申请人对另一主营店面H餐厅予以拆除。

2011年4月20日，申请人发函至被申请人协商终止《经营合同》。双方于2011年4月29日签订了《〈餐饮业务指定经营合同〉终止协议》（以下简称《终止协议》）。但双方就特许经营费计算、拆店损失赔偿、违约责任等产生争议,无法达成一致意见,申请人遂依据《经营合同》中的仲裁条款于2012年4月向深圳国际仲裁院申请仲裁,提出如下仲裁请求:

1. 被申请人退还申请人支付的履约保证金268.8万元。
2. 被申请人退还申请人支付的特许经营费1316907.73元。
3. 被申请人支付申请人拆除店面的损失共计696838.20元(其中包括:M店面损失401810.86元,H店面损失295027.34元)。
4. 被申请人支付其使用申请人的原物料价款共计69107.34元。
5. 被申请人返还其扣留的申请人的财产。
6. 被申请人支付申请人仲裁请求第1、2、3、4项的利息截至2012年4月28日为282066.71元,并至其实际支付之日止。
7. 被申请人承担申请人为本案支付的律师费15万元。
8. 被申请人承担本案全部仲裁费用。

被申请人认为申请人并未按约定支付特许经营费,并违反约定单方解除合同,遂提出如下仲裁反请求:

1. 申请人向被申请人支付欠付费用1900804元(其中应支付违约解除合同的合同违约金1926765元;应支付尚欠付的特许经营费1874143元;应支付尚欠的综合管理费17190元;应支付物品存放费用共计770706元,扣除申请人已交付的履约保证金268.8万元,尚欠1900804元)。
2. 申请人向被申请人支付欠款利息至全部欠款清偿之日(暂计至2012年6月20日,计130860元)。
3. 请求裁决申请人承担被申请人为本案所支付的律师服务费25万元。
4. 请求裁决申请人承担本案全部仲裁费用。

二、当事人主张

(一)申请人主张

1.《经营合同》的解除是因为拆除店面事件的发生而导致的,并且该合同的解除方式为双方合意解除。该解除形式明确属于《合同法》第93条第1款规定的"当事人协商一致,可以解除合同"的情形,是民法自治和合同自由原则的体现,不属于因一方违约而导致合同解除的情形。2011年4月29日双方签订《终止协议》的行为,是双方对合同是否继续履行最真实有效的意思表示。申请人在被申请人违约在先的情况下,发出了一封表示解除合同的函件,但是,在该函件发出之后,申请人一直在继续履行合同,直到经双方协商一致,才完成了对该合同的协议解除。申请人的发函行为既没有达到合同解除的法律效果,也没有出现实际终止合同履行的法律事实,自然不属于违约行为。因此,履约保证金应返还申请人。

2. 关于特许经营费用的计算,合同中公式的表述明确清晰,不存在任何疑义。

(1)针对《经营合同》计算公式具体而言:AR(调整后的月度保底金)=44.8万元×(1+A%+3%),A%为当年客流量增减比率。

①"44.8万元"作为计算基数,约定明确清晰,是恒定不变的。

被申请人提交的所谓"机场惯例"的其他类似合同以及申请人补充证据中提交的两份类似合同显示:申请人将"上一年度月度保底金"固定为"44.8万元"是付出了利益对价的。该合同的"A%"是一个全额的"A%",其他机场的合同中均不是100%的比例,而只是50%甚至更低,此外,在此基础上还增加了3%的额外利益。因此,充分说明合同双方当时在签订合同时,已经对各方利益进行了充分考虑和磋商,合同是针对S机场内餐饮资源独立定制的,符合双方当事人真实意思表示。

②"A%为当年客流量增减比率(以S机场公布数据为准,参照民航局发布数据执行)"的合同约定表述,是明确清晰的,是不存在疑义的。

证据显示,S机场2009年、2010年、2011年公布的当年客流量增长比分别为33.07%、12.03%、14.96%,均是相邻两年度之比(即环比)。

被申请人与S机场实际履行合同所依据的"A%",为环比。

双方所提供的所有同行业合同中的"A%",为环比。

③被申请人在感觉其"基数变更"说法明显与事实不符的情况下,进而想出"A%"是固定与2008年的同比,而不是相邻对应年度的环比的说法,是错误的。

就合同约定而言,"A%"的概念为"当年客流量增减比率"(环比),属于该行业内众所周知的事实。

就证据而言,所有针对"A%"的直接证据(S机场发布的"A%"、被申请人与S机场实际履行合同所依据的"A%"、所有同行业合同中涉及的"A%"),均为环比。

就案件事实而言,双方的实际履约行为,均是按照申请人对A%的理解进行的。

（2）本案的客观事实即双方的实际履约行为,证明了申请人对特许经营费的主张是正确的。

《经营合同》第9.4条约定,"申请人在正式营业前5日内向被申请人支付第一个月的月度保底金,自第二个月起每月25日前一次性支付下一个月的月度保底金"。由此可见,申请人支付保底金的方式是预付,预付的金额是保底金总额,而不是所谓的"保底金基数"。结合事实可以发现：

2008年度的月保底金总额为44.8万元,申请人如数交纳；

2009年度的月保底金总额尚不能确定,申请人是按照2008年度的月保底金总额(44.8万元)进行预交；

2010年度待双方确定了2009年度的A%,能够确定出2009年度的保底金总额为609593.60元,申请人在补交完毕2009年度的保底金后,在2010年度便是按照2009年度的保底金总额(609593.60元)进行预交(因2010年5月拆店,保底金相应变为人民币574425.20元)。

简而言之,双方在合同履行过程中,一直是按照申请人主张的保底金计算方式进行履约的。

3."拆除店面"不存在可以免除被申请人赔偿申请人损失的抗辩理由。

（1）拆除店面事件不能定性为不可抗力。

拆店事件中不存在合同约定中的"政府法规、法令"；政府的行政行为与拆店事件间不存在对应的因果关系；政府行为与机场的具体规划不存在效力的承袭和结果的必然性；被申请人要求拆店的突然性和其完全无视申请人后续损失主张的做法均说明,该拆店事件是不符合不可抗力中"不能避免、不能克服"的客观判断标准的。

（2）被申请人所谓的"机场服务优先"条款也不能构成免除被申请人赔偿申请人损失的抗辩理由。

"机场服务优先"条款所赋予被申请人的抗辩权,仅针对的是机场"正常运营"而产生的"噪音、震动等""扰乱或干扰",与拆店事件相比,其产生的原因、针对的内容、造成的后果均不属于同一性质,不可随意衍生概念。

（二）被申请人主张

1.《经营合同》第3.1条约定经营期限于全部航站楼正式启用之日后7个公历年度(该航站楼于2008年正式启用,即经营期限应截止于2015年)；

第12.2条约定申请人的任何违约行为给被申请人造成经济损失的,被申请人有权从保证金中扣除相应罚金及损失;第21.3条约定了申请人单方违约解除合同的罚金计算方式,及被申请人可以强制执行履约保证金。

2011年4月20日,申请人单方面提出解除合同,虽经被申请人多次协调,但申请人坚决表示将于2011年5月1日零时全面停止经营,申请人的行为已构成单方违约。根据《经营合同》第21.3条"因申请人违约造成合同的解除"的约定,被申请人有权向申请人收取合同罚金,该罚金为第9条所述之月度保底金的3倍,计算依据为发生违约当月的月度保底金,被申请人可根据本合同强制执行申请人交付的履约保证金。因此,申请人要求退还其履约保证金没有事实依据。

2. 特许经营费计算公式中的"A%"应当是将当年客流量与2008年客流量进行比较,申请人尚欠特许经营费1874143元。

国内机场行业计算特许经营费的通用原则和商业惯例是特许经营费与机场客流量成正比关系,因为机场客流量越大意味着商机越大。按照机场行业的商业惯例,当年的保底金=上一年度保底金×(1+当年度客流增减比率),即当年的保底金数额以上一年度保底金数额为基数,按照当年较上一年度的客流增减比率逐年调整。

双方约定的特许经营费计算公式"AR=44.8万元×(1+A%+3%)"亦是参照和遵循上述商业惯例,只是在此基础上将2008年的保底金和客流量固定下来,作为今后计算特许经营费的参照标准,而特许经营费与机场客流量成正比的原则并未改变,当年客流量比2008年客流量增长则特许经营费增长,增长比率越高则特许经营费越高,反之亦然。

因此,"A%"的计算方式应当是将当年客流量与2008年客流量进行比较,即A%=(当年客流量-2008年客流量)÷2008年客流量;而不是将当年客流量与上一年客流量进行环比,即A%=(当年客流量-上一年客流量)÷上一年客流量。这样才符合合同目的和行业惯例,亦不失公允。

而按照申请人主张的将当年客流量与上一年客流量环比的算法,2009年、2010年、2011年客流量逐年显著增长,而2010年和2011年的特许经营费却反而比2009年显著减少,这显然违背了合同目的和行业惯例,也不具有合理性,显失公平。

3. 关于拆除店面的损失,由于机场候机楼的特殊性,候机楼首先需要保证的是安全和良好的运营环境,因此"机场服务优先"是航空运输业的要求和通行的惯例,因机场方面原因导致店面拆除,在机场商业经营活动中时有发生。

双方均已参与机场商业经营活动多年,应当预见并且事实上已经预见到因机场商业的特殊性所带来的上述风险,并就此作出以下约定:

(1)《经营合同》第18条约定机场服务优先原则。

(2)《经营合同》第28条将巨大经济变迁、政府法规或法令约定为不可抗力。

(3)2007年8月28日签订的《补充协议》第7条约定,因机场方面原因导致申请人拆除店面的,被申请人仅承担协调机场进行面积置换和减少相应特许经营费的义务。

从上述约定可以看出,对于拆除店面的风险,申请人已事先预知,并就此类风险的承担与被申请人在合同中作出了明确约定,被申请人仅承担协调机场进行面积置换和减少相应特许经营费的义务,并不承担拆除店面的损失赔偿责任,此类风险由申请人自己承担。

三、仲裁庭意见

(一)关于履约保证金

《经营合同》第12条中约定了履约保证金。一旦申请人向被申请人支付本条所述的履约保证金,其将构成本合同的组成部分。申请人的任何违约行为,给被申请人造成经济损失的,被申请人有权从保证金中扣除相应罚金及损失;履约保证金或尚未被被申请人行使的金额,将在本合同到期日或提前终止日后3个月期间届满时无息退还给申请人。同时第22条约定,由于申请人未在第20.1条规定的期限内开始纠正对义务的任何重大违反,被申请人有权强制执行履约保证金。

因此可见,申请人如违约,被申请人可以从履约保证金中扣除违约金;如申请人没有违约,则履约保证金应在合同期满后退还。

那么,申请人有没有违约呢?经仲裁庭查明,《经营合同》的有效期应截至全部航站楼正式启用之日后7个公历年度。机场全部航站楼于2008年正式启用,即有效期应至2015年。但在此过程中,申请人和被申请人于2011年4月29日签署了《终止协议》,约定于2011年4月30日终止《经营合同》

关系。

仲裁庭注意到,《终止协议》在鉴于条款中明确写明,"经双方友好协商,同意申请人退出 S 机场餐饮资源的经营并解除《经营合同》",这符合《合同法》第 93 条第 1 款的规定,"当事人协商一致,可以解除合同"。这应该确认为双方真实的意思表示。

被申请人认为,申请人在 2011 年 4 月 20 日单方提出解除合同,并坚持于 2011 年 5 月 1 日零时全面停止经营,属于违约行为,而签署《终止协议》,只是善后处理协议,并非协商解除合同。对于这种说法,仲裁庭并不认同,在合同履行过程中,合同任何一方都可以提出终止合同,合同另一方可以接受,也可以不接受。如果接受,那就是合同双方达成了新的一致意见。而之前的行为,则应视为协商的过程。

因此,根据《经营合同》第 12 条中的约定,履约保证金应在合同终止日后的 3 个月期间届满时无息退还给申请人。

(二) 关于特许经营费

对于如何理解计算公式"AR = 44.8 万元×(1+A%+3%)",申请人和被申请人都提出了大量证据,试图证明各自的观点。对于仲裁庭而言,理解特许经营费公式的含义,需要结合合同条款本身、合同履行过程中双方对此公式的理解表述,并参考双方在仲裁时的意见,以探究双方签订合同时的真实意思表示。

1. 关于 A% 的含义,双方分别于 2007 年 8 月 28 日、2010 年 5 月 17 日签订的补充协议均表述为"A% 为当年客流量增减比率(以 S 机场公布数据为准,参照民航局发布数据执行)"。申请人理解为"环比",被申请人在仲裁前也同样理解为"环比",但在仲裁开始后则理解为"同比"。仲裁庭认为,合同签订及履行过程中的意思表示最接近双方的真实意思表示,应首先得到尊重和认可。仲裁庭认为:

(1) 根据被申请人提交的第五组证据——"关于特许经营费计算方式的证据"可以明确,S 机场 2009—2011 年公布的当年客流量增长比分别为 33.07%、12.03%、14.96%,均是采用相邻年度之比(即环比)的计算方式。

(2)〔2011〕H11054 号函中,明确 S 机场 2010 年 2 月 1 日—2011 年 1 月 31 日的客流量比 2009 年 2 月 1 日—2010 年 1 月 31 日的客流量增长 12.03%,并确定 2010 年的保底金增长率为 15.03%。这符合合同约定的"A%+3%",亦即

A%是"环比"。

(3)〔2011〕H11083号信函中表示,应按照前一合同年度的客流量增长比例(即15.03%)计算2011年2—4月份客流量增长需增缴的特许经营费,亦即A%是"环比"。

(4)在所有的证据材料中,从未发现有同比的数字。

因此,仲裁庭认为,A%应为"当年客流量增减比率",即环比。

2. 关于特许经营费计算基数的问题,双方签订的《经营合同》及分别于2007年8月28日、2010年5月17日签订的《补充协议》《餐饮业务指定经营合同补充协议》(两份"补充协议")最终将公式固定为"44.8万元×(1+A%+3%)"。但被申请人对基数有不同的理解。〔2011〕H11059号函及〔2011〕H11083号函都明确表示,"计算基数应为前一年度实际缴纳月度特许经营费",并且被申请人一直按此理解要求申请人补缴特许经营费。而在仲裁开始后,被申请人却在答辩状、仲裁反申请书及代理意见中认为,"44.8万元"这个基数是没有争议的,有争议的只是"A%"。

合同中明确"第一年度的月度保底金为44.8万元,第二年度至第七年度的月度保底金逐年进行调整,调整方法为:AR=44.8万元×(1+A%+3%),其中AR是调整后的月度保底金,A%是当年客流量增减比率"。就此公式而言,"44.8万元"作为计算基数是固定数字而非变数,这是清晰无疑的。申请人在代理意见中强调:申请人将基数固定为44.8万元是付出了利益对价的。涉案合同的"A%"是一个全额的"A%",而有的机场的合同中则不是100%的比例,此外,在此基础上还增加了3%的额外利益。因此,充分说明合同双方当时在签订涉案合同时,已经对各方利益进行了充分考虑和磋商,涉案合同是针对S机场内餐饮资源独立定制的,符合双方当事人真实意思表示。对此意见,仲裁庭予以采纳。

综上所述,仲裁庭认为,计算基数固定为44.8万元,A%为环比是清晰无疑的,被申请人不同于此的理解属其单方误读。

考虑到在仲裁时,2011年度的客流增长比例已经确认为14.96%,因此,仲裁庭将按照2010年度A%为12.03%、2011年度A%为14.96%,并参考双方已认可的实际面积与合同面积的比例,遵照公式AR=44.8万元×(1+A%+3%)来最终确定申请人应付的特许经营费。

(三) 关于拆除店面的损失

关于对拆除店面造成的损失，被申请人是否应对申请人作出赔偿，仲裁庭认为，关键在于合同双方对拆除店面是否有合理预见，及"机场服务优先"条款是否适用。

由于民航运输业的持续高速增长，以及机场规划与国家开发政策和政府发展规划密切相关，机场的扩容、改建甚至迁址亦不鲜见，由此导致因机场方面原因而拆除候机楼内店面的事件更是时有发生。本案中，争议双方均有多年机场商业经营经验，并且双方在2007年8月28日签订的补充协议第7条中明确约定，"因机场方面出于机场安全和工作流程变更等因素导致申请人指定餐饮区域使用受到影响和变更的……被申请人应与机场进行及时沟通，力争通过等面积及相应的餐饮资源置换方式及时减少弥补申请人损失"。仲裁庭认定，双方对该类风险事实上已有预见。

此外，候机楼的首要功能是为旅客提供安全、顺畅的乘机服务，其整体部署必须与机场总体规划及运行需求相匹配，在序位上候机楼区域内的其他商业安排不得优先于满足其首要功能的安排，即任何其他商业安排需要服从"机场服务优先"这一航空运输业的原则和惯例。因此，申请人在候机楼内提供的餐饮服务，应该符合机场的总体规划要求。

鉴于上述事实，仲裁庭认为，因机场原因导致的申请人店面被拆，属于可以合理预见且事实上双方已经预见的商业风险，且双方对该风险的发生均不可控制亦无过错，由此产生的损失应由双方自行负担。具体而言，申请人承担因店面拆除产生的损失，同时被申请人亦须根据拆除店面面积，调减申请人的特许经营费。

四、裁决结果

1. 被申请人退还申请人支付的履约保证金268.8万元。
2. 被申请人退还申请人支付的特许经营费1290319.81元。
3. 驳回申请人关于被申请人支付申请人拆除店面损失共计696838.20元的请求。
4. 被申请人支付其使用申请人的原物料价款共计69107.34元。
5. 申请人支付被申请人综合管理费用17189.29元。

6. 申请人支付被申请人物品存放费 506054.77 元,被申请人将存放的物品移交给申请人。

7. 申请人和被申请人的律师费用由各自承担。

8. 仲裁本请求的仲裁费由申请人承担,仲裁反请求的仲裁费由被申请人承担。

9. 驳回申请人、被申请人关于利息费用的请求。

五、评析

本案为特许经营合同纠纷,核心争议焦点是特许经营费用的计算问题。笔者就特许经营费用的法律依据、特许经营资源和经营费用的构成、特许经营费用的计算问题评析如下:

(一)特许经营费用的法律依据

从法律适用上看,自 2007 年 5 月 1 日起施行的《商业特许经营管理条例》作为行政法规,是现阶段审理商业特许经营合同纠纷案件的主要法律依据。《商业特许经营管理条例》第 3 条第 1 款规定:"本条例所称商业特许经营(以下简称特许经营),是指拥有注册商标、企业标志、专利、专有技术等经营资源的企业(以下称特许人),以合同形式将其拥有的经营资源许可其他经营者(以下称被特许人)使用,被特许人按照合同约定在统一的经营模式下开展经营,并向特许人支付特许经营费用的经营活动。"特许经营的基本法律特征在于特许人与被特许人之间主体身份的独立性、法律关系的契约性、经营模式的统一性和被特许人使用经营资源的许可性,同时法规中也明确了关于被特许人向特许人支付特许经营费用的义务。

另外,本案也涉及机场特许经营的特殊情况。依据《民用机场管理条例》第 38 条的规定:"机场范围内的零售、餐饮、航空地面服务等经营性业务采取有偿转让经营权的方式经营的,机场管理机构应当按照国务院民用航空主管部门的规定与取得经营权的企业签订协议,明确服务标准、收费水平、安全规范和责任等事项。对于采取有偿转让经营权的方式经营的业务,机场管理机构及其关联企业不得参与经营。"因此,该项经营性业务应采取有偿转让经营权的方式实施。

(二) 特许经营资源和费用的构成

特许人收取特许经营费用的依据在于其对特许经营资源所享有的收益权,而被特许人支付特许经营费用是作为其使用特许人经营资源所支付的对价。这也是认定特许经营合同性质的一个要件。当事人在特许经营合同中明确约定了特许经营费用的,通常可以直接根据该约定认定特许经营费用。实践中,一些当事人在实际订立的合同中要求被特许人支付的费用名目繁多,常见的包括特许经营费、特许代理费、加盟费、品牌使用费、品牌权益金、品牌保证金、经营保证金、权益保证金、定金、订金、押金、货款、盈利提成等。仲裁员在审理案件时需进行甄别,一般来说,在约定"特许经营费、特许代理费、加盟费、品牌使用费、品牌权益金、品牌保证金"等费用名目的情况下,根据合同履行情况,可以将该约定费用与特许经营费用对应起来。

(三) 特许经营费用的计算

本案中,当事人之间的特许经营合同解除后,双方对合同中约定的履约保证金、特许经营费、拆店损失赔偿、综合管理费等费用均有分歧。特别是在特许经营费的计算上,本案仲裁员首先从合同约定的内容进行判断,对于如何理解计算公式"$AR = 44.8 万元 \times (1 + A\% + 3\%)$",需要结合合同条款本身、合同履行过程中双方对此公式的理解表述、行业惯例,并参考双方在仲裁时的意见,以探究双方签订合同时的真实意思表示。从而最终确认计算基数固定为44.8万元,A%为"当年客流量增减比率"即环比的解释,这也是仲裁庭对机场行业习惯、合同约定的真实意思表示的准确理解和判断。

关于特许经营费用的计算,跳出本案进行思考,在裁决时仍需关注以下问题:

1. 特许经营合同是否为格式条款。在特许经营合同的制定和签订过程中,较多情况下,特许人凭借其享有的商标、专利、专有技术,在事实上具有垄断的优势地位。虽然各国特许经营相关法律包括我国《商业特许经营管理条例》均明确规定了特许人的披露义务,但特许人对其享有的经营资源具有垄断的优势地位,被特许人事实上很难获得完整且真实的经营资源。特许人提供的格式合同中的约定条款对被特许人的义务约定更多,包括租借的建筑物要求、投入的广告资金要求、支付特许费等,而特许人的义务往往只涉及培训、广告、店面装饰装修等。尽管特许人提供的格式合同中存在诸多不合理、不利于被特许人的约定,但被特许人出于对特许人知识产权等经营资源的依赖,为获得特许经营的资格,通常会接受特许人提供的格式合同。由于特许经营合同文本一般由特许方提供,实践中常常会设计较多名目的费用,加重了被特许人的责任,排除了被特许人的合法权益,被特许人可能主张其无效。一旦合同无效、解除或被撤销时,特许经营费的具体返还,仍应结合特许经营合同的订立和履行情况、实际经营期限以及合同相对方是否存在违约行为、过错程度等因素合理确定。

2. 当事人对于计算的分歧问题。各方当事人出于自身利益的考虑,即使合同有原则的或较明确的约定,也有可能就计算基数、时间起始点、利率、各项费用是否有重复计算等有不同的解释。依据《民法典》第142条的规定:"有相对人的意思表示的解释,应当按照所使用的词句,结合相关条款、行为的性质和目的、习惯以及诚信原则,确定意思表示的含义。无相对人的意思表示的解释,不能完全拘泥于所使用的词句,而应当结合相关条款、行为的性质和目的、习惯以及诚信原则,确定行为人的真实意思。"

3. 数额是否需要调整。鉴于在较多情况下,特许人凭借其享有的商标、专利、专有技术,在事实上具有垄断的优势地位,其约定的或计算的特许经营费用可能名目繁多或重复计算,此时,可根据一方当事人的请求,依据《民法典》第585条第1、2款"当事人可以约定一方违约时应当根据违约情况向对方支付一定数额的违约金,也可以约定因违约产生的损失赔偿额的计算方法。约定的违约金低于造成的损失的,人民法院或者仲裁机构可以根据当事人的请求予以增加;约定的违约金过分高于造成的损失的,人民法院或者仲裁机构可以根据当事人的请求予以适当减少"的规定,在计算时酌情调整特许经营费用的金额。

(本案例由深圳国际仲裁院钟妙编撰)

Topic 6

专题六
竞业限制、商业秘密纠纷

案例 27 "互不挖角"协议纠纷损害赔偿金额的认定

仲裁要点：对于违反"互不挖角"协议的案件,仲裁机构对请求停止雇用员工这类具有身份关系的劳动争议纠纷仲裁请求不具有管辖权。但是,仲裁机构对不涉及第三方当事人权益且涉及仲裁条款管辖协议中违反"互不挖角"约定的请求具有管辖权。关于这类案件损失赔偿金额的认定依据,如果"互不挖角"协议没有具体约定,而合同约定违约按实际损失赔偿,仲裁庭会以赔偿被申请人直接损失为计算基础,并兼顾公平合理原则对赔偿数额进行调整。

一、案情概要

申请人 A 公司是一家有限责任公司。第一被申请人 B 公司与第二被申请人 C 公司(以下与第一被申请人合称"被申请人")是同一实际控制人控制下的外商独资企业。

被申请人拟将其所属的"威××"项目以资产转让的方式转让给申请人。双方自 2016 年 8 月 17 日开始进行协商谈判。

自 2016 年 11 月 21 日起,申请人委托会计师和律师对被申请人拟转让的项目进行第一期尽职调查,并就转让价格及支付条款进行商讨。

2016 年 12 月 14 日,申请人(受让方)与被申请人(转让方)签署了本案系争的《资产转让协议》,约定资产转让权利、义务。《资产转让协议》第 9.5 条约定:"转让方和受让方分别承诺,于交割日后的一(1)年内,他们任何一方均不会招揽和聘用其他任何一方的任何员工,包括(就受让方而言)根据本协议已经转移给受让方的员工。"

自 2012 年 12 月 16 日起,申请人开始进行第二期尽职调查。

2016年12月29日至31日，申请人与被申请人就转让资产进行盘点，双方签署了《2016年12月盘点表》。

2017年1月12日和14日，双方又签署《资产转让协议之补充协议》（以下简称《补充协议》）和《资产转让协议之补充协议二》（以下简称《补充协议二》）。

2017年1月14日，双方确认完成转让资产的交割。

2017年1月6日、11日和3月9日，申请人分三次向被申请人支付了《资产转让协议》项下的总金额共计2500万美元。

2017年3月9日，根据盘点结果对转让价格调整，被申请人将暂估存货调整金额人民币18449081元和720093.06美元退还申请人。

在上述交易过程中，申请人自2017年1月4日起开始提出库存货物超龄问题，向被申请人提出索赔，并于2017年5月2日致函被申请人，要求被申请人退还不符合合同约定的货物价款1470012美元。

因双方对库存货物超龄索赔问题未能协商达成一致，申请人依据案涉合同中的仲裁条款于2017年6月12日向深圳国际仲裁院提起仲裁。

此外，申请人在交割日后的一年内招揽被申请人前员工张某某、李某某入职。二人均为掌握被申请人核心商业秘密的员工，与被申请人均签署有《商业秘密保密协议及知识产权权属协议书》。

申请人提出的仲裁请求如下：

1. 裁决被申请人立即向申请人退还申请人为"无关存货"而支付的合同价款1470012美元，折合人民币9996081.60元（按2017年6月11日当日中国外汇交易中心公布的汇率折算）。

2. 裁决被申请人立即向申请人赔偿因逾期退还上述合同价款而造成的利息损失人民币13104.40元（按中国人民银行公布的同期银行贷款利率计算，自2017年6月1日起暂算至2017年6月11日，具体金额应算至还清之日止）。

3. 被申请人承担申请人为本案支出的仲裁费、律师费人民币25万元、财产保全费人民币5000元、财产保全担保费人民币9996元等合理费用。

被申请人提出反请求如下：

1. 裁决申请人立即停止雇用张某某、李某某。

2. 裁决申请人赔偿被申请人的直接损失共计人民币100万元。

3. 裁决申请人补偿被申请人所花费的仲裁费以及律师费人民币26万元。

二、当事人主张

本案主要有两个争议焦点:第一,争议存货是否用于相关业务或与相关业务有关;第二,申请人在交割日后的一年内招揽被申请人前员工是否违反"互不挖角"协议以及损失赔偿金额如何认定。

(一)争议存货是否用于相关业务或与相关业务有关

申请人提出了违约损害赔偿的仲裁请求,请求裁决被申请人退还转让资产中的1470012美元的存货(以下简称"争议存货")的货款。申请人将"活跃产品代码"作为判断是否与业务相关的标准,进而判断被申请人交付的存货是否符合《资产转让协议》的约定,其得出的结论是:争议存货不属于"活跃产品代码"范围内的存货,因而是"无相关业务的存货",被申请人未按约交付"受让存货"构成违约。

被申请人则主张:其一,其诚实信用地履行了转让方的披露义务,在事实上不存在"拒绝提供涉案存货完整资料及信息"的行为;其二,其并未"将与业务无关联的存货归入受让存货范围",申请人主张转让存货不属于活跃产品即是无关产品的观点,属于主观臆断,缺乏法律依据和合同依据。

(二)申请人在交割日后的一年内招揽被申请人前员工是否违反"互不挖角"协议以及损失赔偿金额如何认定

申请人认为:

1. 根据《合同法》《仲裁法》之规定,仲裁机构依法仲裁;对具有身份关系的权益纠纷包括劳动争议纠纷,仲裁机构不具有仲裁权;被申请人请求申请人停止雇用员工,属于就具有身份关系的劳动争议纠纷提起的仲裁请求,仲裁机构对此权益纠纷不具有仲裁权;仲裁机构应对被申请人提起的仲裁反请求予以驳回。

2. 被申请人与员工之间的保密协议纠纷,应由《劳动法》《劳动合同法》等法律调整。申请人聘用的并非被申请人的员工,不违反《资产转让协议》第9.5条之约定。被申请人与员工之间是否存在合法有效的保密协议、员工是否存在违反保密协议之情形、是否造成损失等,被申请人均未能提供证据予以证明;即使被申请人能够提出请求,其亦应是向劳动者主张。

被申请人认为：

1. 申请人违反《资产转让协议》的约定,在交割日后一年内招揽、聘用被申请人员工,应承担违约赔偿责任。申请人违反《资产转让协议》第9.5条的约定,招揽与被申请人签署《商业秘密保密协议及知识产权权属协议书》的被申请人的前员工张某某、李某某入职。被申请人认为申请人的招揽行为不但违约,也直接侵犯了被申请人的商业秘密权利。故根据《资产转让协议》第11.1条的约定,申请人应停止侵权并赔偿被申请人经济损失。

2. 被申请人作为全球领先的光通讯系统提供商,其业务非仅"威××"项目这一项,在《资产转让协议》中,如何防范商业秘密不被侵犯是其重点考虑的内容之一,因此才有《资产转让协议》第9.5条的制定。该条款的目的是限制双方出现互相招揽对方员工的不正当竞争行为,是对转让双方的商业合同法律约束,而不是约束劳动者的就业权利。换言之,劳动者从被申请人处离职后(在无竞业限制的情况下)可以去任何一家公司任职,唯独申请人不能聘用。

3. 申请人违反《资产转让协议》第9.5条禁止招揽、聘用的约定,被申请人依据《资产转让协议》第11.1条向申请人主张赔偿符合合同约定。张某某离职前是被申请人的高级测试经理,李某某为测试工程师,二人是被申请人培养多年的技术人才,掌握大量被申请人的商业秘密。张某某离职前的工资为人民币25599元,李某某离职前的工资为人民币1.3万元,被申请人重新培养高级测试人才所要花费的时间约为24个月,因此,被申请人按照二人离职前平均工资乘以24个月计算,要求赔偿100万元。

三、仲裁庭认定的事实

(一)关于适用法律

本案系争《资产转让协议》的当事人均为根据中国法律注册成立的中国法人,但《资产转让协议》的部分标的涉及境外转让资产。本案系争《资产转让协议》第15.1条约定:"本协议应适用中国法律并根据中国法律进行解释。"

(二) 关于争议存货是否用于相关业务或与相关业务有关

《资产转让协议》第2.1条约定了资产转让的标的范围,其中包括受让存货。引起本案双方争议的是存货中的一部分,即前述1470012美元的争议存货。在《资产转让协议》第1条"定义与解释"中,"受让存货"的定义是"指列载于附件二第二部分的与营运相关业务有关的原材料、零部件、在制品、产成品、替换品、备用件、物料及包装材料。受让存货不包括境外存货"。在该定义中,"受让存货"有两个限制条件:一是"列载于附件二第二部分";二是"与营运相关业务有关"。第一个限制条件非常明确,第二个限制条件则涉及"相关业务"这个概念。

在第1条"定义与解释"中,"相关业务"被定义为"具有本协议序言部分所述的含义"。

在序言部分明确,"相关业务"是指转让方"从事相关产品(如下文所定义)的生产和销售"。

在第1条"定义与解释"中,"相关产品"是"指附件一所载的产品"。附件一"相关产品"中列载了Access、BIDI/SFP、10G三大类产品。

在《资产转让协议》第6条"转让价格及支付"中,第6.1条约定了转让价格为2500万美元,同时约定转让价格应根据第6.2—6.4条的约定进行调整。其中第6.2条约定了根据存货盘点结果进行转让价格交割后的调整,第6.3条约定了基于保证受让方成为活跃产品代码的合格供应商的价格调整、基于向选定分销商介绍受让方的价格调整、基于相关业务于业绩计算期收入和毛利的价格调整,第6.4条约定了基于考核期毛利的奖励标准。

在第1条中,"活跃产品代码"被定义为"指交割日前十二(12)个月内有发货的产品代码",除定义条款之外,该概念仅在《资产转让协议》第6.3(a)条中出现。

第6.3(a)条第一句约定的内容是,"转让方保证,在交割日后六(6)个月内,受让方将获指定成为所有选定客户的至少70%的活跃产品代码的合格供应商"。如转让方在6个月内未能履行上述保证内容,则按附件十的规定将相应的转让价格退还给受让方。

根据第6.3(a)条第一句的内容,转让方向受让方作出了一项保证,即保证在交割日前12个月内有发货的产品代码中,受让方将获指定成为所有选定客户的至少70%的活跃产品代码的合格供应商。如转让方在6个月内未能履行上述保证义务,双方约定了以调整转让价格作为其后果,即按附件十的规定将相应的转让价格退还受让方。

第6.3(a)条第二句约定了该项保证义务的保证期间,内容为:"本第6.3(a)条规定的保证,就某一选定客户而言应在受让方获通知其已被加入该选定客户当前从转让方采购的相关产品的活跃产品代码的合格供应商名单后即时届满。"

在第6.3(a)条第三句,双方还约定:"转让方同时同意将尽最大努力促使受让方获指定为所有选定客户在2016年的剩余30%的活跃产品代码的合格供应商,以及所有在2014年和2015年的产品代码的合格供应商。"

(三)关于申请人在交割日后的一年内招揽被申请人前员工是否违反"互不挖角"协议以及损失赔偿金额如何认定

《资产转让协议》第9.5条约定:"转让方和受让方分别承诺,于交割日后的一(1)年内,他们任何一方均不会招揽和聘用其他任何一方的任何员工,包括(就受让方而言)根据本协议已经转移给受让方的员工。"

申请人违约聘用被申请人的前员工张某某和李某某。

四、仲裁庭意见

(一)关于本案的法律适用

本案系争《资产转让协议》的当事人均为根据中国法律注册成立的中国法人,但《资产转让协议》的部分标的涉及境外转让资产,因此,本案当事人之间因系争的《资产转让协议》而发生的民事关系属于涉外民事关系。

《涉外民事关系法律适用法》第41条规定:"当事人可以协议选择合同适用的法律。当事人没有选择的,适用履行义务最能体现该合同特征的一方当事人经常居所地法律或者其他与该合同有最密切联系的法律。"

本案系争《资产转让协议》第15.1条约定:"本协议应适用中国法律并根据中国法律进行解释。"根据上述法律规定及合同约定,仲裁庭认为,解决本案系争合同争议,应当适用当事人协议选择合同适用的法律,即适用中国法律。

(二)关于争议存货是否用于相关业务或与相关业务有关

1. 什么是受让存货？

根据双方在《资产转让协议》中的约定,由转让方向受让方出售和转让其(指转让方)用于相关业务或与相关业务有关的若干资产和责任,具体的转让标的则是该《资产转让协议》第2.1条约定的内容,其中包括受让存货和境外存货。

根据"受让存货"的定义,列载于附件二第二部分的受让存货,应当是与营运相关业务有关的存货。双方在定义中对境外转让资产中的"境外存货",仅列明"列载于附件三"的限制条件,未明确有"与营运相关业务有关"的限制条件,但在序言部分明确,双方同意将转让和受让资产及责任的标的表述为转让方"用于相关业务或与相关业务有关的若干资产和责任",因此,可以合理地推定,"境外存货"亦应受到与"受让存货"一致的条件限制,即应"用于相关业务"或"与相关业务有关"。

序言部分明确,相关业务是指转让方从事的相关产品的生产与销售。相关产品是指附件一列明的Access、BIDI/SFP、10G三大类产品。由上述合同约定的内容可以看出,"相关业务"具体是指转让方从事的Access、BIDI/SFP、10G三大类产品的生产和销售;存货(包括"受让存货"和"境外存货")则是指列载于附件二第二部分和附件三的、与营运Access、BIDI/SFP、10G三大类产品的生产和销售有关的存货。

2. "活跃产品代码"是否"与营运相关业务有关"的判断标准？

从第6.3(a)条内容可以看出,"活跃产品代码"这个概念,仅是用于判断受让方是否获指定成为所有选定客户的合格供应商的一个指标。除此之外,在《资产转让协议》有关存货乃至有关转让资产的其他表述和约定中,都没有使用该概念。在第6.3(a)条第二句中,使用了"相关产品的活跃产品代码"的表述,这一表述符合第1条所定义的两个概念的含义,也进一步说明"活跃产品代码"概念的外延包含在"相关产品"范围之内,两个概念是有区别的。无论单独从第6.3(a)条内容中,还是将第6条作为一个整体来看,都不能得出"活跃产品代码"指代"相关产品"的结论,更不能得出"活跃产品代码"指代"相关业务"的结论。因此,仲裁庭认为,《资产转让协议》中并没有约定"活跃产品代码"是"与营运相关业务有关"的判断标准。

3. "与营运相关业务有关",是否意味着转让方默示地保证所有存货在交割后能够用于制造相关产品并销售?

如前所述,依据"受让存货"的定义及前述分析,存货(包括"受让存货"和"境外存货")应当是"与营运相关业务有关"。从合同的字面意思理解,"与营运相关业务有关",指的是存货与营运相关业务之间的关联关系。

首先,查阅《资产转让协议》第9条"交割后的安排与承诺"、第10条"声明、保证和承诺",以及《资产转让协议》的其他条文,仲裁庭未发现合同条款中对此问题作出明确的约定,换言之,转让方在合同中并没有明示保证所有存货在交割后能够用于制造相关产品并销售。

其次,根据合同目的,是否可以得出转让方默示地保证所有存货在交割后能够用于制造相关产品并销售的结论呢?根据双方在《资产转让协议》中的约定,由转让方向受让方出售和转让其(指转让方)用于相关业务或与相关业务有关的若干资产和责任,该等资产和责任的转让,其目的应当是使受让方在交割后能够继续使用该等资产营运相关业务,因此,仲裁庭认同申请人关于合同性质的观点,即本案系争的《资产转让协议》的性质是营业转让合同关系。即便在同一主体持续经营的情况下,存货的备货数量通常会多于实际制造产品所需的数量,亦有可能出现部分存货由于经营原因而不再使用的情形,更何况本案双方之间是营业转让合同关系,由于交割前后营运主体的变化,要求所有的存货均能在交割后用于制造相关产品并销售,不具有商业上的合理性。因此,根据合同目的,不能因为合同约定存货"与营运相关业务有关",就得出转让方默示地保证所有存货在交割后能够用于制造相关产品并销售的结论。

根据前述分析,仲裁庭认为,《资产转让协议》中并没有约定"活跃产品代码"是"与营运相关业务有关"的判断标准;转让方在合同中并没有明示保证所有存货在交割后能够用于制造相关产品并销售;根据合同目的,不能因为合同约定存货"与营运相关业务有关",就得出转让方默示地保证所有存货在交割后能够用于制造相关产品并销售的结论。因此,申请人虽提出被申请人违反合同约定的保证和承诺义务,将"无相关业务的存货"混入"受让存货"之内,未按照合同约定履行交付"受让存货"的义务的主张缺乏明确的合同依据,其理由不能成立。

(三)关于申请人在交割日后的一年内招揽被申请人前员工是否违反"互不挖角"协议以及损失赔偿金额如何认定

1. 关于本案反请求的审理范围。

对于被申请人提出的反请求,申请人提出了管辖异议,认为被申请人请求申请人停止雇用员工,属于就具有身份关系的劳动争议纠纷提起的仲裁请求,仲裁机构对此权益纠纷不具有仲裁权。

仲裁庭注意到,被申请人以申请人违反《资产转让协议》第9.5条的约定,招揽及聘用被申请人的前员工张某某、李某某为由,提出了三项仲裁反请求,其中两项是实体性请求,一项是程序性请求。在被申请人的第1项仲裁反请求中,被申请人请求裁决申请人立即停止雇用张某某、李某某,该项反请求涉及三方当事人:申请人、被申请人、张某某和李某某。这三方当事人之间形成了三个不同的法律关系:申请人与被申请人之间的资产转让合同关系、申请人与张某某和李某某之间的劳动合同关系、被申请人与张某某和李某某之间的劳动合同关系。

仲裁庭认为,本案受理的依据是《资产转让协议》第15.2条中的仲裁条款,管辖范围仅限于《资产转让协议》的双方当事人之间形成的资产转让合同关系,而被申请人提出的第1项仲裁反请求涉及本案双方当事人之外的第三方当事人的权益,超出了本案的管辖范围,因此,经仲裁院授权,仲裁庭决定:对于被申请人提出的第1项仲裁反请求不予审理。但是,对于被申请人提出的第2项和第3项仲裁反请求,虽然被申请人主张申请人违约的事实涉及第三方当事人,但其反请求的内容不涉及第三方当事人的权益,仲裁庭有权管辖,因此,仲裁庭对被申请人提出的第2项和第3项仲裁反请求应继续进行审理。

2. 关于申请人是否应当赔偿被申请人直接损失的争议。

《资产转让协议》第9.5条约定:"转让方和受让方分别承诺,于交割日后的一(1)年内,他们任何一方均不会招揽和聘用其他任何一方的任何员工,包括(就受让方而言)根据本协议已经转移给受让方的员工。"

被申请人依据《资产转让协议》第11.1条的约定,请求裁决申请人赔偿其直接损失共计人民币100万元,其数额是按照张某某、李某某离职前平均工资乘以24个月计算的,理由是培养高级测试人才所要花费的时间约为24个月。仲裁庭认为,申请人聘用被申请人的前员工张某某和李某某的违约事实清楚,但《资产转让协议》中没有约定针对违反第9.5条承诺应当承担的违约金具体数额,基于公平合理的原则,仲裁庭对于被申请人提出的第2项仲裁反请求予以部分支持,即申请人应当向被申请人支付损失金额人民币50万元。

五、裁决结果

1. 驳回申请人的全部仲裁本请求。
2. 申请人向被申请人支付直接损失金额人民币50万元及律师费人民币20万元。
3. 本案本请求仲裁费由申请人自行承担,本案反请求仲裁费由申请人承担60%、被申请人承担40%。
4. 驳回被申请人的其他仲裁反请求。

六、评析

本案中涉及"互不挖角"协议纠纷及相关损害赔偿金额的认定。

仲裁庭在讨论具体的相关案件事实之前,先分析了仲裁庭是否对被申请人的相关仲裁请求具有管辖权及依据。虽然"互不挖角"协议纠纷涉及协议外第三方当事人,即相关劳动者的权益,但是,在本案中,双方当事人提交仲裁的是《资产转让协议》相关纠纷,仲裁庭仅对该协议规制的纠纷有管辖权。至于涉及劳动者权益的请求事项,并不属于仲裁庭管辖范围。

接下来仲裁庭对申请人在交割日后的一年内招揽被申请人前员工的行为是否违反"互不挖角"协议进行了判定。《资产转让协议》第9.5条约定:"转让方和受让方分别承诺,于交割日后的一年内,他们任何一方均不会招揽和聘用其他任何一方的任何员工,包括(就受让方而言)根据本协议已经转移给受让方的员工。"在本案中,申请人聘用被申请人的前员工张某某和李某某的违约事实是清楚的。仲裁庭对申请人是否违约简单作出了认定,没有展开论述。

确认了申请人违约,剩下的关键问题就是违约赔偿金的认定。在《资产转让协议》中没有事先约定违反"互不挖角"协议违约金的具体数额。《资产转让协议》第 11 条约定:"如果任何一方未能履行其在本协议项下的任何重大义务,或任何一方在本协议下所作的声明、保证或承诺不真实或在重大方面不准确,则视为该方违反了本协议,违约方应当依法赔偿因其违约而给守约方造成的直接经济损失。"因此,仲裁庭部分接纳了被申请人提出的要求申请人赔偿直接经济损失的赔偿金计算方式。被申请人请求裁决申请人赔偿其直接损失共计人民币 100 万元,其数额是按照张某某、李某某离职前平均工资乘以 24 个月计算的,理由是培养高级测试人才所需花费的时间约为 24 个月。最后,仲裁庭认定的赔偿金额是 50 万元。在这里,仲裁庭只是说基于公平合理的原则,并没有具体解释认定 50 万元赔偿金的具体原因。

那么,经由本案,是否能够得出只要存在违反"互不挖角"协议的行为就构成违约这个结论呢? 或者说,是否有可能存在"互不挖角"协议无效的情形? 这里,我们值得分析和思考"互不挖角"协议是什么,它对市场和劳动者有什么影响,以及它违反《反垄断法》的风险。由于我国法律尚未对"互不挖角"协议进行规定,以下部分讨论借鉴美国相关法律实践。

近年来,劳动力市场的竞争问题已成为世界各大反垄断司法辖区的关注焦点之一。美国、欧洲、日本等的竞争执法机构,都已经开始规制劳动力市场的竞争法问题。"互不挖角"协议是劳动领域的常见垄断协议之一。根据美国司法部的定义,"互不挖角"协议涉及与另一家公司达成协议,不竞争彼此的员工,例如不招揽或雇用他们。[①] 经营者之间约定限制员工相互流动的协议。"互不挖角"协议的内容一般包括:不贸然联系对方的员工;决定向对方员工提供工作时通知对方,即使是对方员工主动申请工作机会;固定职位的工作待遇,不得因原雇主的反报价而提高;等等。[②]

"互不挖角"协议通常被认定为横向垄断协议,因为其限制的是人才市场的有效竞争。根据美国司法部反垄断部门的观点,如果对雇主之间的任何单独的、合法的业务合作没有合理的必要,"互不挖角"协议就是赤裸裸的。赤裸裸的不挖角本身是非法的,因为它们以与固定产品价格或分配客户的协

---

① The United States Department of Justice, No More No-Poach: The Antitrust Division Continues to Investigate and Prosecute "No-Poach" and Wage-Fixing Agreements, https://www.justice.gov/atr/division-operations/division-update-spring-2018/antitrust-division-continues-investigate-and-prosecute-no-poach-and-wage-fixing-agreements. Accessed March 5, 2021.

② 参见通商律师事务所:《公司人力资源管理中的反垄断合规风险》,载通商研究(http://www.tongshang.com.cn/news/news/201),访问日期:2021 年 3 月 5 日。

议相同的不可挽回的方式消除竞争。这类协议往往在员工不知情的情况下，限制了员工的工作机会并且可能压低员工工资。①

赤裸裸的"互不挖角"协议对竞争的限制显而易见。在人才市场，不同行业的经营者对同一类人才也存在竞争关系，例如程序员、营销人员，甚至公关人员。雇主在劳动力市场上争夺人才与销售商品和提供服务适用同样的规则。毕竟，工人和消费者一样，有权享受竞争性市场的好处。在劳动力市场抢夺雇员会剥夺他们的工作机会等，使他们失去利用竞争性报价来谈判更好的就业条件的可能性。

《合同法》第52条第（五）项规定，违反法律、行政法规的强制性规定的合同无效。我国并没有直接关于"互不挖角"协议效力的法律规定。是否违反《反垄断法》需要结合具体案件事实具体分析。② 我国《反垄断法》没有明文把"互不挖角"协议列为横向垄断协议。所以判定"互不挖角"协议是否违反《反垄断法》，需要国家市场监督管理总局适用《反垄断法》第13条第1款第（六）项的兜底条款来认定。

经营者可以自行举证"互不挖角"协议符合《反垄断法》第15条的规定，例如有利于降低成本，或者通过保护商业秘密有利于技术改进与新产品研发等，但还需要同时主张"互不挖角"协议是合比例的，不应完全排除劳动者在缔约方之间流动的可能性，也不应设置不合比例的脱敏期，或者限定不合比例的"转会费"，又或者对离职人员给予某种打击报复。

事实上，本案中有很多细节说明了本案涉及的"互不挖角"协议是为了保护商业秘密且对员工的限制是相对合理和合比例的。与一般的为了排除和限制双方在劳动力市场上的竞争、占有较多人力资源、取得对其他竞争对手的竞争优势而签订的"互不挖角"协议不同，本案中的协议发生在资产转让交易的过程中，只限制了员工流向一家公司，并且只限制了交割日后一年内的期间。劳动者从被申请人处离职后（无竞业限制情况下）可以去任何一家公司任职，唯独申请人不能聘用。

---

① The United States Department of Justice, No More No-Poach: The Antitrust Division Continues to Investigate and Prosecute "No-Poach" and Wage-Fixing Agreements, https://www.justice.gov/atr/division-operations/division-update-spring-2018/antitrust-division-continues-investigate-and-prosecute-no-poach-and-wage-fixing-agreements. Accessed March 5, 2021.

② 参见徐立彬：《合同违反强制性规定若干问题研究》，载中国法院网（https://www.chinacourt.org/article/detail/2004/09/id/133848.shtml），访问日期：2021年3月5日。

因此,本案中的"互不挖角"协议与直接限制员工流动的"互不挖角"协议不同,涉及具体的资产转让交易。仲裁庭对该协议的承认不一定说明所有的"互不挖角"协议都能够仅仅基于一方作出了与协议相悖的行为而被认定为违约并得到赔偿。虽然过去10年,国内反垄断执法机构并没有对企业"互不挖角"协议是否违反《反垄断法》展开调查或制定规章,但是随着国家反垄断和反不正当竞争执法力度的加大,这类协议的法律效力值得观察。

本案涉及"互不挖角"协议的另一个问题是如何确定违约赔偿金的数额。本案中,虽然"互不挖角"协议没有具体约定违约赔偿金的具体数额,但是《资产转让协议》约定违约按实际损失赔偿。被申请人提出其实际损失为100万元并给出了计算方式,对此,仲裁庭没有不同看法。然而,仲裁庭根据公平合理的原则,数额减少了一半。

对于如何决定违约金的金额,《合同法解释(二)》(已失效)第29条第1款规定:"当事人主张约定的违约金过高请求予以适当减少的,人民法院应当以实际损失为基础,兼顾合同的履行情况、当事人的过错程度以及预期利益等综合因素,根据公平原则和诚实信用原则予以衡量,并作出裁决。"由此或许可以窥见本案仲裁庭根据实际情况在实际损失的基础上调整违约金具体数额的依据。

(本案例由深圳国际仲裁院谢欣妤编撰)

案例 28 竞业限制协议的效力及法律性质

仲裁要点：1. 用人单位与劳动者约定竞业限制条款，并约定在劳动关系存续期间按月给予劳动者经济补偿的，不构成用人单位免除自身的法定责任、排除劳动者权利的情形，不违反法律、行政法规的效力性强制性规定。

2. 劳动者使用商业秘密是否符合劳动合同项下目的，应当综合考虑劳动合同、职位描述、用人单位内部业务规范的约定或规定，约定或规定不明确的，可以参照商业和财务惯例处理。

一、案情概要

2007年5月8日，申请人A公司与被申请人Y某签订《劳动合同》和《竞业禁止协议》，并根据《竞业禁止协议》每月向被申请人支付相当于薪金30%的"竞业禁止经济补偿"共计82890元。

申请人认为，在《劳动合同》履行期间，被申请人销售与申请人的"尚某"产品有竞争业务的"彼某"（"P××"）产品，并在与申请人的客户B公司的业务往来中通过私人邮箱联系、虚报价格、非对公账户交易的方式以权谋私、试图赚取差价，违反了《竞业禁止协议》的约定，应当向申请人支付相当于"竞业禁止经济补偿"3倍的违约金。

因此，申请人根据《竞业禁止协议》中的仲裁条款于2009年4月23日向深圳国际仲裁院申请仲裁，请求裁决：

1. 被申请人向申请人支付违约金248670元。
2. 被申请人支付申请人为本案支出的律师费13700元。
3. 被申请人承担本案仲裁费用。

二、当事人主张

(一) 申请人主张

1. 被申请人违反《竞业禁止协议》,在销售申请人的"尚某"产品的过程中,利用其知悉的客户资料销售与公司产品有竞争业务的"彼某"产品,尽管交易没有做成,但是主观上是有谋取私利的意图,违反了竞业禁止义务。

2. 被申请人在 2008 年 9 月与申请人的客户 B 公司联系业务过程中,没有使用其在公司的邮箱对外联系业务,而是使用其私人邮箱。被申请人在向 B 公司报价时故意抬高价格,一套 C×× 吊架的报价为 3100 元,并且使用其个人银行账号回收货款。在回收货款后,被申请人还要求其公司助理 L 某提供个人银行账号,向 L 某的账号汇款 1800 元,谓之 C×× 吊架的货款,并要 L 某将货款交给财务然后安排发货。L 某从财务得知公司领导未批准出货,遂发信息给被申请人,但被申请人此后没有任何回复。B 公司在汇款后联系被申请人也没有得到任何回复,就致电申请人处,然而申请人并没有收到 B 公司 3100 元的货款,按照公司的销售惯例,是不会以 1800 元低价销售 C×× 吊架的。被申请人在联系该业务时,从未向公司提及这些事情,私自利用公司客户资料进行交易,谋取利益,违反了机密性义务。

(二) 被申请人主张

1. 申请人与被申请人签订的《竞业禁止协议》因违反《劳动合同法》等法律法规而无效,理由如下:

(1) 申请人明知被申请人的英语水平有限,却在提供中文版本的《劳动合同》的同时,仅提供英文版本的《竞业禁止协议》,并且在《劳动合同》履行期间未再提供《竞业禁止协议》的中文版本,上述行为表明申请人存在明显的隐瞒意图,违反了《劳动合同法》第 3 条规定的"公平、平等自愿、协商一致、诚实信用的原则"。

(2) 申请人仅提供英文版本的《竞业禁止协议》违反劳动部办公厅《关于贯彻〈外商投资企业劳动管理规定〉有关问题的复函》(劳办发〔1995〕163

号)关于企业与职工签订合同须用中文书写的规定。①

(3)申请人在劳动合同终止后提供的《竞业禁止协议》中文版第20条关于"合同双方同意将乙方所支付薪金中的百分之三十作为对甲方在雇佣合同终止时及之后承担竞业禁止和机密性义务的经济补偿(竞业禁止经济补偿)"的约定免除了《劳动合同法》第23条②关于用人单位在劳动合同终止后在竞业限制期限内按月给予劳动者经济补偿的法定责任,属于《劳动合同法》第26条③规定的劳动合同无效的情形。

2. 申请人的主张没有事实依据,理由如下:

(1)Z某的证明带有明显的不真实性和不确定性,其曾在被申请人所在部门试用,由于其工作表现和工作业绩不佳,被申请人没有批准其转正;而且,由于被申请人质疑其在职期间的一些招待费用和交通费用的真实性,该费用没有批准报销。

(2)电话录音证据不合法,私自录音是对被申请人隐私权的侵犯,有串通陷害之嫌。

(3)录音证据中所提到的"彼某"产品,是音响产品,与申请人的产品电视挂架不属于同类产品,不存在竞争关系,而被申请人作为申请人在中国内地的市场销售负责人,其职责范围包含对市场信息的收集反馈、研究评估,为了获悉客户对价格的反映,在电话中随机应变,提出虚构的产品和虚构的报价,这是获取市场信息的一种手段,没有违反法律法规的强制性规定,没有泄露申请人的任何商业机密,没有主观上的私自获利企图和客观上的私自获利事实,更没有进行实质的交易,没有对申请人造成任何损害。

---

① 劳动部办公厅《关于贯彻〈外商投资企业劳动管理规定〉有关问题的复函》规定:"企业与职工签订合同,须用中文书写,亦可同时用外文书写,但中外文本必须一致。中文合同文本为正本……"

② 《劳动合同法》第23条规定:"用人单位与劳动者可以在劳动合同中约定保守用人单位的商业秘密和与知识产权相关的保密事项。对负有保密义务的劳动者,用人单位可以在劳动合同或者保密协议中与劳动者约定竞业限制条款,并约定在解除或者终止劳动合同后,在竞业限制期限内按月给予劳动者经济补偿。劳动者违反竞业限制约定的,应当按照约定向用人单位支付违约金。"

③ 《劳动合同法》第26条规定:"下列劳动合同无效或者部分无效:(一)以欺诈、胁迫的手段或者乘人之危,使对方在违背真实意思的情况下订立或者变更劳动合同的;(二)用人单位免除自己的法定责任、排除劳动者权利的;(三)违反法律、行政法规强制性规定的。对劳动合同的无效或者部分无效有争议的,由劳动争议仲裁机构或者人民法院确认。"

3. 被申请人与 B 公司之间不存在以权谋私,理由如下:

(1)前述行为属于被申请人正常的职务内业务行为,而且被申请人在申请人执意不予发货并辞退被申请人后,其已及时将客户的货款全额归还,没有占有货款的主观意图,也没有损害公司利益。

(2)被申请人向客户提供私人账户是因为:其一,申请人在内地的仓库没有客户需求的库存,只有香港特区有,要获得只能在香港特区购买;其二,按常规手续和申请人内部流程,则需要报关进口,手续烦琐并且有关税;其三,如果汇到公司账户,则必须按正常流程走,时间来不及。

(3)客户如果直接从香港特区购买,则按申请人内部制度,销售业绩将划到香港办公室。

(4)客户对申请人产生意见,是因为申请人总经理要求财务不予收款,按照流程,没有收款则物流就不能出货,是申请人故意所为耽误了客户的工期造成对方的不满意,是申请人的责任。

(5)使用私人邮箱是因为申请人邮箱的服务器在美国,在申请人的办公室以外的地区经常无法登录或者收发不畅,为了保证业务联系顺畅才使用私人邮箱收发邮件,相关的业务操作完全按照申请人的公司内部流程执行。

三、仲裁庭认定的事实

(一)关于《竞业禁止协议》效力的事实

2007 年 5 月 8 日,申请人与被申请人签订《劳动合同》和《竞业禁止协议》,约定:申请人每月向被申请人支付相当于薪金 30%的"竞业禁止经济补偿",被申请人在劳动合同履行期间以及劳动合同终止后两年内不得从事与申请人存在竞争的业务。截至 2009 年 1 月 11 日被申请人离职,申请人累计向被申请人支付了 20 个月的"竞业禁止经济补偿",共计 82890 元。

(二)关于被申请人是否销售与申请人产品有竞争关系的"彼某"产品的事实

2008 年 12 月,Z 某拟向申请人购买"尚某"产品。但鉴于申请人有不与个人开展业务的规定,Z 某请 J 某以 S 公司名义电话联系被申请人商讨购买"尚某"产品事宜。商讨过程中,被申请人向 J 某提出销售"彼某"产品。

(三)关于被申请人在与B公司业务往来中是否存在以权谋私的事实

从2008年9月至2009年1月上旬,被申请人代表申请人与B公司联系业务,销售申请人的产品C××吊架。

2008年12月31日,B公司促请被申请人尽快提供样品。

2009年1月8日,B公司将一套C××吊架样机的货款3100元通过H某的账户汇至被申请人的个人账户;被申请人发短信要求其助理L某提供她的个人银行账号,称将会向她的账号汇款1800元货款,并要求L某将货款取出交给申请人的财务,然后安排发货;L某从财务得知申请人总经理不批准出货,遂发信息给被申请人,告称财务和公司领导不同意接收此货款,被申请人没有回复,L某也未向被申请人提供她的个人账号。

2009年1月11日,申请人正式向被申请人发出了离职通知书。

2009年1月12日,B公司致电申请人,称联系不上被申请人,质问被申请人为什么还不送货,申请人行政助理W某接到电话,向公司汇报。

2009年1月14日,被申请人按照B公司所提供的账户(收款人:余某),将样机款3100元全额退回B公司。

四、仲裁庭意见

(一)关于《竞业禁止协议》的效力

仲裁庭认为,被申请人关于《竞业禁止协议》无效的理由不成立,具体分析如下:

1. 被申请人无法证明申请人提供英文版本的《竞业禁止协议》存在"明显的隐瞒意图"。

(1)申请人作为外资企业,使用英文与员工签订合同,尤其是与高管人员签订竞业禁止协议,符合常理。

(2)被申请人作为某高校工商管理专业毕业的大学生,可以推定其有能力阅读并且理解英文版《竞业禁止协议》的相关内容。即使被申请人因英语能力有限而对《竞业禁止协议》不能完全清楚了解,也应在其签署之前提出。在签署《竞业禁止协议》时,被申请人曾两次向申请人的人事主管I某询问《竞业禁止协议》是否有法律效力,I某均明确告知被申请人《竞业禁止协议》

具有法律效力。在这种情况下,被申请人作为一名具有完全行为能力的公民,同时作为企业高管职位的应聘者,应知晓其在《竞业禁止协议》上签字的法律效力。

(3)《竞业禁止协议》第33条明确了"合同双方确认在他们签署本协议之前已仔细阅读本协议的内容并充分了解条款的法律意义"①,而《竞业禁止协议》第32条又如此约定:"本协议自合同双方盖章或署名之日生效。本协议用英语书写,一式两份,都具有相等的法律作用。合同双方各自持有一份英文正本。"②

2. 被申请人无法说明申请人与其签订英文版《竞业禁止协议》违反法律或行政法规的"强制性规定",也无法说明其违反"效力性强制性规定"。

《合同法》第52条第(五)项规定,违反法律、行政法规的强制性规定的合同无效③;而《合同法解释(二)》第14条规定,上述"强制性规定"是指"效力性强制性规定"④。被申请人所引用的劳动部办公厅《关于贯彻〈外商投资企业劳动管理规定〉有关问题的复函》,其为劳动部办公厅于1995年致吉林省劳动厅的复函,并不属于法律或者行政法规;而且该复函以及作为部门规章效力的《外商投资企业劳动管理规定》所适用的仅是"劳动合同和集体合同",并不包括商事合同;更何况,劳动和社会保障部已在其于2007年11月9日公布的《关于废止部分劳动和社会保障规章的决定》中,公布废止《外商投资企业劳动管理规定》。

3. 申请人并没有免除或者回避按照《竞业禁止协议》的约定应该向被申请人支付竞业禁止经济补偿的责任。

(1)《劳动合同法》第23条第2款规定,"对负有保密义务的劳动者,用人单位可以在劳动合同或者保密协议中与劳动者约定竞业限制条款,并约定

---

① "Both parties confirm that they have peruse the contents of this Agreement and fully understand the legal meanings of the Articles before they sign this Agreement."

② "This Agreement shall become effective from the date when both parties affix their signatures or seals on it. This Agreement is made out in English in duplicate with equal legal effects. Each party holds one English original copy respectively."

③ 《合同法》第52条规定:"有下列情形之一的,合同无效:(一)一方以欺诈、胁迫的手段订立合同,损害国家利益;(二)恶意串通,损害国家、集体或者第三人利益;(三)以合法形式掩盖非法目的;(四)损害社会公共利益;(五)违反法律、行政法规的强制性规定。"

④ 《合同法解释(二)》第14条规定:"合同法第五十二条第(五)项规定的'强制性规定',是指效力性强制性规定。"

在解除或者终止劳动合同后,在竞业限制期限内按月给予劳动者经济补偿",但是该款没有强制规定用人单位与劳动者不能约定劳动者在职期间用人单位就先行支付竞业禁止经济补偿金。

(2)暂且不论《劳动合同法》是否适用于本案的作为独立的民商事合同之《竞业禁止协议》,双方对于"竞业禁止经济补偿"及其所覆盖的期限的约定是清楚的,被申请人也是明确的:既覆盖在职竞业禁止,也覆盖离职(两年内)竞业禁止。《竞业禁止协议》第20条约定,申请人支付的薪金中的30%用于对被申请人在职期间以及雇佣合同终止后履行竞业禁止义务和保密义务的经济补偿,即"竞业禁止经济补偿"。① 第19条约定:"甲方知道,在乙方支付其薪金时,已经充分考虑到甲方在雇佣关系终止后(无论雇佣关系因什么原因终止)的竞业禁止义务和保密义务,因而不应再为甲方在雇佣关系终止后履行竞业禁止义务和保密义务支付额外的费用。"②

(3)申请人事实上也根据《竞业禁止协议》的约定履行了支付竞业禁止经济补偿的义务。根据申请人提供的经过被申请人签收的被申请人工资单(明确列出"竞业禁止补偿费"一栏),申请人从2007年5月被申请人入职至2008年12月被申请人离职,每月向被申请人足额支付了相当于薪金30%的"竞业禁止经济补偿",被申请人对此也表示认可。

---

① "……Party A and Party B agree that thirty percent (30%) of the salaries paid by Party B shall be the economic compensation ('Non-compete Economic Compensation') for the non-competition and confidentiality obligations assumed by Party A during and after the termination of Employment Contract. Party A acknowledged that his salaries received from Party B shall contain the said percentage of Non-compete Economic Compensation. Should the above provisions are in conflict with the PRC laws in applicable, the PRC laws shall apply."

② "Both parties agree that Party A should, after the termination of employment and notwithstanding the cause or reason for termination, bear the same obligation as he should during his term of employment, to keep confidential the business secrets known to Party A during his term of employment and owned by Party B or those owned by the third party but which Party B promises to keep confidential, and not to use the relevant confidential information, irrespective of the cause or reason for Party A's termination of employment. Party A should bear the obligation of non-competition and confidentiality until Party B exposes the secrets or the confidential information has actually been made public. Party A recognizes that at the time of its payment of Party A's salaries, Party B has taken account of Party A's non-competition and confidentiality obligation after the termination of employment and notwithstanding the cause or reason for termination and thus should not pay extra fees for Party A's maintaining non-competition and confidentiality after the term of employment and notwithstanding the cause or reason for termination."

(二)关于被申请人是否销售与申请人产品有竞争关系的"彼某"产品

关于竞争性问题,《竞业禁止协议》第1条约定:"本协议中使用的术语'竞业禁止',是指甲方不得拥有、管理、经营、咨询或受雇从事与公司当前的业务或者在其受雇期间乙方可能从事的其他业务有实质相似或有竞争的业务……"①在庭审过程中,申请人和证人Z某称,并没有见过"彼某"产品,只是从电话录音中被申请人的表述推测"彼某"与"尚某"属于同类产品。

仲裁庭认为,关于二者之间是否"有实质相似或有竞争",申请人负有举证责任,但申请人没有举证或者补充举证。因此,仲裁庭认为,申请人不能证明"彼某"产品与"尚某"产品"有实质相似或有竞争",因此,无论被申请人与"J某"的电话联系是否为被申请人调查市场信息的"正常业务",申请人关于被申请人"利用其知悉的客户资料销售与公司产品有竞争业务的'彼某'产品"的主张,证据不足,不予支持。

(三)关于被申请人是否在与B公司业务往来中以权谋私

仲裁庭注意到,《竞业禁止协议》第1条所解释的"竞业禁止",除了指被申请人"不得拥有、管理、经营、咨询或受雇从事与公司当前的业务",或者在其受雇期间申请人可能从事的其他业务有实质相似或有竞争的业务,还指被申请人不得非为雇佣合同项下的目的而使用《竞业禁止协议》第2条所定义的商业秘密②;而《竞业禁止协议》第2条第1款所约定的商业秘密之经营信息"包括

---

① "The term 'not compete' as used herein shall mean that Party A shall not own, manage, operate, consult or be employed in a business substantially similar to, or competitive with, the present business of the Company or such other business activity in which Party B may substantially engage during the term of employment or use the business secrets as defined in Article 2 hereof not for the purpose under the Employment Contract/Letter of Appointment."

② "Party B's business secrets mainly pertain to the following: 1. Operational information: including but not limited to name lists of clients, marketing plans, pricing policies, financial materials, procurement channel, base amount of tender and contents of tender documents. 2. Technical information: including but not limited to technical schemes, project designs, circuit designs, manufacture methods, formulae, technological processes, technical criteria, computer software, data base, research and development records, technical reports, inspection reports, test data, test results, drawings, samples, sample machines, models, molds, manuals of operation, technical files and relevant letters. 3. The forgoing operational and technical information constitutes business secrets whether Party B takes measures to keep such information secret or not."

但不限于客户名单、销售计划、定价政策、财务信息、采购渠道、招投标的标书底价和标书内容"。在本案中，B 公司作为申请人的客户，客户资料属于申请人的商业秘密，假如被申请人"非为雇佣合同项下的目的而使用"申请人的商业秘密，当然属于违约行为，必须承担违约责任。因此本争议的焦点在于被申请人与 B 公司进行业务联系的上述行为，是否为了"雇佣合同项下的目的"？换言之，是为了申请人利益，还是为自己谋利？具体分析如下：

1. 被申请人的职责范围是否包括 B2B 业务。

申请人与被申请人所签订的《劳动合同》第 2 条显示，被申请人的工作岗位是"国内销售总监"。《劳动合同》对"国内销售总监"的岗位职责并没有详细描述，但申请人在招聘该职位时，其英文版的《职位描述》，将该职位的 GENERAL PURPOSE 定为：To manage China sales including distribution and direct retail and actively pursue new accounts, generate new business, effectively manage current accounts which include fostering account relationships and grow region at agreed levels. Ability to lead, manage, and follow sales cycle from beginning to end is absolutely necessary。《职位描述》没有明确规定国内销售总监不能直接与客户从事 B2B 业务。

申请人的证人 I 某承认，从被申请人入职直到离职期间，"国内销售总监"《职位描述》没有正式更改过；I 某也承认，在前任总经理离任之前，B2B 和 B2C 业务都属于被申请人管理的国内销售业务范围，但大约在 2008 年 11 月的时候，申请人现任总经理 P××C×× 曾对被申请人提过，被申请人不能做 B2B 业务。被申请人要求提供文件以作证明，申请人一直没有提交补充证据。仲裁庭认为，申请人关于被申请人不能直接与客户从事 B2B 业务的主张，证据不足，不予支持；申请人以此为理由，无法说明被申请人的行为"非为雇佣合同项下的目的"。

2. 被申请人使用私人邮箱联系业务是否为了"雇佣合同项下的目的"。

仲裁庭认为，在申请人无法证明其明文禁止员工使用私人邮箱联系业务的情况下，不能仅仅因为被申请人使用私人邮箱与 B 公司联系业务，就推定其"非为雇佣合同项下的目的而使用"申请人的客户资料，谋取私利。

3. 被申请人使用私人账户收款是否为了"雇佣合同项下的目的"。

仲裁庭认为，被申请人关于私人账户的解释，难以自圆其说：

（1）被申请人在联系公司业务过程中使用私人账户存入客户货款，不符合常理。申请人是一间外商在华投资企业而非个体工商户，公司的财产与其职员的财产需要有清晰的边界,公司账户与职员的私人账户需要泾渭分明。利用私人账户联系公司业务即使不违反法律法规或者公司规定,也违背商业和财务惯例。

(2)被申请人具有多年企业工作经验,而且在申请人处担任国内销售总监,应当明白上述常理和惯例。

(3)即使如被申请人所称,被申请人让B公司向其私人账户汇入货款是为了避免向申请人账户汇入货款的烦琐手续和程序,被申请人也应该主动告知申请人。因为如果是为了申请人的利益,被申请人没有必要对申请人隐瞒。但事实上,被申请人一直没有告知申请人其使用私人账户的事实,直到2009年1月12日B公司致电申请人,申请人才知晓此事。

(4)被申请人无法解释为什么汇入其私人账户的货款为3100元而其要求其助理L某提取并向申请人财务支付的货款为1800元,因为被申请人既未向申请人报告已收到B公司的3100元货款,也未能说清楚差价1300元所包含的具体费用,亦未能证明申请人批准了这个差价。据此,仲裁庭有理由推定,即使被申请人为B公司购买样机需要支出相关费用,姑且不论被申请人是否实际需要支出费用1300元,在性质上这属于被申请人的个人行为,而不是申请人行为。此外,假设被申请人需要支出的实际费用少于1300元,剩余的款项究竟属于申请人、被申请人还是B公司?仲裁庭认为,被申请人难以解释清楚上述一系列问题,也难以辨明其行为是为了申请人的利益。

经过上述分析,仲裁庭认定,被申请人擅自使用私人账户,让申请人的客户B公司汇入货款,违背常理,无法证明其行为没有利用申请人客户渠道谋取私利的意图;尽管其已向客户退还订货款项,也难以否定其已违约的事实,违反了《竞业禁止协议》第1条(非为雇佣合同项下的目的而使用申请人的商业秘密)和第8条(在甲方任职期间,甲方应遵守乙方关于竞业禁止和保密的所有书面的或非书面的规定,并履行与其职位相关的竞业禁止义务和保密义务)[1]关于保守商业秘密的约定,应该承担相应的违约责任。

---

[1] "During the term of employment, Party A should comply with the written or unwritten regulations of Party B concerning non-competition and confidentiality and fulfill the responsibility of non-competition and confidentiality as relevant to his position."

(四)结论

1. 一般结论。

综上,仲裁庭认为:

(1)《竞业禁止协议》合法有效。

(2)申请人关于被申请人违反《竞业禁止协议》所约定的竞业禁止义务而销售与申请人产品有竞争关系的"彼某"产品之主张,证据不足,不予支持。

(3)申请人关于被申请人违反《竞业禁止协议》所约定的商业秘密保护义务而在与 B 公司的业务往来中以权谋私之主张,事实清楚,理由充分,应予以支持。

2. 关于申请人的第 1 项仲裁请求(违约责任)。

仲裁庭认为,竞业禁止违约金的目的不仅具有补偿性,也包含必要的惩罚性。《竞业禁止协议》第 21 条关于竞业禁止违约金的约定①是双方当事人真实意思表示,与《合同法》第 114 条第 1 款②的规定并无冲突,被申请人理应向申请人支付违约金 248670 元。但处理本案纠纷中的违约金问题,还应该考虑《合同法》第 114 条第 2 款③以及《合同法解释(二)》第 29 条第 1 款④的规定。

仲裁庭注意到:

(1)被申请人向 B 公司报价的样机货款只有 3100 元。

(2)在申请人不同意发货之后,被申请人并非出于申请人的要求已于 2009 年 1 月 14 日向 B 公司全额退还上述订货款项。

---

① "In case of violating any of the articles as prescribed in this Agreement, Party A should pay three (3) times of Non-compete Economic Compensation as referred in Article 20 hereof to Party B as liquidated damages. Party B is entitled to terminate the Employment Contract without prior notice whether the liquidated damages has been paid or not."

② 《合同法》第 114 条第 1 款规定:"当事人可以约定一方违约时应当根据违约情况向对方支付一定数额的违约金,也可以约定因违约产生的损失赔偿额的计算方法。"

③ 《合同法》第 114 条第 2 款规定:"约定的违约金低于造成的损失的,当事人可以请求人民法院或者仲裁机构予以增加;约定的违约金过分高于造成的损失的,当事人可以请求人民法院或者仲裁机构予以适当减少。"

④ 《合同法解释(二)》第 29 条第 1 款规定:"当事人主张约定的违约金过高请求予以适当减少的,人民法院应当以实际损失为基础,兼顾合同的履行情况、当事人的过错程度以及预期利益等综合因素,根据公平原则和诚实信用原则予以衡量,并作出裁决。"

(3)被申请人指出,申请人后来已向 B 公司供货,申请人未因被申请人违反保密义务的行为而遭受直接的、实际的损失。

参考《合同法解释(二)》第 29 条第 2 款①的规定,仲裁庭认为,申请人所主张的违约金存在"过分高于造成的损失"的情形,需要按照公平原则,对违约金数额进行调整。经综合衡量《竞业禁止协议》的履行程度、被申请人的过错和申请人的损失情况等多项因素,根据公平原则和诚实信用原则,仲裁庭决定,被申请人应向申请人支付违约金 2 万元。

3. 关于申请人的第 2 项仲裁请求(律师费)。

仲裁庭认为,本案争议由被申请人违约引起,虽然争议金额较小,但是案情复杂,申请人已支付的律师费 13700 元为合理支出。根据《仲裁规则》第 46 条第 2 款的规定,仲裁庭认为,律师费应由被申请人承担。

4. 关于申请人的第 3 项仲裁请求(仲裁费用)。

仲裁庭认为,鉴于本案争议由被申请人违约引起,且仲裁庭已经决定被申请人应当承担违约责任,本案的仲裁费用理应全部由被申请人承担。但考虑到申请人关于被申请人违约的主张没有得到仲裁庭的支持,仲裁庭决定,本案仲裁费由被申请人承担 80%、申请人承担 20%。

五、裁决结果

1. 被申请人应向申请人支付违约金 2 万元。
2. 被申请人应向申请人支付申请人为本案支出的律师费 1.37 万元。
3. 本案仲裁费由申请人承担 20%、被申请人承担 80%。

六、评析

(一)劳动者在职竞业限制义务属性

相较于《劳动合同法》第 23 条示范的竞业限制的行为模式,本案《竞业禁止协议》作出了较为特殊的约定,集中体现在申请人经济补偿支付义务和

---

① 《合同法解释(二)》第 29 条第 2 款规定:"当事人约定的违约金超过造成损失的百分之三十的,一般可以认定为合同法第一百一十四条第二款规定的'过分高于造成的损失'。"

被申请人竞业限制义务提前至劳动合同履行期间。如本案仲裁庭所分析的,《劳动合同法》第 23 条属于任意性规范,未对申请人课以法定义务;申请人按照《竞业禁止协议》的约定在劳动关系存续期间支付了经济补偿,没有免除或者回避其在《竞业禁止协议》项下的义务;被申请人也未能证明这一约定违反法律、行政法规的效力性强制性规定。因而这一约定是合法有效的。但问题在于这一约定是否存在必要性,如果未作出该等约定,被申请人在职期间是否仍具有竞业限制义务?关于在职期间竞业限制义务的属性,目前存在以下两种观点:

一种观点认为,在职期间竞业限制义务属于劳动者的默示义务、附随义务或忠实义务。根据这一观点,劳动者应当充分注意用人单位的利益,即使没有明确约定,在职期间未经用人单位同意,也不得从事与用人单位存在竞争性的业务。① 在职期间的雇员由于劳动合同的附随义务和忠实义务,不得从事竞业行为是由公司法或者劳动合同法直接规定的,也就无须额外再进行约定。② 劳动关系存续期间,劳动者与用人单位本就负有依据诚实信用原则所产生的义务。在劳动者一方,主要体现为对用人单位的忠实义务,包括保密义务以及竞业限制义务,据此,只要劳动合同中并未明确排除劳动者的竞业限制义务,该义务就附着于劳动合同而自始存在。③ 虽然法律对除公司高级管理人员之外的普通劳动者没有明文规定必须承担竞业限制义务,但是基于劳动者对于用人单位所应当遵守的忠诚义务,劳动者不得生产与原单位有竞争关系的同类产品或经营同类业务,也不得到生产同类产品或经营同类业务且具有竞争关系的其他单位兼职或任职,劳动者如果实施了这些行为,一方面说明其已丧失了最基本的诚实信用,为道德所不允许,另一方面劳动者这样的做法一般也会给用人单位带来较大的损失。④

另一种观点认为,在职期间竞业限制义务属于劳动者的明示约定义务。根据这一观点,法律上的义务以法律规定为根据,法律没有将忠诚规定为劳

---

① 参见许建宇:《劳动者忠实义务论》,载《清华法学》2014 年第 6 期。
② 参见邓恒:《论商业秘密保护中竞业禁止协议的法律性质》,载《西南民族大学学报(人文社会科学版)》2018 年第 2 期。
③ 参见江苏省南京市中级人民法院(2016)苏 01 民终 5126 号民事判决书;安徽省马鞍山市中级人民法院(2015)马民二终字第 00180 号民事判决书;重庆市第一中级人民法院(2013)渝一中法民终字第 04493 号民事判决书。
④ 参见《在职劳动者需遵守忠诚义务——2013 年江苏省高级人民法院发布 2012 年度劳动争议十大典型案例之案例三》,载威科先行·法律信息库,访问日期:2021 年 9 月 30 日。

动者对用人单位的默示义务,亦没有将在职竞业限制规定为劳动者单方的法定义务。保守秘密条款非劳动合同的法定必备条款,而是法律允许的约定条款,属于当事人可以约定的权利义务范畴。①

关于明示约定的要求,司法实践中也存在不同观点。一种观点认为,当事人可以选择约定以规章制度的方式或是以竞业限制的方式或是两者兼有的方式。② 另一种观点则采取更为严格的态度。劳动规章制度是指用人单位制定的非针对个别事务处理的各种制度的总称,不具有劳动合同的属性,而竞业限制条款属于劳动合同约定内容,应由用人单位与劳动者进行协商。除非法律有专门规定或当事人双方依法作出约定,原则上不允许用人单位以规章制度的方式规定竞业限制条款。因此,用人单位想要有效地保护自身的商业秘密,应当与负有保密义务的劳动者在劳动合同或者保密协议中明确约定竞业限制条款,并约定竞业限制的范围、地域、期限,同时也要支付相应的对价。③

笔者认为,从文义和体系上看,默示义务观点没有明确的法律依据,与《劳动合同法》第24条④关于"竞业限制的人员限于用人单位的高级管理人员、高级技术人员和其他负有保密义务的人员"的规定存在冲突,并且与《合伙企业法》第32条⑤、《个人独资企业法》第20条⑥、《公司法》第148

---

① 参见广东省广州市中级人民法院(2014)穗中法民一终字第6155号民事判决书。
② 参见广东省广州市中级人民法院(2014)穗中法民一终字第6155号民事判决书。
③ 参见《权利义务约定不对等的"竞业限制"无拘束力——2013年江苏省无锡市中级人民法院发布劳动争议审判典型案例之案例三》,载威科先行·法律信息库,访问日期:2021年9月30日。
④ 《劳动合同法》第24条规定:"竞业限制的人员限于用人单位的高级管理人员、高级技术人员和其他负有保密义务的人员。竞业限制的范围、地域、期限由用人单位与劳动者约定,竞业限制的约定不得违反法律、法规的规定。在解除或者终止劳动合同后,前款规定的人员到与本单位生产或者经营同类产品、从事同类业务的有竞争关系的其他用人单位,或者自己开业生产或者经营同类产品、从事同类业务的竞业限制期限,不得超过二年。"
⑤ 《合伙企业法》第32条规定:"合伙人不得自营或者同他人合作经营与本合伙企业相竞争的业务。除合伙协议另有约定或者经全体合伙人一致同意外,合伙人不得同本合伙企业进行交易。合伙人不得从事损害本合伙企业利益的活动。"
⑥ 《个人独资企业法》第20条规定:"投资人委托或者聘用的管理个人独资企业事务的人员不得有下列行为:(一)利用职务上的便利,索取或者收受贿赂;(二)利用职务或者工作上的便利侵占企业财产;(三)挪用企业的资金归个人使用或者借贷给他人;(四)擅自将企业资金以个人名义或者以他人名义开立帐户储存;(五)擅自以企业财产提供担保;(六)未经投资人同意,从事与本企业相竞争的业务;(七)未经投资人同意,同本企业订立合同或者进行交易;(八)未经投资人同意,擅自将企业商标或者其他知识产权转让给他人使用;(九)泄露本企业的商业秘密;(十)法律、行政法规禁止的其他行为。"

条①分别专门规定对合伙企业合伙人、投资人委托或者聘用的管理个人独资企业事务的人员以及公司董事、高级管理人员的竞业限制的立法例也不相符合。从权益配置的结果来看,默示义务观点将竞业限制义务无差别地配置给劳动者,忽视了劳动者之间的差异性,对劳动者而言施加了不合理的限制,无益于用人单位与劳动者权益的平衡;对于用人单位而言也并无必要,由于默示义务的不明确性,纠纷产生时违约责任的证明也更为困难。② 据此,应以明示约定为宜。本案中,申请人与被申请人约定在职期间竞业限制义务确有其合理性和必要性。

(二) 竞业限制协议的法律性质

从广义上理解,竞业限制协议只是双方当事人关于特定期限内一方当事人不得从事与另一方当事人存在竞争关系业务的合同。在这一意义上,竞业限制协议既可以表现为用人单位和劳动者之间的劳动合同,也可以表现为平等主体之间签订的民商事合同,如中外合资经营企业合营者之间③、公司股东之间④、合伙企业合伙人之间⑤签订的竞业限制协议。有时候,双方当事人既存在用人单位与劳动者的关系,也存在公司与股东的关系,此时需要综合考察竞业限制协议的内容、背景与当事人特定身份的关联性。例如在最高人民法院(2019)最高法民申 5690 号民事裁定书中,最高人民法院指出,该案诉争源于双方之间签订的《股权转让协议》《补充协议》,上述协议并不涉及用人单位与劳动者之间的劳动关系,即石新春系基于股权出让人的身份而非保

---

① 《公司法》第 148 条规定:"董事、高级管理人员不得有下列行为:(一)挪用公司资金;(二)将公司资金以其个人名义或者以其他个人名义开立账户存储;(三)违反公司章程的规定,未经股东会、股东大会或者董事会同意,将公司资金借贷给他人或者以公司财产为他人提供担保;(四)违反公司章程的规定或者未经股东会、股东大会同意,与本公司订立合同或者进行交易;(五)未经股东会或者股东大会同意,利用职务便利为自己或者他人谋取属于公司的商业机会,自营或者为他人经营与所任职公司同类的业务;(六)接受他人与公司交易的佣金归为己有;(七)擅自披露公司秘密;(八)违反对公司忠实义务的其他行为。董事、高级管理人员违反前款规定所得的收入应当归公司所有。"

② 参见邓恒:《竞业禁止纠纷案件审判实务问题研究》,载《法律适用》2017 年第 15 期。

③ 参见深圳国际仲裁院:《案例 1: IP 的交付形式、商业秘密的泄露及竞业禁止》,载 http://www.scia.com.cn/Home/Index/cases/id/25.html,访问日期:2021 年 9 月 30 日。

④ 参见广东省深圳市中级人民法院(2014)深中法商终字第 1904 号民事判决书。

⑤ 参见江苏省高级人民法院(2018)苏民申 3574 号民事裁定书、湖南省衡阳市中级人民法院(2021)湘 04 民终 1647 号民事判决书。

定三伊公司聘用人员身份(作出的竞业限制承诺),故二审法院关于案涉协议竞业限制的约定不适用《劳动合同法》的规定,并无不当。

竞业限制协议的法律性质对管辖权以及实体权利的认定均可能产生影响。如认定某竞业限制协议为劳动合同,则该协议引发的纠纷应当适用劳动纠纷处理程序,首先向劳动争议仲裁委员会申请仲裁,对仲裁裁决不服的,再向人民法院提起诉讼。① 本案中,仲裁庭在本裁决作出之前的管辖权决定中认为,涉案《竞业禁止协议》为平等主体签订的民商事合同,本案纠纷争议属于民商事纠纷,具有可仲裁性,本案因而才能进入实质审查阶段。竞业限制协议不仅影响管辖权,还可能影响实体权利的效力和履行。如认定某竞业限制协议为劳动合同,则用人单位难以依据该协议向劳动者主张违约金。《劳动合同法》第 25 条②明确用人单位与劳动者约定由劳动者承担违约金,仅限于该法第 22 条③规定的劳动者违反服务期约定的情形,以及该法第 23 条规定的劳动者违反竞业限制约定的情形。尽管《劳动合同法》第 23 条是用人单位与劳动者可以约定竞业限制的法律渊源,是任意性规范;但该条规定的行为模式与本案在职竞业限制存在显著差异,依文义解释,本案涉及的竞业限制违约金是被明确禁止的。④

(三) 竞业限制责任的竞合

竞业限制义务不仅来自合同约定,也来自法律的明文规定,由此即使在竞业限制合同性质确定的情况下,也还可能产生责任(违约责任和侵权责

---

① 《劳动争议调解仲裁法》第 5 条规定:"发生劳动争议,当事人不愿协商、协商不成或者达成和解协议后不履行的,可以向调解组织申请调解;不愿调解、调解不成或者达成调解协议后不履行的,可以向劳动争议仲裁委员会申请仲裁;对仲裁裁决不服的,除本法另有规定的外,可以向人民法院提起诉讼。"

② 《劳动合同法》第 25 条规定:"除本法第二十二条和第二十三条规定的情形外,用人单位不得与劳动者约定由劳动者承担违约金。"

③ 《劳动合同法》第 22 条规定:"用人单位为劳动者提供专项培训费用,对其进行专业技术培训的,可以与该劳动者订立协议,约定服务期。劳动者违反服务期约定的,应当按照约定向用人单位支付违约金。违约金的数额不得超过用人单位提供的培训费用。用人单位要求劳动者支付的违约金不得超过服务期尚未履行部分所应分摊的培训费用。用人单位与劳动者约定服务期的,不影响按照正常的工资调整机制提高劳动者在服务期期间的劳动报酬。"

④ 参见江锴:《劳动者在职竞业限制义务属性之辨》,载《法学》2019 年第 1 期。

任)和纠纷(如竞业限制纠纷和侵害商业秘密纠纷)竞合的情形。①

表1 竞业限制的类型与法律适用

序号	竞业限制类型	适用法律	对应民事案由
1	《劳动合同法》第23条规定的用人单位与劳动者可以约定的竞业限制	《劳动合同法》《劳动争议调解仲裁法》《劳动人事争议仲裁办案规则》	"十七、劳动争议"之"186.劳动合同纠纷"之"(7)竞业限制纠纷"②
2	股东之间或者公司与控股股东、实际控制人约定的竞业限制	《民法典》合同编	如"二十、与企业有关的纠纷"之"260.中外合资经营企业合同纠纷"和"二十一、与公司有关的纠纷"之"269.股权转让纠纷"
3	《合伙企业法》第32条规定的对合伙人规定的竞业限制	《合伙企业法》《民法典》合同编	"十、合同纠纷"之"127.合伙合同纠纷"
4	《个人独资企业法》第20条对投资人委托或者聘用的管理个人独资企业事务的人员规定的竞业限制	《个人独资企业法》《民法典》侵权责任编	"二十、与企业有关的纠纷"之"249.侵害企业出资人权益纠纷"③
5	《公司法》第148条规定的对董事、高级管理人员规定的竞业限制	《公司法》《民法典》侵权责任编	"二十一、与公司有关的纠纷"之"276.损害公司利益责任纠纷"④
6	以上类型的竞业限制	《反不正当竞争法》	"十五、不正当竞争纠纷"之"176.侵害商业秘密纠纷"

根据最高人民法院《关于印发〈最高人民法院知识产权案件年度报告(2009)〉的通知》(法〔2010〕173号)援引的最高人民法院(2008)民三终字第9号民事裁定书中,最高人民法院认为,"劳动争议是劳动者与用人单位因劳

---

① 参见曾竞:《劳动者违反竞业限制义务的认定与责任竞合问题研究》,载《法律适用》2020年第4期。
② 参见广东省高级人民法院(2020)粤民申8485号民事裁定书。
③ 参见江苏省南京市六合区人民法院(2018)苏0116民初2046号民事判决书。
④ 参见最高人民法院(2020)最高法民申4854号民事裁定书、最高人民法院(2018)最高法民申3264号民事裁定书。

动合同法律关系发生的争议,我国法律并未特别要求劳动合同当事人只能依据劳动合同提起劳动争议,违反劳动合同的行为同时构成侵权行为的,法律并不排除当事人针对侵权行为要求行为人承担侵权责任。因此,对于因劳动者与用人单位之间的竞业限制约定引发的纠纷,如果当事人以违约为由主张权利,则属于劳动争议,依法应当通过劳动争议处理程序解决;如果当事人以侵犯商业秘密为由主张权利,则属于不正当竞争纠纷,人民法院可以依法直接予以受理"。在竞业限制责任竞合的情况下,违约或者侵犯商业秘密主张可能影响管辖权、实体权利以及证明责任,当事人主张权利时应当充分考虑不同主张可能对权利实现造成的影响。①

(本案例由深圳国际仲裁院陈冲编撰)

---

① 参见龙骏腾:《商业秘密侵权诉讼举证规则研究》,载《学海》2021年第4期。

案例29　合同竞业限制条款的理解与违约的认定

仲裁要点： 1. 就竞业限制与商业秘密侵权而言，尽管申请人参与了与双方共同设立的 C 公司经营范围有冲突的业务，但该行为发生在双方合意终止案涉《合作协议》之后，此时 C 公司已经停止经营，因此申请人前述行为并不构成《合作协议》所指的违约行为。

2. 就计算机软件的交付而言，在双方未就计算机软件转让的内容及方式进行明确约定的情况下，通过甄别受让方是否已经实际承接，及是否有能力继续使用和运营原有的知识产权和业务，即可以判断双方的合作目的是否已经实现，如果基本实现，则可以认定约定的计算机软件及相关业务已经转移给受让方。在此基础上，即可作出是否已经履行了交付义务的判断。

一、案情概要

2009 年 8 月 23 日，申请人香港 A 国际有限公司（甲方）与被申请人 B 科技有限公司（乙方）签订《合作协议》，约定按申请人以现金出资，被申请人以知识产权出资的方式，共同投资设立名为 C 公司的合资公司，开展手机新媒体精准营销和有关的技术服务业务。《合作协议》约定，甲方投入注册资本 204 万元，无偿代乙方投入注册资本 196 万元，并且，甲方还需要代 C 公司无偿支付乙方知识产权转让对价 200 万元。关于知识产权转让对价，《合作协议》约定甲方分别在协议签署后分三次向乙方支付 50 万元、100 万元和 50 万元。就 C 公司的筹备事项，《合作协议》约定自 2008 年 5 月 1 日到该协议签订为止，乙方所有正常和与经营有关的收入和支出，在 35 万元金额内，由 C 公司承担。此外，《合作协议》还约定，在 C 公司存续期间，甲、乙双方均不可开展与 C 公司经营范围有利益冲突之业务。

但是,在协议签订后,C公司却迟迟未能成立。为确保C公司的顺利成立,申请人与被申请人在2010年3月26日签订了《合作协议之补充协议》(以下简称《补充协议》)。在《补充协议》中,乙方确认甲方代C公司支付的知识产权相关款项50万元,并且约定余下150万元的付款方式。另外,《补充协议》还对《合作协议》中提及的35万元事宜,约定该款项涵盖乙方的损失,并对滞纳金事项等作出补充。

在上述两协议签订后,申请人与被申请人因协议履行发生争议。被申请人由于技术能力问题,未能独立完成协议约定的DIY手机广告自主平台的工作,并在征得申请人的同意后将工作进行外包,被申请人还领取了应支付给第三方的外包款,但该项目并无进展。2010年4月27日,C公司获得营业执照,但是被申请人始终未将约定的知识产权进行转让。申请人还发现被申请人将C公司的商业秘密提供给第三方,并开展与C公司经营范围有利益冲突的业务。因此,申请人针对被申请人的上述行为,认为其构成违约,遂依据相关仲裁条款的约定,向深圳国际仲裁院提起仲裁,请求裁决被申请人返还知识产权转让价款、开发外包款等款项,赔偿因设立C公司的各项损失,以及承担相关的律师费和仲裁费用。

随后,被申请人提出了反请求,请求裁决申请人向被申请人支付合同约定的涵盖被申请人经营损失的35万元,因申请人未支付任何投资款项而产生的滞纳金20万元,因本案产生的相关费用6万余元,以及本案的仲裁费用。

二、当事人主张

(一)申请人主张

1. 就竞业限制的事项,被申请人泄露了商业秘密,并违反了合同的竞业限制规定

申请人发现被申请人将C公司的商业秘密提供给第三方,并开展与C公司经营范围有利益冲突的业务,违反了两份协议中的约定,构成实质性违约。

具体而言,被申请人的法定代表人罗某某将应转让给C公司的软件核心技术和C公司内部的一些商业秘密和机密资料提供给第三方。罗某某还安排原在被申请人处工作的任某某和陈某某在C公司工作,并在私下利用C公

司的资源替被申请人工作。而且,罗某某还唆使任某某和陈某某利用工作上的便利条件,窃取 C 公司的其他研发成果。

2. 就知识产权转让事项,被申请人始终没有将《合作协议》以及《补充协议》中约定的知识产权转让给 C 公司

申请人就此问题的观点集中在两个方面:一是根据《合作协议》的约定,被申请人应对已经获取挪威 F 科技有限公司无时间限制的中国独家代理和业务开发授权的真实性承担责任;二是登记是涉案知识产权归属的约定形式。

申请人认为,在庭审过程中,被申请人承认其技术与挪威 F 科技有限公司有关联,但并未提供任何有关独家代理和业务开发授权的证明,更未提供其自身拥有相关技术之知识产权的证明。而就涉案知识产权来说,其类别属于计算机软件著作权,其内容应包括文档及源代码等。现被申请人仅将未经审查的文档发给申请人,显然不足以认定已经完成有关知识产权的交付。不仅如此,有关公司网络的所有后台控制权(包括密码)全部由被申请人法定代表人罗某某一人掌握,也能旁证知识产权未予交付的事实。

据此,申请人认为,首先,该技术是被申请人此前与他人合作的产物,现在是否单独属于被申请人不能证明;其次,被申请人有没有获取挪威 F 科技有限公司无时间限制的中国独家代理和业务开发授权的事实无法证明;再次,该技术核心内容(包括密码)未以适当方式公示于包括申请人派员参与的 C 公司管理层,而是由被申请人法定代表人罗某某一人控制,说明该技术实质上未交付;最后,由于技术使用权与知识产权的所有权永远无法相等,所以被申请人不能用提供技术使用权来证明其已经履行知识产权交付义务。

3. 就向 C 公司出资而言,申请人已履行了出资义务

基于合作双方的申请,S 市某区贸易工业局作出《关于设立合资企业"C 公司"的批复》:C 公司注册资本分两期投入,第一期 100 万元,自合资企业营业执照签发之日起 90 天内投入;第二期 300 万元,自合资企业营业执照签发之日起两年内投入。因此,有关申请人履行出资义务的期限,应以合作双方签署的《补充协议》及 S 市某区贸易工业局的批复为准。

根据深圳某会计师事务所出具的《C 公司专审报告》,在合作过程中,申请人向 C 公司总共投入约 200 万元,由此可见申请人的出资与双方的约定及 S 市某区贸易工业局的批复均相符。

(二)被申请人主张

1. 就竞业限制的事项,申请人及王某某等人以取得的被申请人知识产权另设公司,经营与C公司相同业务

申请人及其法定代表人王某某与其他几人假借合作,在付出部分知识产权对价款取得被申请人的全部技术(包括客户名单、商业计划等市场资源)后,以各种借口拖延支付剩余知识产权对价款以及C公司投资款,后以取得的技术另立E公司,经营与C公司范围相同的业务,以被申请人的技术单独牟取利益,抛弃被申请人,侵害被申请人及C公司的利益,严重违反合同约定。

2. 就知识产权转让事项,被申请人已经按照约定履行了全部合同义务

被申请人的法定代表人罗某某作为代表以电邮形式将知识产权、无形财产及商业秘密交付给申请人的法定代表人王某某。但是,在罗某某履行合同义务将知识产权转至C公司名下时,由于申请人掌握公章并不配合相关工作,导致转让工作的停滞。实际上,早在C公司成立前,被申请人与罗某某就已经以相关技术为C公司开拓市场,被申请人还将相关平台交付给申请人用于业务开展,而在联合办公时期,申请人已获得被申请人的技术,并还以该技术进行经营活动。

3. 就C公司的注册资本事项,申请人没有依约履行其出资的合同义务

协议中双方约定C公司400万元注册资本实际均由申请人投入,即向C公司投入400万元注册资本是申请人的合同义务。而根据S市市场监督部门公开的信息,C公司的注册资本仍然为0元,申请人仍未向C公司投入任何注册资本,属于违约行为。此外,根据协议约定,申请人应代C公司向被申请人支付200万元的知识产权转让对价款,但截至申请人提出仲裁申请之时,申请人仍有90万元的知识产权转让对价款未支付给被申请人。

三、仲裁庭认定的事实

1. 2008年5月双方签订一份合作协议。根据双方于2010年3月26日签订的《补充协议》,2008年5月的合作协议被终止履行。

2. 在2008年5月合作协议的基础上,双方还签订了一份《合作协议之补充协议》,该补充协议的签订日期不详。其主要内容为:"甲方(申请人)应

在2009年12月23日前,完成对C公司400万元的投资。"

3. 2009年8月23日,双方重新签订《合作协议》。在此基础上,双方于2010年3月26日签订《补充协议》。协议履行过程中,申请人向被申请人支付了知识产权转让款110万元。

4. 2010年4月27日,双方投资的合资公司——C公司注册成立,申请人委派王某某为董事长、吴某为董事,被申请人则指派罗某某为副董事长。至本案争议时,C公司的注册资本为0元。

5. C公司成立之前,被申请人从事的业务可以概括为:向客户提供如彩信、视频、音乐、广告语等可以自由组合的DIY平台和相关的技术产品、技术维护和技术支持(以上统称为"产品")等内容。通过提供产品给用户使用,向客户收取预缴的服务费和DIY平台使用和信息发送费用。同时,就客户利用hb.×××.cc平台推广业务所得的销售收入,按照约定比例分成。

6. 双方《合作协议》中约定的合作内容,与《合作协议》签订前,被申请人正在从事的业务和已经运用的技术基本相同。

7. C公司已经建成和拥有了从事《合作协议》约定业务的平台。同时,在C公司成立前,申请人和被申请人双方在业务和市场上已有合作。C公司成立后,C公司也实际开展了《合作协议》约定的业务。

8. 在2010年9月7日,申请人即向被申请人发出了《终止合作通知书》,在2010年9月28日,被申请人也向申请人发出了《终止合同和要求赔偿违约金与停止侵权行为通知书》。

9. 申请人通过其法定代表人王某某另外设立E公司,王某某担任总经理,吴某、孟某某、韩某某参与投资。该公司设立时间为2011年4月14日。

四、仲裁庭意见

根据《合作协议》第18条的约定,本案争议适用中华人民共和国法律。

本案的争议焦点有三,分别是:一是争议双方是否违反《合作协议》中约定的竞业限制条款;二是被申请人是否依约履行了向C公司交付相关知识产权的义务;三是申请人是否依约履行了向C公司投资的义务。

(一) 争议双方是否违反《合作协议》中约定的竞业限制条款

《合作协议》中明确约定"在C公司存续期间,甲、乙双方均不可开展与

C公司经营范围有利益冲突之业务"。仲裁庭不能认定申请人提出的相关事项,即被申请人泄露商业秘密和开展与C公司经营范围有利益冲突的业务的行为,但认定申请人通过其法定代表人王某某参与了与C公司经营范围有冲突的业务,即另立E公司。

但必须关注的是,E公司设立的时间是2011年4月14日。而早在2010年9月7日,申请人即向被申请人发出了《终止合作通知书》。同样,在2010年9月28日,被申请人也向申请人发出了《终止合同和要求赔偿违约金与停止侵权行为通知书》。不仅如此,在庭审中,仲裁庭曾就合同终止事项询问双方的意见,申请人及被申请人均明确表示坚持原已作出的终止合同的决定。

因此,尽管申请人通过王某某等从事了与C公司经营范围有冲突的业务,但该行为系发生在双方合意终止合同之后。同时,尽管此时C公司尚未经清算注销,但分析双方的立约本意,《合作协议》第16条中所指的"C公司存续期间",应当理解为有效存续且正常经营。时至2011年4月,C公司显然已经由于双方终止合作,而处于名存实亡的状态。

据此,仲裁庭认为,由于《合作协议》已由双方合意终止,且C公司事实上已经停止经营,申请人参与E公司经营的行为并不构成《合作协议》中所指的违约行为。

(二) 被申请人是否依约履行了向C公司交付相关知识产权的义务

厘清此项争议的关键,在于如何确定交付内容和交付方式。但是,纵观双方签订的协议文件及实际履行过程,均未发现有关知识产权交付内容的描述。而就交付方式,尽管在《合作协议》及其《补充协议》中,曾提及知识产权资料交付或知识产权登记等事项,但由于缺乏具体所指的内容和清单,也使交付方式的约定变得模糊不清。

结合《合作协议》及其《补充协议》的约定,探究争议双方的合作历史,双方合作的本意在于,在被申请人已有技术和业务基础上,由申请人承担全部出资设立C公司,由申请人和被申请人分别持有51%及49%的股权,继续从事手机和其他移动通信设备的彩信广告、视频广告等手机流媒体及相关业务。同时,申请人还应代C公司向被申请人支付总计200万元的知识产权转让款,被申请人则应将已有的技术、产品和业务转让给C公司。

据此,仲裁庭进一步认为,双方合作的目的是将被申请人名下原有的手机流媒体业务的技术及其业务模式,整体转移至C公司名下。因此,在双方未就知识产权转让的内容及方式明确约定的情况下,通过甄别 C 公司是否已经实际承接,以及是否有能力继续使用和运营原有的技术和业务,即可以判断双方的合作目的是否已经实现,如果基本实现,则可以认定《合作协议》约定的知识产权及相关业务已经转移给 C 公司。在此基础上,即可作出被申请人是否已经履行了知识产权交付义务的判断。

除上述观点外,仲裁庭还认为,《合作协议》中提及的被申请人已"获取挪威 F 科技有限公司无时间限制的中国独家代理和业务开发授权,并对该授权的真实性承担相关责任至 C 公司正式向 F 公司发出获取其代理权的要约之日"的约定,应当仅涉及业务代理或授权,并不能与转让的知识产权建立联系。此外,根据该约定,被申请人承担的义务只是保证在 C 公司另行要约取得代理权之前,真实拥有该挪威公司的独家代理权和业务开发授权,而非将原有的代理权及授权转让给 C 公司。据此,仲裁庭不认为该条约定与双方有关知识产权转让的对价相关。

关于申请人提及的"有关公司网络的所有后台控制权(包括密码)全部由被申请人法定代表人罗某某一人掌握,也能旁证知识产权未予交付的事实"的观点,仲裁庭认为,C 公司成立后,罗某某担任了 C 公司的副董事长和技术总监,在其身份竞合的情况下,罗某某对技术及服务后台的控制,亦应视为 C 公司的行为。此外,如前所述,王某某担任总经理,吴某、孟某某、韩某某参与投资的 E 公司,其网站的页面、操作平台及文件资料,与标注有"版权所有:C 公司"字样的网页图片及文件资料具有同一性。该事实也足以证明,申请人所谓只有罗某某一人知悉和控制技术的说法是难以令人信服的。

综合上述事实,仲裁庭认为,C 公司成立之前,被申请人已经在从事双方约定开展的业务,并且拥有了可供销售的产品和服务,形成了一定的商业模式及合作模式。C 公司成立后,建成了实现合作内容所需的平台,并拥有了相关技术,实现了对外销售和服务。有鉴于此,仲裁庭认为,申请人有关被申请人未按照《合作协议》的约定,向 C 公司交付知识产权的指责是不能成立的。

(三) 申请人是否依约履行了向 C 公司投资的义务

C 公司登记注册资本为 0 元,并不等于申请人未投入资金。如申请人已经依约向 C 公司投入资金,即使该投入的资金未进行验资,也应视为申请人履行了投资义务。

根据《合作协议》及其《补充协议》的约定，申请人的投资义务包括两部分：一是按期投入 400 万元的注册资本；二是代 C 公司向被申请人支付 200 万元的知识产权转让款。但是，根据申请人提供的证据，C 公司设立后，至 2010 年 12 月 31 日，包括已经代为支付的 110 万元知识产权转让款在内，C 公司发生的费用总额为 190 万余元。即使所发生的费用，均由申请人投入 C 公司的资金承担，其投资数额也远远低于《合作协议》及其《补充协议》的要求。

据此，仲裁庭认为，申请人并未按照协议约定完全履行投资义务。

五、裁决结果

1. 申请人向被申请人支付滞纳金 20 万元。
2. 申请人向被申请人支付律师费 4 万元。
3. 申请人向被申请人支付鉴定费 7000 元和翻译费 1000 元。
4. 驳回被申请人的其他仲裁反请求。
5. 驳回申请人的全部仲裁请求。
6. 本案仲裁费由申请人承担 85%，由被申请人承担 15%。

六、评析

本案是一起涉知识产权的合同履行纠纷，存在两个知识产权争议焦点：一是当事人是否违反合同约定的竞业限制条款；二是当事人是否完成了涉案知识产权的交付，进言之，在约定不明确的情况下，合同义务的履行能否以完成合同目的为依据。适用于本案争议的有《民法典》第 142 条、143 条、第 466 条第 1 款，以及《著作权法实施条例》《计算机软件保护条例》中关于版权登记的规定，下文就上述条款对本案中的争议焦点与核心问题展开评述。

(一) 当事人是否违反合同约定的竞业限制条款

竞业限制是指经营者出于保护自身财产权益或有限限制竞争的正当权益，通过法定或约定的方式对特定人从事竞争业务进行限制，分为法定的竞业限制和约定的竞业限制。法定的竞业限制在我国《公司法》《合伙企业法》中均有相应规定,其主要针对公司董事、高级管理人员,是除在职忠实义务外对经营者利益保护的有力补充。① 约定的竞业限制,一般是指经营者依据《合同法》和《劳动合同法》,与交易相对人或者劳动者通过协议约定的竞业限制。② 在本案中,竞业限制相关条款是申请人与被申请人在设立 C 公司时订立的,根据《民法典》第 143 条的规定,出于当事人真实意思表示所订立的竞业限制约定应当合法有效,此时申请人与被申请人都负有竞业限制义务,违反竞业限制承诺时应承担相应的违约责任。结合本案,可以从以下两个方面对该争议问题予以探究。

一是在合同解除后,合同约定的竞业限制义务是否需要继续履行。申请人与被申请人在《合作协议》中明确约定"在 C 公司存续期间,甲、乙双方均不可开展与 C 公司经营范围有利益冲突之业务",即竞业限制的期限为 C 公司存续期间,主体为申请人与被申请人。但是,依据《民法典》第 562 条的规定③,该《合作协议》已经被当事人合意解除,即双方当事人不欲合同继续存在的特别情形之后,达成一个新的合意,结束既有的合同关系。④ 在《合作协议》归于消灭后,双方基于该协议约定的义务也归于消灭,同时从双方此后均从事与约定经营范围冲突的业务的相关事实来看,可知双方都不愿受到嗣后竞业限制条款的效力约束,因此应当认定相关条款与合同效力一并终止,申请人与被申请人在协议解除后不再受到竞业限制条款的束缚。因此,申请人此后另行设立 E 公司,经营与 C 公司相同业务的行为,并不属于违约。

二是如何准确理解协议中的"存续期间"。申请人的行为发生于 C 公司停止经营之时,并不在约定的竞业限制期限内。本案中关于竞业限制的期限约定为"C 公司存续期间",但是关于公司存续期间,现行法律并没有予以明确规定。在本案裁决中,仲裁庭依据当事人的合同目的,对"存续期间"进行解释,认为公司的存续,除形式上需要有效存续以外,还需要在实质上处于

---

① 《公司法》第 148 条中对负有法定竞业禁止义务的对象进行了说明:"董事、高级管理人员不得有下列行为:……(五)未经股东会或者股东大会同意,利用职务便利为自己或者他人谋取属于公司的商业机会,自营或者为他人经营与所任职公司同类的业务……"

② 《劳动合同法》对竞业限制对象进行了明确,其第 23 条规定:"……对负有保密义务的劳动者,用人单位可以在劳动合同或者保密协议中与劳动者约定竞业限制条款……"第 24 条规定:"竞业限制的人员限于用人单位的高级管理人员、高级技术人员和其他负有保密义务的人员……"

③ 《民法典》第 562 条规定:"当事人协商一致,可以解除合同……"

④ 参见韩世远:《合同法总论》(第四版),法律出版社 2018 年版,第 645 页。

"正常经营"的状态。

关于合同目的,民法学理上认为包括客观目的与主观目的,客观目的即典型的交易目的,是给付所欲实现的法律效果;主观目的是指当事人订立合同的动机。① 而本案中设立竞业限制条款所期达到的效果是 C 公司在该领域的优势发展,如果 C 公司无法正常经营,甚至名存实亡,那么竞业限制条款的设立也不具有意义。因此,依据双方立约的本意,关于条款中规定的"公司存续期间"应当理解为有效存续且正常经营。而早在申请人另行设立 E 公司之前,C 公司就已经由于双方的终止合作而处于名存实亡的状态,所以申请人的行为并不发生在双方约定竞业限制的期限内,并不构成违约。

(二) 涉案计算机软件是否已经完成交付

涉案的计算机软件是否已经完成交付是本案所需解决的另一项知识产权争议,也即被申请人是否履行了其转让计算机软件的合同义务。为厘清此项争议,下文将从版权登记、交付与合同目的两个方面进行评析。

1. 版权的转让不以登记为要件

不同于专利权与商标权转让中的登记生效,版权的转让并不要求登记。《著作权法实施条例》第 25 条规定:"与著作权人订立专有许可使用合同、转让合同的,可以向著作权行政管理部门备案。"以计算机软件为例,《计算机软件保护条例》第 7 条规定:"软件著作权人可以向国务院著作权行政管理部门认定的软件登记机构办理登记。软件登记机构发放的登记证明文件是登记事项的初步证明。"第 20 条规定:"转让软件著作权的,当事人应当订立书面合同。"第 21 条规定:"……订立转让软件著作权合同,可以向国务院著作权行政管理部门认定的软件登记机构登记。"在司法实践中,针对计算机软件的转让,法院也坚持软件著作权的归属与转让不以著作权登记为要件。②

在《伯尔尼公约》的协调下,版权的强制登记制度已不复存在,但是登记对于无形财产而言,无论在确权、救济还是交易方面都具有独特的价值,因此也有不少学者提出重建版权登记制度,比如建立基于确权目的或侵权救济目

---

① 参见王利明主编:《中国民法典释评·合同编·通则》,中国人民大学出版社 2020 年版,第 474—475 页。
② 参见上海市高级人民法院(2017)沪民终 312 号民事判决书。

的的版权登记制度①;也有学者基于互联网技术的发展和在线版权交易平台的兴起,提出版权登记制度的第三条道路——基于交易的版权登记,即针对许可和交易环节,由在线版权交易平台作为登记的实施和审查主体,向用户提供基于交易的权利登记服务,相关实践已在英国展开。②

本案中,申请人与被申请人虽然在协议中提及关于涉案计算机软件的转让登记事宜,但是缺乏具体所指的内容和清单,难以认定双方就计算机软件的转让方式进行了明确约定。在计算机软件的转让并不以登记作为生效要件的前提下,加上双方也没有在合同中就登记的事项进行具体约定,申请人因没有完成登记而主张被申请人没有履行转让或交付计算机软件的合同义务,显然是不能成立的。而被申请人是否完成了交付,是否履行其合同义务,需要从"交付"这一视角进行探讨。

2. 交付与合同目的

在涉计算机软件案件中,计算机软件是否交付、交付内容是否符合约定、履行中的变更是否已经达成合意、迟延履行应当如何认定是讨论的焦点。③

关于是否交付,在实践中的判断往往表现为是否书面确认验收以及是否实际运行。一般而言,如果在诉讼/仲裁中提出了符合合同约定的书面确认书,在没有相反证据的情况下,即可认定为完成交付。④ 在酷服公司与畅购公司计算机软件开发合同纠纷案⑤中,畅购公司的项目负责人员签署了项目上线确认单,该确认单表明计算机软件已被验收,而且相关项目也已上线运行,因此,应认定项目已经按约完成交付。再如,在高某与匡承公司计算机

---

① See, e.g., Joshua O. Mausner, Copyright Orphan Works: A Multi - Pronged Solution to Solve a Harmful Market Inefficiency, 55 J. Copyright Soc'y U. S. A. 517,517-534 (2008); Dennis W. K. Khong, Orphan Works, Abandonware and the Missing Market for Copyrighted Goods, 15 Int'l J. L. & Info. Tech. 54,54-71 (2007); Pamela Samuelson, Preliminary Thoughts on Copyright Reform, 3 Utah L. Rev. 562,563 (2007). 转引自吕炳斌:《版权登记制度革新的第三条道路——基于交易的版权登记》,载《比较法研究》2017年第5期。

② 参见吕炳斌:《版权登记制度革新的第三条道路——基于交易的版权登记》,载《比较法研究》2017年第5期。

③ 参见最高人民法院知识产权法庭编:《最高人民法院知识产权法庭年度报告(2019)》,载 http://ipc.court.gov.cn/zh-cn/news/view-308.html,访问日期:2021年9月25日。

④ 参见黎淑兰、陈惠珍、范静波:《计算机软件开发合同纠纷疑难问题研究》,载《法律适用》2018年第21期。

⑤ 参见上海知识产权法院(2015)沪知民初字第618号民事判决书。

软件开发合同纠纷案①中,法院也认为,在已签字确认验收的情况下应视为软件已交付。在这类案件中,当事人签字确认、接受交付,并在事实上控制标的物,交付已完成。在本案中,申请人声称涉案的计算机软件及相关技术仍然为被申请人所控制,但是证据显示,早在 C 公司成立之前,被申请人已经以电邮的形式将涉案计算机软件以及各项相关知识产权交付给申请人,而且申请人已以此来开拓市场、开展经营活动。也就是说,申请人实际上已经完全掌握了相关计算机软件及其技术,已经在事实上控制了该计算机软件,应当视为已完成交付。

但是,本案中的交付是否符合合同的约定,是否存在瑕疵,关系申请人是否全面履行其合同义务,也是一个需要讨论的问题。纵观双方签订的协议文件及实际履行过程,并没有对交付的内容作出具体约定,就交付方式而言,虽然提及交付与登记,但却缺乏具体所指的内容及清单,使得交付方式的约定变得不明确,双方也对此产生了争议。

在合同没有对交付的形式进行明确约定的情况下,可以结合合同目的对当事人意思表示进行分析。依据《民法典》第 466 条以及第 142 条的规定,有相对人的意思表示的解释,应当按照所使用的词句,结合相关条款、行为的性质和目的、习惯以及诚信原则,确定意思表示的含义。合同目的是相对客观的,是当事人订立的合同所希望达到的结果,可以从当事人的意思表示中反映或者推断出来,正因为如此,可以通过合同目的性解释的方法,将合同目的用于合同解释以及合同条款的补强。② 那么,应当如何确认合同目的呢? 正如前文所言,合同目的包括客观目的与主观目的,但在司法实践中,裁判者只能依据客观事实就合同目的进行判断③,也就是依据合同中的主给付义务以及履行过程中双方行为体现出来的真实意愿而非订立合同的主观动机来确认合同的目的。

本案中,申请人与被申请人合作的本意在于,在被申请人已有技术和业务的基础上,由申请人承担全部出资设立 C 公司。同时,申请人还代 C 公司支付对应的知识产权转让价款,被申请人则应将已有技术、产品和业务转让

---

① 参见上海知识产权法院(2015)沪知民初字第 661 号民事判决书。
② 参见季磊、奚懿:《合同目的在司法实践中的理解》,载中国法院网(https://www.chinacourt.org/article/detail/2016/05/id/1887038.shtml),访问日期:2021 年 9 月 25 日。
③ 参见季磊、奚懿:《合同目的在司法实践中的理解》,载中国法院网(https://www.chinacourt.org/article/detail/2016/05/id/1887038.shtml),访问日期:2021 年 9 月 25 日。

给 C 公司。至于涉案合同的目的,即知识产权给付所达到的法律效果,具体为被申请人名下的相关计算机软件、技术及业务整体转移至 C 公司的名下。本案事实表明,被申请人已经进行了交付,而且在 C 公司的设立和经营中,无论是产品的制作、平台的建设还是营销环节,都已经运用到被申请人的相关知识产权,在合同的目的已经全面达成的情况下,被申请人的交付行为应当是符合合同约定的意思表示的,因此可作出被申请人已经履行了交付义务的判断。

(三) 小结

以知识产权出资合作设立公司,在实践中愈发常见。双方可以在合作协议中约定关于竞业限制的条款,约定知识产权具体的交付方式,但是在约定不明的情况下,对于上述涉知识产权条款的争议,可以根据合同目的是否实现予以裁判。

合同订立的最终目的是保证当事人顺利实现合同意愿,因此合同目的是否实现是衡量合同是否履行完毕的重要标准。合同目的包含主观目的与客观目的,但出于信赖和秩序等因素考虑,通过一定形式所表现的客观目的在解释中通常具有更加重要的地位。[①] 关于客观合同目的如何理解,可以从两个视角来考虑:一是从抽象的视角来看,关注于标的物的种类以及价款;二是从具象的视角来看,考虑合同标的物的种类、数量、质量等因素。[②] 本案即是根据合同目的判断知识产权义务是否履行的典型案件。至于双方约定的其他条款,若同样存在约定不明的情况,亦可以是否符合合同目的为依据,判断当事人是否履行对应的合同义务。

(本案例由中南财经政法大学知识产权研究中心
硕士研究生罗丹妮和博士研究生刘云开编撰)

[①] 参见章杰超:《合同目的含义之解析》,载《政法论坛》2018 年第 3 期。
[②] 参见崔志远:《论合同目的及其不能实现》,载《吉林大学社会科学学报》2015 年第 3 期。

案例30　侵犯商业秘密的认定

仲裁要点：1. 就是否违反保密义务而言，仲裁庭认定被申请人在对案外人发送的邮件中包含的授权期限、准入费等合同内容属于"商业秘密与商业信息"，而包括T药厂在内的案外人虽然与合同履行紧密关联，但仍属于合同外第三人，因此被申请人构成对保密义务的违反。但上述行为并未导致相应重大或者根本性损害后果的发生，不属于根本违约。

2. 就是否维持《进口药品注册证》有效注册的义务而言，仲裁庭认定在案证据并不能认定《进口药品注册证》已经被依法撤销，申请人并未违反上述义务。但由于客观上对被申请人合同目的的实现造成重大影响，案涉合同继续正常履行的基础已不存在，申请人对此应当承担责任。

一、案情概要

申请人A公司(作为甲方)系T药厂在中国的全权代表，于2015年10月11日与被申请人B公司(作为乙方)签订《药品授权经销协议》(以下简称《协议》)，授权被申请人在中国境内经销《协议》项下产品××注射液，并在《协议》第4条约定维持《进口药品注册证》有效注册的义务，第16条约定了保密义务。

此后，被申请人分别于2016年1月26日、2016年7月7日向申请人订货，申请人依据《协议》的约定向被申请人交付货物××注射液。但截至申请人提请仲裁当日，被申请人仍未结清货款。

2016年12月16日，国家食品药品监督管理总局食品药品审核查验中心作出《进口药品境外生产现场检查报告》，该报告显示，由申请人提供的《协议》项下产品××注射液存在"现场检查工艺与企业再注册工艺及应检查要求提交的工艺不一致", "2013年企业变更了加工地址,未执行相应变更程序"等问题,并且该行政机关还在2017年5月31日作出了《关于暂停销售使用××注射液的公告》。

2017年1月12日、2017年1月14日,被申请人员工钟某代表被申请人先后向T药厂及其关联方发送邮件,希望可以从T药厂直接订购涉案药品,邮件中提及《协议》中与申请人约定的授权期限、准入费等相关内容。

2017年3月8日,申请人向深圳国际仲裁院提交书面仲裁申请,主张被申请人向第三方发送邮件,向多名非协议方随意泄露《协议》的相关内容,并且试图越过申请人直接代理T药厂产品,存在违约与严重毁约行为,请求:

1. 裁决解除申请人与被申请人于2015年10月11日签订的《协议》。
2. 裁决被申请人向申请人支付违约金人民币500万元。
3. 裁决被申请人向申请人支付货款美元190.5万余元及相应利息。
4. 裁决被申请人承担本次仲裁全部费用,包括但不限于仲裁费、仲裁庭成员开销费用及律师费、公证费、翻译费等。

2017年5月17日,被申请人提交《答辩和反请求申请书》,主张申请人请求解除合同的事实和理由不成立,无权请求解约,反而是申请人涉嫌骗取《进口药品注册证》,严重违反维持《进口药品注册证》有效注册的义务,提出如下反请求:

1. 解除涉案《协议》。
2. 申请人向被申请人返还授权经销准入费港币2361.7万余元。
3. 申请人向被申请人偿付逾期还款违约金港币65.1万余元。
4. 申请人向被申请人支付合同约定违约金人民币2500万元。
5. 申请人向被申请人偿付其因本案而产生的律师费以及其他实际开支费用暂计人民币200万元。
6. 申请人承担本案仲裁费及仲裁庭的实际开支费用。

二、当事人主张

(一)被申请人是否违反保密义务

申请人认为,根据《协议》第16条保密条款,协议履行期间及协议终止后5年内,双方要严格保守商业秘密和商业信息,不得将本协议及本协议有关的营销策略、销售数量、价格体系等提供给任何第三方。但是自 2017 年 1 月 12 日起,被申请人的员工钟某,多次代表被申请人向第三方发送邮件,向多名非协议方随意泄露《协议》的相关内容。被申请人的行为已严重违反《协议》第 16 条的约定,依据《协议》第 13 条的约定,申请人有权解除合同。

被申请人则认为,申请人指责被申请人"向第三方发送邮件,向多名非协议方随意泄露《协议》的相关内容"所依据的若干份往来电子邮件,均源于并为了回复 2016 年 12 月 27 日 T 药厂主动发送给被申请人和申请人的电子邮件,被申请人将回复的邮件抄送 T 药厂在其电子邮件中涉及的全部人员,更是正常与合理的行为,不应当成为申请人指责被申请人"违反保密义务"的理由。并且,T 药厂早在《协议》签订之初的 2015 年便已参与被申请人与申请人之间的合作,且一直参与解决被申请人和申请人之间就涉案《协议》及相应订单遇到的问题,T 药厂系《协议》缔结与履行的实际参与方,况且申请人在本案中所谓的"商业秘密"在被申请人披露前本身系为 T 药厂所持有或所有的信息,因此不构成向第三方泄密。

(二)申请人是否违反维持《进口药品注册证》有效注册的义务

被申请人认为,申请人存在诸多严重违法行为,严重违反维持《进口药品注册证》有效注册的义务。申请人在明知涉案药品在原产地的实际生产工艺及生产地址等重要申报内容均已发生变化的情况下,申请人(及其关联公司 C 公司、实际控制人李某)自 2001 年即以非法手段骗取涉案药品的原始《进口药品注册证》,并在后续 2009 年和 2015 年的再注册申报以及 2016 年的补充申请等过程中,在长达十几年的时间里持续向中国国家食品药品监督管理总局进行虚假申报,分别骗取原始《进口药品注册证》、2009 年再注册许可以及涉案的 2015 年《进口药品注册证》;并在 2016 年为应付国家食品药品监督管理总局对涉案药品生产现场飞行检查而继续掩盖多年虚假申报的违法事实,继续在 2016 年 7 月的变更补充申请中虚假申报,严重违反中国药品监督管理强制性法律法规的规定,导致涉案《进口药品注册证》一直处于遭受强烈质疑和调查、随时可能被依法撤销并自始无效的状态,涉案药品在事实上和法律上已经不能合法有效进口并在中国市场销售。

申请人则认为,其不存在被申请人所述的严重违法并根本违约的问题。首先,申请人于 2015 年 10 月获得 T 药厂在中国境内的代理授权,之前同标的药品无任何关联,根本不可能知道或参与之前的注册证的申办和续期情况;其次,被申请人多次使用虚假申报、骗取、严重违反等字眼,这是被申请人自行对T药厂及其中国注册代理企业行为的定性,不代表任何中国国家机关、执法部门的意见;最后,被申请人所陈述的情况,绝大部分是在双方合作过程中,申请人基于信任主动告知被申请人的。被申请人在国家食品药品监督管理总局的药品检查工作中,基于自身的合同利益,基于获得的200万美元的免费药品,也积极参与应对检查中,甚至指导李某如何出具解释报告,为T药厂撰写解释报告草稿。如果说T药厂及其注册代理企业有虚假申报行为,被申请人也是积极的参与者。

三、仲裁庭认定的事实

申请人系T药厂在中国的全权代表,于2015年10月11日与被申请人签订《协议》,授权被申请人在中国境内经销《协议》项下产品。

2015年11月11日,申请人与被申请人关联方签订《进口合同》,约定每盒药品的单价与订单数量。2016年1月8日,申请人和被申请人签订《补充协议》,对每盒药品的单价进行下调。

2015年12月18日,T药厂向被申请人出具《担保函》,表示"如果因申请人公司拒绝、放弃或无能力按照与贵公司签订的供应'涉案药品'协议履行供货义务(包括但不限于破产、注销等情况),在这种情况下,我司将终止向申请人提供本产品而按相同商业条件(包括但不限于申请人公司提供给贵司的价格、质量、供货期限和付款方式)独家直接向贵司提供本产品"。

2016年1月26日,申请人与被申请人签订了《订单》,约定出售药品的规格、数量与单价等事宜。

2016年5月25日,国家食品药品监督管理总局食品药品审核查验中心通过电子邮件将对T药厂产品进行境外检查的情况通知C公司。

2016年7月7日,申请人与被申请人签订了《订单1》与《订单2》。

2016年9月30日,国家食品药品监督管理总局食品药品审核查验中心通过电子邮件将有关进行现场检查的正式通知、检查计划以及要求补充提交检查相关资料的情况通知C公司。

2016年10月13日,T药厂(作为甲方)、申请人(作为丙方)及被申请人(作为乙方)签订《协议》,约定"乙方在2017年2月份收到CFDA关于恢复药品注册证的正常状态及场地和工艺变更的批件后,丙方在收到乙方按照发票金额支付剩余的货款的同时向乙方发送20.6万余支免费货物,同时乙方需向丙方进口21万支货物"。

2016年12月16日,国家食品药品监督管理总局食品药品审核查验中心作出《进口药品境外生产现场检查报告》,该报告显示,《协议》项下产品存在"现场检查工艺与企业再注册工艺及应检查要求提交的工艺不一致:现场检查工艺为过滤除菌的非最终灭菌生产工艺,企业再注册工艺及应检查要求提交的工艺为最终灭菌工艺","2013年企业变更了加工地址,未执行相应变更程序"等问题。

2017年1月12日,被申请人员工钟某向涉案第三方发送电子邮件,邮件涉及"根据该协议,被申请人应向S公司支付2000万元人民币以获得为期10年的涉案药品独家代理权""能否维持涉案药品《进口药物许可证》将取决于被申请人的努力而非李某"及"被申请人希望可以直接从T药厂订购此批涉案药品"等内容。2017年1月14日,被申请人员工钟某向李某发送电子邮件,并抄送涉案第三方,邮件内容涉及"我方与贵方于2015年10月签订了10年有效期的《药品经销协议》,我方根据该协议,取得了在中国的独家代理经销权,为此,我方向贵方支付了2361.7万余港元的授权经销准入费"和"贵方应按照贵我双方签订的《药品经销协议》第5条的约定,向我方全额返还我方向贵方支付的2361.7万余港元的授权经销准入费"。

2017年3月9日,申请人向被申请人发送律师函,主张被申请人存在严重违约行为并依据《协议》约定解除《协议》。

2017年3月10日,被申请人收到申请人于2017年3月9日向其发送的律师函。

2017年5月31日,国家食品药品监督管理总局作出《关于暂停销售使用××注射液的公告》。

四、仲裁庭意见

(一)被申请人是否违反保密义务

经审查,仲裁庭认为,申请人、被申请人签订的《协议》不存在《合同法》第52条规定的法定无效事由,为双方当事人意思表示的真实、自由体现,合法、有效,对双方当事人均有拘束力,双方当事人均应严格遵守并履行。

仲裁庭注意到,《协议》第 16 条约定,"协议履行期间和协议终止后 5 年内,甲乙双方要严格保守商业秘密和商业信息,不得将本协议及本协议有关的营销策略、销售数量、价格体系等提供给任何第三方"。

该条虽未就商业秘密和商业信息的内涵作出清晰界定,但结合上下文看,第一,商业秘密和商业信息至少应包括《协议》本身以及与《协议》有关的营销策略、销售数量、价格体系等内容。第二,责任主体为申请人和被申请人。第三,保密范围为申请人和被申请人之外的任何第三方。仲裁庭认为,就被申请人是否违反保密义务,应从前述几个方面进行判断。

1. 被申请人发送给第三方的邮件中涉及《协议》第 16 条约定的"商业秘密和商业信息"。仲裁庭认为,被申请人在 2017 年 1 月 12 日发给第三方的电子邮件以及 2017 年 1 月 14 日发给李某并抄送涉案第三方的邮件中提及了授权期限及准入费等《协议》项下内容,而授权期限、准入费问题通常都是授权经销的核心内容,符合《协议》第 16 条有关"商业秘密和商业信息"的要求。

2. 被申请人系《协议》的一方主体,符合《协议》第 16 条有关保密责任主体的要求。

3. 对于被申请人是否将前述保密信息泄露给第三方这一问题,仲裁庭持肯定意见,具体理由如下:

(1)合同具有相对性,这也就意味着只有债权人和债务人才是合同的当事人,除此之外的其他任何人都是第三人。即便 T 药厂实际参与了《协议》以及相应订单项下相关问题的解决,但这并不能改变被申请人不是《协议》一方当事人的实际情况。被申请人亦未充分证明三方之间已经形成新的合意,将 T 药厂作为《协议》的一方当事人。仲裁庭据此认为,T 药厂构成《协议》项下的第三方。

(2)相关邮件是由被申请人发送,被申请人应就邮件收件人、抄送人名单并不涉及第三方承担举证义务,但从被申请人提出的该等邮件源于并为回复 2016 年 12 月 27 日 T 药厂主动发送给被申请人和申请人的邮件的抗辩来看,被申请人亦承认其向《协议》外的第三方 T 药厂发送了含有保密信息的邮件。

(3)《合同法》第 107 条规定:"当事人一方不履行合同义务或者履行合同义务不符合约定的,应当承担继续履行、采取补救措施或者赔偿损失等违约责任。"由此可见,违约的实质在于合同义务的违反。也正因此,仲裁庭认为,T药厂是否知晓《协议》内容本身并非认定被申请人违反保密义务的关键,相反,关键在于被申请人有无实施违反合同义务即保密义务的行为。

综上,仲裁庭认为,被申请人已违反其于《协议》项下对申请人所负担的保密义务。但是,仲裁庭又指出,这一义务的违反并不足以使得申请人有权解除《协议》。理由如下:仲裁庭认为,不论是约定解除权还是法定解除权,均应以构成根本违约为必要条件,这也是维持交易秩序稳定、降低交易成本的必然要求。具体到本案,被申请人虽然违反了保密义务,但其并未导致相应重大或者根本性损害后果的发生。但鉴于双方继续合作履约的基础已不存在,双方均要求仲裁庭裁决解除《协议》,即双方对《协议》的解除达成了合意,仲裁庭裁决《协议》从双方达成解除协议之日(即被申请人提请该项反请求之日2017年5月17日)起解除。

(二) 申请人是否违反维持《进口药品注册证》有效注册的义务

仲裁庭认为,《协议》第4条约定:"……在代理期限内,甲方负责维持标的产品《进口药品注册证》的有效注册,并负责标的产品《进口药品注册证》到期前的下一个注册证周期的再注册工作……"因此,申请人主张其"对药品注册证的维护义务是程序上的、形式上的,注册证的实际维护主体是T药厂"与《协议》约定不符,仲裁庭不予支持。

被申请人主张申请人根本无法履行其在涉案《协议》项下的维持《进口药品注册证》有效的义务,并提交国家食品药品监督管理总局出具的《进口药品境外生产现场检查报告》及该局于2017年5月31日作出的《关于暂停销售使用××注射液的公告》等证据予以证明。

仲裁庭认为,国家食品药品监督管理总局颁发《进口药品注册证》,本质上是一项行政许可行为。根据《行政许可法》的相关规定,在具备法定事由时,国家食品药品监督管理总局有权撤销该项行政许可,但在撤销之前,该项行政许可依然合法、有效。在案证据并未表明涉案《进口药品注册证》已经被依法撤销,被申请人亦未充分举证证明该证件即将被依法撤销。故,从《进口药品注册证》没有被撤销的角度看,申请人并未违反《协议》项下维持该证件有效注册的义务。但从合同约定申请人维持该证件有效注册的实质目的的角度看,国家食品药品监督管理总局作出《关于暂停销售使用××注射液的公告》,导致涉案药品暂时无法进口、销售,且何时能够恢复进口、销售,亦无法合理预期,客观上对被申请人合同目的的实现造成重大影响,案涉合同继续正常履行的基础已不存在，申请人对此应当承担责任。

五、裁决结果

1. 涉案《药品授权经销协议》于 2017 年 5 月 17 日解除。
2. 被申请人向申请人支付货款及相应利息共计美元 214.5 万余元。
3. 申请人向被申请人返还授权经销准入费人民币 198.3 万余元。
4. 本案本请求仲裁费由申请人与被申请人对半承担，反请求仲裁费由被申请人承担 40%、申请人承担 60%。
5. 驳回申请人的其他仲裁请求。
6. 驳回被申请人的其他仲裁反请求。

六、评析

本案是一起典型的独家经销授权协议纠纷，争议焦点在于合同当事人向非合同第三方透露合同内容是否违反合同保密条款，并构成对商业秘密的侵犯。

关于上述争议焦点，本案仲裁裁决主要适用《合同法》关于保密义务的规定，即《合同法》第 43 条，现行《民法典》第 501 条。在《民法典》中，相关条款的立法设计虽有所变化，但只是将保密义务的客体对象范围从"商业秘密"扩展至"商业秘密或者其他应当保密的信息"，法条的实质内容基本一致。至于相关规定中"商业秘密"的定义以及"泄露或不正当使用商业秘密"等违反保密义务的行为认定则可参照《反不正当竞争法》第 9 条的规定。本评述主要围绕本案所涉及的关于商业秘密及侵犯商业秘密行为的认定进行分析，并进一步探讨与商业秘密保护有关的现实问题。

（一）关于商业秘密的认定

我国《反不正当竞争法》第 9 条明确规定了对商业秘密的保护并给出了明确的法律概念界定，即"本法所称的商业秘密，是指不为公众所知悉、具有商业价值并经权利人采取相应保密措施的技术信息、经营信息等商业信息"。由这一概念我们可以从学理角度解析出商业秘密的构成要件，也是《反不正当竞争法》所保护的商业秘密的认定标准,即信息性、保密性、未公开性和商业价值性。①

信息性是指与工商业活动密切相关的经营信息和技术信息。此处指的经营信息与技术信息一般与工商业活动密切直接相关,不以经济属性为第一性的国家秘密、个人秘密等则不在此列。② 保密性是指持有人主观上将自身持有的信息作为商业秘密,并在客观上采取一定的保密手段以防止泄露。但对于此种保密性的要求并非指客观上的实然结果,而是理想中的应然状态。简言之,对于保密性要件的认定仅考察信息持有人是否将其作为商业秘密对待,并采取了适当的措施使信息的流动受到一定拘束,而不考察其事实上是否达到了保密性的要求。③ 原告应当对"不为公众所知悉"负证明责任,明确其商业秘密的范围。④ 未公开性是指该种信息不为公众所熟知。这里的公众并非指所有人,而是指该信息并未处于一种能够被不特定人所获得的状态。对于经由权利人同意所掌握,或通过一些合理手段未经权利人同意而获得(如技术信息经由反向工程所获得),甚至通过非法手段(如恶意泄露)获得但并未公开,仍保持一种有限范围获知的状态,并不妨碍利用其保持竞争优势的效果,仍然可以认为其符合未公开性的标准。商业价值性是指该种信息能够在工商业经营活动中为权利人带来经济利益,包括直接的经济回报和潜在的竞争优势。⑤

本案中,双方签订的《协议》中虽然没有明确约定商业秘密或商业信息的具体内涵,但很显然"商业秘密和商业信息"就是指独家经销这一工商业经营活动的相关信息,具体表现为独家经销协议的核心内容。从上述构成要件的角度出发,首先,独家经销协议所承载的内容作为经营者在一定区域内独家从事某种相关工商业活动的具体经营信息,应先符合信息性的要求。其次,在独家经销协议中特别约定了保密条款及其法律后果,符合保密性的条

---

① 参见吴汉东主编:《知识产权法学》(第七版),北京大学出版社 2019 年版,第 408 页。
② 参见吴汉东:《无形财产权基本问题研究》(第四版),中国人民大学出版社 2020 年版,第 340 页。
③ 参见宋建宝:《美国商业秘密诉讼中合理保密措施的司法判断》,载《知识产权》2018 年第 5 期。
④ 参见宋健、顾韬:《商业秘密知识产权案件若干问题研究》,载《法律适用》2010 年第 Z1 期。
⑤ 参见姚辉主编:《民法总则基本理论研究》,中国人民大学出版社 2019 年版,第 118—135 页。

件。再次，根据合同的相对性，加之保密条款的约束，独家经销协议的内容一般不会被第三方得知，这符合未公开性的内涵。最后，独家经销协议作为经营者取得在一定区域内独家经营权的主要方式，其标的、数量、价格等要素的严格保密对于防止潜在竞争对手进行市场分析、竞价等竞争活动具有重要的指导意义，显然符合获得经济利益或竞争优势的商业价值标准。因此，本案仲裁庭将独家经销协议内容认定为商业秘密是合理且合法的。

(二) 关于侵犯商业秘密行为的认定

除了对商业秘密的认定，《反不正当竞争法》第9条还明确规定了侵犯商业秘密的各种典型侵权行为，具体包括：以盗窃、贿赂、欺诈、胁迫、电子侵入或者其他不正当手段获取权利人的商业秘密；披露、使用或者允许他人使用以前项手段获取的权利人的商业秘密；违反保密义务或者违反权利人有关保守商业秘密的要求，披露、使用或者允许他人使用其所掌握的商业秘密；教唆、引诱、帮助他人违反保密义务或者违反权利人有关保守商业秘密的要求，获取、披露、使用或者允许他人使用权利人的商业秘密。第三人明知或者应知商业秘密权利人的员工、前员工或者其他单位、个人实施该条第1款所列违法行为，仍获取、披露、使用或者允许他人使用该商业秘密的，也视为侵犯商业秘密。2019年修正后的《反不正当竞争法》，除延续了相关的侵权行为类型以外，还扩充了侵犯商业秘密的主体，即经营者以外的其他自然人、法人和非法人组织实施《反不正当竞争法》第9条第1款所列违法行为的，视为侵犯商业秘密。[①] 本案中，被申请人违反保密义务或者违反申请人有关保守商业秘密的要求，披露、使用或者允许他人使用其所掌握的商业秘密就符合侵犯商业秘密的行为要件。除主体、客体和行为等认定侵犯商业秘密的重要要件外，认定侵犯商业秘密仍需要根据侵权认定的一般要件和侵犯商业秘密的特殊要求，对损害、因果关系、可归责性、消极要件加以判定。[②]

损害一般包括所受损害与可得利益，在商业秘密侵权中不仅指权利人可量化的损失，也包括对权利人潜在市场及其竞争优势的影响。在本案中，虽然被申请人违反合同保密义务，将合同内容告知了合同相对方以外的第三

[①] 参见北京市高级人民法院知识产权庭课题组：《〈反不正当竞争法〉修改后商业秘密司法审判调研报告》，载《电子知识产权》2019年第11期。

[②] 参见尚连杰：《〈民法典〉第501条（合同缔结人的保密义务）评注》，载《法学家》2021年第2期。

方,但由于第三方在事实上确实构成了实际上的关联关系,没有对独家经销行为造成实际影响或损失,因此本案仲裁员在认定其侵权行为成立的同时,也因该行为没有造成上述损害而免除其损害赔偿责任。因果关系是指侵犯商业秘密的行为要与损害结果之间存在因果关系,若权利人所受损害并非由侵犯商业秘密的行为所导致,就不能追究行为人的损害赔偿责任。至于可归责性,即行为人主观状态是否成为判定商业秘密侵权行为的标准,主要涉及在认定侵权行为构成时,对于侵权人的主观心态认定是适用过错原则还是无过错原则。① 笔者认为,由于侵犯商业秘密的行为所导致的损害后果对于商业秘密持有人来讲往往是巨大且不可逆的,因此无论故意与否,只要侵权行为已经导致损害后果的发生,就需要行为人对自己的行为负责。增加主观要件的考量只会无故增加权利人的举证负担,导致维权困难。最后是消极要件,即不存在可以免责的事由。质言之,在一些极其特殊的情况下,以维护国家利益或公共利益为目的而披露、使用商业秘密的行为可以免除其侵权责任。②

(三) 关于商业秘密保护的延伸思考

关于合同中商业秘密的保护,除《反不正当竞争法》的专门规定外,早在1999 年颁布施行的《合同法》第 43 条中就有明确规定:"当事人在订立合同过程中知悉的商业秘密,无论合同是否成立,不得泄露或者不正当地使用。泄露或者不正当地使用该商业秘密给对方造成损失的,应当承担损害赔偿责任。"第 60 条和第 92 条则将这种合同的保密义务延续到了合同的各个阶段。《民法典》合同编在继承前述内容的基础上又有了新的发展,《民法典》第 501 条将保护对象从商业秘密进一步扩展为"商业秘密或者其他应当保密的信息"。此种商业秘密与其他保密信息的划分,解决了一直以来《合同法》是否应当突破《反不正当竞争法》对于"商业秘密"的界定从而进行扩大解释的争论。③ 如前所述,无论是从法理角度还是从具体案情分析,本案所涉的合同内容均可认定为商业秘密。退一步讲,即使本案中的合同内容不作为商业秘

---

① 参见江帆:《商业秘密理论与立法探讨》,载《现代法学》2004 年第 3 期。
② 参见王志远:《侵犯商业秘密罪保护法益的秩序化界定及其教义学展开》,载《政治与法律》2021 年第 6 期。
③ 参见尚连杰:《〈民法典〉第 501 条(合同缔结人的保密义务)评注》,载《法学家》2021 年第 2 期。

密对待,根据《民法典》的规定也可将其划分到其他应当保密的信息中加以保护。

我国商业秘密保护的法律体系虽已初步形成,但涉及多部法律,整体而言,还存在法律体系分散不统一、相关法条和具体规定有待系统化、规范化等问题①,其中尤为突出的便是《民法典》第501条与《反不正当竞争法》第9条的法条竞合问题。特别是《反不正当竞争法》将侵犯商业秘密的主体进行了扩充,使之竞合的范围又被进一步扩大。从上位法与下位法的角度来看,《民法典》作为民事基本法应当优先于《反不正当竞争法》适用,而从一般法与特别法的关系来看,针对商业秘密侵权行为,《反不正当竞争法》又有专门调整的特殊优势。因此,在处理二者的关系时,应当坚持以下基本原则:《民法典》作为上位的民事基本法,特别是能够调整包括商业秘密在内的各项保密信息,仍然要优先于《反不正当竞争法》适用,作为请求权的直接权利基础,保障权利人的请求权。但在与具体案件相结合进行各项构成要件的认定时,特别是对于《反不正当竞争法》列举的工商业活动中的典型商业秘密侵权行为的认定,仍可适用《反不正当竞争法》作为直接的裁判依据。总之,在应对法条竞合这一问题时,大可不必一以贯之,而是要根据案件的具体情况进行灵活处理。以本案为例,当事人之间主要是合同纠纷,侵犯商业秘密的行为也主要是由于被申请人违反合同中约定的保密义务,因此本案以当时的《合同法》为主要审理依据也是较为合理的做法。

最后,除本案所涉的基本问题之外,围绕商业秘密是权利还是未上升为权利的法益,并以此为基础所延伸的商业秘密是否应单独立法保护等问题,都是知识产权学界热议的话题,但因其与本案并无直接关联,笔者不再赘述。

(本案例由中南财经政法大学知识产权研究中心
硕士研究生陈永康和博士研究生孔文豪编撰)

---

① 参见刘介明、杨祝顺:《我国商业秘密保护的法律现状及完善建议》,载《知识产权》2012年第12期。